"十三五"普通高等院校应用型规划教材

国际贸易理论与法律法规

主　编　王海文
副主编　马国华　栾　茵

中国财政经济出版社

图书在版编目（CIP）数据

国际贸易理论与法律法规／王海文主编．—北京：中国财政经济出版社，2016.6
"十三五"普通高等院校应用型规划教材
ISBN 978-7-5095-6696-1

Ⅰ.①国… Ⅱ.①王… Ⅲ.①国际贸易理论-高等学校-教材 ②国际贸易-贸易法-高等学校-教材 Ⅳ.①F740 ②D996.1

中国版本图书馆 CIP 数据核字（2016）第 060184 号

责任编辑：王 芳　　　　　　　　责任校对：徐艳丽
封面设计：华乐功　　　　　　　　版式设计：董生平

中国财政经济出版社 出版
URL: http://www.cfeph.cn
E-mail: jiaoyu@cfeph.cn
（版权所有　翻印必究）
社址：北京市海淀区阜成路甲28号　邮政编码：100142
营销中心电话：88190406　北京财经书店电话：64033436　84041336
北京财经印刷厂印刷　各地新华书店经销
787×1092毫米　16开　17.5印张　421 000字
2016年6月第1版　2016年6月北京第1次印刷
定价：39.00元
ISBN 978-7-5095-6696-1/F·5386
（图书出现印装问题，本社负责调换）
质量投诉电话：010-88190744
打击盗版举报热线：010-88190492，QQ：634579818

前 言 | Preface

  随着我国经济对外开放水平的进一步提升，掌握国际贸易相关理论以及应对贸易摩擦的有关法律法规知识对于广大外经贸从业人员显得越来越重要。应中国对外贸易经济合作企业协会工作之需，我们组织编写了相关配套教材——《国际贸易理论与法律法规》。

  本教材分为上下篇，共十三章。上篇是国际贸易理论，下篇是国际贸易法律法规。全书将国际贸易理论以及相关法律法规置于同一本书的体系下，既系统地阐述了国际贸易理论的发生发展、政策措施、区域一体化及世界贸易组织的相关情况，又不吝笔墨地呈现了国际贸易法律法规的基本知识和制度、国际贸易条约和惯例以及争议的解决，对于拓宽学员和读者的知识视野，增强对国际贸易领域的前瞻性认识有着重要的作用。本书既可作为全国外经贸从业人员职业资质认证考试的指定教材，也可用于国际经济与贸易、国际商务等专业学生的辅导用书和参考读物。

  本书由北京第二外国语学院教师王海文任主编，吉林华桥外国语学院教师马国华以及北京第二外国语学院教师栾茵任副主编。具体分工是：第一、二章由王海文、张逸凡编写，第三、四章由北京第二外国语学院教师刘一娇编写，第五、六章由栾茵编写，第七章和第十一章由吉林华桥外国语学院教师陈艳红编写，第八章和第十二章由马国华编写，第九、十、十三章由吉林华桥外国语学院教师代欣编写。北京第二外国语学院研究生李渡石、张逸凡帮助校对，国际文化贸易专业学生戴季蔚帮助搜集案例资料。全书编写提纲由王海文拟定，同时得到了有关专家的宝贵建议，最后由王海文统稿、修改和定稿。

  本书在编写过程中参考了大量相关资料，此处一并表示感谢，限于作者水平，疏漏之处在所难免。读者在阅读学习过程中有任何问题可与作者联系，电子邮箱：wanghaiwen@126.com。您的建议和意见就是对我们的最大鼓励和支持。

王海文

2016 年 2 月于北京

目录 Contents

上篇　国际贸易理论

第一章　国际贸易概述 ……………………………………………………（ 3 ）

　　第一节　国际贸易的产生与发展 ………………………………………（ 3 ）
　　第二节　国际贸易的分类 ………………………………………………（ 6 ）
　　第三节　国际贸易重要概念 ……………………………………………（ 10 ）
　　第四节　国际贸易的作用 ………………………………………………（ 13 ）

第二章　国际分工与世界市场 ……………………………………………（ 16 ）

　　第一节　国际分工概述 …………………………………………………（ 16 ）
　　第二节　国际分工与国际贸易的关系 …………………………………（ 21 ）
　　第三节　世界市场概述 …………………………………………………（ 23 ）
　　第四节　当代世界市场的发展特点 ……………………………………（ 26 ）

第三章　传统国际贸易理论 ………………………………………………（ 28 ）

　　第一节　重商主义 ………………………………………………………（ 28 ）
　　第二节　绝对优势理论 …………………………………………………（ 30 ）
　　第三节　比较优势理论 …………………………………………………（ 35 ）
　　第四节　要素禀赋理论 …………………………………………………（ 42 ）
　　第五节　里昂惕夫悖论 …………………………………………………（ 49 ）

第四章　当代国际贸易理论 ………………………………………………（ 53 ）

　　第一节　国际贸易新要素理论 …………………………………………（ 53 ）
　　第二节　产业内贸易理论 ………………………………………………（ 55 ）

第三节　产品生命周期理论 …………………………………………（64）
　　　第四节　国家竞争优势理论 …………………………………………（69）

第五章　国际贸易政策 …………………………………………………（76）

　　　第一节　国际贸易政策概述 …………………………………………（76）
　　　第二节　对外贸易政策的类型 ………………………………………（77）
　　　第三节　对外贸易政策的演变 ………………………………………（87）
　　　第四节　当代对外贸易政策的发展趋势 ……………………………（90）

第六章　国际贸易措施 …………………………………………………（92）

　　　第一节　关税措施 ……………………………………………………（92）
　　　第二节　非关税壁垒措施 ……………………………………………（103）
　　　第三节　出口鼓励措施 ………………………………………………（113）
　　　第四节　出口管制措施 ………………………………………………（118）

第七章　区域经济贸易一体化 …………………………………………（121）

　　　第一节　区域经济贸易一体化概述 …………………………………（121）
　　　第二节　区域经济贸易一体化的理论 ………………………………（124）
　　　第三节　区域经济贸易一体化的影响 ………………………………（130）
　　　第四节　区域经济贸易一体化的现状和趋势 ………………………（132）

第八章　世界贸易组织 …………………………………………………（139）

　　　第一节　关税与贸易总协定与多边贸易谈判 ………………………（139）
　　　第二节　世界贸易组织概述 …………………………………………（144）
　　　第三节　世界贸易组织的决策机制和争端解决机制 ………………（150）
　　　第四节　贸易的救济措施协议 ………………………………………（155）

　　　　　　　　下篇　国际贸易法律法规

第九章　国际贸易法律法规概述 ………………………………………（165）

　　　第一节　国际贸易法概述 ……………………………………………（165）
　　　第二节　国际贸易法的主体和基本原则 ……………………………（167）

第三节　国际贸易法的法律渊源 …………………………………（170）
　　　第四节　管制国际贸易的法律制度 ………………………………（171）

第十章　国际贸易法律制度 …………………………………………（177）

　　　第一节　国际货物买卖法 …………………………………………（177）
　　　第二节　国际货物运输法 …………………………………………（186）
　　　第三节　国际货物运输保险法 ……………………………………（193）
　　　第四节　国际产品责任法 …………………………………………（197）
　　　第五节　国际知识产权法 …………………………………………（202）

第十一章　国际贸易条约 ……………………………………………（210）

　　　第一节　国际贸易条约的概念 ……………………………………（210）
　　　第二节　国际贸易条约的分类 ……………………………………（212）
　　　第三节　国际贸易条约的法律效力 ………………………………（214）
　　　第四节　主要国际贸易条约 ………………………………………（217）

第十二章　国际贸易惯例 ……………………………………………（228）

　　　第一节　国际贸易惯例概述 ………………………………………（228）
　　　第二节　国际贸易惯例的适用 ……………………………………（233）
　　　第三节　主要国际贸易惯例 ………………………………………（239）

第十三章　国际贸易争议的解决 ……………………………………（248）

　　　第一节　国际贸易争议的产生与解决方式 ………………………（248）
　　　第二节　国际贸易争议的解决方式之国际商事调解 ……………（251）
　　　第三节　国际贸易争议的解决方式之国际商事仲裁 ……………（257）
　　　第四节　国际贸易争议的解决方式之国际商事诉讼 ……………（263）

参考文献 ………………………………………………………………（269）

上篇　国际贸易理论

第一章 Chapter 1
国际贸易概述

第一节
国际贸易的产生与发展

一、国际贸易的产生

国际贸易是在一定历史条件下产生和发展起来的。其产生必须具备两个条件：一是生产力发展到一定水平，有可供国家间交换的剩余产品；二是社会分工的扩大和社会经济实体国家的产生。但从根本上看，社会生产力的发展与社会分工的扩大，是国际贸易产生和发展的基础。

人类社会由于社会分工和剩余产品的出现而产生了交换。在国家出现前，交换可以在部落之间进行。原始社会初期，人类处于自然分工的状态下，生产力极为低下，因此依靠集体劳动，平均分配所获得的有限的生活资料来维持个人或集体的生存。在没有剩余产品的情况下，交换很难发生。人类社会第一次社会大分工，即畜牧业与农业的分工，使原始社会的生产力有了较快的发展，产品有了剩余，在氏族公社、部落之间出现了较为普遍的交换行为。此后随着生产力的发展，手工业逐渐从农业中分离出来，形成了人类的第二次社会大分工，产生了以交换为目的的商品生产。商品生产和商品交换的不断扩大，产生了货币，商品交换逐渐变成了以货币为媒介的商品流通。随着商品货币关系的发展，产生了专门从事贸易的商人，于是出现了第三次社会大分工。生产力的发展，交换关系的扩大，加速了私有制的产生，从而使原始社会日趋瓦解。在奴隶社会初期，由于阶级矛盾形成了国家。国家出现后，商品交换超出国界，便产生了国际贸易。

二、国际贸易的发展

（一）资本主义以前的国际贸易

1. 奴隶社会的国际贸易

在自然经济占统治地位的奴隶社会，生产的目的主要是为了消费，商品生产在整个社会生产中微不足道，同时由于生产技术落后，交通工具极其简陋，使贸易的范围受到了很大的限制。奴隶社会对外贸易的主要商品：一是奴隶；二是奴隶主阶级所追求的奢侈品，例如宝石、装饰品、各种织物、香料等等。奴隶社会的生产力较之原始社会有了较大提高，国际贸易也因此获得发展，不仅促进了手工业的发展，同时也推动了商品经济的扩大。

2. 封建社会的国际贸易

封建社会的国际贸易较之奴隶社会又有新的进步。封建社会初期，封建地租采取劳役和实物形式，进入流通领域的商品并不多。到封建社会中期，商品生产的发展推动封建地租由劳役和实物形式向货币地租形式转化，商品经济得到了进一步发展。在封建社会晚期，随着城市手工业的不断发展，商品经济与对外贸易都有了较大的发展，资本主义因素已孕育生长。

封建社会是自给自足的自然经济，国际贸易商品仍以奢侈消费品为主，西方国家以呢绒、酒等换取东方国家的丝绸、香料和珠宝等，手工业品比重明显上升。特别是由于交通运输工具，主要是船只的进步，国际贸易的范围和规模进一步扩大，形成了许多国际贸易中心。总体来看，封建社会时期的国际贸易品种、规模和程度与生产力和商品经济的渐进发展相适应，具有渐进性的特征。

（二）资本主义社会的国际贸易

1. 资本主义原始积累时期的国际贸易

16至18世纪中叶是西欧各国资本主义原始积累时期。这一时期，工场手工业的发展使得劳动生产率得到提高，商品的生产和交换进一步发展，生产力的发展为国际贸易的扩大提供了物质基础。特别是地理大发现不仅使国际贸易的规模急剧扩大，而且导致了世界贸易中心的转移，大西洋沿岸国家逐渐取代了地中海沿岸国家。葡萄牙、西班牙等国为荷兰、英国所取代，成为世界经济和贸易中心。

这个时期的国际贸易促进了商品经济与货币交换的发展。资本主义国家除了以各种方式从生产者农民手中剥夺他们的生产资料，使其被迫成为除出卖劳动力以外一无所有的"自由"工人，同时也使小生产者，如手工业者，发生两极分化。他们中的一部分人日渐破产，被迫成为劳动力的出卖者，这为资产阶级提供了劳动力。日益发展的国际贸易还为资本主义发展提供了货币资本，开辟了广阔的海外市场。非洲和拉丁美洲广大地区都卷入到了世界市场中来，既成为资本主义国家的商品销售市场，又成为了这些国家的原料产地。总之，资本主义原始积累时期的国际贸易在全球迅速发展，为资本主义的原始积累提供了劳动力、资本和市场，促进了资本主义生产方式的产生。

2. 资本主义自由竞争时期的国际贸易

18世纪后期至19世纪中叶是资本主义的自由竞争时期。这一时期欧洲国家先后发生了产业革命和资产阶级革命，资本主义机器大工业得以建立并广泛发展，社会生产力水平不仅大幅度提高，可交换的产品空前增加，而且交通运输与通信联络也发生了巨大的变革，国际贸易由此得到了快速的发展。

这一时期，国际贸易呈现以下特点：第一，国际贸易量显著增长。尤其是进入19世纪后，国际贸易量增长明显加快。第二，国际贸易商品结构发生很大变化。由于社会生产力的发展，商品的种类和数量不断增加，尤其是工业品的贸易量所占的比重显著提高。第三，国际贸易方式有了较大的进步。国际定期集市的作用下降，现场看货交易逐渐演变为样品展览会和商品交易所，出现了来样订货、期货等交易方式，以及信贷、汇票和票据等新贸易支付手段。第四，国际贸易组织形式有了改进。许多由国家经营的贸易专业服务机构，如运输公司、保险公司等出现了。银行信贷业务在国际贸易中也开始广泛运用。第五，政府的对外贸易政策也开始发生变化。自由竞争时期的资本主义在国内主张自由放任，反映在对外贸易上就是政府对经营的干预有所减少。

3. 垄断资本主义时期的国际贸易

19世纪末20世纪初各主要资本主义国家从自由竞争阶段过渡到垄断阶段。这一时期，科技革命推动了经济增长，也促进了国际贸易的增长，但增长速度有所减慢，同时贸易格局也发生了重大变化。然而由于垄断形成了市场分割和垄断高价，对国际贸易的发展带来了负面影响，因此其增长速度下降了。与此同时国际贸易也由一国垄断发展为多国垄断。第一次世界大战后，世界上有了一百多个国际卡特尔，相互缔结协定，控制了主要的世界市场。

为了确保原料供应和对市场的控制权，少数资本主义国家开始向殖民地输出资本。垄断组织则直接将商品输出和资本输出连接起来，加重了对殖民地的掠夺。同时，这些殖民地也开始卷入到错综复杂的国际经济中。这些经济上落后的国家由于加入了国际分工体系，或者受到跨国公司或殖民体系的影响，不仅成为发达国家的原料产地、商品销售市场，也成为了重要的国际投资场所。

（三）第二次世界大战后国际贸易的新发展

第二次世界大战后，世界的政治经济形势发生了巨大的变化，国际分工、世界市场和国际贸易也都发生了深刻的变化，主要表现为以下几个特征：

1. 战后国际贸易发展速度超过历史水平，规模空前扩大

第二次世界大战后，国际贸易的规模迅速扩大，国际贸易的增长速度超过世界生产的增长速度。恰是世界经济的高速增长，为国际贸易发展奠定了坚实的物质基础，再加上战后发生的以信息技术、新科技为标志的第三次科技革命，导致了各国产业结构和产业组织形式的调整，促进了进出口贸易的快速增长，这些都带动了国际贸易的迅速发展。

2. 国际贸易结构向高科技、服务业转变

第二次世界大战后商品结构的变化不仅表现在工业制成品和初级产品贸易比重的变化上，也表现在其内部结构上。在工业制成品贸易中，劳动密集型产品所占比重开始下降，而资本密集型产品的比重有所上升，尤其是高技术产品比重的上升不断加快。科学技术日益成为国际贸易发展的关键因素。知识经济的到来使得世界范围内的产业结构向智能化、高级化的方向发展。

3. 国际贸易地理分布和贸易地位发生变化

第二次世界大战后国际贸易的地理分布表现为越来越多的国家开始参与国际贸易。增长最快的是发达国家间的贸易，而发达国家与发展中国家的贸易往来则相对缩减了。发达国家仍在国际贸易市场中保持着支配地位，发展中国家的作用在加强。在发展中国家中，新兴工业化国家处于领先地位。中国在国际贸易中的地位迅速提高，逐渐成为重要的贸易大国之一。

4. 跨国公司逐渐成为国际贸易的主要力量

在经济全球化的推动下，生产要素特别是资本在全球范围内更加自由流动。跨国公司通过在全球范围内建立生产和营销网络，推动贸易投资的日益一体化，这对国际经济贸易格局产生了深刻的影响。跨国公司的全球投资活动、技术转让以及国际性的生产专业化，引发了公司内货物贸易的扩大以及专家、技术人员和劳动力的国际流动。跨国公司数目的剧增，其在国际化生产、贸易和投资中逐步居于主导地位。

5. 贸易自由化成为贸易政策的主流

第二次世界大战后，为了促进世界经济的恢复与重建，1947年建立的关贸总协定，成为多边贸易体制的基础，推动了全球贸易的自由化。1995年成立的世界贸易组织进一步巩固和完善了多边贸易体制，使贸易自由化向纵深发展。在经济全球化的推动下，世界各国经济交往愈加频繁，贸易自由化已是不可逆转的潮流。但是随着国际贸易规模的不断扩大以及世界经济的不确定性增加，贸易保护主义时有抬头，贸易摩擦也越来越多。

6. 多边贸易体制面临新挑战，全球范围区域经济合作势头高涨

第二次世界大战后，国际竞争日趋激烈，世界主要贸易国为保持其在全球市场上的竞争力，不断寻求与其他国家联合。以区域贸易安排为主要形式的区域经济合作加速发展，主要贸易大国都在追求区域贸易安排的主导权，区域贸易安排成员间的贸易比重进一步上升，成为各国争取市场资源、扩大发展空间、提升国际地位的战略手段，区域内贸易日益活跃和扩大。

第二节 国际贸易的分类

一、按商品流向划分

一个国家通常既有进口也有出口。

进口贸易指一国从国外市场购进用以生产或消费的商品，又称输入贸易。如果不是因购买而输入国内的商品，则不能称进口贸易，也不列入进口贸易统计。例如外国使、领馆运进自用的货物，以及旅客携带个人使用物品进入国内等。

出口贸易指一国把自己生产的商品输往国外市场销售，又称输出贸易。如果商品不是因外销而输往国外，则不计入出口贸易的统计之中。例如运往境外使馆、驻外机构的物品，或者携带个人使用物品到境外等。

一国在一定时期内（如一年、半年、一季、一月）出口总值与进口总值之间的差额，称为贸易差额。当出口总值与进口总值相等时，称为"贸易平衡"。当出口总值大于进口总值时，出现贸易盈余，称"贸易顺差"或"出超"。当进口总值大于出口总值时，出现贸易赤字，称"贸易逆差"或"入超"。

过境贸易指某种商品从A国经由B国输往C国进行销售，对B国来说，这项买卖就是过境贸易。在过境贸易中，又可分为直接过境贸易与间接过境贸易。直接过境贸易是指A国的商品进入本国境内后不存放海关仓库而直接运往C国；间接过境贸易是指A国的商品进入B国境内后存放仓库，然后再运往C国。有些内陆国家同非邻国的贸易，其货物必须通过第三国国境。在过境贸易中，由于本国未通过买卖取得货物的所有权，因此，过境商品一般不列入本国的进出口统计中。

进口贸易和出口贸易是对外贸易的两个组成部分。进口贸易和出口贸易是就每笔交易的双方而言，对于卖方而言，就是出口贸易，对于买方而言，就是进口贸易。一国往往在同一类商品上既有出口又有进口，如果一国或地区在某种商品的对外贸易中，出口贸易量大于进口贸易量，其超出部分被称为净出口；反之，如果进口量大于出口量，其超出部分被称为净进口。净出口和净进口一般以实物数量来表示，它反映的是一国或地区在某些商品贸易上是处于出口国或地区的地位，还是处于进口国或地区的地位。此外，输入该国或地区的商品再输出时，成为复出口；输出国外的商品再输入该国或地区时，称为复进口。

从国外输入的商品，没有在本国消费，又未经加工就再出口，称作复出口（Re-export）或复输出。如进口货物的退货、转口贸易等。复出口在很大程度上同经营转口贸易有关。

输往国外的商品未经加工又输入本国，则叫做复进口（Re-import）或再输入。产生复进口的原因很多，例如商品质量不合格，或者是商品销售不对路，或者是国内本身就供不应求等等。从经济效益考虑，一国应该尽量避免出现复进口的情况。

二、按商品形态划分

国际贸易按商品形态划分，可分为有形贸易和无形贸易。

有形贸易是相对于"无形贸易"来说的，指实物形态商品的进出口，如粮食、机器、设备、家具等商品的交换活动。

无形贸易是"有形贸易"的对称，指劳务或其他非实物商品的进出口而发生的收入与支出。例如专利使用权的转让、旅游、金融保险企业跨国提供服务等都是没有实物形态的商品，其进出口称为无形贸易。

无形贸易又可以分为服务贸易和技术贸易。无形贸易主要包括：①和商品进出口有关的一切从属费用的收支，如运输费、保险费、商品加工费、装卸费等；②和商品进出口无关的其他收支，如国际旅游费用、外交人员费用、侨民汇款、使用专利特许权的费用、国外投资汇回的股息和红利、公司或个人在国外服务的收支等。以上各项中的收入，称为"无形出口"；以上各项中的支出，称为"无形进口"。

（1）服务贸易，一般来说，指提供活劳动（非物化劳动）以满足服务接受者的需要并获取报酬的活动。为了便于统计，世界贸易组织的《服务贸易总协定》把服务贸易定义为四种方式：①过境交付，即从一国境内向另一国境内提供服务；服务提供者和消费者都不跨越国境。比如通过网络进行的国际远程教育、国际医疗、在线游戏等方面的服务。②境外消费，即在一国境内向来自其他国家的消费者提供服务；服务消费者到服务提供者国内接受服务，即在国外实现服务的进口。如中国公民到美国旅游、留学等。③商业存在，即一国的服务提供者在其他国家境内以各种形式的商业或专业机构提供服务。例如外国机构到中国开办分支机构提供相应的服务等。④自然人流动，即一国的服务提供者以自然人的方式在其他国家境内提供服务；例如中国公民到国外行医、教学等。

（2）技术贸易指技术供应方通过签订技术合同或协议，将技术有偿转让给技术接受方使用。如果这种交易是在一国之内进行，称之为国内技术贸易；如果这种交易跨越国界，则称之为国际技术贸易。从国家的角度上，这种国际间的技术流通包括技术出口和技术引进两个方面。技术贸易又称有偿技术转让，或技术的商业转让，是相对于技术的无偿转让而言的。

三、按境界标准划分

总贸易是"专门贸易"的对称，指以国境为标准划分的进出口贸易。凡进入国境的商品一律列为总进口；凡离开国境的商品一律列为总出口。在总出口中又包括本国产品的出口和未经加工的进口商品的出口。总进口额加总出口额就是一国的总贸易额。美国、日本、英国、加拿大、澳大利亚、中国、东欧等国采用这种划分标准。

专门贸易是"总贸易"的对称，指以关境为标准划分的进出口贸易。只有从外国进入关境的商品以及从保税仓库存提出进入关境的商品才列为专门进口。外国商品进入国境后，暂时存放在保税仓库，未进入关境，不列为专门进口。如果外国商品虽已进入国境，但仍暂时存放于海关的保险仓库之内，或只是在免税的自由经济区流通，则不被统计为进口。另一方面，从国内运出关境的本国产品以及进口后经加工又运出关境的商品，则列为专门出口。从关境外国境内输往他国的商品，则不被统计为出口。专门进口额加专门出口额称为专门贸易额。德国、意大利等国采用这种划分标准。联合国在公布各国对外贸易统计数字时，一般都注明该国是总贸易体制还是专门贸易体制。

一国进口货物的渠道一般有三种：①为国内消费和使用而直接进口货物；②通过海关保税工厂进口货物；③为国内消费和使用而从海关保税仓库中提出货物以及从自由贸易区进口货物。

一国出口商品的渠道一般有四种：①货物直接出口；②从海关保税工厂出口货物；③具有原产地证书的本国化货物的出口；④从海关保税仓库和自由贸易区出口。

总贸易与专门贸易统计出来的贸易数额是不相同的。原因主要是：第一，关境和国境往往不一致，既可能出现国境大于关境的情况，比如印度和埃及在本国境内都设有许多的自由贸易区；也可能出现国境小于关境的情况，比如欧盟就是这种情况。第二，对某些特殊形式的贸易，两者的处理也不相同，比如过境贸易会计入总贸易值但不会计入专门贸易值。

总贸易与专门贸易反映的问题也不相同。前者包括所有进出入该国的商品，反映一国在国际商品流通中所处的地位;后者包括那些进口是用于该国生产和消费的商品,出口是由该国生产和制造的商品,反映一国作为生产者和消费者在国际贸易中所起的作用。

四、按贸易国数目划分

按贸易参加国的数量划分,分为双边贸易和多边贸易。

双边贸易指两国之间通过协议在双边结算的基础上进行的贸易。这种贸易,双方各以一方的出口支付从另一方的进口,这种方式多实行于外汇管制国家。另外,双边贸易也泛指两国间的贸易往来。

多边贸易也称多角贸易,指三个或三个以上的国家通过协议在多边结算的基础上进行互有买卖的贸易。很显然,在经济全球化的趋势下,多边贸易表现得更为普遍。

五、按清偿工具划分

在国际贸易中,以货币作为清偿手段的贸易为自由结汇方式贸易(Free—Liquidation Trade),或叫做现汇结算贸易。再次作为支付手段的货币必须能在国际金融市场上自由兑换。目前能作为清偿货币的主要还是发达国家的货币,例如美元、欧元、日元等。

易货贸易指不通过货币媒介而直接以货物经过计价作为清偿工具的国际贸易,又称为换货贸易、对销贸易,它起因于贸易参与国双方的货币不能自由兑换,而且各国的自由外汇短缺,于是双方把进口和出口直接联系起来,互通有无,以做到进出口大体平衡。其特点主要表现在以下几个方面:第一,它只涉及贸易的双方,如政府对政府、政府对企业或者企业对企业;第二,易货商品按照各自的需要,可采用一对一、一对多或多对多的交换;贸易合同往往是短期的;在清偿时,既可以是逐笔支付平衡,也可以是定期综合平衡。

同自由结汇相比,易货贸易虽然可以缓解进口支付能力不足的矛盾,也存在一些明显的局限性。首先,易货贸易取决于双方对对方商品的直接需求,这样可供交换的商品种类就很有限。其次,双方的进口和出口要直接保持平衡,贸易规模受到限制。最后,货物计价通常是通过谈判确定的,而不是由市场竞争来决定,贸易条件对于某一方来讲往往不是很合理。

在当前全球范围的市场经济体制占主导地位的条件下,自由结汇贸易是最常用的贸易方式,易货贸易只在一些外汇比较短缺的发展中国家间采用。

六、按经济发展水平划分

按经济发展水平划分,对外贸易可分为水平贸易和垂直贸易。

水平贸易又称为产业内贸易,是产业内国际贸易的简称,指一个国家或地区,在一段时间内,同一产业部门产品既进口又出口的现象。比如日本向美国出口轿车,同时又从美国进口轿车的现象。产业内贸易还包括中间产品的贸易,即某项产品的半制成品、零部件在两国间的贸易。

垂直贸易指经济发展水平不同的国家间开展的贸易活动。发达国家与发展中国家间进行的贸易大多属于这种类型。特定产品的生产过程分割为不同的生产阶段,散布于多个国家（地区）进行，并以跨国界的垂直贸易链相互连接。

七、按贸易国关系划分

按贸易国的关系划分，我们将对外贸易分为直接贸易、间接贸易和转口贸易。

直接贸易指商品生产国与商品消费国直接买卖货物，不通过第三国进行买卖商品的行为。贸易的出口国称为直接出口，进口国则称为直接进口。贸易双方交易的货物既可以直接从生产国运到消费国，也可以通过第三国的国境转运到消费国，只要两者之间直接发生关系，即不通过第三国的商人作为中介人来进行贸易就是直接贸易。例如过境贸易就是直接贸易，而不是间接贸易。生产国商品出口到消费国，从生产国来说，是直接出口；从消费国来说，是直接进口。

间接贸易是"直接贸易"的对称，指商品生产国与商品消费国通过第三国进行买卖商品的行为。其中，生产国是间接出口；消费国是间接进口。贸易双方交易既可以直接从生产国运到消费国，也可以通过第三国的过境转运到消费国，只要两者之间没有直接关系，而是通过第三国的商人作为中介人来进行贸易则是间接贸易。

转口贸易也称为中转贸易。转口贸易指生产国与消费国之间通过第三国所进行的贸易，即使商品直接从生产国运到消费国去，只要两者之间并未直接发生交易关系，而是由第三国转口商分别同生产国与消费国发生的交易关系，仍然属于转口贸易范畴。转口贸易中的货物运输可以有两种方式：一种方式是转口运输，即货物从 A 国运入本国后，再运往 B 国；另一种方式是直接运输，即货物从 A 国直接运往 B 国，而不经过本国。

转口贸易与间接贸易的区别在于参与国的角度不同。商品生产国与消费国通过第三国进行的贸易对生产国和消费国而言是间接贸易，对第三国而言，则是转口贸易。转口贸易与过境贸易的区别在于前者有第三国的商人参与商品的交易过程，而不论货物是否经由第三国运送，后者则无第三国的商人参与；转口贸易以营利为目的，通常有一个正常的商业加价，而过境贸易只收取少量的手续费。

第三节 国际贸易重要概念

一、对外贸易与国际贸易的异同

随着经济全球化的发展，世界各国国内市场与国外市场相互融合的趋势在加强。在此过程中，国内贸易与国外贸易一方面有着诸多相同之处；另一方面，两者仍然存在巨大的差异。作为国际贸易的经营者，必须了解这些差异，掌握解决这些差异的方式，才能做好国际贸易。

国际贸易指不同国家（和/或地区）之间的商品和服务的交换活动。国际贸易是商品和服务的国际转移。国际贸易亦称"世界贸易"，泛指国际间的商品和服务（或货物、知识和服务）的交换。它由各国（地区）的对外贸易构成，是世界各国对外贸易的总和。国际贸易在奴隶社会和封建社会就已发生，并随生产的发展而逐渐扩大。到资本主义社会，其规模空前扩大，具有世界性。

国际贸易由进口贸易和出口贸易两部分组成，故有时也称为进出口贸易。如果从单个国家或地区的角度出发，一个特定的国家或地区同其他国家或地区之间所进行的商品或服务的交换活动，就称为对外贸易。一些海岛国家或地区之间以及某些对外贸易活动主要依靠海运的国家或地区，如英国、中国台湾等等，把这种交换活动称为海外贸易。可见，国际贸易与对外贸易的最大区别是看待同一事物时所处的角度不同。随着国际贸易在规模上的不断扩大，其本身的内涵也在不断变化。我们把包括货物与服务在内的对外贸易称为广义的对外贸易或者国际贸易；把只包括货物在内的对外贸易称为狭义的对外贸易或者国际贸易。概念本身的发展也在一定程度上反映了国际贸易的发展。

二、对外贸易结构

对外贸易商品结构指一定时期内一国进出口贸易中各种商品的构成，即某大类或某种商品进出口贸易与整个进出口贸易额之比，以份额表示。国际贸易商品结构指一定时期内各大类商品或某种商品在整个国际贸易中的构成，即各大类商品或某种商品贸易额与整个世界出口贸易额相比，以比重表示。这里涉及一个商品分类的问题，一般有两种分类方法。

一是联合国秘书处的《国际贸易标准分类》（SITC）。二是按生产某种商品所投入的生产要素进行分类，可分为劳动密集型商品、资本密集型等某种生产要素密集型商品。

一国对外贸易商品结构可以反映出该国的经济发展水平、产业结构状况、科技发展水平等情况。国际贸易商品结构可以反映出整个世界的经济发展水平、产业结构状况和科技发展水平。随着世界生产力和科学技术的进步，对外贸易商品结构在不断地发生变化。其基本趋势是初级产品的比重大大下降，工业制成品的比重不断上升，特别是资本以及技术密集型产品的比重显著增加。

三、对外贸易地理方向

国际贸易地理方向亦称"国际贸易地区分布"，用以表明世界各洲、各国或各个区域集团在国际贸易中所占的地位。计算各国在国际贸易中的比重，既可以计算各国的进、出口额在世界进、出口总额中的比重，也可以计算各国的进出口总额在国际贸易总额（世界进出口总额）中的比重。

对外贸易地理方向又称对外贸易地区分布或国别结构，指一定时期内各个国家或区域集团在一国对外贸易中所占有的地位，通常以它们在该国进出口总额或进口总额、出口总额中的比重来表示。对外贸易地理方向指明一国出口商品的去向和进口商品的来源，从而反映一国与其他国家或区域集团之间经济贸易联系的程度。一国的对外贸易地理方向通常受经济互补性、国际分工的形式与贸易政策的影响。

由于对外贸易是一国与别国之间发生的货物与服务交换，因此，把对外贸易按商品分类和按国家分类结合起来分析研究，即把商品结构和地理方向的研究结合起来，可以查明一国出口中不同类别商品的去向和进口中不同类别商品的来源，具有重要意义。

四、对外贸易依存度

对外贸易依存度是衡量一个国家（或地区）国民经济外向程度大小的一个基本指标。它是指对外贸易额在该国国民收入或国民生产总值中所占的比重。

对外依存度计算公式为：

（出口额 + 进口额）/国内生产总值 ×100%

外贸依存度表明一个国家的经济对外贸的依赖程度，也可以表明一个国家经济国际化的程度。由于进口值不是该国在一定时期内新创造的价值，而加上进口值使外贸依存度表现较高，因此，很多人使用出口依存度这个概念。出口依存度是指一国在一定时期内出口值在国内生产总值中的比重。出口依存度越高，说明该国国民经济活动对世界经济的依存度越高。出口依存度的计算公式为：

（对外出口额/国内生产总值）×100%

进口依存度表明进口额在 GDP 中的比重，表示一国的开放程度。

进口依存度的计算公式为：

（进口贸易额/国内生产总值）×100%

影响一国或国际贸易依存度的因素包括国内和世界市场的发展程度、加工贸易的层次、汇率的变化等因素。通常，国内市场发展程度高的国家的对外贸易依存度低于国内市场不发达国家的对外贸易依存度；从事低层次加工贸易国家对外贸易依存度高于从事高层次加工贸易国家对外贸易依存度。

一般来说，外贸依存度越高，国内经济发展受国外经济影响或冲击越大，世界经济不景气对本国经济的影响或冲击也较大。外贸依存度过低，则说明没有很好地利用国际分工的长处。各国应该根据本国国情，选择不同阶段本国最佳的外贸依存度。

五、对外贸易条件

贸易条件又称为交换比价或贸易比价，表明出口价格与进口价格之间的比率，也就是一个单位的出口商品可以换回多少进口商品。贸易条件是用来衡量在一定时期内一个国家出口相对于进口的盈利能力和贸易利益的指标，反映该国的对外贸易状况，一般以贸易条件指数表示，在双边贸易中尤其重要。

常用的贸易条件有 3 种不同的形式：价格贸易条件、收入贸易条件和要素贸易条件，它们从不同的角度衡量一国的贸易所得。其中价格贸易条件最有意义，也最容易根据现有数据进行计算。计算方法主要有以下几种：

1. 价格贸易条件（NBTT）

出口价格指数/进口价格指数 ×100%

2. 收入贸易条件（ITT）

出口价格指数与进口价格指数之比 × 出口商品的数量指数 ×100%

3. 单要素贸易条件（SFTT）

出口价格指数与进口价格指数之比 × 出口商品的劳动生产率指数 ×100%

4. 双要素贸易条件（DFTT）

出口价格指数与进口价格指数之比×出口商品的劳动生产率指数与进口商品的劳动生产率之比×100%。

影响贸易条件的因素有很多，这里只分析影响贸易条件的几个主要的同时也是比较直观的因素。

（1）进出口商品需求通过影响进出口商品的价格从而影响贸易条件。对于某一种商品而言，影响其需求的因素可能很多，但主要是一国总的进出口商品的需求情况。

（2）进出口商品市场组织，是通过影响进出口商品的供给情况来影响贸易条件。

（3）汇率对贸易条件的影响主要有两个途径：一是通过影响进出口商品的成本从而影响进出口商品的价格来影响贸易条件；二是通过影响进出口商品的名义价格而影响贸易条件。

（4）由于决定贸易条件的是出口商品和进口商品的加权平均价格，因此当进口商品或出口商品的构成情况发生变化时，即使各种商品本身的价格不发生变化也会改变进口商品或出口商品的加权平均价格，从而改变一国的贸易条件。

第四节 国际贸易的作用

国际贸易在国际经济政治关系中具有十分重要的地位。世界上任何一个国家在经济政治上都在影响别国和受别国影响，而国际贸易正是这种相互影响的重要渠道之一。不仅如此，国际贸易在促进经济增长、优化经济结构、提升就业水平等各方面均有积极作用。

一、国际贸易与经济增长

（一）国际贸易能够促进要素更广范围地自由流动，从而使要素资源得以优化配置

相比一国或一地区，在开放经济和贸易与投资融合的背景下，整个世界范围或区域内，包括资本、劳动力、技术等要素面临更为广阔的流动空间和可能，并且随着经济全球化、区域经济一体化的深入发展，这一空间正在进一步拓展和强化。由此为存在要素禀赋差异的各国及地区开展对外贸易提供了重要的基础和条件，也使要素及各种资源能够直接或间接实现全球范围内的优化配置，降低因封闭经济或贸易壁垒造成的要素资源不平衡、不流动，从而发挥其最大效用，促进世界各国经济繁荣增长。

（二）国际贸易能够促进竞争机制的充分发挥，从而提升企业经营效率和国际竞争力

面对全球或区域范围内的同类企业，国际贸易使国内企业在进出口过程中不得不面对来自国内外更为激烈的市场竞争，从而促使企业不断降低成本，提高经营效率；也加速低效率的企业退出市场，促使高效率的企业达到合理的规模，并不断按国际市场需求结构的变化调整自己的产品结构，按国际标准生产和国际营销惯例办事，从而获得更大的经济效益和更强的国际竞争力，促进国内经济的发展。

（三）国际贸易能够极大拓展市场规模，从而使企业获得规模经济及更高的利润水平

国际贸易使企业在获得内部规模经济的同时，因面对更为广阔的外部市场而能够享受外部规模经济的益处，拥有更高的利润水平。就出口贸易而言，由于各产业之间的关联和价值链的联系，在出口的带动下，一个行业部门的发展不仅可以带动一系列其他行业部门的成长，而且将使更多的企业被纳入到国际分工的环节中，可能享受全球价值链延伸带来的各种好处。就进口贸易而言，从国外引进国内没有生产的产品，往往能起到开拓国内市场、引导新产业成长的作用。实践证明，进口替代是许多国家，尤其是发展中国家走向工业化的重要选择。

（四）国际贸易能够推动技术进步和创新，从而强化企业的竞争优势和国际化潜力

国际贸易推动技术进步和创新不仅体现在要素流动的外溢效应以及对企业的竞争激励方面，单从贸易标的来看，高科技产品或技术本身亦对国内技术进步和创新具有重要的促进作用。从进口看，技术和设备的进口将直接促进企业生产效率的提高，其作用类似于创新对增长的贡献，而且还节省了创新的成本。从出口看，出口的扩大使得创新活动所能获得的收益上升，从而反过来刺激本国企业产品和技术的创新，强化企业的竞争优势，加快企业国际化步伐，进一步增强国内经济的活力。

（五）国际贸易能够加速资金积累，从而为经济的发展提供坚实的支持保障

通过国际贸易，不仅出口企业和部门能够获得较好的经济效益，提高积累率，从而加速发展，而且政府可通过对过往关境的货物征收关税，也可以通过为过境货物提供各种服务获得相关的财政收入。此外，出口越多，在国际市场上筹措资金的余地就越大。而进口又往往同国家之间的借贷关系联系在一起，这样可以利用外国的资金来引进技术和设备等。可见，国际贸易可为国内经济发展提供坚实的支持保障。

二、国际贸易与结构优化

（一）国际贸易有利于优化一国产业结构

产业结构的优化或合理化，指第一、第二、第三产业之间比例协调发展和各产业内部的结构符合社会市场需求结构，以及各产业逐步由劳动密集型向资本密集型、技术密集型转移。扩大对外贸易，无疑可对产业结构的调整起到积极作用。一方面，由于任何一个国家都不可能实现绝对平衡的增长，即供给结构与需求结构刚好符合，因此需要利用世界市场。当国内资源过剩而需求不足时，就面对国外市场组织生产；而在国内需求很大，但缺乏必要的资源和条件时，可以适当进口。另一方面，扩大对外经贸关系，积极参与国际分工，引进竞争机制，就必然要发展本国具有现实的或潜在的比较优势产业，淘汰和放弃某些不合理的落后产业，以优化资源配置。因此，进出口竞争的刺激和进出口结构的不断调整，又会促进本国企业的技术进步，促进产业结构的高度化和资源配置效率的进一步提高。

（二）国际贸易有利于提升一国消费结构

国际贸易的重要利益之一是互通有无。通过国际贸易，可以进口国内短缺而又迫切需要的商品和服务，或者进口比国内价格更低廉、质量更好、式样更新颖、特色更突出的商品和服务，从而使国内消费者获得更多福利；也可以出口国外市场需要的商品和服务，从而增加消费者的收入及购买力，提升消费层次。不仅如此，国际贸易还可通过促进产业结构升级推动消费结构的优化，甚至引领消费趋势，这些都将对消费结构产生积极影响。

三、国际贸易与就业促进

国际贸易能够通过扩大生产经营规模、增加就业岗位以及促进跨国投资、推动要素流动、增进国际合作等途径使就业增长。因此许多国家把发展对外贸易当作解决劳动力就业的一个重要渠道。特别是劳动密集型产品出口的增长，将为国内提供更多的就业机会，从而使失业率降低，增进国民福利。

四、国际贸易的其他影响

（一）国际贸易有利于加强各国之间的联系

国际贸易的繁荣、世界市场的扩大使越来越多的国家加入到世界分工体系中，不仅把生产力发展水平较高的发达国家联系起来，也把生产力发展水平较低的广大发展中及欠发达国家卷入国际经济活动之中，并且随着经济全球化的深化彼此日益紧密地相互依赖、互相合作。尤其是跨国公司、国际及区域经济组织的发展，使国家间联系的纽带空前加强。

（二）国际贸易有利于促进文化思想的传播

国际贸易的壮大将无疑使人员跨国流动愈加频繁，文化思想传播更加广泛，从而对贸易国的政治、经济、文化及社会进步产生重要影响。国际贸易对一国生产和消费所产生的推动和示范作用，在某种意义上说比物质交换带来的利益还要大。它促进人们思想的进步、思维方式的改变和观念的更新。尤其是现代商品经济和社会化大生产孕育出来的精神文明成果，诸如效率观念、效益观念、服务观念、冒险精神、开拓进取精神等等，对于经济发展落后的国家尤为重要。

第二章 Chapter 2
国际分工与世界市场

第一节 国际分工概述

一、国际分工的概念

国际分工指各国在从事商品生产时，相互之间实行的劳动分工和产品分工。它是社会生产力发展到一定阶段的产物，是社会分工从一国国内向国际延伸的结果，是生产社会化向国际化发展的趋势，也是国际贸易和世界市场的基础。

国际分工的发生和发展主要取决于两个条件。

（一）社会经济条件

社会经济条件起决定性作用，包括各国的科技和生产力发展水平、国内市场的大小、人口的多寡和社会经济结构。其中生产力水平，是国际分工形成与发展的决定因素。只有在机器大工业发展起来，社会生产力有了很大提高的情况下，才会产生进行国际分工的要求。随着科技进步和生产力的进一步发展，必然会对国际分工提出更高的要求。

（二）自然条件

自然条件包括资源、气候、土壤、国土面积的大小等等。不同国家的地理、气候、资源、国土等条件不同，为国际分工提供了自然基础。但现实中究竟如何进行国际分工归根结底是由社会生产力水平和社会经济关系决定的。

二、国际分工的产生和发展

国际分工的发展大体上可以分为四个阶段：

（一）国际分工的萌芽阶段（16—18世纪中叶）

15世纪末至16世纪上半期的地理大发现，将市场从国内扩展到国外，促进了手工业向工场手工业过渡，从而使工场手工业为基础的、具有地域性的、面向国外市场的专业化生产产生，开始了国际分工的萌芽阶段。这个时期，西欧国家推行殖民政策，在亚洲、非洲、拉丁美洲进行掠夺，开矿山、建立种植园，为西方国家提供各种矿产品和农作物原料，出现了宗主国和殖民地之间最初的分工形式。但这一时期的国际分工是建立在自然条件不同的基础上的，具有明显的地域局限性，还不是真正意义上的国际分工。

（二）国际分工的形成阶段（18世纪60年代到19世纪60年代）

18世纪开始的第一次科技革命，由于机器的发明及其在生产上的应用，生产力空前提高，分工空前加深。工场手工业过渡到机器大工业，资本主义生产方式得以完全确立。由于此时国际分工建立在机器大工业基础之上，生产规模和产品销售都得到了进一步发展，需要寻找新的销售市场和更多的原料来源，从而推动社会分工向国际分工的转变。这次科技革命首先在英、法等国进行，它们发展为工业国，而其他广大国家则处于农业国、原料国的地位，由此形成了宗主国和殖民地之间的国际分工格局，这是资本主义国际分工的形成阶段。

（三）国际分工的发展阶段（19世纪70年代到第二次世界大战）

19世纪末至20世纪初开始的第二次科技革命，特别是发电机、电动机、内燃机的发明及其广泛应用，生产力水平得到提高，分工更加精细，大大促进了资本主义世界生产的发展，形成了新的国际分工体系。这次科技革命是在英、美、德等国进行的，其他国家在引进技术与机器设备的推动下，在基础设施、轻工业和采矿业方面得到了一定的发展，但仍不同程度地处于初级产品供应国地位。这一阶段国际分工的特征表现为：前一阶段宗主国与殖民地之间的"垂直型"分工继续向深向广发展；工业国之间发展成为"水平型"分工，即工业部门间的分工。各种类型国家之间的相互依赖关系进一步加强，这是资本主义国际分工的发展阶段。

（四）国际分工的深化阶段（第二次世界大战后）

第二次世界大战后，第三次科技革命导致了一系列新兴工业部门的诞生，如高分子合成工业、原子能工业、电子工业、宇航工业等，产品日益多样化、差异化，使世界各国在经济上日益依赖国际分工和世界市场，从而使国际分工的格局从以自然资源为基础的国际分工发展为现代工艺、技术为基础的分工，尤其是具有一定技术水平的国家之间部门内部的分工得到了空前的发展。不仅如此，国际分工的形式由"垂直型"分工向"水平型"分工过渡，所涉行业领域由有形商品领域向服务业领域扩展。

三、国际分工的类型

国际分工的类型是指各类国家参加国际分工的基本形式。国际分工按不同的分类方法有不同的类型或形式。

（一）按参与国际分工国家的自然资源和原材料供应、生产技术水平和工业发展情况的差异来分类，可划分为三种不同类型

1. 垂直型国际分工

经济技术发展水平相差悬殊的国家（如发达国家与发展中国家）之间的国际分工。垂直分工是水平分工的对称，分为两种：一种指部分国家供给初级原料，而另一部分国家供

给制成品的分工形态，如发展中国家生产初级产品，发达国家生产工业制成品，这是不同国家在不同产业间的垂直分工。另一种指同一产业内技术密集程度较高的产品与技术密集程度较低的产品之间的国际分工，或同一产品的生产过程中技术密集程度较高的工序与技术密集程度较低的工序之间的国际分工，这是相同产业内部因技术差距所引致的国际分工。

从历史上看，十九世纪形成的国际分工是一种垂直型的国际分工。当时英国等少数国家是工业国，绝大多数不发达的殖民地、半殖民地则是农业国，工业先进国家按自己的需要强迫落后的农业国进行分工，形成工业国支配农业国、农业国依附工业国的国际分工格局。迄今为止，工业发达国家从发展中国家进口原料而向其出口工业制成品的情况依然存在，垂直型的国际分工仍然是工业发达国家与发展中国家之间的一种重要的分工形式。

2. 水平型国际分工

水平型国际分工指经济发展水平相同或接近的国家（如发达国家以及一部分新兴工业化国家）之间在工业制成品生产上的国际分工。当代发达国家间的相互贸易主要是建立在水平型国际分工的基础上的。水平分工可分为产业内水平分工和产业间水平分工。产业内水平分工又称为"差异产品分工"，指同一产业内不同厂商生产的产品虽有相同或相近的技术程度，但其外观设计、内在质量、规格、品种、商标、牌号或价格有所差异，从而产生国际分工和相互交换，它反映了企业的竞争和消费者偏好的多样化。产业间水平分工指不同产业所生产的制成品之间的国际分工和贸易。由于发达资本主义国家的工业发展有先有后，侧重的工业部门有所不同，各国技术水平和发展状况存在差别，因此各类工业部门生产方面的国际分工日趋重要。各国以其重点工业部门的产品去换取其他国家非重点工业部门的产品。工业制成生产之间的分工不断向纵深发展，由此形成水平型国际分工。

3. 混合型国际分工是把"垂直型"和"水平型"结合起来的国际分工方式，即"混合型"分工

混合型分工指某一国家在国际分工体系中既参加"垂直型"的分工，也参加"水平型"的分工。德国是"混合型"的典型代表。它对第三世界是"垂直型"的，从发展中国家进口原料，对其出口工业品；而对发达国家则是"水平型"的，在进口中，主要是机器设备和零配件，其对外投资主要集中在西欧发达的资本主义国家。

（二）按分工是在产业之间或产业内部分，可分为两种不同类型

1. 产业间国际分工

产业间国际分工是指不同产业部门之间生产的国际专业化。第二次世界大战以前，国际分工基本上是产业间国际分工，表现在亚、非、拉国家专门生产矿物原料、农业原料及某些食品，欧美国家专门进行工业制成品的生产。

2. 产业内部国际分工

产业内部国际分工是指相同生产部门内部各分部门之间的生产专业化。第二次世界大战后国际分工的形式从过去的部门间专业化向部门内专业化方向迅速发展。

产业内部国际分工主要有三种形式：

（1）同类产品不同型号规格专业化分工。在某些部门内某种规格产品的国际生产专业化，是部门内国际分工的一种表现形式。

(2) 零部件专业化分工。许多国家为其他国家生产最终产品而生产的配件、部件或零件的专业化。目前，这种国际生产专业化在许多种产品的生产中广泛发展。

(3) 工艺过程专业化分工。这种专业化过程不是生产成品而是专门完成某种产品的工艺，即在完成某些工序方面的专业化分工。以化学产品为例，某些工厂专门生产半制成品，然后将其运输到一些国家的化学工厂去制造各种化学制成品。

四、国际分工的影响因素

影响国际分工发生和发展的因素是多方面的，既有社会经济条件，也有各国的自然条件，还有国际政治等方面的因素。具体可以归纳为以下几个方面：

（一）自然条件

任何社会的经济活动都建立在一定自然条件之上。自然条件包括地理环境、气候、自然资源和国土面积等。它对国际分工的产生和发展具有一定的制约作用。有利的自然条件只是为国际分工提供了可能性，在自然条件具备的前提下，能否形成现实国际分工，则取决于生产力的发展水平。只有当生产力发展到一定的阶段，自然资源才会得到充分的开发和利用。

（二）社会生产力

国际分工是随着生产力的发展而变化的，生产力决定国际分工的广度、深度和形式。社会生产力的决定性作用首先突出表现在科学技术进步的重要作用上，科学技术的进步不仅推动了生产能力的提升和生产规模的扩大，而且促进了生产专业化的发展，使社会分工和国际分工发生相应的变革。其次，生产力发展水平高的国家在国际分工中总会处于领先地位。生产力发展水平高的国家，技术水平也高，而技术因素决定了一国在国际分工中的地位。同时，生产力水平也决定了一国的经济结构，直接制约着一国参与国际交换的产品内容。此外，生产力水平也决定了一国在国际分工中可以利用的分工方式，如国际分包、生产协作等。

（三）人口、生产和市场规模

人口在世界各国的分布很不平衡。劳动力丰裕的国家在劳动力密集型产品生产和出口方面具有比较优势，劳动力稀缺的国家则相对处于劣势。如此就会在不同国家中产生国际分工。此外，现代工业要求大规模生产，各国会依据规模经济的要求发展一个或几个产业部门，通过市场满足所有国家对这些产品的需求。规模经济还反映在各国合作生产某一产品，使其产量达到经济批量，从而在国际市场上具有较强竞争力。可见，生产和市场规模对国际分工的形式会产生重要影响。

（四）跨国公司

第二次世界大战后，跨国公司的发展使其成为推动当代国际分工的重要力量。它将企业内部有计划有组织的分工随着资本输出而扩展到世界范围。由于跨国公司资本的输出具体表现为发达国家之间的相互投资，因此进行的国际分工主要是水平分工。反映到国际贸易上，就是发达国家之间制成品贸易发展迅速。同样，跨国公司又将生产环节分散到不同的国家，通过公司内部交易等控制活动，把各国的生产活动联系在一起，从而获得高额利润。这样，各国间的分工就反映了跨国公司的垂直一体化体系内部分工。

(五) 经济贸易政策以及文化等因素

政府的经济政策和措施，能直接促进或阻碍国际分工的发展。实行对外开放的政策，能促使企业参与国际竞争以及国际分工。如果一国采取封闭的政策，则会孤立于世界经济的发展。同样，文化观念也对参加国际分工有很大影响，从现实生活来看，国际分工总是首先在文化观念相近的民族之间得到发展。

五、第二次世界大战后国际分工的新特点

(一) 国际分工的格局发生变化

在分工的格局上，以自然资源为基础的国际分工发展为以现代工艺技术为基础的分工，工业国与工业国之间的分工处于主导地位，工业国与农业国、矿业国之间的分工逐步削弱。这种分工主要有两种类型，一是发达国家与发展中国家之间高精尖和一般工业的分工；二是发达国家之间在相同技术水平上的产业部门内部的分工，主要沿着三个方向发展：第一，国家之间产品的专业化，即同一种类不同规格、型号的产品在各国的专业化生产；第二，国家之间零部件的专业化，即各个国家生产同一部门的不同零部件，然后相互交换，形成分工协作关系；第三，国家之间工艺流程的专业化，即不同国家对生产过程的不同阶段进行专业化协作生产。

(二) 国际分工的形式发生变化

相对于第二次世界大战前工业品和初级产品分工而言，发达国家和发展中国家之间的垂直型国际分工的主流地位已经让位于水平型的国际分工。产业部门之间的国际分工日益转变为产业内部的国际分工，以产品为界限的国际分工逐步转变为以生产要素为界限的国际分工，"水平型"分工逐渐成为主流。发达国家和发展中国家在工业部门的分工是"脑"和"手"的分工，而主要贸易利益由发达国家获得。

(三) 国际分工的机制发生变化

随着全球经济化的发展，殖民统治力量已经削弱，出现了有组织的"协议式"的国际分工。首先，随着跨国公司的发展，其在国际分工中的作用加强；其次，区域性经济组织出现，区域合作加强，区域性经贸集团成员国之间的分工关系得到加强；最后，随着国家间的联系加强，各类国际组织开始组建成立并发挥作用。因此，国际经济组织对国际分工的影响也在增强。

(四) 跨国公司成为国际分工的主要推动者

跨国公司的生产经营活动建立在全球战略基础之上。为了创造最大的效益，在竞争中获得优势，跨国公司按照不同地区的要素特征，在全球范围优化配置，建立横跨全球的采购、生产与销售网络。跨国公司的产品往往包含许多国家生产的零部件，产品设计、生产、组装、销售分布在不同的国家和地区，以充分利用区位优势，实现资源、技术、信息、公共设施的共享。这种生产环节的安置形成了如今的国际分工形式，即以价值链为基础的国际分工。

(五) 发达国家之间的分工占主导地位

第二次世界大战后，发达国家之间的分工得到迅猛发展，逐渐占据主导地位。其原因主要有：首先，战后国际分工对产品技术要求更高，这种高技术要求使得发达国家必须加

强分工,共同分担研发的风险;其次,发达国家对国际经济贸易政策的控制和操纵,使得资本、技术密集型产品的贸易自由化程度高于其他产品,再加上跨国公司的推动,发达国家越来越占据国际分工的主流和中心。

第二节 国际分工与国际贸易的关系

一、国际分工的深化对国际贸易的影响

(一) 国际分工影响国际贸易的发展速度

国际分工是国际贸易发展的基础,国际分工的深化和发展会促进国际贸易的繁荣发展。生产的国际专业化分工不仅可以提高劳动生产率,增加世界范围内的商品数量,还增强了国际交换的必要性,从而推动国际贸易迅速发展。

(二) 国际分工影响国际贸易的商品结构

国际分工对国际贸易的商品结构产生重要影响。国际分工的深度和广度不仅决定国际贸易发展的规模和速度,而且还决定国际贸易的结构和内容。第一次科技革命以后,世界市场形成了以英国为中心的国际分工。这个时期,大机器工业的发展使国际贸易出现了许多新的产品,例如纺织品、船舶、钢铁和棉纱等。第二次科技革命以后,形成了国际分工的世界体系,国际贸易的商品结构发生了相应的变化,不仅粮食的贸易量大大增加,农业原料和矿业材料,如棉花、橡胶、铁矿、煤炭等产品的贸易量也在不断扩大,机器、电力设备、机车及其他工业品的贸易量也有所增长。第二次世界大战后发生的第三次科技革命,使工业制成品在国际贸易中的比重不断上升,新产品大量涌现,技术贸易得到迅速发展。

(三) 国际分工影响国际贸易的地理分布

国际分工对国际贸易的地理分布同样产生重要影响。世界各国对外贸易的地理分布与各国自身经济发展及其在国际分工中所处的地位密不可分。第一次科技革命后,以英国为核心的国际分工,使英国在世界贸易中居于垄断地位。此后,法国、德国、美国在国际贸易中的地位也显著提升。第二次世界大战后,第三次科技革命推动发达国家工业部门内部分工成为国际分工的主导形式,因而西方发达国家相互之间的贸易得到了迅速发展,而它们同发展中国家间的贸易则呈现下降趋势。

(四) 国际分工影响各国的贸易政策

国际分工状况影响着各个国家对外贸易政策的制定。在国际分工中处于优势和主导地位的国家和地区能够从分工和贸易中获得更大的利益,因此大力推行自由贸易政策,积极扩大国际市场空间。而在国际分工中处于劣势地位的国家和地区,面对激烈的市场竞争,为了保护本国经济和贸易利益不受损失,大多采取保护贸易政策。此外,随着国际分工的深化,各国贸易政策更加灵活,政策取向愈加多样。总之,国家贸易政策的演变与世界国

际分工深入发展分不开，也与各国在国际分工中所处地位的变化密切相关。

（五）国际分工影响国际贸易利益的分布

国际分工水平反映了一国或地区的生产力发展状况。越是处于国际分工有利地位，从而拥有优势贸易条件的国家或地区越能够从分工和贸易中获得更大的利益。在历史上，殖民主义国家与殖民地、半殖民地国家在国际分工中呈现剥削、控制和被剥削、被控制的地位，从而直接决定着国际贸易利益的分布。与发展中国家相比，发达国家在国际分工中往往处于价值链的核心环节，居于国际分工的主导地位，出口资本、技术密集型产品，因而不仅具有贸易规则制定和合同签订的话语权，而且实实在在地取得了更多的贸易利益。

二、国际贸易的发展对国际分工的影响

（一）国际贸易是联结国际分工的纽带

国际分工为各国专业化生产自己具有比较优势或绝对优势的商品提供了条件和可能，从而不仅使各国以更低的成本、更高的效率生产和提供更多的商品，而且通过国际交换，能够获得更大的利益、更加多样化的使用价值。自国际分工出现以来，随着科学技术的进步，使各国之间的分工纵深发展，使得国际社会经济形成一个有机整体。而这个有机整体各个部分联结的纽带就是国际贸易。国际分工越发展，分工越复杂，国际贸易的纽带功能发挥的也越强。

（二）国际贸易制约着国际分工功能的实现

就国际分工的功能而言，其不仅可以扩大国际社会劳动的范围、种类，使得人类总体能力向各方面延伸，而且能够提高各国劳动者的技能，发挥优势、扬长避短，推动资源实现优化配置，更重要的是国际分工能够节约整个社会的劳动时间，提高劳动效率，降低劳动成本，改进劳动工具。上述功能发挥的过程与国际贸易紧密相连。国际贸易制约着国际分工功能实现，是其功能实现和提升的重要途径和通道。

（三）国际贸易的规模和速度影响国际分工的扩大

国际贸易密切联结着国内生产与世界市场。如果一国的国际贸易发展迅速，渠道畅通无阻，产品适销对路，贸易规模扩大，这种情况下，该国的国际分工发展也更快，并且规模也会不断扩大；反之，如果本国国际贸易受阻，出口困难，市场狭窄，那么该国与别国的分工也会受阻，国际分工发展受限。可见，国际贸易的规模和速度影响国际分工的扩大。

（四）国际贸易引导国际分工的发展方向

在国际分工的条件下，各国为国际交换而进行商品生产。因此必须了解所生产的商品是否符合消费者的需要，其价值能否得到国际社会的承认。如果各国企业不了解国际消费者的需要，就不能够生产行销对路的产品，从而使生产萎缩，分工也会中断。所以，依据国际市场的状况和消费者的需要组织生产非常重要。而国际贸易能够反映世界市场的需求情况，市场需求什么，企业就生产什么，围绕决策目标采取行动，导致国际分工形式、方向的变化，从而使其配置资源的功能得到充分发挥。

第三节 世界市场概述

一、世界市场的概念与分类

(一) 世界市场的概念

市场是社会分工和商品交换的必然产物，也是商品经济顺利发展的重要条件。从狭义上讲，市场是商品和服务交换的场所或领域。从广义上说，市场则是超出单纯商品买卖场所范围，在流通领域内各种交换关系的总和。

世界市场是世界各国进行商品和服务交换的场所，是世界范围内通过国际分工联系起来的各国市场以及各国之间市场的总和。世界市场不仅包括一般的商品买卖活动的运动空间，还包括与对外贸易有关的货币结算、货物运输、货物保险等内容。在世界市场上，商品是交换的主体，其他活动都是为商品交换服务的。

世界市场是在各国国内市场的基础上形成的。但是，世界市场并不是各国国内市场的简单之和，两者之间既有不可分割的联系，又有十分明显的差别。世界市场是由国际货物、服务和知识产权交易把各国国内市场联系起来的世界范围的交换领域，这一概念，可以从其内涵与外延两个方面来理解。世界市场的内涵，是指国际商品经济关系的总和，包括商品交换背后的生产者之间的关系。世界市场的外延，是指它的地理范围，其地理范围要比一国的市场范围大，前者包括世界各国之间的商品交换，后者只包括一国疆域之内的商品交换。在世界市场的内涵和外延两方面中，其内涵决定世界市场的经济本质。

世界市场的含义还体现在以下三个方面：第一，各国国内市场的形成是世界市场形成的前提，只有各国国内市场发展到一定程度，商品交换突破国家界限而扩大到世界范围，世界市场才能真正形成。第二，世界市场是以国家为媒介并超越国家界限而形成的商品交换关系的反映。第三，世界市场受各国经济和政治关系的制约和影响。

世界市场是社会分工和商品经济活动超越国家界限扩展到世界范围的结果。世界市场的产生和发展同资本主义生产方式的建立和发展紧密相连。

(二) 世界市场的分类

世界市场可以按照不同的内容和形式划分。

(1) 按地理位置划分。世界市场按洲别或地区可以划分为西欧市场、北美市场、非洲市场和东南亚市场等；也可以按国别划分为美国市场、日本市场、德国市场、英国市场和中国市场等。

(2) 按市场对象划分。世界市场可以划分为商品市场、货币市场和劳务市场，其中商品市场是主体；也可按大类划分为纺织品市场、粮油市场、机械市场、化工市场等；还可按品种细分为小麦市场、咖啡市场、茶叶市场、汽车市场等。

(3) 按消费者划分。世界市场按消费者性别、年龄、收入和职业等划分，可分为妇女用品市场、儿童用品市场、劳保用品市场等。

（4）按国家的发展程度划分。世界市场按国家的发展程度可分为发达国家市场与发展中国家市场。

（5）按国家性质的不同划分。按国家性质的不同，可分为资本主义国家市场和社会主义国家市场。

二、世界市场形成的原因和发展阶段

（一）世界市场形成的原因

1. 资本主义开放与扩张的本性是世界市场形成的根本推动力

资本的逐利性始终推动着资本主义不断向外扩张，从而突破本土或区域性市场空间的限制，以占领更大的市场，获得更多的剩余价值。国内市场是世界市场形成的前提，国际分工是世界市场形成的基础。世界市场就是伴随社会生产力水平的提高、国际分工的发展而在资本主义的开放与扩张中形成的。这是世界市场形成的根本原因。

2. 殖民扩张与掠夺成为世界市场形成的重要途径

扩大并占领国外市场不仅为资本主义发展打开巨大的消费市场，同时为其提供大量原材料和劳动力，早期资本主义通过殖民扩张与掠夺强行推动世界市场的发展。16到18世纪，荷兰、法国、英国等国的早期殖民扩张使得非洲沿海岸、美洲大部、亚洲沿海地区被强行纳入资本主义世界市场。19世纪中期的英、法、美等国殖民扩张迫使亚洲绝大部分国家和地区卷入资本主义世界市场。19世纪末期，列强掀起瓜分世界的狂潮，亚、非、拉美绝大多数国家和地区成为资本主义的附庸。总之，殖民扩张使得世界各地逐步纳入资本主义市场体系，这也是世界市场形成的原因之一。

3. 工业革命强力助推世界市场的形成

工业革命极大地提高了资本主义生产力和其征服世界的能力。第一次工业革命使机器生产在英、法、美、德等国普及，极大提高了生产效率和规模，由此推动资本主义工业国不惜一切代价到世界各地抢占商品销售市场和原料产地以满足工业发展的需要。第二次工业革命进一步提高了资本主义生产力，企业日趋国际化，出现了跨国公司，资本的国际流通加速，出现了一系列新兴工业部门，使世界市场进一步得以形成和扩张。

4. 科学技术的进步为世界市场形成提供了必要的技术条件

科技进步直接推动资本主义生产力的进步，尤其是交通、通讯业的发展，为资本主义工业国对外拓展提供了通路和条件，极大增强了其占领全球市场的能力，成为资本主义世界市场形成的主要依托。如蒸汽机车和轮船的出现极大改变了交通运输状况，再加上汽车等各类交通工具的出现，使世界各地商品流通速度日益加快、贸易范围不断扩展，世界联系更加紧密。与此同时，电报、电话的出现，使世界各地的商业信息的交流与传播更加便捷。

（二）世界市场的发展阶段

1. 世界市场的萌芽阶段（16世纪—18世纪中期）

15世纪末和16世纪初的地理大发现使世界市场进入萌芽阶段。这一时期资本原始积累成为重要目标。随着西方殖民者的海外贸易和殖民活动，欧洲、亚洲、美洲、非洲逐渐

联系在一起，地区间的联系得到加强，基本独立的区域性市场逐步发展成为初步相互关联的、具有"世界"概念的市场。同时，工场手工业的发展，特别是新航路的开辟，使商品交换超出了一国的范围，发展成为国际性的交换活动，由此出现了世界市场的萌芽。

2. 世界市场的扩张阶段（18世纪中期—19世纪70年代）

这一时期，在英国和欧洲其他国家先后进行的工业革命对世界市场的迅速扩张发挥了重要作用。在机器大工业的推动下，国际贸易发生了根本性的变化，促进了世界市场的迅速发展。中欧、东欧、中东以及印度洋沿岸的广大地区都成为世界市场的组成部分，南太平洋和远东的澳大利亚、日本和中国等也开始进入世界市场。同时发达国家与经济落后国家的垂直型分工愈加普遍。世界市场上主要的经济联系是工业国家和农业国家之间，而各工业发达国家之间的贸易联系也大大加强。

3. 世界市场最终确立阶段（19世纪70年代—20世纪初）

第二次科技革命不仅促进了生产力水平的极大提升，使工农业生产迅速增长，交通运输业发生了革命性的变革，而且推动了资本主义生产关系由自由竞争向垄断阶段过渡，资本输出急剧扩大，生产社会化和国际化空前加强，并与商品输出相结合，从而扩大了世界各国间的商品流通，使其从经济上互相联结起来了。由此在世界历史上第一次实现了一个统一的世界市场。世界市场的形成是人类社会经济发展史上的重大事件，对各国、各地区的经济增长和国际关系的加强产生了推动作用。

三、世界市场的基本特征

（一）世界市场的统一性

世界市场的统一性是指世界市场是一个相对统一的整体，并不因各种社会制度和经济集团并存甚至对立而被割裂，它包容世界上一切经济制度和发展层次国家的生产要素的相互流动。一般说来，世界市场的统一性主要有三个标志：一是各国经济循环和周期的同步性；二是商品和资本的自由转移；三是"一种商品一个价格"规律的存在。其中第三个标志被认为是世界市场统一性的最重要的标志。这种价格的统一性取决于商品和资本的可流动性。商品和资本的可流动性越大，价格的统一程度也就越高。

（二）世界市场的竞争性

世界市场的竞争性根源于市场的竞争规律。在世界市场中，各国商品通过国际交换使国内社会劳动转化为世界社会劳动的一部分，从而实现商品的价值和使用价值。而这种交换的成功实现需要相关国家不断进行制度和技术创新、提高劳动生产率、降低生产成本，由此在价格上产生比较优势或竞争优势，能够掌握商品国际交换在利益排他性上的主导权。除此之外，各国还需高度重视诸如推出名牌商标，加强售后服务等非价格竞争，它们已经成为价格竞争的重要辅助手段。随着世界市场的发展，各国的竞争加剧，竞争方式日趋多样化。

（三）世界市场的扩展性

世界市场的扩展性源于工业社会生产力和商品经济的扩张性。随着经济全球化的不断深化以及科技革命浪潮的推动，世界市场的范围、规模及容量都在不断扩大。具体表现在：第一，世界市场商品数量和种类不断增多，交易手段愈加多样，市场功能不断强化；第二，各国经济生活对世界市场依存度增强。尽管世界市场的扩展还经常受到国家壁垒的阻碍，但其扩展趋势不可逆转。

四、世界市场形成的历史作用

世界市场的形成是社会生产力发展以及生产专业化、国际化的趋势和结果，在历史上有着重要地位。

首先，它促进了世界各国生产力的蓬勃发展。世界市场形成是生产力发展的结果，而它的形成和壮大又对生产力的发展起到了积极的推动作用。恰是因为世界市场的统一性、竞争性和扩展性，从而便利了各国经济、文化乃至政治的交流，传播了先进技术和生产方式，推动着人类现代化的进程，对加强各国、各地区的经济增长和国际关系起到了积极的作用。

其次，它推动了全球各国社会经济结构的变迁。世界市场的形成在推进西方资本主义向全球迈进的同时，客观上促使东方国家新的社会经济结构发展壮大。具体表现在要素、资源等在跨国流动的过程中，商品和服务在国际交换的行为中以及企业在国际化的进程中，无论发达国家，还是发展中国家，东方国家还是西方国家，均因世界市场的联系和推动而在产业结构、消费结构、就业结构等方面发生积极变化。

再次，它加强了世界各国彼此的联系和依赖。世界市场是一个密切联系的整体。在这个统一、竞争且不断扩展的市场中，各国之间彼此依赖，形成你中有我、我中有你，共荣共损的发展局面。特别是经济全球化的深化，使世界市场形成不可分割的整体和体系。

第四节 当代世界市场的发展特点

一、世界市场规模空前扩大

当前经济全球化的趋势仍在不断强化，不仅世界市场的参与主体空前增加，而且各国卷入世界市场的深度和广度也在不断加强。这可以从世界贸易额近几十年来的增长状况，跨国公司及相关组织的数量增加以及各国对外贸易依存度的提升等方面获得支持。数据显示，1970年，世界各国出口总额占全国国民生产总额的11.4%，1980年上升为14.1%，1990年上升到16.2%，2000年后超过了20%。可见，越来越多国家经济增长有赖于世界市场的繁荣发展。同时，需要关注的高科技、服务型新兴行业和产业部门在全球范围内的快速成长已经成为世界市场规模扩张的重要推动力量。

二、世界市场彼此依赖日益强化

规模空前扩大的世界市场也是一个在复杂多变发展过程中依赖性日益增强的开放体

系。具体表现在：第一，不同社会制度和经济运行体制国家间的合作障碍不断削弱，合作意愿得到强化，合作领域不断拓展；第二，作为世界市场重要组成部分的行业市场、区域市场、国别市场等获得了空前发展，彼此之间的联系也在不断加强；第三，计算机技术和互联网的发展正推动世界市场信息网络的逐步完善，电子商务的出现促使世界经贸活动连成一片。

三、世界市场商品结构和贸易方式日趋多样化

第二次世界大战后随着国际分工格局的变化，国际贸易商品结构也发生了相应变化。战前初级产品与工业制成品在世界贸易中所占的比重大约是60%与40%，战后这个比例开始倒过来。初级产品在世界贸易中所占的比重在不断下降，工业制成品贸易在国际贸易中所占的比重不断上升。而在工业制成品中，高新技术以及新兴业态产品比重不断提高，商品结构日益优化和多样化。不仅如此，随着世界市场的发展，国际贸易的方式也在变化，出现了很多新的贸易方式，包括补偿贸易、期货贸易、电子商务等，贸易方式日趋多样化。

四、世界市场服务贸易发展迅速

科技革命的推动以及世界各国经济结构的优化促使服务经济繁荣发展，由此使世界市场中服务贸易所占比重不断提高。传统的服务贸易项目，例如银行、保险、运输服务等在世界市场上开展，给国家带来巨大利益；与此同时，其他类型的服务贸易项目，如国际租赁服务、国际咨询和管理服务、技术贸易服务、国际旅游服务等，都在战后得到快速的发展。总体来看，当代的服务贸易的增长速度大于同期的商品贸易增长速度。目前，世界总贸易额中，服务贸易总额已经相当于世界商品贸易额的四分之一左右，其在世界市场上发展非常迅速。

五、区域经济一体化和跨国公司对世界市场的影响巨大

区域经济一体化是当前世界经济发展的重要特点。这些地区性经济集团，对内实行程度较高的自由贸易，对外则实行一定程度的歧视或排斥。战后区域经济一体化并没有使世界市场变小，而是在世界自由贸易程度提高的同时，在某一区域内实行更高程度的自由贸易，因而区域经济一体化起着促进世界市场发展的作用。此外，战后跨国公司利用其雄厚的资本和科技上的优势，采用多种组织形式和策略，通过对外直接投资，绕过关税和非关税壁垒，进入别国市场，以垄断方式控制了世界市场上很大一部分贸易，其发展也给世界市场带来重大影响。

第三章 Chapter 3
传统国际贸易理论

国际贸易的传统理论又称为国际贸易的经典理论或纯粹国际贸易理论，始于亚当·斯密的绝对优势理论，完成于大卫·李嘉图的比较优势理论，重商主义的贸易理论构成了这一理论体系的"前史"。国际贸易的传统理论奠定了西方国际贸易理论的理论基础，构建了西方国际贸易理论的逻辑框架，规范了西方国际贸易理论的分析内容。从这一理论体系构建到今天，两百多年的时间过去了，但它所揭示的基本规律、提出的主要结论，在今天解释和指导日益深化的国际经贸活动方面，依然具有不可替代的理论与现实意义。

第一节 重商主义

国际贸易的传统理论最早可以追溯到重商主义的经济学说。重商主义是西欧资本原始积累时期反映商业资产阶级利益和要求的经济学说与政策体系。它最早出现于14世纪末15世纪初，广泛流行于16~17世纪。重商主义的经济学说，不仅构成了西方贸易理论的"前史"，更是因为直到今天，无论是在经济发达国家，还是在发展中国家和新兴经济体，重商主义的观点依然大行其道，有着广泛的影响。

尽管重商主义的基本理论观点无本质上的差别，然而通常人们还是根据政策措施的差异，将西欧重商主义的发展划分为早期重商主义和晚期重商主义。早期重商主义盛行于14、15世纪到16世纪中叶；晚期重商主义则流行于16世纪下半叶到17世纪中叶。

不论是早期重商主义，还是晚期重商主义，其基本的财富观都是一致的。在重商主义者看来，贵金属金银，即货币是社会财富绝对的、唯一的表现形式。一个国家要想日益强大，就必须竭尽全力地去获取金银，积累货币财富。由这种财富观出发，重商主义将流通中的"贱买贵卖"视为财富产生的源泉，而这里的流通领域又限定为对外贸易，认为只有在对外贸易中产品输出大于输入，才能使更多的金银流入国内，使国家的财富不断增加。对于通过怎样的途径才能增加一个国家的货币存量，或是如何才能促使金银大量流入，早期重商主义与晚期重商主义提出了不同的政策主张。

一、早期重商主义的贸易观点

早期重商主义者认为所有的购买都会减少货币，所有的售卖都会增加货币。因此一国在对外贸易中，必须坚持扩大出口、减少进口甚至不进口的原则。因为只有这样，贵金属或者货币才能流入国内，增加一国的财富量。因此，人们也把早期重商主义的贸易观点称为"货币差额论"。

由于当时西欧各国的商品经济还远不发达，商品流通只处于起始阶段，对外贸易也未充分展开，仅仅依赖经济手段无法保证迅速地吸收和积累货币财富的目的顺利实现，所以各国政府都通过立法和制定严格的政策措施来保证预期目标的实现。例如，英国早在1336年爱德华三世时期便规定任何人不经许可严禁将金银等贵金属输出国外。到了1478年爱德华四世时期，英国更是将私自输出金银定为大罪，私自输出金银要受到法律的严厉制裁。与此同时，政府还制定了一系列奖出限入的法律措施，吸引国外的货币流入国内。

二、晚期重商主义的贸易观点

早期重商主义的贸易政策带来了巨大的负面影响：其一是导致"劣币驱逐良币"的发生，甚至出现了伪造货币现象。其二是大量贵金属的流入不仅会导致对方的报复，还会引致本国通货膨胀的发生，造成经济形势的不稳定和失衡。尤其是随着商品经济的发展与世界市场的形成与扩大，传统的限制贵金属流动的早期重商主义观点已经不能适应商业资本拓展经营规模和发展对外贸易的需要，为适应这种变化，重商主义者提出了一些新的政策主张。

晚期重商主义的贸易观点又被称为"贸易差额论"，他们主张，国家不应该禁止而是应该允许将货币输出国外，以便扩大对于外国商品的购买。正所谓"货币产生贸易，贸易增加货币"。但是，晚期重商主义者依然坚持在对外贸易中必须保持顺差的原则，强调用于购买外国商品的货币总额，必须少于出售本国商品所得的货币总额，即在总体上依然保证货币的流入和国家财富的增加。

为了实现这一目标，除了既往的贸易政策，晚期重商主义还提出了相应的产业政策和税收政策。为了保证对外贸易的持续顺差，晚期重商主义主张国内的制造业要有一个大发展，以生产更多更好的产品输出海外。由于输出产品比输出原料能够获得更多的货币财富，振兴国内制造业便成为必然的政策选择。与此相联系，晚期重商主义提出，要通过关税政策对国内制造业进行保护。早期重商主义曾提出通过课征关税增加国库收入的政策措施。随着产业资本的发展，国家对于制造业、航运业等新兴行业的保护日益变得迫切起来，关税除了过去增加国家财政收入的传统职能外，又被赋予了一种新的、也是更为重要的职能：保护本国工商业的发展，以抵御外国同行业的竞争。除此之外，晚期重商主义的政策措施还包括国家通过退税、补贴、签订国际通商条约来维持贸易垄断，甚至不惜推行殖民政策、进行殖民扩张来扶持和推进本国工商业的振兴与发展，最终加速货币财富的增长。

三、对重商主义的评价

重商主义的经济理论表现出以下两大特征：

第一，重商主义认为，从事贸易，不仅仅是为了获利，更是为了强国。重商主义理论盛行的时代，正是民族主义思潮在西欧蓬勃兴起的时代，建设一个强盛的国家，是每一个民族国家的梦想。而成为一个强盛国家最重要的标志，就是要拥有尽量多的金银货币。

第二，由于重商主义将金银等贵金属视为财富的绝对象征，而金银等贵金属又是一种禀赋，由此便决定了贸易利益此消彼长的特殊性质。因此，在重商主义看来，贸易参与国之间的贸易利益是公然对立的。处于资本原始积累时代的殖民国家，其对于贸易利益的攫取总是以坚船利炮为后盾的。

通过上述重商主义的基本经济观点我们可以看到，重商主义的财富观有着历史局限性。重商主义将金银等贵金属视为财富绝对和唯一的表现形式，实际上是将金银与货币混为一谈。正如马克思主义政治经济学所揭示的那样：金银天然不是货币，只是在特定的生产关系下才成为货币。事实上，在不同的社会形态里，财富具有不同的内容。在商品经济条件下，财富表现为交换价值，金银等贵金属作为货币只是财富的一种表现形式，却不是财富存在的唯一形态。

重商主义既没有搞清楚什么是财富，也没有搞清楚什么是财富的源泉。在他们看来，财富来源于流通中的"贱买贵卖"，而流通领域又被限定为对外贸易，认为只有在对外贸易中出口大于进口，才能使国家的财富不断增加。重商主义将对外贸易中因出超而积累起来的货币，统统归结为是在流通流域中产生的。而根据马克思主义劳动价值理论，只有生产过程中的劳动，才是物质财富的真正源泉，已经生产出来的财富只不过是在流通领域中得以实现而已。

第二节 绝对优势理论

亚当·斯密在其国际分工理论的基础上，进一步发展和完善了有关自由贸易的思想。正是在对重商主义所极力推崇的国家对经济活动的全面政策干预的批判和否定中诞生了斯密以经济平等和贸易自由为本质特征的自由贸易理论。也正是基于这一点，我们将重商主义称为西方贸易理论的前史。

以斯密的绝对优势理论为开端的西方贸易理论，主要探讨了两个问题：第一，贸易的基础是什么；第二，贸易的模式是怎样的。

所谓贸易的基础是什么就是要回答：人们为什么要从事贸易活动，贸易展开的原因是什么。这里涉及两个问题：首先，人们从事贸易活动，有没有贸易利益产生；其次，如果有贸易利益产生，这一利益又如何进行分配。根据李嘉图的理性人假设，所有贸易活动的参与者都应该是"理性人"，而"趋利避害"是理性人最基本的属性。因此，人们之所以参与贸易活动，其目的就是获得贸易利益，只有买卖双方都获得了贸易利益，贸易才能够继续进行下去。由此我们看到，只要从理性人的假设前提出发，就必然会引致"双赢"的结果。所谓西方的纯粹贸易理论，最重要的理论成果就是通过严密的推理，从逻辑上论证了参与贸易活动的利益所在，从而阐明了贸易的基础是坚实的。

所谓贸易的模式，是指参与国际贸易的双方，各自出口什么商品，进口什么商品。只有贸易模式的问题解决了，贸易才是现实的贸易。

【专栏3-1】

亚当·斯密生平简介

亚当·斯密（1723~1790年）是英国古典经济学理论体系的建立者，被称为"现代经济学之父"。他于1723年出生在苏格兰法夫郡（County Fife）一个海关官吏的家庭，自小博览群书，在14岁时就进入了格拉斯哥大学（Glasgow University）学习。他选定了人文科学的方向，在逻辑学、道德哲学、数学和天文学方面都成绩斐然。1740年，他又进入牛津大学深造，闭门苦读了六年。毕业后，他长期在大学执教，曾教授过修辞学、文学、逻辑学，以及包括神学、伦理学、法学和政治学在内的道德哲学。到18世纪50年代，斯密提出了经济自由主义的思想。

1759年以《道德情操论》为题出版的论述伦理学的著作使斯密声名大振。1764~1766年在法国巴黎为一位年轻公爵担任私人教师期间，斯密有机会接触到法国重农学派的魁奈等蜚声欧洲的学者，感受到了政治经济学的理论魅力。经过近十年的写作，《国富论》于1776年3月在伦敦出版并在其后被翻译成多种语言。斯密通过亲身实践和观察，从分工与交换对家庭手工业发展的意义，推导出指导国际贸易的绝对优势学说，坚定地倡导经济自由主义，极大地适应了当时资本主义商品经济发展的需要。

斯密的突出贡献之一是提出了"看不见的手"的理论。他认为，在商品经济长足发展的时代，每个人所考虑的尽管不是社会的利益，而是他自身的利益，但是由于受一只"看不见的手"的指导，最终达到的必然是非他本意的、最有利于社会的结果。这一结果同时也使每个人所能支配的资本找到最有益的用途，使每个人都获得最大的个人收益。

自斯密以后，西方的贸易理论经历了数百年的发展沿革，其分析方法、理论范式、基本内容都发生了重大变化，然而"贸易的基础是什么"及"贸易的模式是什么"这两个基本命题却始终是论述的核心内容。只有那些能够对这两个问题做出圆满回答的理论，才能够为人们所接受；而对这两个问题给出不同的答案，就划分出西方贸易理论的不同流派、不同观点。

在传统的国际贸易理论中，绝对优势理论被人们视为研究国际贸易理论的一般出发点。从经济史的角度来考察，绝对优势理论是适应当时处于上升阶段的产业资本家阶级的贸易利益而诞生的，是经济自由主义在国际分工领域中的应用。在经济政策上，经济自由主义对内主张自由放任，强调"看不见的手"的作用；对外则主张自由贸易，这是斯密时代英国经济实力在其对外经济关系上的反映。

一、绝对优势理论的基本内容

1776年，在美国建国的同一年，英国古典经济学家亚当·斯密出版了巨著《国民财富的性质和原因的研究》（简称《国富论》），在这部著作中，他提出了被后人称为绝对优势理论的国际分工和国际贸易理论。斯密提出："如果一件东西在购买时所费的代价比在家内生产时所费的代价小，就永远不会想要在家内生产，这是每一个精明的家长都知道的格言。裁缝不想制作他自己的鞋子，而向鞋匠购买。鞋匠不想制作他自己的衣服，而雇裁缝制作……在每一个私人家庭的行为中是精明的事情，在一个大国的行为中就很少是荒唐的了。如果外国能以比我们自己制造更便宜的商品供应我们，我们最好就用我们具有优势的产业生产出来的物品的一部分来向他们购买。"[1] 斯密的这一思想表明，两国之间的贸易是建立在成本的绝对差异基础之上的。

简而言之，绝对优势理论的基本含义为：在某一种类商品的生产上，如果一个经济体在劳动生产率上占有绝对优势，或其生产所耗费的劳动成本绝对地低于另一经济体，那么它便具有竞争的绝对优势，出口这种商品便会受益。如果各个经济体都从事自己占有绝对优势的商品的生产，继而进行国际贸易，那么双方都可以通过交换得到更多、更好的商品，即获得绝对利益，从而整个世界的福利水平也会得以提高。

在进行劳动成本的比较时，斯密的基本观点是建立在劳动价值论基础上的，即用生产中劳动耗费的差异作为分析的出发点。但今天大多数西方经济学的教科书将劳动耗费扩大为生产商品的成本或生产费用，强调如果一个经济体某种商品的生产成本绝对地低于另一经济体，则它生产该种商品的产业便是具有绝对优势的产业，而另一经济体的该产业则被认为是处于绝对劣势的产业。

二、绝对优势理论的简单模型

本书将遵循斯密的原意，从劳动价值理论的角度对国际贸易的发生及利益分配进行讨论，并假定只有一种要素（劳动）参与生产，同时贸易应遵循等价交换的原则。

假设有两个国家：A国和B国，且A国和B国组成整个世界（即 A+B=W）。每个国家均生产两种产品：X产品和Y产品，即 2×2 的模型。在两个国家的生产进行专业化分工之前，劳动耗费（成本）情况如表 3-1 所示：

表 3-1　　　　　　　　　绝对优势理论的简单数字说明（分工前）

国家	X产品	Y产品
A国	1	2
B国	2	1

上述数字矩阵的含义为：A国生产1单位X产品需要1单位的劳动，生产1单位Y产品需要2单位劳动；B国生产1单位X产品需要2单位劳动，生产1单位Y产品需要1单

---

[1] [英] 亚当·斯密：《国民财富的性质和原因的研究》（郭大力、王亚南译），北京：商务印书馆，1995年，下卷，第28页。

位劳动。我们可以很清楚地看出 A、B 两国的劳动耗费（各 3 单位劳动）、两国的产品消费（各消费 1 单位 X 产品和 1 单位 Y 产品）和全世界（A+B=W）在生产中的劳动耗费（6 单位劳动），以及全世界 X、Y 两种商品的消费数量（共 4 单位商品）。

按照绝对优势理论的原则，A 国在生产 X 产品上具有超过 B 国而绝对低的生产劳动耗费，因此 A 国应专业化生产具有超过贸易对手的高劳动生产率的 X 产品。B 国在生产 Y 产品上具有超过 A 国绝对低的生产劳动耗费，则应该专业分工生产 Y 产品。进行专业分工后的劳动在不同产品生产上的分配和产量情况如表 3-2 所示：

表 3-2　　　　　　　　　绝对优势理论的简单数字说明（分工后）

国家	X 产品	Y 产品
A 国	3	0
B 国	0	3

上述数字矩阵的含义为：A 国将全部劳动 3 个单位用于 X 产品生产，共生产 3 个单位的 X 产品，但 Y 产品因只有 0 单位的劳动，故只有 0 单位 Y 产品被生产出来。B 国专业化生产（用全部 3 单位劳动）Y 产品共 3 单位，但因只有 0 单位劳动用于生产 X 产品，故 X 产品生产为 0 单位。很清楚，在全部劳动耗费不变的情况下，与分工前相比较，世界的总产量增加了 2 单位。A 国经过分工，比分工前多生产了两单位的 X 产品（但与分工前比较，少生产了 1 单位的 Y 产品），B 国经过分工，比分工前多生产了 2 单位的 Y 产品（与分工前比较，少生产了 1 单位的 X 产品）。

如果 A 国的消费保持在 1 单位 X 产品、B 国的消费保持在 1 单位 Y 产品（A 国维持分工前的 X 产品消费，而 B 国维持分工前的 Y 产品消费），然后按照 1X：1Y 的比率进行 X 和 Y 产品的交换，则 A、B 两国的消费总量均会有所增加，即 A 国比分工前多消费 1 个单位的 Y 产品，B 国比分工前多消费 1 个单位的 X 产品。在 A、B 两国即整个世界劳动耗费不变的情况下，A、B 两国消费水平得到了提高。A、B 两国组成的世界的总消费也得到了提高（X、Y 产品各增加了 1 个单位）。

三、绝对优势理论的图形解释

为了更为直观地分析按照绝对优势理论进行的分工和贸易状况，我们用图形来做进一步的分析。我们的假设条件仍然为两个国家：A 国和 B 国，各自生产两种产品：X 产品与 Y 产品。图 3-1（a）为 A 国的基本情况，图 3-1（b）为 B 国的基本情况。图 3-1 表明，当国际分工与国际交换发生后，两国的生产点和消费点都出现了空间上的分离。

图 3-1 中，OX_0，OY_0，OX'_0，OY'_0 为 A，B 两国全部资源分别用于生产 X，Y 两种产品时的产量情况，从图形中可以看出两个国家的绝对优势：A 国的优势在于生产产品 X，B 国的优势在于生产产品 Y。在封闭状态下，A 国的生产可能性边界曲线为 X_0Y_0，B 国的生产可能性边界曲线为 $X'_0Y'_0$。经过专业化分工，A 国只生产 X 产品，B 国只生产 Y 产品，A 国出口 X 产品向 B 国交换 Y 产品，B 国则相反，两国均受益，世界整体的福利水平也因此得到提高。这在图中表现为无差异曲线与原点的距离扩大了。

图中 A 国在分工前，如果用全部资源生产 X 产品，产量为 OX_0，如果全部资源用于生

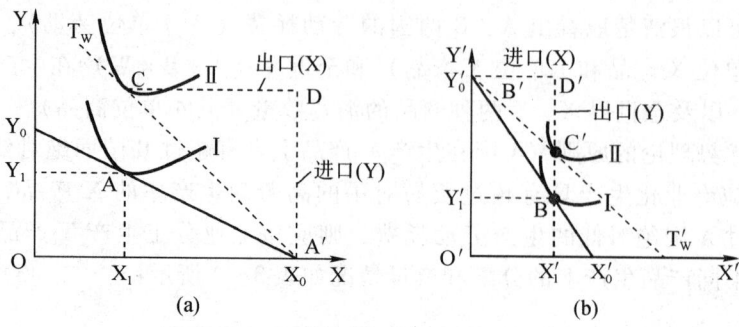

图 3-1 绝对优势理论的图形分析

产 Y 产品,则产量为 OY_0。B 国的情况则为如果用全部资源生产 X 产品,产量为 OX'_0,如果生产 Y 产品,产量为 OY'。我们以 A 国为例来说明情况,A 国参加国际贸易的分析如图(a)所示。从图中可以直观地看出,A 国的产业优势在于生产、交换 X 产品,因此 A 国就使用全部的资源(劳动)生产 X 产品(A 国从而不生产 Y 产品),并用 X 产品按照国际交换比率 T_w(假设交换比例为 1∶1)交换 Y 产品进行消费。作为 A 国,出口 CD 的 X 产品,换回 DX_0 的 Y 产品进行消费。进行专业化分工和交换之后的福利情况如图 3-2 所示:

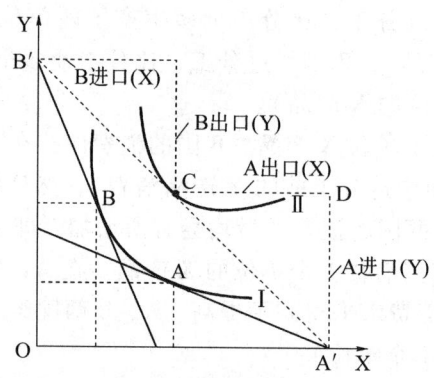

图 3-2 绝对优势理论的效应分析

在图 3-2 中,A 点和 B 点分别为分工前的生产点和消费点,A′点和 B′点为分工后的专业化生产点,C 点为消费点。该图是由图 3-1 中 A 国与 B 国两个坐标图放到一起合成的。图中社会无差异曲线向外推移的部分,便是国际贸易利益所在,它与国际价格线 T_w(也即 T'_w)相切。在分工以前,两国具有相同的社会无差异曲线。实行完全分工以后,两国的生产点(A′,B′)与消费点 C 产生了分离。

四、对绝对优势理论的评价

(一)绝对优势理论的积极意义

斯密的绝对优势理论批判了重商主义关于财富的定义。如前所述,重商主义认为:贵金属是社会财富绝对和唯一的存在形式。除了开采金、银矿藏之外,只有国际贸易是一国增加财富的重要来源,因为国内贸易只是现有财富在不同社会阶层之间的分配。一个国家为了发展生产和贸易,就应该实行国家干预经济的政策,鼓励贸易顺差的发生。而斯密认为,社会财富应该以商品劳务的生产来衡量,而不能单纯以贵金属的保有数量来衡量;政府应鼓励经济自由主义,减少对经济的干预;并且从货币流的调整机制出发,贸易的顺差与逆差事实上存在着自动调节机制,会导致贸易自动向平衡的方向发展。贸易的一方不可能长期保持顺差而以此积累财富,贸易的利益应该是双方的。此外,斯密还认为国际贸易也是一国解决生产剩余、消除过剩的办法之一。贸易参与国也可以用对本国相对用途较小的商品,换回对于自己更为有用的商品,即用对于自己效用较低的商品(如过剩的商品)换回对于自己效用更高的商品。

斯密的绝对优势理论揭示了,在自由市场经济条件下,国际贸易产生的原因在于两国之间劳动生产率的绝对差异,按照绝对优势理论的原则进行国际分工,贸易的参与者与整个世界会因此而获得利益。这一理论在一定程度上反映出了国际贸易中的某些规律,为产业资本的发展提供了相应的理论支撑,具有重要的实践意义与理论意义。

(二) 绝对优势理论的缺陷与不足

斯密的国际贸易理论,囿于经济发展的水平和人们对于国际经济运动认识的局限性,存在着一些理论与实践方面的重要缺陷与不足,使得该理论的适用范围受到了限制。

首先,从国际贸易的实际出发,斯密绝对优势理论的假设前提不完全符合世界贸易的历史与现实。绝对优势理论存在着一个必要的假设:一国要参加国际贸易,就必然要有至少一种产品与贸易伙伴国相比,处于劳动生产率绝对高或生产所耗费劳动绝对低的地位,以便利用劳动生产率的绝对差异进入国际市场。如果在所有的产品生产上,一国劳动生产率均低于贸易伙伴国的劳动生产率,该国便不具备参加国际分工的条件,或者在国际贸易中没有任何的利益获得。这一点在理论上过于绝对,在实践中也不符合实际情况(发展中国家很可能在所有产品上劳动生产率都不如发达国家,但仍然在进行国际贸易),实际上陷入了理论与实践的两难境地:如果没有超过贸易对手的高劳动生产率部门,该国便被排除在国际贸易的大门之外,或者在贸易中,本国的生产部门将被对方的竞争击垮。而只要参加了国际贸易,就必须能够证明劳动生产率一定超过贸易对手。

其次,从劳动价值论出发,斯密的绝对优势理论具有其理论局限性。斯密的理论基本反映出了18世纪资产阶级通过国际贸易进行经济扩张的要求,但是由于斯密没有提出抽象劳动的概念,因此他的劳动价值论无法解释 X、Y 两种产品进行国际交换的内在等价要求是什么,国际交易的价值基础是什么。

第三节 比较优势理论

西方古典国际贸易理论是以李嘉图的比较优势理论为理论标志的。李嘉图最大的理论贡献就在于突破了斯密关于一个国家必须具备绝对优势才能参与国际贸易并分享贸易利益的狭隘假设前提,从而使这一理论具有了普适性。西方贸易理论界评价说:"这是一项最为重要、至今仍未受到挑战的经济学原理,具有很强的实用价值。"① 进入 21 世纪以来,随着经济全球化的不断深化和全球产业结构的调整,李嘉图的这一理论愈发显示出其重要的理论与现实意义。

一、比较优势理论的假设前提和基本内容

(一) 比较优势理论的假设前提

比较优势理论的基本思路实际上是由英国经济学家托伦斯(R. Torrens)上校提出来的。英国古典经济学集大成者大卫·李嘉图极大地发展了该学说,并在其 1817 年出版的《政治经济学及赋税原理》一书中对此进行了具有说服力的阐述。

李嘉图的比较优势理论是建立在一系列假设前提之上的:

(1) 比较优势理论是两个国家、两种产品、一种生产要素的模型($2 \times 2 \times 1$ 的模型)。也就是说,现实世界由 A、B 两个国家构成(即 $A + B = W$),每个国家都在从事 X、Y 两种产品的生产,只有唯一的要素,即劳动要素的投入。

(2) 要素市场和商品市场是完全竞争的,A、B 两国均实行自由贸易政策,不存在任何贸易限制。

(3) 要素(这里主要是劳动)在一国内可以自由流动,在两国之间完全不能流动。

(4) 以劳动价值论为基础,即劳动时间决定价值,同时一国之内劳动力是同质的,劳动的报酬是一样的,且劳动充分就业。

(5) 交易双方单位生产的劳动成本不变,无规模收益,不考虑运输、保险等成本支出。

(6) 收入分配不受贸易的影响。

在上述假定前提下,李嘉图的比较优势理论试图证明:决定国际贸易的基础是比较(相对)利益,而非绝对利益。

【专栏 3-2】

大卫·李嘉图生平简介

大卫·李嘉图(1772~1823 年)是英国产业革命时期的政治经济学家,也是英国古典政治经济学的完成者。他出生在伦敦的一个证券经纪人家庭,早年没能受到完备的教育,14 岁时就随父出入交易所。经过十多年的精心交易(主要通过从事国债券和公债券交易),李嘉图 25 岁时已成为拥有百万英镑的大资产者。1799 年,他偶然阅读了斯密的《国富论》,从此就迷上了政治经济学,并尝试着撰写论文。10 年后,36 岁的李嘉图发表了第一篇经济学论文《黄金的价格》。

1817 年,李嘉图的主要著作《政治经济学及赋税原理》出版了。这部著作没有《国富论》那样严谨的结构,但它论述问题时,论点明确、彻底和尖锐的程度,却在

---

① Dominick. Salvatore: *International Economics*, Fifth Edition, New York: Prentice-Hall International, Inc. 1997: 30.

当时的经济学界和政界产生了重要影响，特别是为工业资本家阶级反对地主阶级提供了有力的理论武器。就在这部著作发表之后的第三年，李嘉图当选为英国议会下院议员。他的政治经济学理论能更直接地影响英国的经济政策。

李嘉图把劳动价值论发展到了资本主义政治经济学界限内可能达到的最高程度。在那个时代，劳动决定价值，劳动产品按这一价值尺度在权利平等的商品生产者之间进行自由交换，仍是资本主义全部意识形态建立起上的现实基础。在他看来，工业资本家为了追求个人利益而发展生产力的行为，是绝对符合全社会的最终利益的。李嘉图还认为，人们的消费欲望是无止境的，资本主义生产的发展不会出现超过需要的过度生产；可能出现的只是无限扩大的生产总不能满足无限制的消费需要。但是，就在他谢世后的第三年即1825年，第一次资本主义经济危机的爆发就无情地冲垮了他的这一理论。

（二）比较优势理论的基本内容

按照斯密的绝对优势理论，如果在任何产品的生产上，一个国家的劳动生产率均低于其他国家的劳动生产率，该国便失去了参与国际贸易并获取贸易利益的可能，或者参加国际贸易便会使得本国的利益丧失殆尽。然而，国际贸易实践的现实结果却并非如此，劳动生产率处于绝对劣势的国家照样在积极地参与国际贸易。人们便产生了疑问：这些国家不怕利益的丧失？或者，斯密的绝对优势理论存在着巨大的缺陷？古典经济学的比较优势理论对此给出了答案——国际贸易发生的原因不在于贸易中绝对利益的存在，而在于比较利益的存在。

如果用一句话来概括李嘉图比较优势理论的核心思想，那就是"两利相权取其重，两弊相衡取其轻"。在日常生活中，我们可以找出许多符合这一原则的例子：某人在城中是最好的外科医生，同时又是最好的外科护士，那么他面临的问题是：他应该集中全力当好外科医生，还是既当外科医生动手术，又当外科护士作辅助的护理工作呢？很显然，他应该集中全力做好外科手术，而外科护士的工作则交给能够胜任这项工作的人去做。这样，外科医生的行为才符合人们的常识，他能够得到最高的收入，而且这能够增加社会的就业。从上面的例子可以看出，比较利益就是相对优势，因而人们要将自身的各种优势进行比较后，从事那些自己具有更大相对优势的工作，才会取得成绩。同时，应该放弃在自身比较中劣势更为突出的工作，才能避免更大的损失。

在李嘉图看来，国际分工和国际交换也应该遵循同样的原则。若两个国家生产力水平不相等，甲国在生产任何产品时的成本均低于乙国，处于绝对优势，而乙国则相反，其劳动生产率在任何产品的生产上均低于甲国，处于绝对劣势。这时，按照斯密的绝对优势理论，贸易便不可能发生，但事实上两个国家间进行贸易的可能性依然存在，因为两国劳动生产率之间的差距，并不是在任何产品上都一样。这样，处于绝对优势的国家不必生产全部产品，而应该集中生产本国具有最大优势的产品。处于绝对劣势的国家也不必停产所有的产品，而只应该停止生产本国处于最大劣势的产品。通过自由贸易，参与交换的国家可以节约社会劳动，增加产品的消费，世界也因为自由贸易而增加产量，提高劳动生产率。

二、比较优势理论的简单数字说明

假设世界由 A、B 两个国家组成,每个国家都在分别生产 X、Y 两种产品,在国际分工发生以前,其要素(劳动)分配、产品产量的情况如表 3-3 所示:

表 3-3　　　　　　　比较优势理论的简单数字说明(分工前)

国家	X 产品	Y 产品
A 国	6	4
B 国	1	2

分工前,A 国生产 1 单位 X 产品需要 6 单位劳动,生产 1 单位 Y 产品需要 4 单位劳动,B 国生产相同单位的 X 和 Y 产品,则需要 1 单位劳动和 2 单位劳动。B 国劳动生产率明显地高于 A 国。世界的全部产出为 4 单位,每一国家消费 X、Y 产品各 1 单位。世界的全部劳动支出为 13 单位,其中 A 国为 10 单位,B 国为 3 单位,其中分配在 X 产品上的劳动为 7 单位,分配在 Y 产品上的劳动为 6 单位。世界的总消费为 4 单位产品。进行分工后,A 国的相对优势在于生产 Y 产品,因而 A 国集中生产 Y 而放弃生产 X 产品,B 国的相对优势在于生产 X 产品,因而 B 国集中生产 X 而放弃生产 Y 产品,情况如表 3-4 所示:

表 3-4　　　　　　　比较优势理论的简单数字说明(分工后)

国家	X 产品	Y 产品
A 国	0	10
B 国	3	0

此时,A 国的产量为 10/4 即 2.5 单位的 Y 产品,B 国此时的产量为 3/1 即 3 单位的 X 产品。A 国在保持分工前 1 单位 Y 产品消费的同时,可以用 1.5 单位的 Y 产品来换取 X 产品进行消费;B 国则在保持分工前 1 单位 X 产品消费的同时,可以用 2 单位的 X 产品来换取 Y 产品进行消费;如果假设交换的比率为 1X∶1Y,则双方通过交换均可以得到利益,从而世界的消费也得到提高,劳动得到节约。在此,贸易的基础在于利益的比较:以 X 产品为 Y 产品的价值衡量标准,A 国的 4/6 小于 B 国的 2/1;以 Y 产品为 X 产品的价值衡量标准,A 国的 6/4 大于 B 国的 1/2。这决定了交换的基础,即 A 国的优势在于生产 Y 产品,而 B 国的优势在于生产 X 产品。依照这一优势从事生产和交换,便会存在双方的比较利益,双方的福利水平即全球的福利水平也会得到提高。

三、比较优势理论的图形解释

两个国家、两种产品(2×2 模型,隐含着劳动是唯一要素)、不完全分工的国际贸易模型,可以使分析更加接近国际贸易实际,因为在国际经济中很少有国家进行完全的国际分工,即完全不生产一些产品而集中全部资源去生产另一些产品。因此,A,B 两国在进行国际分工后仍然各自均生产 X 和 Y 产品,与分工前相比较,只是资源发生重新配置,X

和 Y 生产的数量比率发生了变化。B 国将沿着生产更多的 X 产品、较少地生产 Y 产品的方向组织生产，而 A 国将沿着生产更多的 Y 产品、较少地生产 X 产品的方向组织生产。其情况如图 3-3 所示：

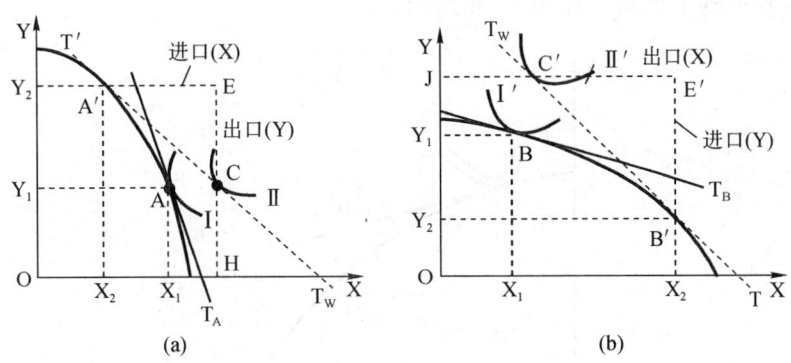

图 3-3 比较优势理论的图形分析

图 3-3（a）代表 A 国的基本情况，图 3-3（b）代表 B 国的基本情况。从图中可以看出，同样的资源，A 国的优势在于生产 Y 产品，B 国的优势在于生产 X 产品。原国内交换比率分别为 T_A，T_B（A，B 点的切线）；分工前国内生产组合、消费组合点为 A，B。按照比较优势进行专业化分工，A 国表现为从 A 点上移至 A′点，放弃部分的 X 产品生产而增加 Y 产品的生产；B 国表现为从 B 点下移至 B′点，放弃部分的 Y 产品生产而增加 X 产品的生产。在 A′，B′点上，两国的国内均衡价格（也就是国际价格）dY/dX 是相等的。按照 1∶1 交换比例进行国际贸易（与两国国内交换线 T′相等），A 国分工后生产组合点为 A′，即生产 $OX_2 = Y_2A'$ 的 X 产品和 $OY_2 = A'X_2$ 的 Y 产品，用 CE 的 Y 产品换 EA′的 X 产品，共消费 CH 的 Y 产品和 $Y_2A' + A'E$ 的 X 产品，消费点为 C。B 国分工后的生产组合点为 B′，即生产 $OX_2 = Y_2B'$ 的 X 产品和 $OY_2 = X_2B'$ 的 Y 产品，用 C′E 的 X 产品换 E′B′的 Y 产品，共消费 C′J 的 X 产品和 $E'B' + B'X_2$ 的 Y 产品，消费点在 C′。在 A 国 X 产品的消费中，Y_2A' 为本国生产，A′E 为进口。CE 为 A 国出口的产品。在 B 国的 Y 产品消费中，X_2B' 为本国生产，E′B′为进口。C′E′为 B 国出口的 X 产品。在 1∶1 的交换线下，有 E′C′ = B′E。同时，社会无差异曲线与原点的距离扩大了，即曲线 Ⅱ 高于曲线 Ⅰ，曲线 Ⅱ′高于曲线 Ⅰ′，表示总体福利水平的提高。

我们也可以将生产可能性曲线画为直线。但是，要注意的是，由于 B 国的劳动生产率绝对超过 A 国，即 B 国在生产 X 和 Y 产品上均处于优势，而 A 国均处于劣势，因此在表示 A、B 两国的两个坐标图中，A 国生产可能性曲线涵盖的区域一定要小于 B 国，而且全部资源分别用于生产 X 产品或 Y 产品时，B 国生产任何一种产品的数量一定要多于 A 国。

四、比较利益的分解

国际贸易中的比较利益可以被分解，使得人们对于贸易利益的来源有一个更为清楚、全面的认识。

（一）得自交换的利益

前面图形中显示的比较利益，在理论上可以被分解为得自贸易的利益和得自分工的利益。前者出于在资源配置不变、产出不变、该国并未实行产品完全专业化生产的情况,一部分产品以国际价格而非国内价格进行贸易,这时该国的生产点不变,但社会无差异曲线不是与国内价格线而是与国际价格线相切,这样新产生的无差异曲线Ⅱ离原点的距离更远些,即社会福利得到了提高。如图3-4所示。

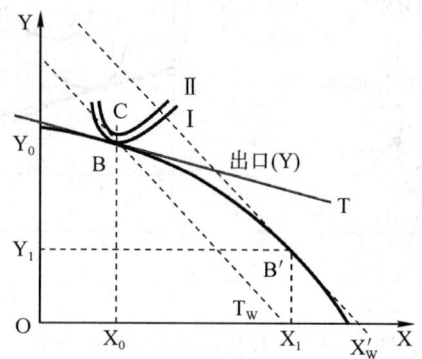

图3-4 得自交换的利益图形分析

(二) 得自分工的利益

得自分工的利益主要来源于资源按照比较利益进行的重新配置,即产生了新的国际分工。在原生产点上,一国按照国际交换比率进行交换明显比按照国内交换比率进行交换更为有利。由于更高价格的吸引,该国将生产更多的X产品,以获得更多利益。这时生产将在新的资源配置组合下进行,生产点沿生产可能性曲线向符合比较利益的方向变动,即生产更多的X产品,而生产较少的Y产品,同时生产点与消费点分离,生产点在生产可能性曲线与国际价格线的切点处,消费点在社会无差异曲线与国际价格线相切处,无差异曲线Ⅲ进一步向外推移,福利水平得到提高。如图3-5所示。

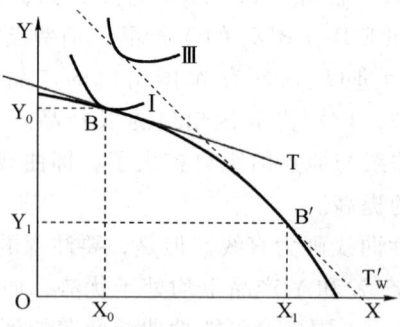

图3-5 得自分工的利益图形分析

(三) 利益的合成

将图3-4、图3-5拼接在一起,我们可以得到完全的比较利益的图解。其中,无差异曲线Ⅰ到Ⅱ为得自贸易的利益,无差异曲线Ⅱ到Ⅲ则为得自分工的利益,无差异曲线Ⅰ到Ⅲ是总的利益。

五、对比较优势理论的评价

(一) 从国际贸易实际出发的评价

第一,从国际贸易的实践出发,李嘉图的比较优势理论具有其内在的合理内核,揭示出了国际贸易因比较利益而发生,并具有互利性。它证明了各国通过出口相对成本较低(而非成本绝对低)的产品、进口相对成本较高(而非成本绝对高)的产品就可以实现贸易互利,世界的总福利水平也会得到提高。这比绝对优势理论更符合实际情况,这是该学说的主要贡献。

第二,该理论的假设前提过于苛刻,并不符合国际贸易的实际情况。例如,市场是完全竞争的,要素在国家间完全不能流动,经济活动中不存在规模收益,都与当今世界经济的现实相去甚远。这使得该学说的适用程度受到了限制。

第三,按照该理论,贸易的产生原因是一国之内的比较利益差异,即不同国家间比较利益差异越大则贸易发生的可能性越大,这样当今的贸易便应该主要在比较利益差距较大的发达国家与发展中国家间展开。但现实情况却是,今天的贸易主要发生在比较利益差距较小的发达国家之间。

第四,按照该理论,在自由贸易条件下,参加贸易的双方都可获利,为获得贸易的利益,所有贸易参加国都应该积极实行自由贸易而非保护主义的贸易政策,否则就会违背经济理性的假设。但在实际中,各国政府却都在不同程度上实行贸易保护主义的政策,所以国际贸易的事实与李嘉图贸易理论的结论存在着较大的差距。

(二) 从劳动价值论出发的评价

李嘉图是英国古典经济学家,他坚持劳动价值论,并试图用劳动价值论解释国际贸易中的各种现象,但由于种种原因,李嘉图在解释国际贸易时,并没有能够将劳动价值论坚持到底。

第一,在该理论中,出现了同一商品国内价值和国际价值的差异以及交换比率的不同,这违背了李嘉图自己坚持的劳动价值论。当看到这一情况时,他无法对同一商品具有两种价格进行理论的解释——究竟哪一个符合等量劳动相交换的原则,并认为国内商品交换的基本原理(即等价交换原则)在国际贸易中并不适用,即国际贸易可以不遵循等价交换的原则。

第二,该理论并未从根本上揭示出贸易发生的原因。从国内贸易、国际贸易的功能都是实现商品价值的角度来看,马克思主义经济学的资本流通公式揭示出:

$$G-W<_A^{Pm}\cdots P\cdots W'-G'$$

公式中,G 为资本投入;W' 与 G' 是含有剩余价值的商品与价值;实线为流通过程;虚线为流通过程的中断。因此,贸易无论在国内还是国外,总是与资本投入转变为生产资料、含有剩余价值的产品的实现有关。在经济实践中,商家进行生产后,最重要的是尽快实现商品价值,收回投资并获得利润。在市场中,他们追求收益的顺序首先应该是本金的回归,然后是平均利润的获得,最后如果有可能,才是对于超额利润的追求。可以认为,即便国际贸易交易中不存在超额利润,即比较利益,只要能使商品价值得到实现,有一定的利润,贸易就会发生,因为从逻辑与现实出发,厂商要最先收回投资、获取平均利润之后才会追求超额利润,直接以超额利润作为贸易发生的根本原因是不妥的。

第三,比较优势理论存在着一个隐含的命题,即越落后的国家按照比较利益参加国际贸易,则受益越大。这里实际上没有看到国际贸易具有的不等价交换和价值转移的性质。在静态的基础上,相对落后国家遵循已有的比较利益发展经济便可以获得利益,因此也不必十分强调产业结构的调整与升级。

第四节 要素禀赋理论

在大多数教科书中,国际贸易的古典理论(斯密、李嘉图的理论是这一古典理论的代表)与现代国际贸易理论大多是以要素禀赋理论(又称赫克歇尔—俄林模型)为划分界限的。人们一般还认为,国际贸易的现代理论与当代理论的分界则在于第二次世界大战后,由于里昂惕夫悖论的出现而引发的人们关于国际贸易理论研究的成果。本节及第五节将对以要素禀赋理论以及里昂惕夫悖论为主要内容的现代国际贸易理论进行介绍。国际贸易的现代理论主要是对古典比较优势理论进行补充,并针对该理论的某些缺陷进行更为充分的论述。

要素禀赋理论从两个方面对李嘉图的比较优势理论进行了修正和补充:第一,李嘉图的比较优势理论只是阐明了一个国家的比较优势是什么,却没有说明这个国家为什么会拥有这样的比较优势。而要素禀赋理论不仅说明了一个国家的比较优势是什么,还进一步深入地解释了产生不同的相对价格和比较优势的原因。第二,李嘉图的比较优势理论在阐述其比较利益的基本原理时,将国际贸易对于收入分配的影响抽象掉了。而要素禀赋理论则讨论了国际贸易的展开对贸易参与国双方要素收入的影响。

一、要素禀赋理论的提出

要素禀赋理论又被称为赫克歇尔—俄林模型或 H-O 模型,是由瑞典经济学家赫克歇尔和他的学生俄林提出来的。赫克歇尔在1919年发表的论文中以要素禀赋、生产部门技术水平来解释国际贸易发生的原因。俄林于1933年在他的著作《域际贸易和国际贸易》一书中,继承了他老师的思想,较为详细地提出了要素禀赋的国际贸易理论,被认为是对国际贸易理论的创新发展和经典贡献,并因此荣获了1977年的诺贝尔经济学奖。

李嘉图的比较优势理论从总体上认为,比较利益源自各国在生产不同商品时,劳动生产率的相对差异,以及由此产生的劳动成本差异,而商品成本的差异则是国际贸易发生的直接原因;如果存在自由贸易,只要同种商品的价格差大于商品的运输、保险等费用,商品就会从价格低的国家流向价格高的国家逐利。其基本思路如图 3-6 所示:

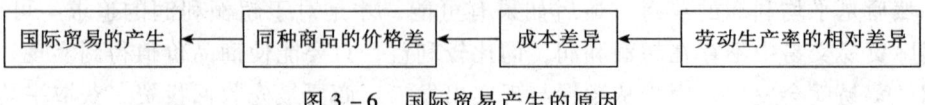

图 3-6 国际贸易产生的原因

后来的经济学家以机会成本差异代替了劳动成本差异，形成了对比较利益理论的当代解释。但俄林认为，劳动成本的差异并没有从根本上解释国际贸易产生的原因。在他看来，即使要素的生产率在不同国家并不存在相对差异，即要素的生产率在任何地方都相同，贸易仍然会产生，即国际贸易的发生可以与劳动生产率差异无关。俄林认为，李嘉图坚持的劳动价值论，并不符合实际，因为单一劳动要素不能说明生产与贸易的全过程。这样，要素禀赋理论以要素的生产率一致为出发点，从其他的角度对生产成本的差异给予说明。

二、要素禀赋理论的假设前提

赫克歇尔在讨论国际贸易发生的原因时，使用了与李嘉图基本一致的假设前提，目的在于探讨李嘉图学说中比较利益发生的基础。俄林认为国际贸易与国内贸易都是区域之间的贸易，具有相同的起因，彼此并无本质上的区别。要素禀赋理论提出了以下的假设前提：

（1）两个国家、两种要素、两种产品，即 $2 \times 2 \times 2$ 的模型。这与比较优势理论的假设前提有着根本的区别：要素禀赋理论认为至少要有两种或两种以上的要素才能生产出商品来，而李嘉图认为劳动是生产商品的唯一要素。要素禀赋理论的这一假设前提实质上是以要素论代替了劳动价值论，而且也为分析不同国家中不同的资本－劳动比对比较成本的作用确立了前提。

（2）两国在生产同一产品时，技术水平一样，具有同样的生产函数，产量只是要素投入量的因变量。相同的要素具有同样的生产率，这一假设意味着在两国具有相同的劳动生产率时，贸易仍然可能发生。作为斯密、李嘉图解释国际贸易发生原因的劳动生产率的绝对差异、相对差异并不发挥根本的作用。

（3）商品、要素市场属于完全竞争市场，要素在一个国家内可以充分流动，在国际间完全不能流动。这可以保证同种商品在一个国家之内具有相同的价格，而在国际间则存在着价格差异。

（4）两个国家的最大区别在于要素禀赋的差异，其中一个是资本存量相对丰裕的国家，资本的报酬——利息率相对较低；一个是劳动存量相对丰裕的国家，劳动的报酬——工资率较低。

（5）在两种产品中，其中一个在生产过程中使用的劳动相对更多些（资本－劳动比较低），是劳动密集型产品；另一个则使用的资本要素相对更多些（资本－劳动比较高），为资本密集型产品。

（6）影响贸易的其他因素，如运输成本、需求偏好、规模效益、贸易壁垒等被抽象掉了，不予考虑。

在上述假设前提中，生产要素相对丰裕是指一国的某种生产要素相对于其他要素而言的丰裕，不是绝对量的丰裕。要素密集度是指生产不同产品所需要投入的生产要素之间的比率，在此指的是资本与劳动两种投入要素之间的比率。

三、要素禀赋理论的内在逻辑关系、图形解释与基本命题

(一) 要素禀赋理论的内在逻辑关系

如果用通俗的话来表述要素禀赋理论的核心思想,那就是"靠山吃山,靠水吃水",即各个国家应该在要素方面发挥自己所具有的优势。如果一个国家的劳动要素存量相对丰裕,则该国就应该集中生产、出口劳动密集型产品;反之,如果一国的资本要素存量相对丰裕,则该国就应该集中生产、出口资本密集型产品。如果两个国家都贯彻这一原则进行生产、交易,则各国的资源就会实现更为有效的配置,福利水平将会得到提高,世界范围内的资源也将实现更为有效的配置,福利水平也将会得到提高。上述核心思想的内在逻辑与古典贸易理论既存在着共性,也存在着很大的差别。

与斯密、李嘉图的国际贸易理论一样,要素禀赋理论也认为,同样产品存在的价格绝对差异是国际贸易的直接基础,而商品在交换时的价格绝对差异是由生产成本的绝对差异决定的。但是,在解释成本差异产生的原因时,要素禀赋理论与其他理论有着重大区别。在要素禀赋理论看来,生产商品的成本绝对差异是由生产时使用的要素的价格之间的差异决定的;要素价格绝对差异是由要素存量比率,即一国中不同要素相对存量不同决定的;要素存量比率差异又是由要素供求决定的;要素的供给则是由要素禀赋决定的。其基本的内在逻辑关系如图3-7所示:

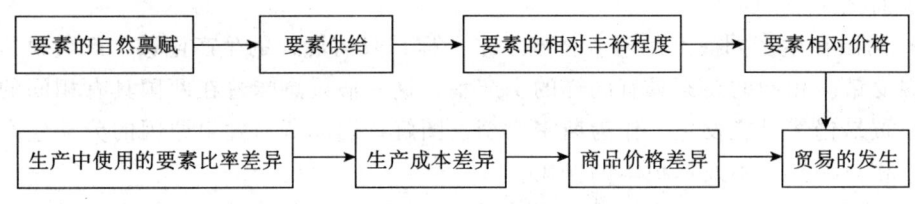

图3-7 要素禀赋理论的基本内在逻辑关系

一个国家要素的自然禀赋状况,即劳动或资本的多寡,决定着该国劳动或资本的基本供求状况。如果劳动要素相对丰裕,则工资率就会相对较低,而工资率较低,在生产中人们就愿意更大量地使用劳动,尽量节约资本的使用,这就会造成生产中使用的要素比例的不同,即资本-劳动比的差异,资本-劳动比的差异则是构成生产成本差异的原因。这样,即便要素的生产率在绝对或相对意义上一致,只要生产中使用的要素的比例(在这里为资本-劳动比)存在差异,生产成本就会不同,商品的价格差异就会产生,最终导致贸易的进行。

(二) 要素禀赋理论的图形解释

下面我们用图3-8来说明要素禀赋理论。(a)图所描绘的是A国和B国的生产可能性曲线。A国的生产可能性曲线向X轴倾斜,这是因为产品X是劳动密集型商品,而A国是劳动要素丰裕的国家。两个国家均使用相同的技术。此外,因为两个国家具有相同的需求偏好,它们可以共用同一条无差异曲线。无差异曲线Ⅰ(两国共同的无差异曲线)与A国的生产可能性曲线相切于A点,与B国的生产可能性曲线相切于A′点。无差异曲线Ⅰ是A国和B国在无贸易条件下所能达到的最高水平的无差异曲线,A点和A′点反映了两国在无贸易发生时各国生产和消费的均衡点。

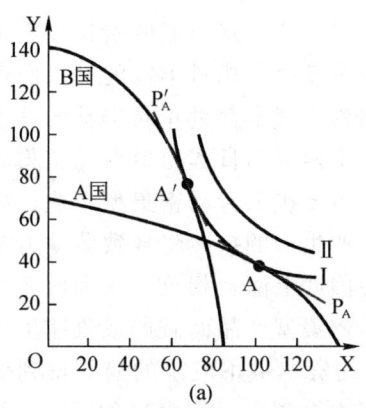 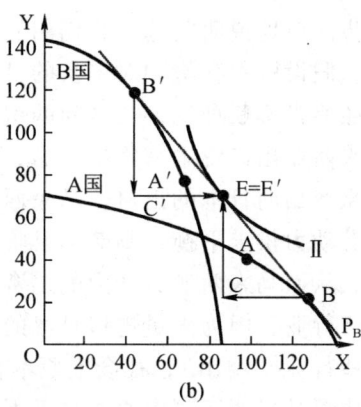

图 3-8 要素禀赋理论的图形分析

无差异曲线 I 与两个国家生产可能性曲线的切点 A 和 A′ 确定了两国在独立均衡时的相对商品价格，A 国为 P_A，B 国为 $P_A′$。由于 $P_A < P_A′$，A 国在 X 产品的生产上具有比较优势，B 国在 Y 产品的生产上具有比较优势。

(b) 图表明，在贸易中，A 国分工生产商品 X，B 国分工生产商品 Y。两国的分工将进行至 A 国达到 B 点，B 国达到 B′点为止。此时两国的转换曲线与其共同的相对价格线 P_B 相切。A 国出口商品 X 以交换商品 Y，最终的消费组合为无差异曲线 II 上的点 E（见贸易三角形 BCE）。相应的，B 国则出口商品 Y 以换取商品 X，最终的消费组合为与 E 点相重合的 E′点（见贸易三角形 B′C′E′）。

当 A、B 国从封闭的经济转向开放的经济，开展国际贸易以后，两个国家均在贸易中获得利益。图中表现为 A 国和 B 国都达到了更高的无差异曲线 II。

(三) 要素禀赋理论的基本命题

在上述假设前提及模型的内在逻辑框架下，赫克歇尔与俄林提出了要素禀赋理论的四个基本命题：

第一，每个国家以自己相对丰裕的生产要素从事商品的专业化生产和国际交换，就会处于比较有利的地位；相反，如果以自己相对稀缺的生产要素从事专业化生产和国际交换，就会处于相对不利的地位。

第二，如果两个国家生产要素存量的比例不同，即使两国相同生产要素的生产率完全一样，也会产生生产成本的差异，从而使两国发生贸易关系。

第三，国际商品交换的结果往往是使各个国家之间的要素报酬（利息、地租、工资）差异趋于减小，出现要素价格均等化趋势。

1948 年，美国经济学家保罗·萨缪尔森（Paul Samuelson）对要素禀赋理论进行了研究，使得要素报酬趋同的命题被表述为：国际贸易将使不同国家间的同质生产要素的相对和绝对收益均等化，这一推论被称为要素价格均等化定理。由于萨缪尔森的这一结论是从要素禀赋理论中发展出来的，因此，它也被称为赫克歇尔—俄林—萨缪尔森定理（H-O-S 定理）。我们可以用微观经济学中的埃奇沃斯盒状图从几何上证明该定理，在此从略。要素价格趋同在很大程度上是一种纯理论的推导，在国际贸易现实中，由于各种条件的限制，这一定理很难充分实现，只是一种趋势。

为了进一步简单地说明问题,我们用假设的日本与马来西亚的贸易关系案例来说明上述定理的意义。假设资本存量相对丰富的日本与劳动存量相对丰富的马来西亚之间存在着贸易关系。按照要素禀赋理论,二者间的贸易结构为资本存量相对丰富的日本向劳动存量相对丰富的马来西亚出口资本密集型产品,而马来西亚向日本出口劳动密集型产品。由于扩大劳动密集型产品向日本的出口,马来西亚就需要扩大劳动密集型产业,如果在此之前马来西亚国内劳动力供求平衡,则劳动密集型产业生产的扩大将导致劳动力在原有基础上出现供不应求,从而马来西亚劳动力的工资率会因此上涨。相反,马来西亚国内的资本密集型产品的生产行业,因为大量进口日本的资本密集型产品而破产或收缩生产规模,从而使得资本从这些行业"溢出",社会上原本存在的资本供不应求的局面得到缓解。供求关系的改变,造成了马来西亚国内原居高不下的资本报酬率(利率)的下降,使之与日本国内利率水平的差距缩小。日本国内资本报酬率由于两国之间发生贸易而得到提高,而劳动报酬率下降的机制与上述过程类似。

第四,在这一理论中,还存在着后面将要论述的雷布津斯基定理(Rybczynski Theorem)和斯托尔珀-萨缪尔森定理(Stolper - Samuelson Theorem)。

雷布津斯基定理研究的是,各国的要素禀赋如果发生变化,有的生产要素增长得更快些,有的生产要素增长得相对要慢些,这种要素禀赋增长差异对于国际贸易会产生怎样的影响。例如,在一般情况下,一个经济体的资本、技术会产生相应的积累,生产要素增长得较快,但是土地、自然资源在一定阶段则几乎很难有较大幅度的增长,劳动力增长的速度则会受到各种因素的影响,可能增长得快些,也可能增长得慢些。雷布津斯基定理的含义是:如果商品的价格不变,一种要素使用的单一增加,将造成密集使用该种要素生产的产品产量的增加,而密集使用另一种要素生产的产品数量减少。

斯托尔珀-萨缪尔森定理说明的是商品价格的变化与要素价格、收入分配之间的关系。根据斯托尔珀和萨缪尔森的研究,自由贸易中商品价格的变化,会使得在生产中使用的要素的报酬以及不同要素所有者的收入情况发生变化。他们的研究表明:自由贸易会使得产品价格上升的出口行业中使用的要素的价格上升,而价格下降的进口替代部门中使用的要素的价格下降。例如,如果劳动密集型产品的相对价格上升了,劳动力的实际报酬会得到提高,而资本的实际报酬却会因此而下降。此外,自由贸易会造成一国相对丰裕要素的所有者的实际收入得到提高,而相对稀缺要素所有者的收入下降,这意味着国际贸易尽管会提高一国整体的福利水平,但由于要素所有者收入分配格局会产生变化,因此这一福利水平的增长并不是所有人都可以同水平分享的。

四、对要素禀赋理论的评价

(一)要素禀赋理论与比较优势理论的异同点

从理论的基本层面看,要素禀赋理论是建立在相对优势基础上的,强调国际贸易产生于差异,两个理论关于要素流动的假设也基本一致。但要素禀赋理论认为:

第一,李嘉图将商品的生产仅仅归结为劳动时间的耗费,即单一要素决定生产是不对的,因为在现实中其他要素如资本、土地,在商品生产中是不可或缺的,只有这样才符合生产与贸易的实际。

第二,只有首先确立生产需要两种以上的要素投入的理论前提,才能奠定资本-劳动比这一要素禀赋理论解释国际贸易发生原因的分析基础。

第三,如上所述,要素禀赋理论认为国内、国际贸易均为不同区域间的商品贸易,这些贸易的本质是相同的,商品交换中具有的规律也应该相同。这里隐含着的意思是,李嘉图所阐述的国内通行的等量劳动相交换原则不能应用于国际商品交换的观点是错误的。

第四,斯密、李嘉图均认为劳动生产率(绝对或相对)差异的存在是国际贸易发生的原因,要素禀赋理论为了论证他们的理论是不正确的,则将相同要素的劳动生产率一致作为模型进行分析的出发点,从根本上否定了劳动生产率差异在国际贸易产生中的必要作用,而将国际贸易发生的原因归结到了生产中使用的要素的比率差异上。

(二) 要素禀赋理论的积极意义

以一个国家基本的经济资源优势来解释国际贸易发生的原因,从实际优势出发决定贸易的模式(产品结构、地理格局),根据贸易对经济的影响来分析国际贸易的作用,这在理论上是有益的。要素禀赋理论扩大了考虑国际贸易发生原因和利益分配的影响因素,比斯密、李嘉图的理论更贴近事实,更具有说服力。

要素禀赋理论提出的发挥一国要素禀赋优势发展国际贸易的思想,即我们常说的"靠山吃山,靠水吃水",在相当长的时间中,甚至直至今天,都被认为是一个国家尤其是经济相对落后国家,从事国际贸易、制定对外经贸战略的基本出发点。

(三) 要素禀赋理论的缺陷与不足

第一,如果认为自然禀赋是国际贸易发生的必要条件的话,它并非贸易发生的充分条件。因为社会因素在确定一个国家对外开放的战略格局中具有极其重要的地位,离开了社会因素,很多问题就无法得到有说服力的解释。例如,许多国家的要素禀赋相近,但国际贸易的格局却极其不同,存在着很大差异。同时,要素禀赋理论比较强调静态结果。事实上,一个国家的资源优势除了自然禀赋之外,还有由于社会经济发展而产生的后天优势。例如,一个国家的资本丰富状况就大多是经济发展的产物。人的因素从一般劳动力发展成为智力密集的白领劳动力,就是经济发展的结果,而它又反过来促进了社会经济的进一步发展。

第二,要素禀赋理论在假设前提中排除了技术进步的因素以及许多实际存在的情况,这种抽象化的假设在今天的国际贸易实践中是绝对违背世界经济发展现实的。如果坚持这样的观点,就会使得世界经济结构凝固化,尤其是使得发展中国家在发挥所谓资源优势的同时,无法转换生产结构,阻碍经济发展。今天自然资源丰裕的国家未必就一定是资源密集型产品的出口国,这样的事实实际上影响了该理论的普适性,也影响了它在作为国际经贸战略和政策制定时理论基础的作用。

第三,这一理论对于需求因素并未予以充分的重视,在今天的国际贸易格局中,需求因素已经被视为极其重要的方面,国际贸易已经作为调节需求的重要手段在各个国家的经济政策中发挥着日益重要的作用。

第四,从经济学说史的角度考察,要素禀赋理论实际上回归到了萨伊的"三要素说",即将资本与利息、劳动与工资、土地与地租联系论述,并回避了对经济关系的揭示。对于这样的经济学说,马克思主义经济学曾经给予了深刻的批判。

【专栏3-3】

靠山吃山，靠水吃水

要素禀赋理论最基本的政策含义就是所谓的"靠山吃山，靠水吃水"的思想。发挥一个国家要素上固有的相对优势，从固有的要素存量的相对优势出发进行国际分工，从事贸易，将自己因为要素价格低廉而能够以低廉价格生产的产品推向国际市场，是今天世界各国都在遵循的原则。如马来西亚出口锡是因为其有丰富的锡矿资源，在锡的生产上具有他人所不具备的资源优势，类似的再如中东国家的石油出口、俄罗斯的天然气出口、巴西的咖啡出口，等等。中国出口劳动密集型的服装、玩具、轻工产品是因为中国的劳动力资源具有极大的优势，且由于实行九年义务教育，劳动力的素质相对较高，劳动力的"物美价廉"带来商品的物美价廉，使商品具有特别的竞争力。

20世纪90年代，处于中国广东省珠江三角洲地区的东莞市和其周边地区，是中国华南劳动密集型产品出口集中的生产地，集中了全国各地的打工者为出口厂商（尤其是来自中国台湾的厂商）工作。收入相对低的省份的劳动力为了获得较高的工资收入而来到东莞等地工作，因而珠江三角洲的区域的劳动力供给极为丰富。一旦打工者因为各种原因离开，其他的大批打工者又会从全国各地涌向东莞竞争数量有限的工作岗位。因此，珠江三角洲一般打工者的实际工资水平在相当长的时间内并未得到提高，廉价优质的劳动力优势依然存在。

根据中国人民大学国际经济系1984~1997年关于珠江三角洲三资企业运营的追踪研究，上述事实是存在的。这一情况的存在也是1997~1998年东亚地区国家与经济体货币大幅贬值后，中国商品在世界市场依然具有很强竞争力的重要原因之一。在东南亚金融危机之前，中国的平均基本工资收入大约是东亚经济体平均值的1/6~1/4，在危机期间，除了印度尼西亚曾经有一阶段平均工资收入低于中国，其他东亚经济体的工资水平仍然高于中国。

近年来，随着中国劳动力成本的提高，一些从事劳动密集型产品生产和加工贸易的外资企业陆续撤离中国。但这种撤离并非全局性的，而是结构性的。在服务业领域，外资仍在进入，且大额投资逐渐增多。低端外资企业的撤离有助于提升中国利用外资的质量，也为提升中国的产业结构提供了契机。

因此，遵循要素禀赋理论制定一国的对外经济贸易战略，首先要搞清楚该国在生产要素方面的相对优势及其动态变化，充分发挥既定的资源、要素存量的相对优势，这仍将是中国及其他发展中经济体对外开放的出发点。

第五节
里昂惕夫悖论

里昂惕夫是1931年移居美国的著名俄裔经济学家,因为参与创造了投入-产出模型而获得了1973年的诺贝尔经济学奖。里昂惕夫悖论（Leontief Paradox）又译为里昂惕夫之谜,是指他运用投入-产出模型检验美国的对外贸易情况,其结果恰好与要素禀赋理论给人们的印象之间存在矛盾的现象。

一、里昂惕夫悖论的提出

要素禀赋理论自提出后,逐渐为人们所普遍接受,成为了当时国际贸易理论的主流。第二次世界大战后,一些西方学者开始利用国际贸易的经验数字,尤其是发达国家的贸易数字对该模型进行检验,如美国的 G. 麦克道格尔（G. Macdougall）就曾考察它是否能够反映国际贸易的实际情况。里昂惕夫本人对要素禀赋理论十分相信,但他利用投入-产出模型进行的经验检验,却得出了与人们印象相反的结果,悖论的提出,引发了后来国际贸易理论的一系列发展。

二、里昂惕夫悖论的基本内容

要素禀赋理论的核心观点是,一个国家将生产、出口使用自己相对丰裕的生产要素生产的产品,而进口用自己相对稀缺的要素生产的产品,这样贸易参与国才能获益。在人们的观念中,美国显然是一个资本相对丰富、利息率相对较低,而劳动力相对稀缺、工资率相对较高的国家。因此,美国应该在大量使用资金投入的机器设备的生产与出口方面具有相应的优势,出口资本密集型产品,并进口劳动密集型产品。

里昂惕夫从以上观点出发,使用他所创建、完善的投入-产出模型对美国1947年和1951年的对外贸易情况进行了分析。他用每百万美元的出口产品与每百万美元的进口替代产品中的要素含量来比较,发现美国参加国际分工是建立在劳动密集型专业分工基础之上的,而不是资本密集型专业化分工,即美国是通过对外贸易安排剩余劳动力和节约资本的。

由于上述经验检验的结论,与人们关于美国要素禀赋和对外贸易结构的印象恰恰相反,因此人们称其为"悖论"。

三、围绕里昂惕夫悖论展开的争论

里昂惕夫悖论的结论与要素禀赋理论的原理给人们关于美国要素禀赋和进出口情况的印象相悖,它的发表在学术界引起了极大的反响。许多人用同样的方法对美国和其他国家的贸易进行了检验,如美国的 H. 鲍德温（H. Baldwin）、日本的建元正弘（Tatemoto）和市村真一（Ichimura）、加拿大的 D. 沃尔（D. Whal）、印度的 R. 巴哈尔德瓦（R. Bahrdwaj）、德国的 W. 斯托尔珀（W. Stolper）等。他们的检验结果有的符合要素禀赋理论，有的符合里昂惕夫悖论，并没有一个固定的结论，反映出了国际贸易结构的多样性。

用一种乃至几种要素已经难于解释复杂的国际贸易现象了，即便像要素禀赋理论这样人们认为具有相当说服力的理论，也很难涵盖日益多样化的国际贸易结构。从其他的角度进行探讨已成为一种需要，这对国际贸易理论的发展提出了实践上的要求。

（一）里昂惕夫对于悖论的解释

里昂惕夫本人认为，美国对外贸易结构出现出口劳动密集型产品而进口资本密集型产品现象的原因，在于美国的就业者具有比其他国家工人更高的劳动生产率。按照他的解释，美国工人的劳动生产率大约是具有相似机器设备的其他国家工人的 3 倍。如果按照其他国家工人的劳动生产率来衡量，美国工人的劳动是倍加的劳动，是集约型劳动。因此，应该用美国工人的总数乘以 3，才是该国的劳动要素的实际总数量，故美国显然是劳动要素相对丰富而资本要素相对稀缺的国家，对外贸易的格局必然是用劳动密集型产品换取资本密集型产品。

在这样一个解释中，人们可以发现，里昂惕夫实际上是提出了不同国家的国民劳动非同质性的问题，即劳动应该划分为简单劳动与复杂劳动，复杂劳动是倍加的或自乘的简单劳动。当然，不同国家中资本发挥作用的效率也是有差异的，也是非同质的，也就是说，他的这一分析指出了要素禀赋理论前提中关于劳动、资本同质性假设的缺陷。

（二）要素密集度逆转观点的解释

持这种观点的人认为，某种商品在资本相对丰富的国家属于资本密集型产品，而在劳动力相对丰富的国家则属于劳动密集型产品。例如，小麦在非洲是劳动密集的生产过程的产物，而在美国则是资本密集，即大机器和大化肥的生产过程的产物。在这样的情况下，同一种产品是劳动密集型还是资本密集型并没有绝对的标准界限。有些产品在美国国外属于劳动密集型产品，而在美国国内可能就会是资本密集生产的产物。换言之，美国可能以更为资本密集的方法生产并出口一些在别国看来是劳动密集型的产品。

这种理论在说法上比较简单，应该指出的是，在国际经济实际中，这种要素逆转的现象并不普遍，它只有在特定的条件下才可以用来解释里昂惕夫悖论。这一观点可以用图 3-9 来进行说明。

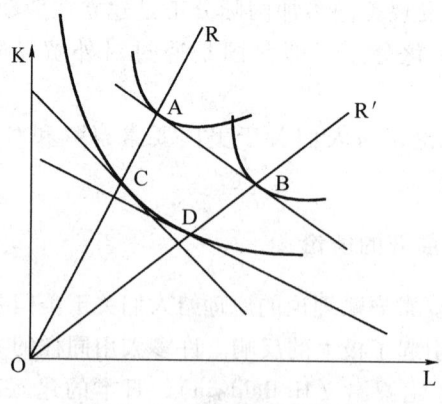

图 3-9　要素密集度逆转

图 3-9 中,横轴为劳动要素,纵轴为资本要素。在正常情况下,等产量线只能切等成本线于一点,如图中的 A、B 点。但是在要素密集度逆转的情况下,等产量线可以切不同的等成本线于若干点(图中为切不同的等成本线于两点)。C、D 两个切点代表相同的等产量线,即相同的产量,但却代表了不同的成本。其中射线 OR 表示为资本含量更高的生产方法,而射线 OR′代表了劳动含量更高的生产方法,即有 dOR > dOR′。其经济含义为,不同的生产方法生产了相同产量的相同产品,即相同产品中的资本-劳动比不同,要素密集度发生了逆转。例如,同为服装生产大国,中国的服装中劳动力的含量相对丰富,体现为劳动密集型产品,而意大利、法国的服装中智力因素含量更大,体现为智力密集型产品,这是要素密集度逆转的典型案例。

(三) 资本密集型产品需求偏好论

随着经济发展,不仅供给因素对于国际贸易格局有着重要的影响,消费者的需求因素也对国际贸易的格局有着重要的影响,这也可以从某种角度解释现存的国际贸易的格局,对于里昂惕夫悖论给予相应的说明。具体的探讨如图 3-10 所示:

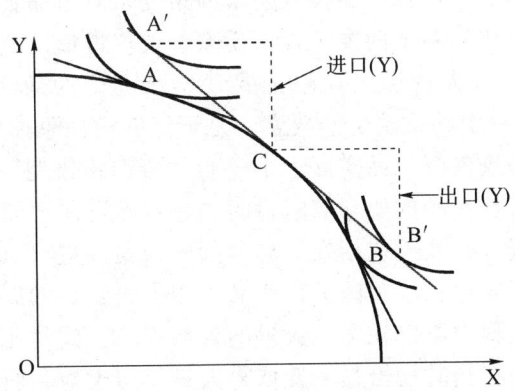

图 3-10 资本密集型产品需求偏好论

图 3-10 中,横轴表示 X 产品,纵轴为 Y 产品。有 A、B 两个国家,它们的消费偏好为 A 国更愿意消费 Y 产品,B 国更愿意消费 X 产品。在封闭条件下,这使得生产格局为 A 国不得不使用并不适合生产 Y 产品的要素来生产 Y 产品,B 国则使用并不适合生产 X 产品的要素来生产 X 产品。但如果有了国际贸易,则 A 国可以用更适合生产 X 产品的要素去生产 X 产品,进而用以高生产率生产的 X 产品换回自己所需要的 Y 产品,B 国也同样,可以用更适合生产 Y 产品的要素去生产 Y 产品,进而用以高生产率生产出来的 Y 产品换回自己更需要的 X 产品。这样,生产要素得到了更优化的配置,双方的福利也都会提高。如果 Y 产品为资本密集型产品而 X 产品为劳动密集型产品,A 国由于愿意更多地消费 Y 产品,则出口劳动密集型的 X 产品换回所需要的 Y 产品,这样便会使该国贸易形成出口以劳动密集型产品为主、进口以资本密集型产品为主的格局。

尽管这一解释具有一定的说服力,然而,在不同的国家之间,需求偏好具有如此大的差异似乎难以成立。事实上,说明需求偏好差别的难度可能比说明里昂惕夫悖论的难度还要大。

(四) 关税结构说

关税结构说主要是从关税对产品要素密集度的影响方面来阐释问题。从要素禀赋理论的分析可以看到，一个国家通过对外贸易能够增加其丰裕要素的真实报酬，并减少其稀缺要素的真实报酬，因此其贸易政策总是更倾向于保护其稀缺要素的产业。具体到美国而言，关税会更倾向于保护劳动要素所有者的利益，而不是资本要素所有者的利益。因此，美国所设置的贸易壁垒也主要是针对劳动密集型产品的进口。其关税结构和非关税壁垒阻碍了劳动密集型产品的进口，从而人为增加了资本密集型产品的进口比重。

根据美国学者鲍德温的计算结果，如果美国的进口商品不受限制的话，则其进口商品中资本与劳动的比例将比实际要低5%。由此表明，由于关税保护的结构性差异，劳动密集型产品受到较多的排斥，所以导致了资本密集型产品成为美国的主要进口产品。可见，贸易壁垒是产生里昂惕夫之谜的原因之一。里昂惕夫悖论只能说明，美国的关税结构与要素禀赋理论所假定的自由贸易模式相悖。

(五) 自然资源匮乏说

自然资源匮乏说试图从生产过程中投入要素的角度来对里昂惕夫悖论做出解释。这一理论认为，要素禀赋理论作为一个两要素投入模型，仅仅讨论了资本与劳动两种投入要素的情形。而这一抽象却在很大程度上局限了要素禀赋理论的适用范围。在现代经济中，"自然资源"作为生产过程中的重要生产要素，是不能够被抽象掉的。在里昂惕夫悖论中，众多被视为资本密集型的进口替代品实际上是"自然资源密集型"产品。

里昂惕夫在计算进口替代品的要素需求量时，将自然资源要素忽略了。里昂惕夫本人也曾经讲过，如果自然资源行业不包括在计算范围内，美国进口资本密集型产品、出口劳动密集型产品的状况便不复存在。美国进口产品资本密集度高的原因是大量矿产和木材的进口，这些产品在生产过程中不仅耗费了大量的自然资源，同时也使用了大量的资本。在出口方面，美国的农产品在当时恰恰是主要依靠大量使用土地和劳动力要素来生产的。

自然资源匮乏说已在后来的一些经验研究中得到了部分的证实。1981年，J.哈迪翰(J. Hartigan)在重新处理里昂惕夫所用的数据时发现，如果不将自然资源分离出来，里昂惕夫悖论是成立的。而一旦将自然资源从计算中分离出来，所谓的悖论就不复存在了。1971年，鲍德温的研究成果表明，在考虑了自然资源因素以后，里昂惕夫悖论可以减弱但不能够消除。这说明，将自然资源作为第三种要素对于解释里昂惕夫悖论具有不确定性。

尽管人们提出了若干观点来说明要素禀赋理论的合理性，但里昂惕夫悖论仍然是对传统的要素禀赋理论的巨大挑战，即人们至少认识到，过于简化、假设条件过于苛刻的国际贸易理论模型，在日益复杂的国际经济现象面前，很难对国际贸易实际给予科学的分析与说明。实际上直到今天，在国际贸易理论界也没有一个对里昂惕夫悖论科学的、具有权威的、为大家所认可的解释。对于西方贸易理论的发展沿革而言，里昂惕夫悖论提出的更为重要的意义在于，它动摇了人们对传统贸易理论的盲目崇拜和追随，使得人们对国际经济乃至整个经济增长和发展的规律进行了新的探索，开创了二战后国际贸易理论繁茂发展、百家争鸣的历史新局面。

第四章 Chapter 4
当代国际贸易理论

自20世纪50年代以来，尤其是世界范围内的第三次科学技术革命发生以后，世界经济中新现象不断涌现（如东亚经济的兴起、欧洲经济一体化的深化、美国经济滞胀与科技进步并存等），国际贸易实践中明显出现了与产生自第二次世界大战前传统贸易理论所描述的情况相悖的新现象：国际贸易主要发生在禀赋差距较小的发达国家之间，而不是如同比较优势理论或要素禀赋理论所描述的，发生在禀赋差距较大的发达国家与发展中国家之间，要素禀赋、劳动生产率的差异已经很难解释日益多样化的国际贸易现象。而在20世纪50年代后，随着欧洲经济共同体内部贸易的展开，发达国家之间又出现了贸易在同一行业内发生，即同类产品（甚至完全相同的产品）既进口、又出口的现象，也就是产业内贸易的现象。到了20世纪90年代，发达国家间的贸易已经成为世界贸易的主流，它们正在取代传统的所谓垂直型贸易成为发达国家贸易利益的主要来源。这一现象引起了国际经济学界的重视，研究这些现象的新理论也应运而生。

国际贸易的当代理论分析以传统和现代贸易理论的经典假设为背景，以不完全竞争作为基本的理论分析前提，并考虑到科学技术进步对于国际贸易的影响和作用，从生产要素的新拓展、需求因素的新作用以及规模经济效应等方面对国际贸易发生的原因和贸易利益的分配进行了更为充分的探讨。此外，本章还将介绍产品生命周期理论和国家竞争优势理论。

第一节 国际贸易新要素理论

第二次世界大战后，由于人类历史上的第三次科技革命，世界的生产力获得了突飞猛进的发展。它改变了国际贸易的产品和地理结构，各个国家在国际贸易中的地位也发生了根本性变化。传统的国际贸易理论受到了巨大的冲击，这要求人们对于战后国际贸易的新现象给予理论上的说明，新要素学说便是在这样的背景下产生的。

国际贸易新要素学说扩大了要素的范围，赋予了要素新的含义，如智力投资、培训、科技进步以及信息都可以被认为是新的生产要素，它们的获得和在生产中的应用，可以形成一国全新或改进的国际贸易的比较利益，从而使这些国家形成新的相对优势，并构成新的贸易格局。但是就其理论分析方法而言，新要素学说在很大程度上只是对于传统的要素禀赋理论的改良，即只是将要素的范围从劳动、资本、土地扩大到更多的方面，使得人们对于国际贸易中更多的因素赋予更多的考虑。因此，这一学说尽管比较符合国际贸易的实际情况，但其在理论上的创新却是有限的。

一、人力资本说的基本内容与评价

所谓人力资本是资本与劳动力结合而形成的一种新的生产要素。人们通过对劳动力进行投资（如进行教育、职业培训、保健等），可以提高原有劳动力的素质和技能，使劳动生产率得到提升，从而对一个国家参加国际分工的比较优势产生作用与影响。在这方面进行过论述的经济学家主要有美国的 T. W. 舒尔茨（T. W. Shultz）、D. B. 基兴（D. B. Keesing）、鲍德温和 P. B. 坎农（P. B. Kennen）等。他们或者考察美国工人高生产率的来源，认为工人的高生产率来自美国对于工人在教育、培训和其他方面的投资（舒尔茨）；或者考察美国进出口部门中各类人员，如非熟练工人、技术人员、工程师在雇员中所占的比例，认定在美国的出口生产部门中，工程师、技术人员、熟练工人的比例更高（基兴）；或者考察美国进出口行业就业人员的受教育年限，以计算不同部门的教育成本，结果是出口部门的就业者受教育年限更长些（鲍德温）；或者考察美国进出口部门中不同雇员的工资收入的差异，发现出口部门的就业员工的工资水平更高些（坎农）；从而将高生产率归结为对教育、卫生、培训等的高投入，而这部分投入理应算入资本投入，因此，美国仍然应该是资本相对丰裕的国家。

该学说认为在新的时代，人力资本与物质资本同样重要，一个国家应该重视人力投资，取得好的投资效益，才可能产生新的比较优势。这样，这一理论引入了一种新的生产要素，即在人身上的投资，从这点出发也否定了要素禀赋理论的劳动同质性假说。同时，它还告诉人们，一个国家如果想要在新的比较优势方面有所作为，就应该重视教育、培训、卫生、保健等方面的投资，提高人的综合素质，通过长期积累最终形成新的优势，在国际贸易中获得更好的效益。

二、R&D 学说的基本内容与评价

持 R&D 学说观点的研究者，如美国的 W. 格鲁伯（W. Gruber）、D·麦赫塔（D·Mehta）、R. 弗农（R. Vernon）等认为，研究与开发也是一种影响国际贸易格局的生产要素。这里的研究是指与新产品紧密相关联的思路、技术、工艺方面的基础研究与应用研究；开发是指新产品的设计与试制，即新产品的开发与创造。不同国家占有的各种研究与开发资源的多寡，可以改变一个国家在国际分工中的比较优势。而充裕的资金、丰富的自然资源、高质量的人才是从事研究开发的必要条件。市场对新产品的需求是研究开发产业化的基础。研究与开发的变化可以产生新的比较利益，它不是仅仅依靠扩大已有的生产规模，而是通过向研究、开发投资，获取新产品、新工艺、新营销方法，从而产生新的经济利益。

在实际研究中，人们主要是考察、衡量一个国家研发经费占产品销售总额的比重，比重大则研究与开发的程度就高，通过计算这一比率，间接考察一个国家的研究开发水平。该学说强调了科技发展在国际贸易优势形成中的作用，符合目前社会发展的大趋势，因此为绝大多数人所接受。

三、信息贸易理论的基本内容与评价

信息社会的出现对国际贸易理论的研究产生了重大的影响。今天，人们普遍认为信息是可以创造出价值并能进行交换的一种无形资源，是现代生产要素的组成部分。在实际生产中，土地、现代化的机器设备，属于生产中的硬件，是比较优势中的"硬"要素；信息则是生产中的软件，是比较优势中的"软"要素。人们占有经贸信息便会产生贸易，而信息本身又是可以交换的商品，是一种可以作为交易对象的软件要素，具有相应的价格。不同国家占有信息的多寡，会使得它们在国际贸易中的比较优势发生变化，影响国际贸易的格局。

如果进行贸易的双方获得的信息不对称，在贸易中它们的地位显然也是不对称的。由于信息不对称，不同的贸易对象具有的相对优势会大不相同。目前，这种信息贸易理论还不很完善，但从信息占有的不对称角度进行研究却代表着一种重要的理论发展方向。

一般认为，新要素学说的诞生，一方面得益于里昂惕夫悖论的刺激，另一方面也得益于英国经济学家 R. F. 哈罗德（R. F. Harrod）20 世纪 40 年代对于国际贸易中特殊要素的研究。尽管在 40 年代人们并没有明确提出新要素对于国际贸易格局的巨大作用，但这却为后人的探讨提供了某种思路。新要素学说实际上是在不断扩大生产要素的范围。今天生产要素的范围不仅从有形的物质资本扩大到无形的资金，更进一步扩大到了无形的技术、工艺和信息。对于这些无形的"软"要素（如知识产权），不仅占有它们的多寡决定着国际贸易的比较优势，而且它们自身也日益成为重要的贸易对象（无形产品贸易），拓宽了国际交易的产品结构范围，促进了国际贸易的新发展，也对如何规范当代国际贸易行为（如保护知识产权）提出了新的挑战。

第二节 产业内贸易理论

随着世界经济的发展，传统贸易理论愈发难于解释不断增长的相同或相近禀赋国家之间、相同或相近产业之间贸易发生的原因。同时，传统国际贸易理论的假设前提，如完全市场、不存在规模收益等，在当今的世界经济中也已经与经济现实相去甚远。新的国际贸易理论——产业内贸易理论应运而生的现实基础业已具备。

产业内贸易理论研究的对象，是不同于传统交易的另外一类国际贸易现象，即一国的某种产业既出口又进口该产业产品的现象，这种国际贸易现象与贸易国家的经济发展水平，以及商品生产的区域特点有着密切的关系，同时它也是在不完全竞争市场以及规模经

济的条件下进行的。产业内贸易理论本身具有多重性,不是由一个理论模式完成的。

一、产业内贸易理论的提出与假设前提

第二次世界大战后产业内贸易的发展与人均收入的提高存在着密切的关系,而且随着贸易自由化程度的提高而发展。这种贸易现象往往在收入水平相近的高收入国家间更为普遍,且明显地在有规模经济特征的制成品生产中存在。

(一) 产业内贸易理论的提出

传统的国际贸易理论,除了解释贸易发生的原因、贸易利益分配之外,对于要素的重新配置也有许多考虑。但是,人们从已有的产业内国际贸易的事实出发,发现当代禀赋相似国家间的双向国际贸易似乎并没有引发大规模资源的国内、国际的重新配置和收入的再分配。似乎伴随着产业内国际贸易格局的形成,贸易参与国得到来自贸易的利益相比得自其他方面的利益要小些。

产业内贸易理论有很多的模型,其中 D. 格林纳威(D. Greenaway)、格鲁贝尔(Grubel)、劳埃德(Lloyd)、A. 迪克西特(A. Dixit)和 P. 克鲁格曼(P. Krugman)的理论观点都颇具代表性。

(二) 产业内贸易理论的假设前提

第一,理论分析基本是从静态出发进行的,简化的模型分析只侧重于产业内贸易发生的原因、结果而非强调过程。

第二,分析以不完全竞争(垄断竞争)市场而非完全竞争市场为前提,这样更接近现代世界经济的现实。

第三,经济中具有规模收益,并将其分析为国际贸易发生后的重要利益来源之一。

第四,在分析中要考虑需求不相同与相同的情况,即与其他理论相比,产业内贸易理论更加重视需求方面的影响。

除了上述一般性前提外,解释产业内贸易所利用的各个分析模型也还有着它们自身的假设前提。

二、产品的同质性与异质性

我们所分析的产业最明显的特征是:产业中厂商投入的生产要素相近,产品用途可以相互替代。在产业内贸易理论中,符合上述特征的产业内贸易商品被划分为两类:同质产品与异质产品。

(一) 产品同质性与异质性的概念

产品同质性是指,产品间可以完全相互替代,即商品需求的交叉弹性极高,消费者对这类产品的消费偏好完全一样。这类商品在一般情况下大多属于产业间贸易的对象,即人们用它们去交换其他商品而非相同的商品,但由于市场区位不同、进入市场时间不同等因素,相同产品中的贸易也广为存在。

产品的异质性是指,产品相似但又不完全一样,存在着一定的差异,产品彼此之间不能完全替代但尚可进行一定程度的替代,交叉弹性小于同质性产品,在生产中要素的投入具有相似性。大多数产业内贸易的产品都属于这类产品。

（二）同质产品的产业内贸易

我们在这里讲的同质产品，在很大程度上是完全相同的产品，由于各种原因，一个国家对该类产品会产生既出口又进口的现象。同质产品的产业内贸易可以划分为以下几种情形：

第一，不同国家间大宗产品的交叉型产业内贸易。这种大宗货物之间的产业内贸易的典型案例是水泥、木材、玻璃等建筑材料和石油产品等的贸易。由于这类产品大多自身重量较大，如果运输成本在总成本中占有较大的比重，那么这类产品的需求国便会从最终使用者最近处的国外生产地购入，而不会非要在国内远距离运输，以国产产品去满足消费者的需求。例如，中国是世界上第一水泥生产大国，水泥的生产基地主要在东北地区，但却有相当比重的消费者分布在华南地区，如果将东北生产的水泥长途运送到华南，运输成本很昂贵，还会占用大量的运力。因此，中国在东北生产、出口水泥（如向韩国、俄罗斯出口），而在华南进口水泥（如从泰国进口）是很经济的。

第二，经济合作或因经济技术因素而产生的产业内贸易。这种产业内贸易如各国银行业、保险业走出去、引进来的情况。尽管各国自己的金融机构都可以在本国国内提供全方位的银行和保险服务，但各国之间的外资金融机构仍然大量重叠建立与运营。例如，中国金融领域对外开放的一项重要工作是吸引外国银行在华投资，经营金融业务，但中国同时又在世界其他国家和地区（如非洲、欧洲、北美、西亚、中国香港等）投资建立分行、分公司，从事当地的金融业务。

第三，大量的转口贸易。转口贸易是指进口国并不是最终的消费者，而是将进口的商品进行再出口（或者经过一定的加工后再出口）。这时在该国的国际收支中，同类产品将同时反映在转口国的进口项目与出口项目中，便会形成统计意义上的产业内贸易。例如，中国香港是一个以提供服务为主的经济体，它每年的进口绝大部分是为了再度出口，这在香港、广东等华南地区的经济关系中是非常清楚的。

第四，政府干预产生的价格扭曲。政府干预对外贸易会造成价格和其他交易条件的扭曲，尤其在动用行政干预推行贸易的限入奖出政策时更是这样。这种做法极易形成相互倾销，但它却会使一国在进口的同时，为了占领其他国家的市场而出口同种产品，从而形成产业内贸易。此外，有些国家在干预对外贸易时，往往对一些货物存在出口退税、对急需货物存在进口优惠等，这时，国内生产企业为了与进口货物生产企业竞争，就不得不先通过产品出口以得到退税，再进口自身生产的产品以享受进口优惠，以增加竞争力，于是便人为地造成了产业内贸易。

第五，季节性产品贸易，即人们为了调剂市场的供求而在不同时间进出口。例如，由于某些产品的生产与消费极具季节性，于是人们便会在本国生产季节出口某种产品，而在本国不生产该种产品时进口该种商品，以保持供求均衡。欧洲一些国家为了充分地使用电力，"削峰填谷"，在本国需要时从邻国进口（如以娱乐业、博彩业为主的国家在夜晚的电力进口）电力，而在本国不太需要时（上述国家在白天时电力消费水平一般相对较低）出口电力供邻国使用，这便会形成电力在一国又进口又出口的现象。

第六，跨国公司的内部贸易也会形成产业内贸易。跨国公司在全世界组织自己的生产和运营，以便更有效地配置资源、降低成本，于是会产生在跨国公司内部零部件、半成品的调拨。在一个生产、组装基地既进口同种商品的某些零部件或成品,又出口该种商品的零部件或成品,因为同种商品的成品与中间产品和零部件大都归入国际收支表中的同组产品进行记录,因而便会形成产业内贸易。即便不是跨国公司组织的跨国生产,只要形成国际生产的合作,上述情况也会产生。例如,中国在出口波音飞机尾翼的同时,又进口波音飞机的整机。而欧盟的空中客车飞机更是在不同的欧盟成员国内分工制造、组装的,零部件、整机的进出口更体现为产业内贸易的过程。

(三) 异质产品的产业内贸易

第一,水平差异。所谓产品的水平差异是指商品由于相同属性的不同组合而产生的差异性,如烟草、香水、化妆品、服装等。这类产品的产业内贸易大多与生产者之间的竞争和消费者偏好的差异有关。从供给方面看,厂商为了扩大销路,赢得市场,不断吸引新、老顾客,而努力推陈出新,推出大量有特色的产品。但是,从水平差异看,产业内贸易产生的原因,主要是消费偏好的区别,需求的多样化,通过同类产品在品牌、款式、规格、服务等特点上的不同去适应和满足不同消费者的需求,因而需求特点的不同产生了既进口又出口的现象。

第二,技术差异。技术差异是指采用新技术制造的新产品带来的差异。处于不同产品生命周期阶段的同类产品(如不同档次的家用电器、更新换代的药品)往往在不同类型的国家进行生产,继而在彼此间进行进出口贸易,便会产生产业内贸易。由于产品生命周期在高新科技时代更新速度加快,促进了国际分工的专业化,因而促进了这类贸易的发展。例如,美国是高清晰度电视的生产者,其他国家大多要从美国获得该种产品,但同时美国又是一般电视机的最大进口者。中国既是世界上名列前茅的一般IT产品(如键盘、鼠标、软盘、电源等)的生产与出口国,同时又是高新科技IT产品(如芯片、高档液晶显示器等)的进口国。

第三,垂直差异。垂直差异是指产品质量方面的差异。从供给方面讲,厂商为了占领市场,就需要不断提高产品质量,以便能够在竞争中获得先机。从需求方面看,一个国家内的大众,由于收入的差距,往往未必能够永远追求昂贵的高质量产品,即便相同收入的人群之间也存在着质量需求的差异。因此,发达国家在出口高质量产品的同时往往也会从其他发展中国家进口一些中、低质量的同类产品,以满足国内多层次的质量需求。这样便会由于质量追求的差异而产生产业内贸易,这种情况主要发生在汽车、计算机、乐器等产品上。例如,不同的国家内的不同收入阶层,对于汽车的质量需求有着很大差异:为了代步,廉价耐用型车可满足消费者的基本质量要求;为了显示身份,高档豪华型车则是首选。

三、新 H-O 模型

新 H-O 模型理论由法尔维(Falvey,1981)创立,这一理论将要素禀赋的思想用于解释产业内贸易,主要是用于解释垂直型差异产品的产业内贸易。

(一) 新 H-O 模型的假设条件

第一,一个产业不再是只生产单一的同质产品,而是生产一定范围内质量上存在差异的产品集。

第二,生产中使用资本和劳动两种生产要素,并且劳动可以跨部门流动,而资本具有专用性,即不可跨部门流动。生产中没有规模经济,不存在运输成本。

第三,贸易两国的要素存量上存在差异,即要素禀赋有差异性。

第四,市场处于完全竞争的结构中,即产品的价格等于其生产成本。

第五,对于质量不同的商品的需求取决于商品价格和购买者的收入。

(二) 新 H-O 模型的基本内容

为了分析垂直差异产品的产业内贸易,法尔维引入了质量指数 a 来反映产品质量的差异。a 值越大,表示产品的质量将越高。产品质量越高,则生产中使用的资本也就越多。如果我们用 C 表示 A 国的生产成本,C′表示 B 国的生产成本,a 表示产品质量指数,W 和 R 分别为 A 国的既定工资率和资本租金率,W′和 R′分别为 B 国的工资率和资本租金率。在产品质量 a 为既定时,C 和 C′可以被表示为:

$C(a) = W + aR$

$C'(a) = W' + aR'$

将上面的方程组反映在图中,则有如下的坐标图 4-1。可以看出,由于 A 国资本相对丰富,B 国劳动力存量相对丰富,于是有 $W' < W$,以及 $R' > R$。由于高质量产品是资本密集型的产品,而低质量的产品为劳动密集型产品。则 A 国在高质量产品的生产上有相对优势,B 国在低质量产品的生产上有相对优势。也就是说,A 国生产并出口质量指数大于 A_0 的产品,而 B 国则生产并出口质量指数小于 A_0 的产品。因此,法尔维的理论可以解释产品质量有差异的产品的产业内贸易。

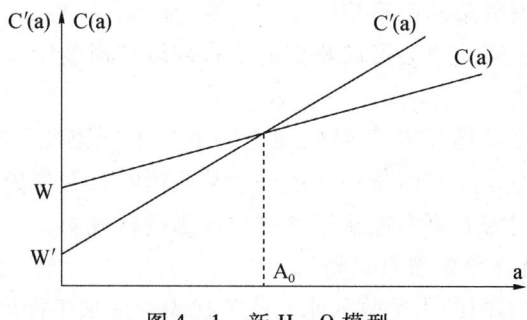

图 4-1 新 H-O 模型

(三) 新 H-O 模型的实践含义

在实践中,新 H-O 模型解释的国际贸易类型一般属于垂直型差异产品之间的交易。例如,在不同档次汽车之间的交易、高档西服与普通成衣、名牌鞋与一般鞋类之间的贸易等便是比较典型的案例。但是针对这一理论,也有人提出过质疑。他们认为,并非高资本密集度的生产就必然决定发生高质量产品的出口。例如,在贸易实践中存在着"手工制作"的高质量产品,而且手工制作的产品价格反而较高。但如果考虑到熟练与非熟练工人、体力与智力劳动、简单与复杂劳动的差异,即存在着人力资本这一要素的区别,新 H-O 模型的结论在一定条件下仍然具有适用性。

四、需求偏好相似论

产业内贸易多数发生在水平差异产品之间,即交易的产品属于同一组别的不同类型,但在档次上可能是没有差异的。传统的国际贸易理论对于这样的现象缺乏有力的解释,因此需要从一个新的角度来进行探讨。

(一)需求偏好在国际贸易中的作用

当代国际贸易理论认为,国际贸易不同参与者的需求偏好相似是这类产业内贸易发生的动因之一,它是由瑞典经济学家 R. 林德(R. Linder)在 1961 年出版的《论贸易与转变》一书中提出来的。需求偏好相似论认为:

首先,国际贸易可以看成是一国国内贸易跨越国界的延伸,因为一国的厂商进行生产首先为了满足国内市场的需求,即总是首先为自己所熟悉的国内市场而创新、而生产。只有国内正在生产着的(为了满足国内市场需求而生产的)产品才有可能出口,即国内的需求决定了一国的潜在出口产品。而那些纯粹为了满足国际市场需求而生产的产品,则大多是由外资生产的。

其次,一个国家的需求结构在很大程度上取决于这个国家的人均收入水平:人均收入高者,具有高收入的需求结构,而低收入者则具有与之相应的需求结构。如果两国之间人均收入差距较大,但只要不同国家市场之间的隔阂较小,信息传递通畅,商品就可以流动。即便是在发达国家与发展中国家之间,照样会有贸易发生。这是因为通常越是贫穷的国家,收入分配的差距就越是悬殊,穷国中的少数富人在攀比效应的作用下,形成了与发达国家富裕阶层同样的消费结构。富裕国家中的贫困阶层也只能在一个很低的水平上进行消费。这样,在不同的国家间便会形成相似的消费群体与消费结构。在没有贸易限制的时候,两国间便会发生贸易。

最后,林德认为,可以运用要素禀赋理论来解释不同禀赋国家之间发生的贸易,因此,传统的国际贸易理论在一定的条件下可以对某些国际贸易现象做出解释,但发生在禀赋相似国家之间的贸易则需要更多地从需求的角度来进行说明。

(二)需求偏好相似理论的图形说明

图 4-2 中,X 代表不同的人均收入水平;Y 代表产品加工深度。

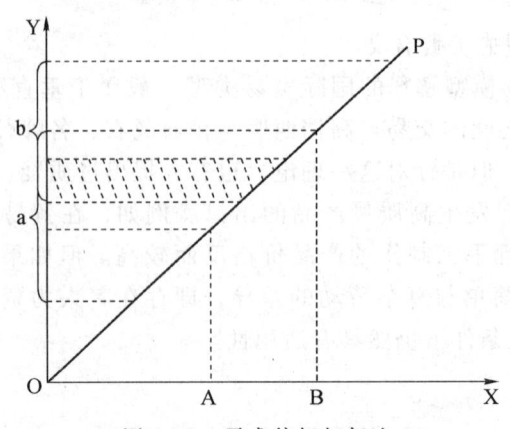

图 4-2 需求偏好相似论

在既定的国际价格水平下，收入相似的国家之间，由于需求发生重叠，使贸易易于发生。图中 A、B 点是两国不同的收入水平，OP 是世界价格线，a、b 是在 A 国和 B 国收入水平下消费的典型的加工深度。消费的多样性，决定了加工深度是一个区域，导致了交叉消费的产生。它们之间的交叉区域便是双方都偏好消费的加工深度相同的产品，即需求发生了重叠，这种重叠的需求便构成了产业内贸易的基础。

（三）对需求偏好相似论的评价

需求偏好相似作为经济发展水平相近国家之间发生贸易的解释原因，在一定程度上是具有说服力的。由于收入水平相近、消费结构相似、生产结构层次趋同，不同国家的消费者购买任何国家生产的同类产品以满足需求，便是可行的。这极大地提高了消费者的选择余地，经济福利也会得到提高。

从理论上分析，传统的国际贸易理论大多产生于"差异"——劳动生产率的绝对或相对差异、不同国家的要素禀赋存量比率的差异、技术创新与传递的差异、人力资本的差异、研究与开发的差异等。但需求偏好相似理论却从趋同的角度来分析国际贸易产生的原因，认为收入趋同是贸易的原因，这在一定程度上丰富了国际贸易理论，使得人们对于国际贸易发生原因的理论思考更加全面了。

【专栏 4-1】

收入相似，需求重叠

在经济现实中，需求偏好相似引发贸易的设想得到了验证。关税同盟在一定程度上反映了这种经济现象。欧洲经济一体化形成之后，欧洲人购买汽车的选择有了明显的提高。今天，人们可以在欧洲看到不同国家的消费者驾驶着同一个国家生产的汽车；同时同一个国家的消费者驾驶着产自不同国家的汽车。例如，在意大利，人们除了驾驶本国生产的菲亚特、兰契亚、阿尔法-罗密欧牌的轿车，也驾驶德国的奔驰、法国的雷诺、美国的福特、韩国的现代、日本的尼桑等品牌的汽车。在法国的公路上，也行驶着法国、意大利、德国、美国各国生产的汽车。

由于欧洲人收入水平相似，消费偏好相近，欧洲各国市场之间的隔阂较小，日常消费的多样性可能实现。又由于欧盟内部商品流动完全自由，使得各国消费者对于水平差异产品的多样化选择非常易于实现。这给予了欧洲经济福利以很大的刺激和提高，而机器设备的相互使用对提高欧洲的劳动生产率也发挥了巨大的促进作用。

在经济全球化的时代，各国市场之间的信息隔阂几乎不复存在，发达国家与发展中国家相似收入群体的消费需求越来越呈现出趋同、同步的趋势。改革开放以来，随着中国经济的飞速发展，中国居民的收入水平不断提高，社会贫富差距有所扩大。中国高收入群体的消费能力与偏好已越来越接近于发达国家。在中国城镇，汽车、电子消费品等，正在成为经济增长的重要拉动力，出境旅游休闲对于许多百姓已经司空见惯，私人飞机、私人游艇在中国也进入了消费领域。在奢侈品大举进入不过 20 年的时间里，中国已成长为全球占有率最大的奢侈品消费国。高昂的价格非但没有让许多不懂得品牌内涵的国人望而却步，反而使其为之倾注一切。

五、规模经济贸易论

(一) 规模收益

在经济学中,规模收益描述的是产出增加的幅度大于要素投入增加幅度的现象,它是各国厂商所普遍追求的利益。在西方经济学中,经济厂商的运行分为规模经济(递增)和规模不经济(递减),以及规模经济不变的情况,在图形中反映为生产可能性曲线凸向原点、凹向原点和直线。人们一般认为,规模经济产生自固定资本的分摊和大规模生产所具有的专业化分工的细致化。规模越增加,单位产品上分摊的固定资本就越少,于是单位产品的成本下降,便体现为经济利益,而分工的细化则可以大规模提高劳动生产率,从而降低产品的单位成本。

(二) 规模经济与产业内贸易

具有相似禀赋的不同国家,其中若有一国因规模经济而引致某种产品的成本降低,它便会因此产生新的比较优势,进而在贸易中受益。产业内贸易理论认为,规模经济是产业内贸易的基本原因。

假设有 A、B 两个国家,它们具有相同的要素存量比率、相同的生产函数、相同的需求函数,即具有完全相同的生产可能性曲线以及相同的社会无差异曲线。两国的生产点与消费点也完全一样。因此,国际贸易如果发生的话,它发生的原因与传统的解释无关,需要有新的说明。在图 4-3 中,A、B 两个国家的生产可能性曲线向原点凸出,这说明这两个国家具有规模经济,这就是产生分工的利益基础。在进行分工之前,两国的生产点、消费点均在 C 点,即两国各自生产着 OB′ 的 X 产品、OA′ 的 Y 产品,生产可能性曲线 AB 与社会无差异曲线 I 相切于 C 点。

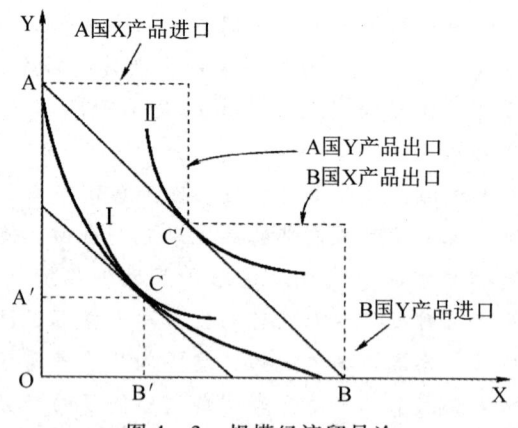

图 4-3 规模经济贸易论

图 4-3 中,A、B 两国的分工是完全随意的。假设 A 国随意地完全分工生产 Y 产品,B 国则完全分工生产 X 产品。两国在分工之后,生产点在 A、B,与过去的 C 点相比,X 产品增加了 B′B,Y 产品增加了 A′A,专业化的生产规模明显高于分工前。这时 A 国由于只生产 Y 产品,为了获得自身愿意消费的 X 产品,就必须出口 Y 产品、进口 X 产品;而 B 国的情况正好相反,它要出口 X 产品、进口 Y 产品,消费点从分工前的 C 点移向了离原

点更远的社会无差异曲线与国际价格线的切点 C′，福利得到了提高。福利提高的原因在于，生产规模的扩大使得生产成本降低、分工细化，并由此形成了新的交换利益。

（三）对规模经济贸易论的评价

规模经济贸易论在很大程度上反映了当今世界经济中的现实，具有一定的说服力。在当今的世界经济中，那些具有大规模生产某种产品能力的国家，都可能因为生产规模扩大而形成其他国家所不具备的特殊比较优势。例如在美国，汽车制造业如果生产规模年产量在 100 万辆以下，便不具备生产优势，而年产量超过 200 万辆，便会有很好的利润收获。这一学说对比较优势学说、要素禀赋学说的局限给予了完善和补充。

从理论与实践相统一的角度来分析，如果某一产业存在着规模经济产生的超额利润，而其他厂商不能很快地进入该行业牟利，则说明该行业显然存在着市场不完全的情况。如果其他厂商能够轻易地进入这一行业，则产生产业内贸易利益的规模经济将不复存在，因此完全市场条件下很难有规模经济的利益。

六、产业内贸易的综合性解释

上述产业内贸易理论都只是侧重于从某一方面去解释产业内贸易，单一的理论难免存在着很多不足之处。为此，国际贸易学者在放松理论前提的情况下，将产品的异质性理论、规模经济理论及偏好重叠理论等融合在一起，以更有效地解释产业内贸易。

第一，产品的异质性是产业内贸易发生的基础。产业内贸易是同种产品在两国间的贸易，尽管同种产品间的贸易有时发生在同质产品间，但是当今产业内贸易更多的是发生于异质性产品。产品的异质性是两国进行国际分工，进而获得规模经济的基础。

第二，规模经济是产业内贸易利益的根源。发生贸易就会给双方带来利益，那么产业内贸易的利益何在？由于一国国内市场的规模肯定小于国际市场，因此当产品进入国际市场后，产品的生产规模会大幅度增加。此外，由于产品具有异质性，因此国际分工后，一国就没有必要生产产品的全部类型，而只是生产其中的某些类型。这样，在原有的资源约束条件下，产品的异质性就进一步增加了规模经济的程度。由于规模经济的出现会降低产品的生产成本，产品的市场价格也就随即下降。面对原有的收入约束及下降了的产品价格，消费者可以消费更多的产品，单个消费者及整个国家的福利水平都会得到提高。

第三，两国偏好相似是产业内贸易发生的条件。两国发生贸易的条件之一是双方的产品互为需求，即两国的偏好具有一定的相似程度。由于在规模经济的情况下，国际分工一般都是完全分工，因此就会出现下述矛盾：分工后的规模经济虽然可以提升福利水平，但是完全分工导致的产品种类的减少又会降低福利水平。解决这一矛盾的方法就是分工的双方进行国际贸易，即进口自己所需求的产品，同时出口对方所需求的产品。国际贸易使得双方在维持原有消费种类多样性的前提下，增加了对每一种产品的消费，提升了福利水平，而偏好相似就是达成这一目的的条件。

七、对产业内贸易理论的评价

从传统国际贸易理论向现代国际贸易理论的发展，反映了人们对于国际贸易过程与规律的认识程度的不断深化。产业间贸易理论强调的是比较优势差异决定贸易；产业内贸易理论强调的则是由于规模经济、垄断竞争形成的贸易。

(一) 产业内贸易理论的积极意义

产业内贸易是对传统贸易理论的扬弃，尤其是其假设前提更符合实际。如果产业内贸易的利益能够长期存在，则这实际上说明了自由竞争的市场是不存在的。因为其他厂商自由进入这一具有利益的行业受到了限制。此外，产业内贸易理论不仅从供给的方面进行了论述，更从需求角度进行了考察。这一理论指出，规模经济是当代经济重要的内容，将规模经济的利益作为产业内贸易的利益来源，这样的分析也更为贴近实际。

(二) 产业内贸易理论的局限

产业内贸易理论强调的是，贸易的基础是规模经济，而在现实中，具有规模经济的产业部门大多为制成品生产部门，它们又大多在收入相对较高的发达国家。因此，发达国家在国际贸易中呈现出优势，而发展中国家由于产业较少具有规模经济的特点，在产业内贸易中处于被动的劣势地位。

第三节 产品生命周期理论

产品生命周期原本是营销学中的概念，营销学将产品看成是有生命的物品，因此其在生产中就有诞生、成长、成熟和衰落的过程，在销售中也存在着试销、旺销、饱和以及衰落的阶段。产品生命周期被引入国际贸易理论，便形成战后最有影响力的国际贸易理论之一，即国际贸易的产品生命周期理论。它侧重从技术创新、技术进步和技术传播的角度来分析国际贸易产生的基础，将国际贸易中的比较利益动态化，从而产品出口优势在不同国家间传导。这一学说不仅对国际贸易，而且对于国际经济的其他领域，如国际投资等也发挥着巨大的作用，同时为相对落后国家（发展中经济体）利用所谓"后发优势"实行赶超的发展战略提供了现实可行的思路。

产品生命周期理论在其发展过程中经历了技术差距贸易论和产品生命周期学说两个阶段，至今仍然在不断完善和发展。技术差距贸易论主要考察创新国和模仿国之间的技术差距所导致的产品在不同国家的流动，以及作为贸易基础的比较优势的变化。而产品生命周期学说则侧重于阐明，在一种产品生命周期的不同阶段所运用的生产要素密集度在不断变化，这为不同国家发挥各自的比较优势参与国际贸易提供了机遇。

一、技术差距贸易论的基本内容

技术差距贸易论是产品生命周期理论的先期基础理论（有的教科书将这一理论的内容直接称为产品生命周期理论），是由美国经济学家 M. 波斯纳（M. Posner）提出来的。技术差距贸易论认为，不同国家之间因技术创新、技术模仿而存在的技术方面的时间和空间的差异是某类国际贸易发生原因的解释，这种差距同时决定着国际贸易某种格局的产生。

技术差距贸易理论认为，由于科研、市场、资金、人才等方面的差距，新产品一般总是在创新国家首先诞生,其他类型的国家由于技术上存在的差距,大多要等一段时间后才能对这种产品进行模仿性生产,在这一段时间内便存在着贸易的机会与可能性。技术差距贸易论的解释如图4-4所示:

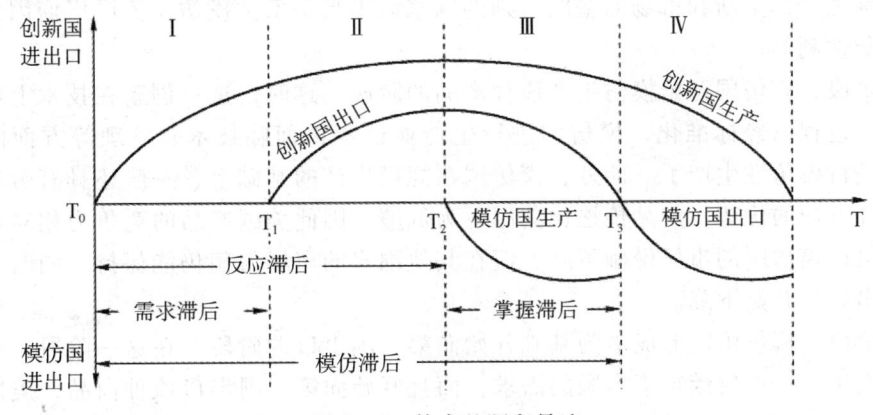

图4-4 技术差距贸易论

图4-4中,T_0T_1为需求滞后,即创新国创造出一种新产品之后,模仿国要经过一段时间的滞后才会产生出需求,从而进口该产品用于消费。需求滞后的长短取决于收入因素(如收入水平的高低、收入分配是否公平等),模仿国消费者对新产品的认识,以及生活方式等各种因素。图中T_0T_2为反应滞后,指在国内已经有了一段时间的进口消费后,国内的厂商才会开始投资生产该种产品。反应滞后取决于模仿国厂商的创新欲望、企业家精神、风险承受力,即模仿国的厂商是否认识到该种产品可以带来利润,以及规模经济、价格、市场、关税等。图中T_2T_3为掌握滞后,意为模仿国在经过一段生产后,最终可以掌握该种产品的所有生产技术,产品已经可以自给自足了。掌握滞后取决于模仿国取得技术的渠道是否畅通、消化技术的能力是否强等。在图4-4中可以看到,整个T_0T_3为模仿滞后,在T_3之后模仿国便会以低成本、大规模为基础进行生产并出口。

二、国际贸易产品生命周期理论的基本内容

美国经济学家弗农和L.威尔士(L. Wells)提出的国际贸易的产品生命周期学说,是将周期理论与国际贸易结合起来,认定国际贸易的发生是由于不同国家在生产技术方面存在着差距,从而产生贸易。技术差距的产生与缩小会改变国际贸易中的比较利益,从而使国际贸易中所谓的比较利益从静态发展成为动态,即比较利益从一个或一类国家转移(传导)到另一个或一类国家,一类产品生产的优势因而也转移到其他国家,国际贸易的格局也就发生变化。

弗农与威尔士认为,国际贸易中产品生命周期具有四个阶段。

第一阶段,即产品创新阶段。根据弗农的意见,由于种种原因,这一阶段总是在美国发生。如果人们探讨产品创新所需的各种条件就会发现:从供给方面分析,美国具有世界最强大的科研力量,创新人才多,又有相当充足的科研经费,因而技术、产品创新思路会不断出现,美国还有着高水平的生产厂商,能够轻易地将创新的思路、技术、产品很快转化为商业过程。从需求方面分析,美国人天生喜好新产品、追求新产品,美国市场具有兼容、极为广阔的特点，因而具有相应的购买力来消费新产品。这样，创新产品大多出现在美国就不足为奇了，例如电灯、电话、电报、电视、电脑等均是在美国被发明，并为美国消费者所认同。此外，在这一阶段由于美国和其他国家之间的技术差距，美国的厂商对创新产品有着生产的垄断和市场的垄断，别的国家尚不具备条件模仿，美国厂商因而获得国内外的垄断性利润。

第二阶段，模仿国开始模仿生产该种产品的阶段。这时，这一创新在技术上已经基本成熟，生产过程已经标准化，模仿国进行生产业已不再面临技术、管理等方面的绝对障碍，可以进行模仿性生产了。此外，模仿国在规模生产的基础上，一般还具有劳动力成本或其他资源方面的优势，产品价格比美国更为低廉。因此美国产品的竞争力相对甚至绝对下降，在出口模仿国的市场份额下降，但在其他国家的市场份额仍能保持。同时美国这种产品的总出口额开始下降。

第三阶段，模仿国以低成本为基础开始向第三国出口的阶段。在这一阶段，由于模仿国的大规模生产，不仅满足了本国的需求，而且开始向第三国出口该种商品，美国对于该种产品在世界市场上的垄断地位逐渐丧失，出口大幅度下降，模仿国的产品在第三国市场上逐渐取代了美国产品的地位。

第四阶段，外国产品进入美国市场的阶段。在这一阶段，美国对于这种不再是创新产品的商品，开始从出口国转变为进口国。由于该产品在美国的生命周期基本结束，生产该产品的比较优势从美国转移到了模仿国。

上述四个阶段结束之后，即该商品在美国完成了自己的生命周期之后，随着比较优势的动态转移，该商品便在模仿国（由于模仿国具有"后发优势"）开始并进行着自己新的周期。该过程有点像接力棒传递一样，一种产品从先进国家的创新、生产开始，然后转移、传导到其他相对落后的经济体，再转移、传导到更为落后的经济体进行生产和经营。

三、国际贸易产品生命周期理论的图形说明

美国经济学家威尔士曾经以发展中国家的纺织工业为案例，说明纺织工业在不同技术水平的国家之间是如何传导的，很好地解析了产品生命周期理论。其过程如图4－5所示。图中描述的是国际贸易产品生命周期的模型，（a）图为创新国的情况，（b）图为模仿国的情况。

图4－5中，Y与Y′分别代表创新国与模仿国的供给和需求；T代表时间。在O点，创新国开始在国内生产并消费某种新产品，当生产超过消费即在T_1时，创新国开始出口该种新产品。创新国在T_2时达到出口高峰，之后由于其他国家的模仿生产、自我供给消费，创新国出口下降。而到T_3时出口减少为0，即创新国在该种商品上已经失去了生产的比较优势。T_3点之后该创新国开始进口。模仿国在T'_1点之前对创新产品或者没有认识，或者由于其他原因而未进行消费，在T'_1时开始进口、消费该种商品。到T'_2时模仿国的厂商认识到这种产品可以带来利润，开始模仿生产这种商品。在T'_3时该种商品在模仿国的生产、消费达到自给，模仿国开始停止进口该种商品。T'_3之后模仿国由于规模生产或其他比较优势开始以低成本出口该种商品。在实践中，T_1与T'_1之间的水平距离取决于创新国、模仿国之间的收入差距，而T_3与T'_3之间的水平距离则表明，模仿国会先向另外的国家出

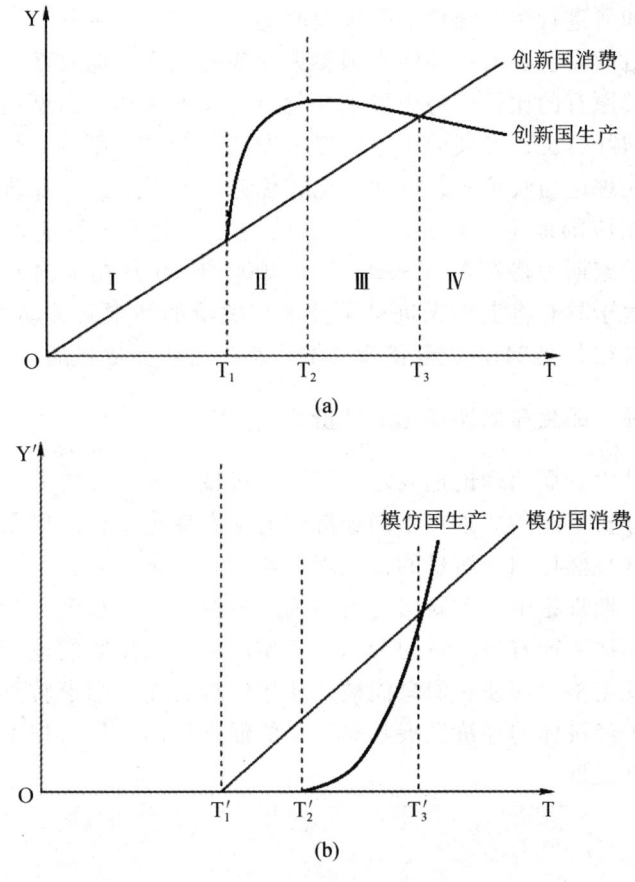

图 4-5　产品生命周期模型

口，然后再向创新国出口。

四、国际贸易产品生命周期理论的动态意义

国际贸易产品生命周期理论很快为人们所接受，尤其是发展中国家在对外经贸活动中很大程度上遵循并实践了这一理论，因此该理论具有重要的理论与实践意义。

首先，产品生命周期理论考察了由于不同国家之间存在的技术差距，比较利益是怎样从一个国家转移到另一个国家的，这使得解释国际贸易的比较优势理论、要素禀赋理论摆脱了静态分析，进入了动态化分析过程，这是理论的进步。

其次，这一理论隐含着一种产品在产品生命周期的不同阶段，其含有的要素密集度也在发生变化。例如，在产品生命周期的第一阶段，技术、产品的创新要求大量研究与开发的投入。在生命周期的第二阶段，由于产品生产已经成熟化、标准化，成本具有重要地位，生产规模要急剧扩大，则要求大量的资金投入。而在产品生命周期的第三阶段，由于产品生产已经完全标准化，技术障碍已经消除，资本因素的重要性也相应下降，竞争要求大量低成本劳动力的投入，以进一步降低成本。这种在产品生命周期的不同阶段，投入要素的密集度不同的理论，对于相对落后国家在国际分工中确定自己的地位和参与格局具有指导性意义，可以使这些国家在产品生命周期的一定阶段参与相应的国际分工，并且关注在发展过程中应该如何进行生产结构的升级及改造。

最后，相对落后国家也要密切关注本国要素优势的变化以应对新的挑战。随着发展中国家经济的进步，其原有的比较优势会发生变化。如果不从动态角度适应本国的比较优势的变化，进而加入国际分工，发展中国家的经济发展就会受到影响。从中国对外开放三十多年的经历来看，在理论与政策实践方面，比较优势理论、要素禀赋理论、产品生命周期理论各自有着它们相应的地位，并显现着动态的变化。世界银行前首席经济学家、副行长，美国著名经济学家斯蒂格利茨（Stigliz）于2000年10月在中国人民大学的一次演讲中明确表示，中国由于具有将世界先进科学技术与廉价的高素质劳动力结合的全部条件，只要经济政策一如既往，在21世纪经济发展的进程中必将充满机遇。

五、对国际贸易产品生命周期理论的评价

国际贸易的产品生命周期理论把人才、管理、科技、外部经济等因素引入解释国际贸易的理论模型，并分析了这些要素在不同经济体的动态变化过程，以及这样的变化如何形成新的比较优势，这显然比国际贸易的传统理论前进了一步。

但在产品生命周期理论中，创新国与模仿国的地位在某种程度上却是固定且难以转变的。发展中经济体往往生产着最大量的劳动密集型产品，虽然它们迫切地希望转换产业结构，但现实经济的既定格局却使它们只能被动地接受较为先进国家转移下来的产业从事生产。尽管这对发展中经济体的经济发展具有一定的促进作用，但从根本上来考察，却严重地制约了它们的经济发展。

【专栏 4-2】

雁形模式，奇迹不再

20世纪30年代晚期，日本经济学家赤松要基于对第二次世界大战之前日本纺织业的研究，最早提出了雁形模式这一比喻式的概念。赤松要认为，新产品及技术的扩散是从对欠发达工业化国家的出口开始的。随着时间的推移，这些国家开始进口技术和资本品。随后，欠发达工业化国家逐渐建立起自己的资本品产业。在下一阶段，当地的资本品产业也具备了出口能力。这一循环过程先后经历"进口→国内生产/进口替代→出口"，它表现在图形上，与秋季从西伯利亚飞到日本、春季前又飞回北方的雁阵颇为类似。

20世纪60年代以来，东亚区域的产业跨国转移形成了一个"发达经济体日本→新兴工业化经济体即中国香港、韩国、新加坡和中国台湾→东盟四国即印度尼西亚、马来西亚、菲律宾、泰国→中国、越南等实施对外开放战略的发展中国家"的演进链条，呈现出以动态阶梯式产业转移为特征的雁形模式。

东亚发展中经济体吸收美国、日本传递下来的产业，形成了"雁形结构"的发展模式，加之采用出口导向型的经济发展战略与积极引进外资的政策，经济获得了巨大的成就，曾被誉为"经济奇迹"。例如，在东亚地区，日本将其已经过时的家电产业转移到泰国、印度尼西亚、马来西亚，这些经济体生产了大量的日本品牌的电视机、录像机等产品，并向世界其他国家和地区出口，取得了较快的经济发展。因此，国际贸易产品生命周期理论得到了人们的普遍认同。

但是，由于经济生活中存在着各种不确定因素，各国面临的产业发展方向和环境不同，故产品生命周期的循环并不是国际贸易中适用于所有产品的一成不变的必然现象。如果产品生命周期中的模仿国难以提升自主创新水平，适时调整产业结构，而是固化在低端模仿与加工制造的"温室"之中，那么，曾经的经济奇迹将成为昙花一现，它们在国际产业转移中也将一直处于被动地位。

此外，服务贸易对产品生命周期理论解释国际贸易的适用性提出了挑战。例如，金融、电信等服务领域的产品创新大多源自于发达国家，但在从发达国家向发展中国家转移的过程中，许多产品仍然保持着技术密集或知识密集的特征，而没有发生向劳动和资本密集的根本转化。服务贸易的这一特点使得依赖于廉价劳动力的发展中国家难以赢得成熟服务产品生产的动态比较优势。

第四节 国家竞争优势理论

从20世纪80年代到90年代初，美国哈佛大学商学院的教授迈克尔·波特（Michael E. Porter）相继出版了《竞争战略》、《竞争优势》和《国家竞争优势》三部著作，从微观（企业）、中观（产业）、宏观（国家）三个层面较为全面地论述了"竞争"问题，继承并发展了传统比较优势理论的成果。

国家竞争优势，又称"国家竞争优势钻石理论"或"钻石理论"，由波特在其1990年出版的代表作《国家竞争优势》中提出，属于当代国际贸易理论之一。国家竞争优势是指一个国家使其公司或产业在一定的领域创造和保持竞争优势的能力。国家竞争优势理论力图解释如何才能造就并保持可持续的相对优势，它既是基于国家层面的宏观理论，也是基于企业层面的微观理论。

在《国家竞争优势》一书中，波特教授将企业竞争战略理论引入到对国家竞争优势的分析中，指出一国兴衰的根本原因在于它能否在国际市场中取得竞争优势，而国家竞争优势形成的关键在于能否铸就一国主导产业的竞争优势。进一步地，产业的竞争优势又源于企业是否具有创新机制。

一、国家竞争优势理论的核心内容

波特关于国家竞争优势的理论摒弃了传统的宏观分析方法，立足于经济发展的微观基础，更强调公司（而非政府）的关键作用，其核心包括：

(一) 钻石理论

波特认为国家的财富取决于本国的生产率和一国所能利用的单位物质资源。国家或地区竞争环境如何与其生产率的增长密切相关。可用四类要素组成的钻石来形象描绘竞争环境的组成，称为"钻石理论"。钻石理论揭示在某一区域的某一特定领域，影响生产率和生产率增长的各因素。比如信息、激励、竞争压力、制度与协会、基础设施、人力与技能库等。

(二) 比较优势与竞争优势的区别

比较优势在国际竞争分析中长期处于主流地位，认为一国竞争力主要来源于劳动力、自然资源、金融资本等物质禀赋的投入，但波特认为，在全球化背景下竞争优势才是一国财富的源泉，上述投入要素的作用在降低，它们与生产率的大小没有直接关系。取而代之，国家应该创造一个良好的经营环境和支持性制度，以保证投入要素能被高效地使用和升级换代。

(三) 集群与竞争力

一国生产率和竞争优势要求专业化。波特提出了"集群"（Cluster）的概念，即在某一特定区域下的一个特别领域，存在着一群相互关联的公司、供应商、关联产业及专门化的制度和协会。集群有利于减少交易成本，提高效率，创造出信息、专业化制度、名声等集体财富。

(四) 政府与公司的新角色定位

政府的首要任务是创造一个支撑生产率提升的良好环境，在确保强有力的竞争、提供高质量的教育和培训等方面扮演积极的角色。政府不是钻石理论要素的一部分，但会对每个要素产生影响。政府切不可限制竞争，或者人为地降低安全和环境标准。因为在这些方面的"帮助"实际上只能阻碍公司创新，延缓生产率的改进，从而影响竞争力的提升。波特认为政府与企业在生产率增长上应积极对话，不信任或政府的家长式作风则是企业经营的隐含成本。波特认为产业政策会扭曲竞争力，力主国家放弃重点扶持某些特别产业的做法，应对所有有生产率的集群一视同仁，去除限制生产率成长的所有因素。

二、钻石模型

一个国家为什么能在某种产业的国际竞争中崭露头角？答案必须从每个国家或某一产业的内部条件因素和外部环境因素来寻找。这些因素可能会加快本国企业创造国内竞争优势的速度，也可能造成企业、产业乃至国家的发展停滞不前。波特提出的钻石模型以下述六个要素为支撑，对国家竞争优势给予了系统、全面的阐释。

(一) 生产要素

生产要素即一个国家在特定产业竞争中资源、要素、软硬生产条件等方面的表现，包括自然资源、人力资源、知识资源、资本资源和基础设施五大类。例如，工人素质的高低有别或基础设施的良莠不齐。正如要素禀赋理论所述，国际之间之所以会有贸易往来，是因为每个国家都出口密集使用本国相对丰裕的生产要素进行生产的产品，所以我们可以说，生产要素是国与国之间互通有无的根本。回顾世界经济的发展史，国家的天然条件无不明显地在产业（企业）竞争优势上扮演了重要的角色。20世纪60~70年代的中国香港、中国台湾、新加坡、韩国就是以低工资缔造了快速成长的制造业竞争力。

波特还提出，要了解国家竞争优势中生产要素所占地位的重要性并很好地发挥生产要素上的优势，必须先对生产要素进行分类。生产要素可以划分为初级和高级（Basic & Advanced）两类。两者的区别在于，前者是被动继承的，只需要简单的私人投资及社会投资就能拥有。在构建国家或企业的国际竞争优势方面，这类生产要素的重要性已经越来越低。根据要素的专业程度，还可以将其划分为一般性和专业性两类。一般性生产要素虽然能够提供最基本的优势，但是这些优势很多国家都具备，效果相对不甚显著。某一产业更具决定性和持续力的竞争优势的基础在于专业性生产要素。

波特认为，建立在初级与一般性要素之上的竞争优势是浮动不稳的。生产要素尤其是高级和专业性要素通常是人为创造得来的，而非与生俱来、自然天成。因此，无论在任何时期，天然生产要素的重要性都不及被创造、升级和专业化了的产业条件。企业要获得强大而持久的竞争优势必须主动摆脱初级生产要素优势，而借助现代化通信设施、高等教育人力等高级生产要素和技术性人力等专业性生产要素。这两类要素的可获得性与精致程度决定竞争优势的力量。知识与技术型人力资源虽是提升竞争优势的两大条件，却也是贬值最快的两个条件。一个国家的竞争优势还可以从不利的生产要素中形成。丰富的资源或廉价的成本因素往往造成资源配置没有效率。而人工短缺、资源不足、地理气候环境恶劣等不利因素，反而会形成一股刺激产业创新的持续压力。

我国在要素禀赋方面的劳动力成本优势最为明显。电脑零部件等劳动密集与技术密集相结合的组装加工业的飞速发展，使得中国的产业比较优势长期停留在劳动密集领域，转型升级缓慢，总体呈现以初级生产要素为主的产业格局。我国应该更加注重对高级生产要素的塑造，努力培养各行各业的专业化人才。我国在生产条件方面的另一得天独厚的优势是我们的市场规模。

（二）需求条件

需求条件是指本国市场对该产业所提供产品、服务的需求大小。内需市场是产业发展的动力，会刺激企业改进和创新。国内市场的性质、大小与成长速度及从国内市场需求转换为国际市场需求的能力均影响到产业冲刺的动力。本国市场上有关产业的产品需求大于海外市场、本国市场消费者需求层次高、具有超前性，则有利于产业发展壮大和技术升级，从而拥有国际竞争优势。

细分市场需求的结构可以调整企业的注意方向和优先发展顺序。内行而挑剔的客户是本国厂商追求高质量产品和精致服务的压力来源。若本土客户的需求领先其他国家，在未来可能带动各地同类型的需求，称为预期型需求，这也是本土企业的优势。国内市场规模一方面具有激励企业投资、再投资的作用，因此构成产业国际竞争力的一大优势；另一方面，若庞大的国内市场所带来的有利机会导致厂商丧失向外拓展的意愿，就形成了国际竞争的不利因素。

（三）相关产业和支持产业的表现

相关产业和支持产业的表现是指这些产业的相关产业和上游产业是否具有国际竞争力。相关产业的表现会自然地带动上、下游的创新和国际化。当上游产业具备国际竞争优势时，通过由上而下的扩散流程，下游产业就在来源上具备了及早反应、快速、有效率、甚至成本降低等特点。竞争力强的产业如果有相互关联，也会有"提携"新产业的效果。当上游产业具备国际竞争优势时，它对下游产业造成的影响是多方面的。当下游产业健全发展且具有举足轻重地位时，母国上游产业的不足之处并不足以构成明显的妨害，因为产业的上游有很多创意不高的环境其实可以在海外取得替代品。

有竞争力的本国产业，通常也会带动相关产业的竞争力，因为它们之间的产业价值相近，可以合作、分享信息，实现互补。如果想成功地培养一项产业的国家竞争优势，最好能先在国内培养相关产业的竞争力，必须加强上下游产业的密切合作，加快资金与物流的运转，从而构建完整的产业链。

（四）企业的战略、结构及竞争对手

企业的战略、结构和竞争对手是指企业在一个国家的基础、组织和管理形态，以及国内市场竞争对手的表现。国家环境会影响企业的管理和竞争形式，企业的管理模式会显现出其民族文化的特色。民族性对企业组织形态的影响中重要的层面包括：人民对权威的态度、人际交往的形式、人工对主管的态度、主管对人工的态度、社会对个人或组织行为的规范等。这些文化源自于教育系统、宗教和社会的传统、家庭结构乃至于其他无形但具有独特意义的民族特征。企业目标、个人事业目标和民族荣耀与使命感所带来的诱因都会催化产业的竞争优势。国内的竞争环境造就了公司在国际上的竞争能力。产业成功的前提是，企业必须善用本身的条件、管理模式和组织形态，更要掌握国家环境的特色。

从产业竞争优势的观点看，国内市场竞争对手之所以非常重要，并非是它激励了静态的效率，而是它能够提供企业改进和创新的原动力。国内竞争不但强化本地优势，更推动厂商出口追求成长。当产品需要以量取胜时，本地竞争者会相互影响把目光移往国外，以获得更大的利润。

上述四项要素形成的钻石体系（见图4-6所示），关系到一国的产业能否成功，它是一个双向强化的动力系统，任何一项因素的效果必然影响到另一项的状态。当企业获得任何一项因素的优势时，也会帮助它创造或提升其他因素上的优势。

（五）"机会"和"政府"因素

在上述四项国家优势的关键要素之外，还存在"机会"和"政府"两个变数。

"机会"因素可能是调整产业结构，提供新的竞争空间，通常非企业、甚至政府所能控制。可能形成机会、影响企业竞争的情况大致有下列几种：基础科技的发明创新；传统技术出现断层；生产成本突然提高；全球金融或汇率的重大变化；全球或区域市场需求剧增；外国政府的重大决策；战争等。这些事件也会影响到钻石体系各个要素本身的变化。引发机会的事件虽然会影响到产业的竞争优势，但是国家的角色并非完全消极被动。若国家的钻石体系健全，往往能化危机为机遇，因为环境本身具有寻找资源、产生新优势的能力。事实上，机会的背后往往是国家环境差异的结果。

机遇往往是双向的，它往往在使新的竞争者获得优势的同时，使原有的竞争者丧失优势，只有能满足新需求的厂商才能有发展机遇。作为最大的发展中国家，中国具备了劳动力要素和规模经济方面的后发优势，这也使得我们在较短的时间内以较低的成本就缩小了与发达国家之间的差距。

政府部门构成整个竞争力拼图的最后一块，最容易看到的就是政策对钻石体系造成的作用。如反托拉斯法有助于国内竞争对手的崛起、法规可能改变国内市场的需求情形、教育发展可以改变生产要素、政府的保护收购更可能刺激相关产业兴起等。一国是否有能力去发展有效的教育体系,通过培训获得拥有现代知识的劳动力,决定着一国在国际竞争中的强弱。

漠视经济政策对国家竞争优势的影响,正如过度夸大或过度贬抑国家与企业的关系,是不切实际的。即使是市场经济条件下,政府的政策、规划、管理体制对产业国际竞争力的形成也是不可忽视的。对于现代经济增长中最关键因素——知识的获取与管理正是每一个国家政府的责任。从这一意义上说,国家确实是国际竞争的主体。

面对非公平竞争的贸易保护主义,中国政府应与相关国家进行及时有效的对话、磋商与交涉。一旦发生贸易摩擦,政府应充分利用世界贸易组织的争端解决机制,及时采取应对措施,帮助我国企业维护正当权益。对内为了更好地发展市场经济,抓住机遇,政府应该制定激励机制,重视人力资源的建设和高效利用,支持企业兼并和联合,实现产业结构的全面升级。

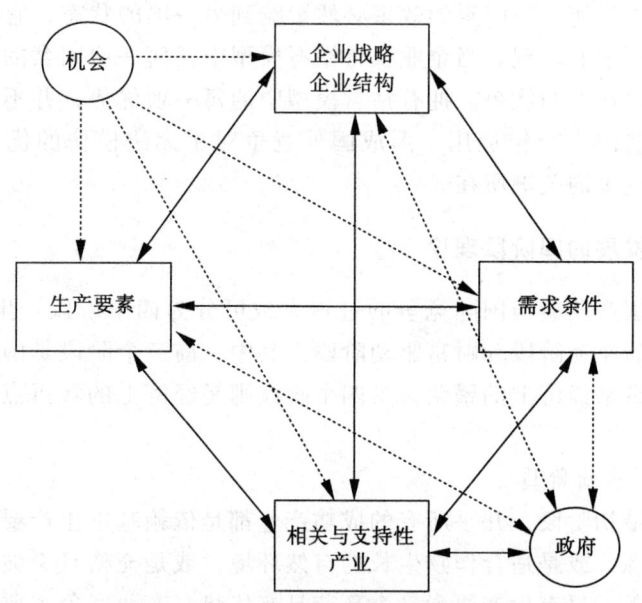

图4-6 钻石模型(存在着多条各种要素之间的双向关系线)

从生产要素角度,内部竞争激烈的产业集群会刺激生产要素的创造;国内需求会影响投资生产要素的优先顺序;相关和支持性产业可创造或刺激出可转换的生产要素。

从国内需求条件角度,大群的竞争厂商会建立起国家的形象,并使该国被视为市场上主要的竞争者,激烈的竞争使得国内需求增加,水平提高;在创造专精生产要素的过程中,会引来外国厂商的参与,连带提高本国产品地位;在国际上成功的相关产业会引来外国市场的需求。

从相关与支持性产业角度,专业型生产要素可转移到相关和支持性产业的发展上;一群国内竞争者会鼓励发展更专业的供应商和相关产业;大规模或成长中的国内市场需求也会刺激供应商的成长和深化。

从国内同业竞争角度，充沛的生产要素或专业型生产要素的创造机制会吸引新人进入产业；需求条件会刺激国内市场竞争；相关产业的表现会直接或间接地影响到新产业的出现。如下游企业往上游发展时，会带动国内产业结构的创新，而成功的上游供应商则常常直接进入下游产业。

钻石体系的基本目的是推动一国的产业竞争优势趋向集群式分布，呈现由客户到供应商的垂直关系，或由市场、技术到营销网络的水平关联。它除了可以解释一些产业如何成功，还可以成为预测产业未来走向的工具。当钻石体系内部各项关键要素相互强化、形成积累效果时，一国的产业可能在短短几年或几十年间，就得到可观的进步和创新。而生产要素的恶化、国内需求跟不上国际步调、本地客户不够挑剔、技术变化导致不利因素产生、相关产业出现缺口或国内竞争者停战等情况出现时，则潜伏着丧失竞争优势的危机。

机遇和政府作用这两方面因素，对上述四个因素产生外部影响。这六方面的因素构成六个顶点的菱形，形状犹如一颗钻石。因此，该理论又叫做"钻石模型"。钻石模型是一个双向化的系统。六个要素不是孤立存在的，它们相互影响、相互加强，共同构成一个动态的竞争系统。其中任何一项因素的效果必然影响到另一项的状态，它内部的每个因素都会强化或改变其他因素的表现。当企业获得钻石模型中任何一项因素的优势时，也会帮助它创造和提升其他因素上的优势。拥有钻石模型中的每一项优势，并不等于必然拥有了国际竞争优势；将这些因素交错运用、形成国外竞争对手无法模仿的优势，并能够自我强化，才是立足国际竞争的关键所在。

三、国家经济发展的四阶段理论

波特认为，一国产业参与国际竞争的过程大致可分为四个阶段：生产要素驱动阶段；投资驱动阶段；创新驱动阶段和财富驱动阶段。其中，前三个阶段是国家竞争优势发展的主要力量，通常会带来经济上的繁荣，第四个阶段则是经济上的转折点，有可能由此走向下坡。

（一）生产要素驱动阶段

在经济发展的最初阶段，几乎所有的成功产业都是依赖基本生产要素。这些基本生产要素可能是天然资源，或是适合作物生长的自然环境，或是充裕且又廉价的一般劳工。这个阶段中的钻石体系，只有生产要素一个环节具有优势。产业竞争主要依赖于国内自然资源和劳动力资源的拥有状况，具有竞争优势的产业一般是那些资源要素密集型的产业，产业技术层次较低。在这种条件下，只有具备相关资源的企业才有资格进军国际市场。

（二）投资驱动阶段

在这一阶段中，国家竞争优势的确立以国家和企业的投资意愿和投资能力为基础，并且越来越多的产业开始拥有不同程度的国际竞争力。产业竞争依赖于国家和企业的发展愿望和投资能力，具有竞争优势的产业一般是资本和技术密集型的产业，相关和辅助产业（原材料、零部件等产业）还不够发达，产品的生产主要依赖于国外的技术、设备和配件；一些产业的技术水平虽然较高，但产业整体技术水平仍然落后于世界先进水平。企业有能力对从国外引进的先进技术进行消化、吸收和升级，是一国达到投资导向阶段的关键所在，也是区别要素驱动阶段与投资驱动阶段的标志。

(三) 创新驱动阶段

在这一阶段，企业在应用并改进技术的基础上，开始具备独立的技术开发能力。技术创新成为提高国家竞争力的主要因素。处于创新导向阶段的产业，在生产技术、营销能力等方面居领先地位。有利的需求条件、供给基础及本国相关产业的发展，使企业有能力进行不断的技术创新。在重要的产业群中开始出现世界水平的辅助行业，相关产业的竞争力也不断提高。

在这一阶段，产业竞争依赖于国家和企业的技术创新愿望和技术创新能力，具有竞争优势的产业一般是高新技术产业或者是被高新技术改造的传统产业。企业能够在广泛的领域成功地进行市场竞争，不断实现技术升级；一些率先进入创新驱动阶段的产业向其他产业扩散，进而形成一系列产业及产业群的横向扩展能力和新的产业发展领域；越来越多的企业进入高水平的服务业，高水平的服务业占据愈来愈高的国际地位。

(四) 财富驱动阶段

在这一阶段，国家竞争优势的基础是已有的财富。产业竞争依赖于已获得的财富，投资、经理人员和个人的动机转向了无助于投资、创新和产业升级的方面；企业回避竞争，更注重保持地位而不是进一步增强竞争力，实业投资的动机下降，有实力的企业试图通过影响政府政策来保护自己。在这一阶段，产业竞争能力衰退。企业进行实业投资的动机逐渐减弱，金融投资的比重开始上升。部分企业试图通过影响和操纵国家政策来维持原有的地位。大量的企业兼并和收购现象是进入富裕导向阶段的重要迹象，反映了各行业希望减少内部竞争以增强稳定性的意愿。

根据钻石模型，对于发展中国家来说，国际竞争已不再是单独的企业行为，而是涉及国家方方面面的行为，需要动员国家各个领域的力量才能完成的行为。而且，由于发展中国家自身市场机制发挥作用的限制，竞争优势是只靠企业力量所无法完成的，因此，需要政府有关部门切实的组织和支持。

四、对国家竞争优势理论的评价

与传统的比较优势理论相比，波特的国家竞争优势理论是一次质的飞跃，它比传统的比较优势理论更能说明当今国际贸易竞争的特点。波特的竞争优势理论强调一国整体竞争力的重要性，国家的生产要素、需求因素、竞争状态决定其竞争优势，而产业竞争尤其重要。

国家竞争优势理论核心强调的是企业要不断通过技术创新、管理创新、产品创新、市场创新等手段，进行持续自我改善与提升，采取差异化的竞争策略，占据价值链的高端，从而持续地保持一国的产业竞争优势，是一种动态的发展理论。国家竞争优势理论采用非均衡的动态分析和局部分析的方法，以不完全竞争和规模经济作为理论前提。它既考虑现实的利益，更考虑潜在的利益对比。它强调国家竞争优势主要取决于一个国家的创新机制，取决于企业的后天努力和进取精神。它更强调非价格竞争，更注重要素的质量及产品市场的需求档次。可见，国家竞争优势理论是对现实国际贸易形式的迫近，具有更强的实践指导意义。

第五章 Chapter 5
国际贸易政策

第一节 国际贸易政策概述

国际贸易政策在各国经济发展中起着重要的作用,它已成为一国考察国际贸易环境的重要组成部分。各国的对外贸易政策受制于各自的经济体制、经济发展水平及其产品在国际市场上的竞争能力,并随着它们的变化而不断变化。

一、国际贸易政策的含义

对外贸易政策是指各国政府在一定时期内对本国货物贸易和服务贸易所实行的各种原则、方针及手段的总称。

二、国际贸易政策的内容构成

(1) 对外贸易总政策:根据本国经济发展战略而制定的、在一个较长时期内实行的对外贸易总政策。

(2) 进出口商品政策:基于本国对外贸易总政策、国内市场状况和竞争能力而制定的进出口商品政策和服务贸易政策。

(3) 国别政策:根据对外政治、经济关系和对外贸易总政策而制定的国别地区政策。

如果一个国家是有关国际经济贸易条约或组织的缔约方或成员,则这些条约或组织所规定的贸易政策就构成该国对外贸易政策的重要组成部分。

三、国际贸易政策的目的

对外贸易政策是世界各国发展对外贸易的重要手段,主要有以下目的:①优化本国出口商品结构,提高出口产品质量及其在国际市场上的竞争能力,扩大本国产品的出口市场。②吸引外国资本，发展加工贸易，扩大本国进出口贸易。③引进国外先进的技术知识、管理经验、经营方法和生产技术，改善本国的产业结构，获取规模经济效益，促进生产力的发展。④通过国际贸易政策的调整，增加国家财政收入，维持国际收支平衡，提高国家的经济福利，实现经济增长。⑤完善市场经济体制。我国的主要贸易伙伴大多以市场经济体制作为经济的运作方式。经过实践检验，市场经济体制逐渐为世界各国认同。实施与世界接轨的国际贸易政策，既能促进一个国家积极参与经济全球化，又能不断完善市场经济体制。⑥维护良好的国际经济与政治环境。国际贸易政策在调整、改善、巩固国与国之间经济和政治关系方面起着重要作用。

四、国际贸易政策的层次

各国在管理对外贸易的活动中，可以制定、实施自主的对外贸易政策，也可以实施协定的对外贸易政策。因此，国际贸易政策可以分为以下几个层次：

（1）单边贸易政策，也称为自主贸易政策，是由各国政府独立自主制定的外贸政策。

（2）双边贸易政策，是由两个国家的政府通过签订双边贸易条约和协定，协调双方管理贸易的政策。

（3）诸边贸易政策，是由多个国家政府通过签订贸易条约和协定协调各方管理贸易的政策，也称为区域层次上的贸易政策。

（4）多边贸易政策，一般是指世界贸易组织制定的贸易和投资自由化规则。这是由世界贸易组织成员方通过签订多边贸易条约和协定协调管理各方贸易的政策。

五、国际贸易政策的类型

根据各国对商品和服务的进口贸易和出口贸易实施的措施不同，对外贸易政策可以分为两种基本类型：（1）自由贸易政策，即国家取消对进出口贸易和服务贸易的限制和障碍，取消对本国进出口商品和服务贸易的各种特权和优待，使商品自由进出口，服务贸易自由经营，在国内外市场上自由竞争。（2）保护贸易政策，即国家广泛利用各种限制进口和控制经营领域与范围的措施，保护本国产品和服务在本国市场上免受外国商品和服务的竞争，并对本国出口商品和服务贸易给予优待和补贴。

第二节 对外贸易政策的类型

自对外贸易产生与发展以来，基本上有两大类型的贸易政策，即自由贸易政策和保护贸易政策。

一、不同时期和阶段所实施的保护贸易政策

（一）资本原始积累时期的重商主义

15世纪到17世纪是欧洲资本原始积累时期，西欧各国实行重商主义下的强制性贸易

保护政策。重商主义认为，财富就是金银，金银是财富的唯一形态，是衡量国家富裕程度的唯一尺度。重商主义分早期重商主义（又称重金主义）和晚期重商主义（又称贸易差额论）两个阶段。早期重商主义学说以英国人威廉·斯塔福德为代表。早期重商主义者把增加国内货币的积累、防止货币外流视为对外贸易政策的指导原则。他们鼓励出口的同时提倡对外少买或根本不买的政策。他们绝对禁止贵金属的外流，主张由国家垄断全部的货币贸易。此外，他们认为，当外国人来本国进行贸易时，必须将其销售所得到的款项全部用于购买本国的货物，只有这样做，才能保留并增加本国货币金银的积累，从而使国家不断富裕起来。

晚期重商主义学说的重要代表人物是托马斯·孟。他在《英国得自对外贸易的财富》一书中写道，增加英国财富的手段就是发展对外贸易，但必须遵循一条原则，即卖给外国人的商品总值必须大于购买他们的商品总值，从每年的进出口贸易中取得顺差，增加货币流入量。他把货币与商品联系起来，指出"货币产生贸易，贸易增多货币"，只有输出货物，才能输入更多的货币。把早期重商主义的管理金银进出口的政策变为管理货物进出口的政策，力图通过奖出限入来保证贸易顺差，以达到增加金银流入的目的。

晚期重商主义执行的主要对外贸易政策如下：

（1）限制输入政策：①禁止若干国外商品，尤其是奢侈品的进口；②课征保护关税，限制国外商品的进口。

（2）促进出口的措施：①对本国商品的出口给予津贴。②出口退税。对出口商品原先征收的捐税，在出口后，把原来征收的税退给出口厂商。③禁止重要原料的出口，但许可自由输入原料，加工后再出口。④降低或免除出口关税。⑤实行独占性的殖民地贸易政策。设立有独占经营特权的殖民地贸易公司（如英、法、荷兰等国的东印度公司）在殖民地独占经营贸易与海运，使殖民地成为本国制成品市场和原料供给地。

（3）其他措施：①保护农业。英国在 1660～1689 年间，通过若干法令限制谷物的进口，产生了《谷物法》。②英国政府通过《职工法》鼓励外国技工的移入，以《行会法》奖励国内工场手工业的发展。③1651 年英国通过重要的《航海法》。该法案规定，一切输往英国的货物必须用英国的船载运或原出口国船只装运。对亚洲、非洲及北美的贸易必须利用英国或殖民地的船只。④奖励人口繁殖，充裕劳工来源，降低劳工成本。

（二）资本主义自由竞争时期的贸易保护政策

1. 美国汉密尔顿的保护贸易政策

当以英国为首的欧洲先进工业国家完成了工业革命，并逐步推行旨在向全世界实行经济扩张的自由贸易政策时，美洲大陆的美国才刚刚建国。在经过数年独立战争摆脱了英国的殖民统治后，经济虽有所发展，但还比较落后，无法与英国的廉价工业品竞争。

在这样的背景下，汉密尔顿代表工业资产阶级的愿望和要求，于 1791 年 12 月向国会提交了《关于制造业的报告》，明确提出实行保护关税政策的主张。他在报告中系统阐述了保护和发展制造业的必要性和重要性，提出一个国家如果没有工业的发展，就很难保持其独立地位。美国工业起步晚，基础薄弱，技术落后，生产成本高，根本无法同英法等国的廉价商品进行自由竞争，因此，美国应实行保护关税制度，以使新建立起来的工业得以生存、发展和壮大。

汉密尔顿认为，自由贸易不适合美国当时的现实。美国作为一个刚刚起步的国家，难以与其他国家的同类企业进行竞争，自由贸易的结果只能使美国继续充当欧洲的原材料供应基地和工业品的销售市场，国内的制造业难以得到发展。

汉密尔顿认为，一个国家要在消费廉价产品的"近期利益"和本国产业发展的"长远利益"之间进行选择。一国不能只追求近期利益而牺牲长远利益。在汉密尔顿看来，保护贸易不是全面性的，不是对全部产业的保护，而是对本国正在处于成长过程中的产业予以保护。

为了保护和发展制造业，他指出，政府应加强干预，实行保护关税制度，具体采取如下措施：①向私营工业发放贷款，扶植私营工业发展；②实行保护关税制度，保护国内新兴工业免遭外国企业的冲击；③限制重要原料出口，免税进口本国急需原料；④给各类工业发放奖励金，并为必需品工业发放津贴；⑤限制改良机器及其他先进生产设备输出；⑥建立联邦检查制度，保证和提高工业品质量；⑦吸收外国资金，以满足国内工业发展需要；⑧鼓励移民迁入，以增加国内劳动力的供给。

汉密尔顿认为，征收关税的目的不是为了获得财政收入，而是保护本国的工业，因为处在成长发展过程中的产业或企业难以与其他国家已经成熟的产业相竞争。与重商主义不同，汉密尔顿的保护贸易思想和政策主张，反映的是经济不发达国家独立自主地发展民族工业的要求和愿望，它是落后国家进行经济自卫并通过经济发展与先进国家进行经济抗衡的保护贸易学说。

汉密尔顿提出的上述主张逐步对美国政府的内外经济政策产生了重大和深远的影响。在这一理论的指导下，1816年，美国首次以保护关税的名目提高了制造品的关税，1828年，美国再度加强保护措施，将工业品平均税率提高到49%。美国的贸易保护政策主要表现在实行较高的进口关税水平，鼓励原材料的进口，限制原材料的出口，以便为本国制造业的发展提供比较廉价的原材料。同时鼓励工业技术的发展，提高制成品的质量，增强其产品的市场竞争力。

2. 德国李斯特的幼稚工业保护论

在资本主义自由竞争的时期，由于各国经济发展水平不同，一些经济发展起步较晚的国家，如美国和德国，先后采取了保护贸易政策。保护贸易理论及其政策的主要代表人物是德国历史学派的先驱李斯特。早年的李斯特是一个自由贸易倡导者，但自1825年出使美国以后，受到汉密尔顿的影响，并亲眼见到美国实施保护贸易政策所取得的成就，转而提倡贸易保护主义。他在1841年出版的《政治经济学的国民体系》一书中系统地提出了他的保护幼稚工业学说，其主要观点是国家应对幼稚工业实行保护。

（1）对古典派自由贸易理论的批评。李斯特认为，按照比较优势开展分工不利于德国生产力的发展。虽然向外国购买廉价的商品，表面上看起来要合算一些，但是这样做的结果使德国的工业得不到发展，将会长期处于落后和从属于外国的地位。如果德国采取保护关税政策，一开始会使工业品的价格提高，但经过一段时期，德国工业得到充分发展，生产力将会提高，商品生产费用将会下降，商品价格甚至会低于外国进口商品的价格。

李斯特认为，古典派自由贸易学说忽视了各国历史和经济上的特点。这种学说是一种世界主义经济学，它抹杀了各国的经济发展与历史特点，错误地以"将来才能实现"的世界联盟作为研究的出发点。

（2）发展阶段论。李斯特主张根据各国经济发展的不同阶段，采取不同的对外贸易政策。他根据国民经济发展的程度，将经济的发展分为"原始未开化时期、畜牧时期、农业时期、农工业时期和农工商时期"五个阶段。他主张处于农业阶段的国家应该实行自由贸易政策，以利于农产品的自由输出，从而促进农业的发展并培育工业基础；对于处于农工业阶段的国家，由于本国工业尚未发展到能与外国产品相互竞争的地步，故而应对本国的工业实行保护，实行保护贸易政策；而对于处于农工商阶段的国家，由于国内工业品已具备了国际竞争能力，故而应实行自由贸易政策，以刺激国内产业进一步发展。李斯特认为德国当时处于农工业阶段，应在国家干预下对本国幼稚工业实行保护，实行保护贸易政策。

（3）主张国家干预对外贸易。为保护幼稚工业，李斯特提出对某些工业品可以实行禁止输入，或规定的税率事实上等于全部、或至少部分地禁止输入。同时，对凡是在专门技术与机器制造方面还没有获得高度发展的国家，对于一切发展机器的输入应当允许免税，或只征收极少的进口税。

（4）保护的对象为有强有力的外国竞争者的幼稚工业。李斯特保护贸易政策的目的是促进生产力的发展。经过比较，李斯特认为基于大规模的机器制造工业的生产力远远大于农业。他认为倚重农业的国家，人民精神萎靡，一切习惯与方法偏于守旧，缺乏文化福利与自由；而倚重工商业的国家则不然，其人民充满增进身心与才能的精神。工业发展以后，农业自然跟着发展。因此，他提出的保护对象的条件是：①农业不需要保护。只有那些刚从农业阶段跃进的国家，距离工业成熟期尚远，才适宜保护。②一国工业虽然幼稚，但在没有强有力的竞争者时，也不需要保护。③只有刚刚开始发展且有强有力的外国竞争者的幼稚工业才需要保护。李斯特提出的保护时间以 30 年为最高期限。在此期限末期，若被保护的工业还扶植不起来，则不再予以保护，任其自行垮台。

（5）幼稚工业的保护手段。关于保护的主要手段，他提出可以通过征收高关税和禁止输入来保护幼稚工业，以免税或者征收轻微进口税的方式鼓励复杂机器的进口。

李斯特幼稚工业保护论在德国工业资本主义的发展过程中曾起过积极的作用，它促进了德国资本主义的发展。不仅如此，李斯特承认国际分工和自由贸易的利益，保护的对象限定是将来有前途的幼稚工业，保护也是有限度的。这种观点不仅得到了国际社会的广泛认可，对经济不发达国家尤其具有重要的参考价值。

（三）资本主义垄断初期的超贸易保护政策

1. 超贸易保护政策的兴起及特点

从 19 世纪末到第二次世界大战期间，资本主义处于垄断时期。在这一时期，垄断代替了自由竞争，成为一切社会经济生活的基础。此时，各国普遍完成了产业革命，工业得到迅速发展，世界市场的竞争开始变得激烈。尤其是 1929～1933 年的世界性经济危机，使市场矛盾进一步尖锐化。于是，各国垄断资产阶级为了垄断国内市场和争夺国外市场，纷纷要求实行超贸易保护政策。

同第一次世界大战前的保护贸易政策相比，超保护贸易政策具有以下一些特点：①它不是防御性地保护国内幼稚工业，以增强其自由竞争能力，而是保护国内高度发达或出现衰落的垄断工业，以巩固国内外市场的垄断；②保护的对象不是一般的工业资产阶级，而是垄断资产阶级；③保护的手法也趋于多样化，不仅仅是高关税，还有其他各种非关税方面的奖出限入的措施。

2. 超贸易保护政策的理论

在两次世界大战期间，各国经济学家提出了各种支持超贸易保护政策的理论根据。其中，有重大影响的是凯恩斯主义有关推崇重商主义的学说。凯恩斯是英国资产阶级经济学家，凯恩斯主义的创始人，其代表作是1936年出版的《就业、利息和货币通论》。

为证明增加新投资对就业和国民收入的好处，凯恩斯提出了投资乘数理论。他把反映投资增长和国民收入扩大之间的依存关系称为乘数或倍数理论，意思是新增加的投资引起对生产资料需求的增加，从而引起从事生产资料生产的人们（企业主和工人）的收入的增加；他们收入的增加又引起对消费品需求的增加，从而又导致从事消费品生产的人们收入的增加。如此推演下去，结果由此增加的国民收入总量会等于原增加投资量的若干倍。凯恩斯认为，增加的倍数取决于"边际消费倾向"。如果"边际消费倾向"为0，即人们将增加的收入全部用于储蓄，而一点不用于消费，则国民总收入就不会增加。如果"边际消费倾向"为1，即人们把增加的收入全部用于消费，一点不储蓄，则国民收入增加的倍数将为无限大。如果"边际消费倾向"介于0到1之间，即人们将增加的收入的1/2或1/3或1/4用于消费，则国民收入增加的倍数将在1和无限大之间。

在此基础上，凯恩斯的追随者们认为，一国的出口和国内投资一样，有增加国民收入的作用；一国的进口则与国内储蓄一样，有减少国民收入的作用。当商品劳务出口时，从国外得到的货币收入，会使出口产品部门收入增加，消费也增加，它必然引起其他产业部门生产的增加，就业的增多，收入的增加……如此反复下去，收入增加量将为出口增加量的若干倍。当商品劳务进口时，必然向国外支付货币，于是收入减少，消费随之下降，与储蓄一样，成为国民收入中的漏洞（国民收入的减少往往是进口增加的几倍）。因此他们得出结论：只有当贸易为出超或国际收支为顺差时，对外贸易才能增加一国就业量，提高国民收入。此时，国民收入的增加量将为贸易顺差的若干倍。

因此，一国越是出口，限制进口，顺差越大，对本国的经济发展的积极作用越大。由此，凯恩斯及其追随者们的对外贸易乘数理论为超保护贸易政策提供了理论基础。但如果为了追求贸易顺差，不加节制地实行"奖出限入"政策，势必导致关税、非关税壁垒盛行，使贸易障碍增多，从而阻碍整个国际贸易的发展。这是该理论的主要局限性。

（四）新贸易保护主义观点

1. 新贸易保护主义的形成

新贸易保护主义是在倡导自由贸易大背景下产生的。进入20世纪70年代中期以后，在欧共体和日本等国经济崛起的同时，新兴工业化国和地区的世界市场份额不断上升，而两次石油危机又使发达国家从经济的高速增长转向滞胀时期，失业问题深深困扰着各国，以国内市场为主的产业垄断资产阶级和劳工团体纷纷要求政府采取保护贸易措施。此外，各工业国家贸易发展不平衡，美国的贸易逆差迅速上升，其主要工业产品（如钢铁、汽车、电器等）不仅受到日本、西欧等国家的激烈竞争，甚至面临一些新兴工业化国家以及其他出口国的竞争威胁。在这种情况下，美国一方面迫使拥有巨额贸易顺差的国家开放市场,另一方面则加强对进口的限制。因此美国成为新贸易保护主义的重要策源地。美国率先采取贸易保护主义措施,引起了各国贸易政策的连锁反应,使新贸易保护主义得以形成和蔓延。

新贸易保护主义没有一个统一、完整的理论体系。支持新贸易保护主义的理论观点较多体现的是实用主义色彩,如新贸易保护主义可以改善贸易条件、维护高水平工资、增加国内生产和就业、保证公平贸易、维护知识产权、保护国家安全和生态环境等。

2. 新贸易保护主义的主要特点

与旧贸易保护主义相比,新贸易保护主义主要具有以下几个特点:

(1) 贸易保护措施由过去以关税壁垒和直接贸易限制为主逐渐转向非关税壁垒。由于关税与贸易总协定主持下的多边贸易谈判使各国关税水平大幅削减,关税的保护作用日益减弱。因而,20世纪70年代以来,发达国家竞相采用往往可以逃避于关税与贸易总协定框架外而不受其约束的非关税壁垒来限制商品进口,并使之成为限制进口的要措施。各国为了保护本国暂时的国际收支平衡或为了避免进口国国内工业受到大量进口的严重损害等,从本国的需要和目的出发,重新进行贸易立法的解释,设置进口限制,并且越来越倾向于滥用反补贴、反倾销这些所谓的维持"公平"贸易的武器,来削弱新兴工业化国家及其他出口国在劳动密集型产品成本方面的优势,阻挡来自发展中国家的新的竞争。

(2) 贸易政策措施朝合法化和综合化的方向发展。①合法化。许多发达国家重新修订和补充原有的贸易法规,使对外贸易保护有法可依。例如,美国国会通过1988年综合贸易法的某些条例,加强了美国政府对美国对外贸易保护的调节和管理的合法化。②综合化。许多发达国家对各种对外贸易制度和法规,如海关、商检、进口配额制、进口许可证制、出口管制、反倾销法等,制定更为详细、系统、具体的细则,并与国内法进一步结合,以便各种管理制度和行政部门更好地配合与协调,对进出口贸易进行更为系统的管理。③被保护商品的范围不断扩大。被保护对象由传统工业产品、农产品延伸到高精尖产品和服务部门。工业品的保护范围从纺织品、鞋、陶瓷等敏感性产品扩展到钢铁、彩电、汽车、计算机、数控机床等。而在服务贸易领域,一些国家在签证申请、开业申请、投资比例、收益汇回等方面作出了保护性限制。④更多地使用战略性贸易政策和管理贸易政策。20世纪70年代以来,随着发达资本主义国家之间贸易战的日益加剧,各国政府仅靠贸易壁垒来限制进口,不但难以满足本国垄断资本对外扩张的需要,而且往往会遭到其他国家的谴责和报复。因此,其重点从限制进口转向鼓励出口;双边和多边谈判与协调成为扩大贸易的重要手段。

管理贸易政策是一种介于自由贸易和保护贸易之间,以协调为中心,以政府干预为主导,以磋商谈判为轴心,对对外贸易进行干预、协调和管理的贸易制度。实行管理贸易的目的在于既为本国争取对外贸易发展的有利条件,又在一定程度上兼顾他国利益,最终达成贸易折中方案,以限制贸易摩擦,协调与其他贸易伙伴在经济、贸易方面的权利和义务,维护稳定的国际经贸秩序,实现一国对外贸易的有序、健康发展。

战略性贸易政策是指国家从战略高度,用出口补贴等措施,对现有或潜在的战略性部门、产业进行支持和资助,以使其获得竞争优势,提高经济效益和国民福利。20世纪80年代后,很多产品的市场结构呈不完全竞争的特征。在不完全竞争市场结构下,规模经济使企业在特定产品的生产上具有成本优势，政府可以通过对本国企业实施补贴，改变本国企业在国际市场上的竞争地位，使不完全竞争产业特别是寡头垄断竞争产业中的利润向本国转移，从而提高本国总的福利。日本、美国和欧盟国家是战略性贸易政策的主要实施国。日本在很多产业中成功地运用了进口保护以促进出口的战略性贸易政策。欧盟长期对空中客车进行开发援助、直接补贴以及垫付部分研发经费。美国也大量运用战略性贸易政策提高本国关键产业的竞争力，在农业技术进步、国防和国家安全导向技术的研究开发、信息技术和高科技产业的建立和发展中，美国政府都发挥了主导作用。

（五）发展中国家的保护贸易

1. 发展中国家贸易保护的背景

第二次世界大战后，广大的发展中国家为取得经济上的独立以巩固政治独立，纷纷走上了发展民族经济的道路。但发展民族经济却受到了旧的国际分工和贸易体系的严重阻碍。"单一经济结构"在自由贸易的旗帜下不断地强化。广大的发展中国家仍然处于发达国家原料产地和产品销售市场的地位。为改变这种局面，一些国家开始摒弃传统的自由贸易原则，实施贸易保护政策。

2. 发展中国家贸易保护的政策特点

贸易政策的选择与一国经济发展战略密切相关。一般认为，第二次世界大战后，发展中国家的发展战略或发展方式总体上看可归纳为两种模式，一是外向型发展战略，二是内向型发展战略。由此围绕发展战略而采取的贸易政策也可以分为两大类：进口替代贸易政策和出口导向贸易政策。进口替代贸易政策指为保证替代进口的实现，达到保护、扶持和促进本国工业发展的目标而采取的贸易政策。出口导向贸易政策通过鼓励出口来推动本国经济的发展。无论哪种贸易政策都是从本国工业化发展角度出发，根据需要实施不同程度的贸易保护政策。

二、不同时期和阶段实施的自由贸易政策

自由贸易政策包括英国带头实行的自由贸易政策和第二次世界大战后各国实行的贸易自由化。

（一）英国产业革命时期推行的自由贸易政策

1. 英国自由贸易政策的兴起

随着资本主义进入自由竞争时期，资本主义生产方式逐渐占据统治地位，欧洲一些国家的经济逐步进入了商品资本国际化的阶段。这一时期对外贸易政策的基调是自由贸易，英国是带头实行自由贸易政策的国家。

英国自18世纪中叶首先进行了产业革命，建立了大的机器生产，工业发展水平最高，"世界工厂"的地位已经确立并获得巩固，不怕与外国商品竞争。在这种情况下，重商主义强制性的保护贸易政策便成为阻碍英国经济发展和英国工业资产阶级对外扩张的一大障碍。随着英国产业革命的发展，一方面，资产阶级迫切需要从国外取得廉价的工业原料和粮食；另一方面，英国产业革命早于其他国家，其产品物美价廉，具有强大的国际竞争力。因此，英国新兴的工业资产阶级迫切要求废除重商主义时代所制定的一些对外贸易政策和措施，积极主张在世界市场上进行无限制的自由竞争和自由贸易的政策。其实施自由

贸易政策的具体措施主要体现在以下几个方面：

第一，废除《谷物法》、《航海法》。《谷物法》促使粮价高涨，工资上升，损害了工业资产阶级的利益。同时，欧洲其他国家为了抵制《谷物法》，实施贸易报复政策，限制英国工业产品的进口，其结果使得英国对外贸易锐减。1815年，英国的出口总值为5100万英镑，1819年下降至3500万英镑。因此，1833年英国棉纺织业资产阶级组成反谷物法同盟，然后又成立全国性的反谷物法同盟，展开了声势浩大的反谷物法运动。经过斗争，终于使国会于1846年通过废除谷物法的议案，并于1849年生效。谷物法的废除为英国农产品及原材料的自由进口或低关税进口扫清了法律障碍。

1849年，英国又废止了《航海法》，不再要求英国以及其殖民地的外贸运输必须由英国船队运送，从而结束了英国海运公司的垄断，使英国进入全面零关税时期，并在全球范围内推动自由贸易。

第二，关税税率逐步降低，纳税商品数目减少。在19世纪初，经过几百年的重商主义实践，英国有关关税的法令多达1000件以上。1825年英国开始简化税法，废止旧税率，建立新税率。进口纳税的商品项目从1841年的1163种减少到1853年的466种，1862年减至20种。所征收的关税全部是财政关税，税率大大降低。禁止出口的法令完全废除。

第三，取消特权公司。在1813年和1814年，东印度公司对印度和中国贸易的垄断权分别被废止，从此对印度和中国的贸易开放给所有的英国人。

第四，对殖民地贸易政策的改变。在英国大机器工业建立以后，英国不怕任何国家的竞争，所以对殖民地的贸易逐步采取自由放任的态度。1849年《航海法》被废止后，殖民地已可以对任何国家输出商品，也可以从任何国家输入商品。通过关税法的改革，废止了对殖民地商品的特惠税率，同时准许殖民地与外国签订贸易协定，殖民地可以与任何外国建立直接的贸易关系，英国不再加以干涉。

第五，与外国签订贸易条约。1860年，英国与法国签订了《科伯登—谢瓦利尔条约》，标志着自由贸易政策在英国取得了决定性的胜利。根据这项条约，英国对法国的葡萄酒和烧酒的进口税予以减低，并承诺不禁止煤炭的出口；法国则降低从英国进口的煤、钢铁、机器、棉麻织物的关税，对于若干禁止输入的项目，双方宣布一概解除禁令。该协定还包括了现代模式的最惠国条款。《科伯登—谢瓦利尔条约》是以自由贸易精神签订的一系列贸易条约的第一个条约，列有最惠国待遇条款。

当时的自由贸易政策适合于英国的经济发展需要，给英国带来了巨大的经济利益。1760年时英国占世界制造业的份额为1.9%，到1830年上升至9.5%，1860年则高达19.9%，其制造品出口量占世界制造品贸易的2/3。在英国的带动下，19世纪中叶，荷兰、比利时也相继实行自由贸易政策。

2. 自由贸易理论

自由贸易政策的学说起源于法国的重农主义，完成于古典政治经济学派。其中影响最深的是由大卫·李嘉图在英国产业资产阶级争取自由贸易的斗争中产生与发展起来的"比较成本说"。自由贸易理论的要点如下：

（1）自由贸易政策可以形成互相有利的国际分工。在自由贸易下，各国可以按照自然条件、比较利益和要素丰缺状况，专心生产其最有利和有利较大或不利较小的产品，促成各国的专业化。这种国际分工可以带来下列利益：分工与专业化可以增进各国各专业的特殊生产技能；使生产要素得到最优化配置；可以节省社会劳动时间；可以促进发明。

（2）扩大国民真实收入。此一论点由国际分工理论推演而来。自由贸易理论认为，在自由贸易环境下，每个国家都根据自己的条件发展最善于生产的部门，劳动和资本就会得到有效的分配和运用；再通过贸易以较少的花费换回较多的商品，增加国民财富，减少国民开支。

（3）自由贸易可以反对垄断，加强竞争，提高经济效率。独占或垄断对国民经济不利，因为独占或垄断会抬高物价，使被保护的企业不求改进，生产效率降低，削弱竞争能力等。

（4）自由贸易有利于提高利润率，促进资本积累。李嘉图认为，随着社会的发展，工人的名义工资会不断上涨，从而引起利润率的降低。他认为，要避免这种情况，并维持资本积累和工业扩张的可能性，唯一的办法就是自由贸易。

自由贸易政策促进了英国经济和对外贸易的迅速发展，使英国经济跃居世界首位，1870年英国在世界工业生产中所占的比重为32%。在煤、铁产量和棉花消费量中，都各占世界总量的一半左右。英国在世界贸易总额中的比重上升到近1/4，几乎相当于法、德、美的总和。

（二）第二次世界大战后的贸易自由化

1. 产生原因

第一，美国积极推行贸易自由化。第二次世界大战后的初期，发达国家或地区，尤其是西欧、日本等国为经济重建，一度实行保护贸易政策，严格限制商品进口，以保护本国市场。但是美国由于远离战场，没有受到战争的巨大破坏，而且在战争中通过贷款、出卖武器和后勤物资等，获取了大量财富。因此二战结束后美国对欧洲、日本具备了绝对的竞争优势。到20世纪50年代中期，全世界一半以上的商品是美国生产的，其黄金储备也最丰富，占到资本主义世界的3/4。以美国为世界经济核心的时代到来，此时的美国和当年的英国一样开始在世界范围内积极倡导和推行自由贸易。1934年罗斯福当政时制定的《互惠贸易协定法》成为美国由保护贸易走向自由贸易政策的转折点。1947年美国在全球范围内积极推动多边贸易谈判进程。而战后各国经济的恢复和发展也为贸易自由化建立了物质基础，也愿意彼此放松贸易壁垒，扩大出口。在此条件下，贸易自由化被资本主义发达国家普遍接受。

第二，战后贸易自由化适应经济全球化的发展。第二次世界大战后贸易自由化席卷全球，除去美国对外扩张外，还有更重要的原因，如生产的国际化、资本的国际化、国际分工向纵深发展、西欧和日本经济的迅速恢复和发展、跨国公司的大量出现等，迫切需要一个自由贸易环境以推动商品和资本的流动，它们反映了世界经济和生产力发展的内在要求。

第三，战后贸易自由化主要反映了垄断资本的利益。第二次世界大战后，贸易自由化是在国家垄断资本主义日益加强的条件下发展起来的，主要反映了垄断资本的利益。垄断资本与国家政权相结合，建立区域性贸易集团，对内取消关税，实行自由贸易政策。

第四,各种国际组织起了重要作用。第二次世界大战后,贸易自由化主要是通过《1947年关税与贸易总协定》在世界范围内进行的。世界贸易组织的建立,关税的进一步下降,非关税壁垒的不断取消,将加速贸易自由化的进程。此外,区域性关税同盟、自由贸易区、共同市场等地区性经济合作,也都促进了国际商品的自由流通。

2. 主要表现为大幅度削减关税

首先在关税与贸易总协定成员国范围内,关税被大幅度降低。1947年以来,在关税与贸易总协定的主持下,过七轮多边贸易谈判,发达国家的平均关税从20世纪40年代的40%左右下降到70年代4.7%,发展中国家和地区的平均关税下降到13%。其次,欧洲经济共同体实行关税同盟,对内取消关税,对外通过谈判达成关税减让的协议,导致关税大幅度下降。再次,战后发展中国家为了改善贸易条件,增加外汇收入,要求发达国家对其出口商品给予关税优惠待遇。经过长期的斗争,最后在1968年第二届联合国贸易与发展会议上通过了普惠制决议。通过普遍优惠制的实施,发达国家对来自发展中国家和地区的制成品和半成品的进口给予普遍的、非歧视和非互惠的关税优惠,也促进了关税水平的进一步下降。

3. 降低或撤销非关税壁垒

20世纪50年代初期,发达国家对许多进口商品实行严格的进口限额、进口许可证和外汇管制等非关税壁垒措施,以达到限制进口的目的。随着经济的恢复和发展,这些发达国家都不同程度地放宽了进口数量限制,放松或取消了外汇管制,实行货币自由兑换,促进了贸易自由化的发展。到20世纪60年代初,发达国家组成的经济合作与发展组织成员国之间的进口数量限制取消了90%,欧洲经济共同体成员国之间在1961年取消工业品进口数量限制。

4. 特点

(1)各种类型国家、贸易集团和各类商品贸易自由化的发展不平衡。发达资本主义国家之间贸易自由化超过它们对发展中国家和社会主义国家的贸易自由化。

(2)区域性经济集团内部的贸易自由化程度超过集团对外的贸易自由化。

(3)工业制成品的贸易自由化超过农产品的贸易自由化,机器设备的贸易自由化超过纺织品、鞋类、皮革制品等工业消费品的贸易自由化。

(4)资本主义自由竞争时期的自由贸易反映了英国工业资产阶级资本自由扩张的利益与要求,代表了资本主义上升阶段工业资产阶级的利益和要求。第二次世界大战后的贸易自由化倾向是在国家垄断资本主义日益加强的条件下发展起来的,它主要反映了垄断资本的利益,是世界经济和生产力发展的内在要求。它在一定程度上与保护贸易政策相结合,是一种有选择的贸易自由化。因此,这种贸易自由化倾向发展并不平衡,甚至是不稳定的。当本国经济利益受到威胁时,保护贸易倾向必然重新抬头。

第三节
对外贸易政策的演变

一、从重商主义到自由贸易

在世界贸易因地理大发现而开始形成，到19世纪中期迅速发展的3个半世纪中，全球贸易政策几乎全部由欧洲主宰。贸易政策的演变经历了漫长的保护主义和短暂而局部的自由放任两个大的实践阶段，前一个阶段是重商主义盛行的时期，后一个阶段是英国作为"世界工厂"主宰全球贸易的时期。

重商主义贸易政策当属于人类历史上最早的、较为系统的贸易政策体系。作为一种经济政策实践，它产生于15世纪的意大利，在16世纪和17世纪盛行于欧洲各主要工业国家。在这几个世纪中，西欧各君主国采取的是重商主义贸易政策。

英国是实行严格的重商主义贸易保护政策的国家。为了保护国内的羊毛纺织业，禁止纺织机器的出口，课征高额关税限制国外的纺织品进口；为保证国内的生产，对羊毛、棉花、麻、皮革、铁以及造船用品则鼓励进口，并配合以严酷的法令禁止出口。比如，出口羊毛要判重罪。对竞争力较弱的工业制成品和农产品则给予补贴，实行出口退税和出口税减免的政策；设立东印度贸易公司独占经营贸易和海运。1651年，英国通过了一部重要的《航海法》，以后又作了多次的修改和补充。这部有关对外贸易和航海的法令为确保殖民地原料对英国的供应，规定一切输往英国的货物必须用英国的船只或原出口国的船只装运，对亚洲、非洲和北美洲的贸易必须用英国或殖民地的船只。此外，英国政府还鼓励外国技工的移入，以《行会法》来保护国内手工业的发展。

法国的重商主义政策以柯尔贝尔主义为代表。有"法国工商业之父"之称的柯尔贝尔（Jean – Bapte Colbert, 1619—1683）执掌法国财政经济大权二十多年，强调由政府来主导经济事务，管理工商事业，对贸易采取奖出限入的政策。在1667年的关税税则中，对大多数进口工业品加税一倍，原料进口免税或只征名义税，禁止原料出口。在限制工业品进口的同时，对羊毛、铅、铁等工业原料则鼓励进口；并积极发展国营工业，奖励地毯、花边和镜子等优势产品的出口；为降低工业成本，压低粮食的价格，对粮食的出口征收出口税等。

19世纪中叶，工业革命的完成和大机器工业的率先建立，使英国具备了支配世界经济的能量，奠定了这个工业化开拓者单独实施自由贸易政策的坚实物质基础，与此同时，国际交通运输业的革命性变革也相应地提供了便利条件，由此掀起了一个由英国主导的国际自由贸易浪潮。其标志是取消特权贸易公司，废除《航海法》，结束了特权垄断贸易时代，开创了国际贸易的自由竞争时代：改革税制及关税制度，降低关税税率，到1860年，绝大多数保护性关税被取消；农产品贸易（主要是进口贸易）方面实现了由严格管制加高关税壁垒政策到完全自由化的转化。其标志是《谷物法》的废除。这个浪潮在英国开始于

19世纪初,到19世纪40年代获得突破,其后的自由贸易政策一直持续到20世纪初,历时整整一个世纪。

二、从自由贸易转向保护主义

英国的自由贸易政策推动了欧洲的自由贸易进程。虽然自由贸易政策最初在欧洲的大国中很少得到响应,但却得到不少小国的响应。荷兰在1854年颁布的关税法中,将进口品的关税税率降至2%~6%;比利时在1850年之后的数年中,先后与英国、德意志关税同盟和法国签署了三个带有自由贸易色彩的协定,取消了绝大部分商品的出口禁令,将关税税率降低了10个百分点;瑞士在1850年生效的关税法中,将征收关税的商品限制在10种以内,关税税率限制在2%~10%之间。正是在英国的积极倡导下,在1860年,英、法两国签订了《英法商约》,即著名的《科布登条约》。这个商约第一次提出最惠国待遇原则,后来为世界大多数贸易国所奉行。商约规定两国同时降低或取消对方重要商品的进口关税,取消一些商品的进口禁令或出口限制,并声明该商约原则适用于两国对欧洲其他国家的贸易。《英法商约》促成了法国贸易保护主义的松动,从那以后法国逐渐废除了所有进出口禁令,将进口品关税税率降到25%,在1870年德意志帝国建立之后,抛弃了向来受到青睐的、严厉保护主义的政策,也实施了贸易自由化政策,在德意志帝国统治下的第一个10年,俾斯麦政府就取消或消减了大部分进口关税,在1877年1月则取消了几乎所有铁制品的进口关税,在1875年制成品的平均进口关税税率在4%~6%之间,比当时的法国和整个欧洲大陆的平均关税还低(当时法国的平均关税税率在12%~15%之间,整个欧洲大陆的平均关税税率在9%~12%之间)。

然而好景不长,1873年席卷欧洲的经济萧条,导致了欧洲贸易保护主义的返潮。德意志帝国率先恢复了严厉的贸易保护主义政策,1879年7月颁布的新关税法是个标志,该法首次引入了带有双重标准的关税制度。同一种进口商品的关税按照来源国与其有无特殊约定被分为"特殊关税"和"一般关税"两种。仅一年时间,其关税的有效保护率大约提高了40%,其后数年不断提高关税,到了19世纪80年代中后期,德国的贸易政策已经属于典型的保护主义政策;其农产品进口税高达33%~47%。德国的贸易保护主义得到欧洲大陆多数国家仿效,欧洲大陆很快重新回到保护主义之下。

与此同时,美国一直奉行严厉的贸易保护政策。从19世纪初工业化起步开始,美国政府就在着手建立高关税的贸易壁垒,此后在近一个世纪期间,不断提升进口品关税,只是在南北战争初期稍有减弱,但随后很快恢复。到1897年,进口品关税税率平均高达57%。

与欧洲大陆保护主义返潮和北美实施的贸易保护节节升级形成鲜明对照的是,英国依然维持着自由贸易政策。这部分由于长期依靠第一次工业革命建立的制造业优势地位使其形成了某种惰性,部分还在于其制造业严重依赖海外原材料和市场,转向保护主义政策代价更大。然而随着其支配全球工业地位的丧失,自由贸易政策越来越难以维持。经过第一次世界大战后,英帝国支配世界经济的地位已无可挽回地丧失,为后起的美国所超越,不得不在1919年废除维持了半个多世纪的自由贸易政策。

两次世界大战之间,美国借助其迅速上升的国力,在贸易政策方面起了某种带头作用，加之德国等后期工业化国家的响应以及经济大萧条等因素，保护主义贸易政策迅速上升为主流。各国垄断资产阶级为了垄断国内市场和争夺国外市场，纷纷要求实行超贸易保护政策。各国经济学家也提出了各种支持超贸易保护政策的理论根据，其中，有重大影响的是英国经济学家凯恩斯及其追随者。1930年，即大萧条爆发后不久，美国国会率先通过了一部贸易法案，即《斯穆特—霍利法案》。该法案的最初目的是为了保护美国农业，后经国会的反复争论，扩展到工业制成品领域，授权对农产品和工业制成品加征进口关税，由此推动美国关税壁垒迅速上升。到1932年，美国的平均进口关税税率已攀升到59%的历史最高水平，此举导致其他国家先后提高关税，爆发了"关税战"并使原有世界贸易体制崩溃。为了扭转世界贸易锐减的趋势，1934年美国国会通过了《贸易协定法案》，此项法律所体现的一般原则成为美国以后贸易立法的基础。以最惠国待遇原则为核心的非歧视原则使美国的所有贸易伙伴都可以分享美国与任何贸易伙伴达成的关税减让利益，相应的美国也对等地获益，该法案还授予了总统签署双边互惠贸易协定的权力。经过与主要的工业国家谈判并签署了大幅度削减进口关税的贸易协定后，贸易秩序才有所稳定。到1947年，美国平均进口关税税率比1934年下降了50%。

三、第二次世界大战后的自由贸易政策与各种贸易保护政策的翻新

二战后，美国成为世界经济核心，此时的美国开始在世界范围内积极倡导和推行自由贸易。1947年美国在全球范围内积极推动多边贸易谈判进程，而战后各国经济的恢复和发展也为贸易自由化建立了物质基础，也愿意彼此放松贸易壁垒，扩大出口。在此背景下，贸易自由化被资本主义发达国家普遍接受。

GATT建立之后不断致力于全球贸易的自由化，在1947~1962年发起的五轮多边贸易谈判中，促成了成员国减低35%的关税。在后来的两轮多边贸易谈判（肯尼迪回合谈判和东京回合谈判）中，又促成了大幅度的关税减免。GATT主导的多边贸易体制的影响力与日俱增，签约成员不断增加，贸易自由化渐成趋势。1986年GATT发起了有史以来最大的一轮多边贸易谈判，即乌拉圭回合多边谈判，旨在进一步推动全球贸易的自由化。

与此同时，由欧共体率先发起的区域一体化及内部贸易自由化也在不断发展。欧共体从其建立起就致力于消除内部关税、对外实施统一关税的贸易政策，此举不仅导致了其成员之间贸易关税的消除，而且还通过对外统一立场的谈判，达成与美国等重要贸易伙伴的关税减让，促成了全球贸易关税的下降。

此外，在联合国贸易和发展会议的推动下，发达国家最终决定对发展中国家实施贸易优惠待遇，促成了1968年第二届联合国贸易和发展会议普惠制决议的通过。按照这个决议，发达国家应该非对等地给予来自发展中国家或地区的制成品和半制成品普遍的、非歧视的和非互惠的关税优惠。进一步降低了全球贸易关税税率。

然而，20世纪70年代以后发生的两次石油经济危机，促成了新贸易保护主义政策的实施。发达国家竞相采用往往可以逃避于关税与贸易总协定框架外而不受其约束的非关税壁垒来限制商品进口，并使之成为限制进口的主要措施。同时，辅之以管理贸易政策及战略性贸易政策。美国先后于1974年、1978年和1988年制定了综合贸易法案，开始了其从自由贸易政策向管理贸易政策的转变。克林顿上台后，随着其经济振兴计划的提出，对外

贸易政策成为美国新经济政策的主要组成部分，美国进入了一个政府全面干预外贸活动的新时期。在美国的示范和推动下，"管理贸易"已逐渐成为西方发达国家基本的对外贸易制度。各国政府更加强调政府积极介入外贸的作用。由于贸易结构的不断升级，管理贸易所包括的商品种类逐渐增多。20世纪90年代以后，管理的商品不仅包括劳动密集型产品和农产品，而且包括劳务、高科技产品和知识产品等。

20世纪90年代以来，随着世界经济的好转和经济全球化的加速，贸易自由化在已有的基础上，进一步向纵深发展，成为世界各国对外贸易政策的主流。其主要标志是：世界贸易组织的建立；区域性经贸集团主动推行贸易自由化；发展中国家和地区以及转型国家也主动推行贸易自由化措施。

第四节 当代对外贸易政策的发展趋势

一、影响全球贸易政策走势的力量越来越呈现出多元化倾向

冷战结束以来，虽然美国、欧盟、日本三大经济实体的影响力依然很大，但中国、印度、俄罗斯等区域大国，澳大利亚、巴西、阿根廷等重要原材料输出国，以及东盟、拉美的南方共同市场等区域经济一体化组织，在全球贸易政策制定中的影响力也在与日俱增。全球贸易政策，尤其是WTO多边体制下重要贸易政策的形成，越来越受到多边力量的影响。

二、对外贸易政策与对外关系相结合的趋势加强

各国把对外贸易看成是处理国家关系越来越重要的手段，一些国家利用人权、民主、军事控制等问题干扰贸易的举措时有发生，把贸易政策与其政治目标相结合。可以肯定，一些国家未来的贸易政策势必与其他经济政策和非经济领域的政策进一步地融合，向着综合性方向制定对外贸易政策。

三、"公平贸易"和"互惠主义"将代替发达国家的"自由贸易"和"多边主义"

第二次世界大战后以来，以自由贸易为主旨的关贸总协定一直主宰着世界贸易体制。尽管其间各国贸易摩擦不断，但还是以自由贸易为主要原则。近几年来，西方发达国家一方面反对贸易保护主义，另一方面又强调贸易的公平性。与高筑壁垒抑制外国竞争的保护主义或放任自流的自由主义政策都有所不同，这种公平贸易是指在支持开放性的同时，以寻求"公平"的贸易机会为主旨，主张贸易互惠的"对等"与"公平"原则。具体表现为：①进入市场机会均等，判定的标准为双边贸易平衡，而不仅仅以是否满足双方进入市场要求为标准；②贸易限制对等，即以优惠对优惠，以限制对限制；③竞赛规则公平。可以预计，西方发达国家在未来的贸易政策中将继续沿着"公平贸易"的路子走下去。

四、发展区域经济一体化，实行共同的对外贸易政策

20世纪90年代以来，区域经济集团化发展迅猛，发达国家通过建立各种一体化形式加强成员国之间的贸易自由化，并以联合的经济实力和共同的对外贸易政策来对付外界的贸易攻势。随着区域经济集团化的发展，这种区域内采取更加统一的贸易政策的趋势将有增无减。

五、不完全的自由贸易政策和不断修饰的保护贸易政策并存

就世界贸易政策演进本身来说，贸易自由化已成大势所趋。绝大多数国家都赞成继续推进全球自由贸易进程，绝大多数国家的国民都从越来越自由的贸易政策中感受到实实在在的利益，自由贸易已经深入人心。但在国际贸易政策演进中依然涌动着一股保护主义的暗流。在WTO主导全球贸易体制的格局下，保护主义不断花样翻新，有的延续了20世纪70年代形成的新贸易保护主义的某些特征，主要体现在如下几个方面：

第一，滥用GATT/WTO《反倾销协定》赋予的部分权利，动辄挥舞反倾销大棒，借用反倾销、反补贴之名，行保护主义之实。在这方面中国等新兴市场经济国家和地区成了主要的受害者。

第二，滥用保护"知识产权"有关国际协议，动辄以制裁相威胁。

第三，以国内立法对抗国际多边协议，美国最为突出，动辄以《特殊301条款》等国内贸易法，对贸易伙伴进行违背WTO原则的歧视性贸易制裁。

第四，政府推动高科技产业发展和产品出口将进一步成为推动外贸活动的主导措施。对普遍认可的高科技产业如生物工程、新型材料、远程通信、计算机软件等，各国政府都在竞相资助研究开发活动，继续保持其产品竞争优势。可以预计，未来各国特别是发达国家可能会采取更积极的贸易政策，为企业创造"公平"的竞争环境。

第六章 Chapter 6
国际贸易措施

第一节 关税措施

一、关税概述

（一）含义

关税是指当进出口商品经过一国关境时，由该国政府所设置的海关向本国进出口商所征收的税收。

其中关境是指由海关所管辖和执行有关海关各项法令和规章制度以及征收关税的领域，又称关税领域。一般来说，关境与国境是相同的，但在下面两种情况下关境与国境不一致：①当一个国家在国境内设有自由港、自由贸易区、出口加工区或其他经济特区时，其关境小于国境，因这些地区不属于关境；②当几个国家组成关税同盟时，这些国家的关境则大于其国境，因这些关境同盟国家的领土是一个统一的关境。

海关是设在关境上的国家行政管理机构，海关依照本国有关法律、行政法规，监管进出境的运输工具、货物、行李物品、邮递物品和其他物品，征收关税和其他税、费，查缉走私，并编制海关统计和办理其他海关业务。

（二）主要特点

关税是国家税收的一种，是财政收入的一个重要组成部分。关税有三个主要特点：

（1）关税具有强制性、无偿性和可预见性。强制性是指税收是凭借法律规定强制征收的，纳税人都要按照法律规定无条件地履行自己的义务；无偿性是指征收的税收，除特殊例外，一般是国家向纳税人无偿取得的国库收入；预定性是指纳税额按国家事先规定的税则计征，一般不得随意变动和减免。

（2）关税的税收主体和客体分别是进出口商人和进出口货物。当商品进出国境或关境时，进出口商根据海关法规定向当地海关缴纳关税，他们是税收主体，而关税的税收客体则是进出口货物。

（3）关税是一种间接税。根据纳税人的税负转嫁与归宿，税收可以分为两类：直接税和间接税。直接税指由纳税人依法缴纳并直接承担，税负不能转嫁他人；间接税指由纳税人可通过契约关系或交易过程中将税负全部或部分转嫁给他人。关税属于间接税，它主要是对进出口商品征税，其税负可以由进出口商垫付，然后将它作为成本的一部分加在货价上。

（三）作用

不同种类的关税对于不同的国家或地区和不同的商品分别具有不同的作用。总的来说，关税的作用大致可概括为：

（1）关税是国家财政收入的一个组成部分。各国在经济发展初期征收关税的主要目的之一是增加财政收入，但随着国际贸易及各国经济的发展，这一目的逐渐削弱，这主要是由于其他税源增加和贸易自由化发展的结果。发达国家由于其国内市场发达程度高于发展中国家，所以发达国家的关税在国家财政收入中的比重低于发展中国家。

（2）关税是执行对外贸易政策的重要措施。一个国家可以通过调整关税税率来调节进出口贸易，以期达到不同的目的。在出口方面，可以通过低税、免税来鼓励商品出口，增加外汇收入；在进口方面，可以针对不同的商品制定不同的关税税率，以便在国内市场对不同商品实施不同程度的保护或鼓励不同商品的进口以满足国内的需求，并且针对不同地区和国家的商品实施不同的关税税率，还可以实施国别地区贸易政策。

在大多数国家和地区加入世贸组织并达成关税减让表协议，关税率"固定"后，关税的作用大大减弱。

（3）关税可以调节一国进出口贸易及贸易差额。在出口方面，通过低税、免税和退税来鼓励商品出口；在进口方面，通过税率的高低、减免来调节商品的进口。如：对于国内能大量生产或暂时不能大量生产但将来可能发展的产品、对于非必需品或奢侈品的进口制定较高关税；对于本国不能生产或生产不足的原料、半制成品、生活必需品或生产上的急需品的进口，制定较低税率或免税，鼓励进口。当贸易逆差过大时，提高关税以限制商品进口，达到缩小贸易逆差的目的；当贸易顺差过大时，可通过减免关税来扩大进口，缩小贸易差额，并缓和同有关国家的贸易摩擦与矛盾。

二、关税的种类

各国征收的关税种类很多，但基本可分为进口税、进口附加税、出口税和过境税四种。

（一）进口税

进口税是进口国家的海关在外国商品输入本国关境时，根据海关税则对本国进口商所征收的关税。它是在外国货物直接进入关境或国境，或者外国货物由自由港、自由贸易区或海关保税仓库等提出运往进口国的国内市场销售，在办理进口海关手续时征收的。进口税是关税中最重要的一种。大多数国家为了保护国内市场，促进本国工业的发展，对进口税税率制定的一般原则是对工业制成品制定较高的进口税税率，对半制成品制定较低的进口税税率,而原材料的进口税税率最低甚至为零。

进口税一般又分为普通税和优惠税(最惠国税、特惠税及普遍优惠税)。

1. 普通关税

普通关税又称一般关税,是指对与本国没有签署经济贸易互惠等友好协定国家原产的货物征收的非优惠性关税。这种关税税率一般由进口国自主制定,税率较高。例如,美国对玩具进口征收的最惠国税率为6.8%,普通税率为70%。我国自2002年1月1日起实行新的进口税则税率栏目。进口税则分设最惠国税率、协定税率、特惠税率和普通税率4个栏目。普通税率适用原产于除上述最惠国税率、协定税率和特惠税率国家或地区以外的国家和地区的进口货物。

2. 最惠国关税

如果某个国家或地区与本国签订有最惠国待遇条款的贸易协定,则从该国家或地区进口的商品适用于最惠国税率,否则,适用普通税率。最惠国税率比普通税率低,两者的差幅一般很大。由于第二次世界大战后大多数国家都加入了关税与贸易总协定(世界贸易组织的前身)或者签订了双边贸易条约与协定,相互提供最惠国待遇,享受最惠国关税,因此,最惠国关税通常又成为正常关税。

3. 特惠税

特惠税又称特定优惠税,它是指对从某个特定国家或地区进口的全部或部分商品,给予特别优惠的低关税或免税待遇,而其他国家或地区不得根据最惠国待遇原则要求享受这种优惠关税。使用特惠税的目的是为了增进与受惠国之间的友好贸易往来。特惠税有的是互惠的,有的是非互惠的。

特惠税是殖民主义的产物,始于宗主国与殖民地附属国之间的贸易。第二次世界大战后,西欧共同市场与非洲、加勒比和太平洋地区一些发展中国家之间也在实行。最著名的特惠税是1932年英联邦国家在渥太华会议上建立的英联邦特惠税。规定英国对从英联邦成员国输入的商品给予免税或减税优待,并以征收高额关税限制从成员国以外的国家输入农产品。成员国对自英国进口的工业品,给予减税优待,同时提高英国以外国家进口货物的关税率。1973年英国正式加入西欧共同市场后,这一制度逐步取消。英国实行西欧共同市场的共同对外关税。

目前,在国际上最有影响的特定优惠关税是签定《洛美协定》国家之间实行的特惠税。《洛美协定》是西欧共同市场9个国家与非洲、加勒比海和太平洋地区的46个发展中国家于1975年2月于多哥首都洛美签署的。这种特惠税是西欧共同市场向参加协定的非洲、加勒比海和太平洋地区的发展中国家单方面提供的。根据《洛美协定》,西欧共同市场国家将在免税、不受数量限制的条件下接受这些发展中国家的全部工业品和96%的农产品进入西欧共同市场,而不要求这些发展中国家给予各种"反向优惠"。1979年10月签署了第二个《洛美协定》,受惠的发展中国家增加到61个。但是,《洛美协定》又规定,如果大量进口在西欧共同市场的某个经济区域或某个成员国内引起严重的市场混乱,西欧共同市场保留采取保护措施的权利。

4. 普遍优惠税

普遍优惠制(generalized system of preferences, GSP)简称普惠制,它是发展中国家在

联合国贸易与发展会议上经过长期斗争,在 1968 年通过建立普惠制决议而取得的。建立普惠制的目的是为了增加发展中国家或地区的外汇收入,加速发展中国家或地区的经济增长。

在决议中,发达国家承诺对从发展中国家或地区输入的商品,特别是制成品和半制成品,给予普遍的、非歧视的和非互惠的优惠关税待遇,这种关税称为普惠税。

普惠制的给惠国,在提供普惠税待遇时,是通过普惠制方案(GSP Scheme)来执行的。这些方案由各给惠国或国家集团单独制定和公布,各有特点,不尽相同。主要内容如下:

(1) 受惠国家或地区。受惠国家或地区是一个指定受惠国或地区的名单。按照普惠制的原则,给惠国应该对所有发展中国家或地区都无条件、无例外地提供优惠待遇。但是实际上,发展中国家能否成为普惠制方案的受惠国是由给惠国单方面确定的。各给惠国从各自的政治、经济利益出发,把一些发展中国家排除在名单之外。例如,美国公布的受惠国名单中,就不包括某些社会主义发展中国家、石油输出国成员等。

(2) 给惠商品范围。各给惠国在给惠方案中列明给惠产品名单及排除产品名单。并非所有的受惠国制成品及半制成品都可以享受到普遍的优惠关税。实际上许多给惠国根据其经济贸易政策的需要而对给惠产品进行增减。一般来说,农产品的受惠商品较少,工业制成品或半制成品的受惠产品较多。一些敏感性商品,如纺织品、服装、鞋类以及某些皮制品、石油制品等常被排除在给惠商品之外或受到一定限额的限制。自 1988 年起,给惠国(包括加拿大)都采用商品名称及编码协调制度列出清单。美国从 1989 年起也采用协调制度。

(3) 给惠商品减税幅度。给惠商品的减税幅度又称普惠制优惠幅度。受惠产品的减税幅度的大小取决于最惠国税率与普惠制税率之间的差额,最惠国税率越高,普惠制税率越低,差幅就越大;并且减税幅度与给惠商品的敏感度密切相关。一般说来,农产品减税幅度小,工业品减税幅度大,甚至免税。例如,欧盟 1995 年开始执行的对工业产品的新普惠制法规将工业品按敏感程度分为五类,并分别给予不同的减税幅度。具体地说,对第一类非常敏感产品,即所有的纺织品(如棉、麻、丝等)的减税幅度为 15%;对第二类敏感产品(如化工、鞋、电器等)的减税幅度为 30%;对第三类半敏感产品(如塑料制品、毛皮革制品、伞类、陶瓷玻璃制品、照相器材、钟表等)的减税幅度为 65%;对第四类不敏感产品,关税全免;而对第五类部分初级工业产品如某些石油产品,将不给关税减让,仍征收最惠国税。

(4) 对给惠国的保护措施。各给惠国为了保护本国生产和国内市场,从自身利益出发,均在各自的普惠制方案中制定了程度不同的保护措施,主要表现在免责条款、预定限额及毕业条款三个方面。

所谓免责条款是指当给惠国认为从受惠国优惠进口的某项产品的数量增加到对其同类产品或有竞争关系的商品的生产者造成或将造成严重损害时,给惠国保留对该产品完全取消或部分取消关税优惠待遇的权利。

所谓预定限额是指给惠国根据本国和受惠国的经济发展水平及贸易状况,预先规定一定时期内(通常为一年)某项产品的关税优惠进口配额,达到这个额度后,就停止或取消给予的关税优惠待遇,而按最惠国税率征税。给惠国通常引用预定限额对工业产品的进口进行控制。

所谓毕业条款是指给惠国以某些受惠国或地区由于经济发展到较高水平且其产品在国际市场上具备较强的竞争力而不再需要给予优惠待遇和帮助为由,单方面取消对这些国家或产品的普惠制待遇,称之为毕业。按适用范围,可分为"国家毕业"和"产品毕业"两种。前者指取消从受惠国或地区进口的全部产品的关税优惠待遇,后者指取消受惠国或地区进口的部分产品的关税优惠待遇;标准由各给惠国自行具体确定。例如,美国规定,一国人均收入超过 8850 美元或某项产品出口占美国进口的 50% 即为毕业。"已毕业"的国家和产品因为不能再享受优惠待遇,一方面要在进口国市场上与发达国家的同类产品竞争,另一方面,又面临其他发展中国家同类产品竞争的严峻挑战。

(5)原产地规则。为了确保普惠制待遇只给予受惠国家或地区生产和制造的产品,防止非受惠国的产品利用普惠制的优惠,各给惠国制定了详细和严格的原产地规则。原产地规则是衡量受惠国出口产品能否享受给惠国给予减免关税待遇的标准。原产地规则一般包括三个部分:原产地标准、直接运输规则和原产地证书。

①原产地标准。货物的原产地是货物的"国籍"。原产地标准是一个国家或地区为确定货物的"国籍"(原产地)而实施的普遍适用标准。普惠制的原产地标准分为两大类:一类是完全原产地产品。它是指货物完全由受惠国的原料、零部件并完全由其生产或制造的产品。任何含有进口或来源不明的原料、零部件的产品,都不能视为完全的原产品。另一类是非完全原产地产品,又称含有进口成分的原产品,它是指全部或部分使用进口原料或零部件生产的产品。这些原料或零部件经过受惠国或地区加工后,其性质和特征达到了"实质性改变"而成为另一种不同性质的商品,才能作为受惠国的原产品享受普惠制待遇。而判断实质性改变有两个标准:第一,加工标准,即进口原料或零部件的税则税号和利用这些原料或零部件加工后的制品的税则税号不同;第二,增值标准,即按照使用进口成分(或本国成分)占制成品价值的百分比来确定其是否达到实质性变化的标准,但各给惠国确定的百分比不同。

②直接运输规则。所谓直接运输规则是指受惠国原产品必须从出口受惠国直接运至进口给惠国。制定这项规则的主要目的是为了避免在运输途中可能进行的再加工或换包。但由于地理或运输等原因确实不可能直接运输时,允许货物经过第三国领土转运,条件是货物必须始终处于过境国海关的监管下。

③原产地证书。所谓原产地证书是指受惠国必须向给惠国提供的,由出口受惠国政府授权的签证机构签发的普惠制原产地证书和符合直运规则的证明文件,以作为享受普惠制减免关税优惠待遇的有效凭证。

普惠制自 1970 年实行以来,确实对发展中国家和地区的出口起到了一定的积极作用。但由于各给惠国在提供关税优惠的同时,又制定了种种繁琐的普惠制方案,使得普惠制没有真正达到其预期目标。

(二)进口附加税

进口附加税是指对进口商品除了征收一般进口税外,还往往根据某种目的再额外加征的关税。进口附加税通常是一种特定的临时性措施。其目的主要有:应付国际收支危机,维持进出口平衡，防止外国产品低价倾销，对某个国家实行歧视或报复等，又称为特别关税。

一般来说，对所有进口商品征收进口附加税的情况较少，大多数情况是针对个别国家和个别商品。进口附加税是限制商品进口的重要手段，在特定时期有较大的作用。

这类进口附加税主要有反倾销税、反补贴税、紧急关税、惩罚关税、报复关税和差价税六种。

1. 反倾销税

反倾销税是指对实行商品倾销的进口货物所征收的一种临时性进口附加税，其目的在于抵制商品倾销，保护国内市场的本国产品。因此，反倾销税税额一般按倾销差额征收，由此抵消低价倾销商品价格与该商品正常价格之间的差额。

进口商品以低于正常价值的价格进行倾销，并对进口国的同类产品造成重大损害是构成征收反倾销税的重要条件。确定正常价格有三种方法：①采用国内价格，即相同产品在出口国用于国内消费时在正常情况下的可比价格；②采用第三国价格，即相同产品在正常贸易情况下向第三国出口的最高可比价格；③采用构成价格，即该产品在原产国的生产成本加合理的推销费用和利润。这三种确定正常价格的方法是依次采用的，即若能确定国内价格就不使用第三国价格或构成价格，依此类推。另外，这三种正常价格的确定方法仅适用于来自市场经济国家的产品。

对于来自非市场经济国家的产品，由于其价格并非由竞争状态下的供求关系所决定，因此，西方国家选用替代国价格，即以一个属于市场经济的第三国所生产的相似产品的成本或出售的价格作为基础，来确定其正常价格。

如果某进口商品最终确定符合被征反倾销税的条件，则所征的税额不得超过经调查确认的倾销差额，即正常价格与出口价格的差额。征收反倾销税的期限也不得超过为抵消倾销所造成的损害必需的期限。一旦损害得到弥补，进口国应立即停止征收反倾销税。另外，若被指控倾销其产品的出口商愿做出"价格承诺"，即愿意修改其产品的出口价格或停止低价出口倾销的做法，进口国有关部门在认为这种方法足以消除其倾销行为所造成的损害时，可以暂停或终止对该产品的反倾销调查，不采取临时反倾销措施或者不予以征收反倾销税。

在对发展中国家的特殊待遇方面，世界贸易组织的《反倾销协议》重申对发展中国家予以特别照顾，在反倾销措施将影响发展中国家的根本利益时，可考虑该协议规定的其他建设性的补救措施。同时，还明确了某些具体的规定。例如，在反倾销调查中，若倾销幅度为2%以下，以及来自一国的倾销产品的数量不足进口国同类产品的3%，则应终止倾销调查，不征收反倾销税。但若数个这种不足3%的单个国家的产品，共占进口国同类产品的7%时，则倾销调查要继续进行。

随着关税壁垒作用的降低，各国越来越趋向于利用反倾销手段，对进口产品进行旷日持久的倾销调查及征收高额反倾销税来限制商品进口。

2. 反补贴税

反补贴税是对于直接或间接接受奖金或补贴的外国进口商品所征收的一种附加税。进口商品在生产、制造、加工、买卖、输出过程中所接受的直接或间接的奖金或补贴，使进口国生产的同类产品遭受重大损害是构成征收反补贴税的重要条件。反补贴税的税额一般按补贴数额来征收,且征税期限不得超过5年。征收反补贴税的目的在于提高进口商品的价格,抵消其所享受的贴补金额,削弱其竞争能力,使其不能在进口国的国内市场上进行低价竞争。

此外,对于接受补贴的倾销商品,不能既征反倾销税,同时又征反补贴税。

为了进一步有效地约束和规范补贴的使用,乌拉圭回合谈判对原有守则进行了修改和补充,达成了《补贴与反补贴措施协定》。

其中,将补贴定义如下:补贴是指政府或任何公共机构对企业提供的财政捐助和政府对收入或价格的支持。其范围包括:①政府直接转让资金,即赠与、贷款、资产注入;潜在的直接转让资金或债务,即贷款担保;②政府财政收入的放弃不收缴;③政府提供货物或服务,或购买货物;④政府向基金机构拨款,或委托、指令私人机构履行前述①至③的职能;⑤构成1994年关贸总协定第16条含义的任何形式的收入或价格支持。并将补贴分为三类:第一类禁止使用的补贴,简称禁止性补贴,又称"红灯补贴"。《补贴与反补贴措施协议》明确地将出口补贴和进口替代补贴规定为禁止性补贴,任何成员不得实施或维持此类补贴。第二类是可申诉的补贴又称"黄灯补贴",指那些不是一律被禁止,但又不能自动免于质疑的补贴。对这类补贴,往往要根据其客观效果才能判定是否符合世界贸易组织规则。总体原则是成员方不得通过使用该协议所规定的专向性补贴而对其他成员的利益造成不利影响。第三类是不可申诉的补贴又称"绿灯补贴"。一指不具有专向性的补贴,可普遍获得,它是不针对特定企业、特定产业和特定地区的补贴。二是指符合特定要求的专向性补贴,包括研究和开发补贴、贫困地区补贴和环保补贴。

另外,发展中国家做了特殊优惠规定。如:原产于发展中国家的产品,其总补贴额不超过单位产品金额的2%,或者该产品不足同类产品进口总额的4%,或所有发展中国家的所有该种产品加起来不足同类产品进口总额的9%,则对该产品的补贴调查应立即终止。计划经济向市场经济过渡的转型经济国家的出口补贴,应在7年内逐步取消等。

3. 紧急关税

紧急关税是为消除外国商品在短期内大量进口对国内同类产品生产造成重大损害或产生重大威胁,而征收的一种进口附加税。当短期内外国商品大量涌入时,一般正常关税已难以起到有效保护作用,因此需借助税率较高的特别关税来限制进口,保护国内生产。由于紧急关税是在紧急情况下征收的,是一种临时性关税,因此,当紧急情况缓解后,紧急关税必须撤除,否则会受到别国的关税报复。

4. 惩罚关税

惩罚关税是指出口国某商品违反了与进口国之间的协议,或者未按进口国海关规定办理进口手续时,由进口国海关向该进口商品征收的一种临时性的进口附加税。这种特别关税具有惩罚或罚款性质。例如,2004年7月,欧盟为报复美国不执行世界贸易组织的裁决,遂决定从2005年的3月1日起对美国出口欧盟的40亿美元商品加征5%的惩罚性关税。

惩罚关税有时还被用作贸易谈判的手段。然而,随着世界经济多极化、国际化等趋势的加强,这一手段越来越容易招致别国的报复。

5. 报复关税

报复关税是指一国为报复他国对本国商品、船舶、企业、投资或知识产权等方面的不公正待遇，对从该国进口的商品所课征的进口附加税。通常在对方取消不公正待遇时，报复关税也会相应取消。然而，报复关税易引起他国的反报复，最终导致关税战。例如，乌拉圭回合谈判期间，美国和欧盟就农产品补贴问题发生了激烈的争执，美国提出一个"零点方案"，要求欧盟10年内将补贴降为零，否则除了向美国农产品增加补贴外，还要对欧盟进口商品增收200%的报复关税。欧盟也不甘示弱，扬言反报复。双方剑拔弩张，若非最后相互妥协，就差点葬送了这一轮谈判的成果。

6. 差价税

差价税又称差额税。当本国生产的某种产品的国内价格高于同类进口商品的价格时，为了削弱进口商品的竞争力，保护本国生产和国内市场，按国内价格与进口价格之间的差额征收的关税即是差价税。征收差价税的目的是使该种进口商品的税后价格保持在一个预定的价格标准上，以稳定进口国国内该种商品的市场价格。

对于征收差价税的商品，有的规定按价格差额征收。有的规定在征收一般关税以外另行征收，这种差价税实际上属于进口附加税。差价税没有固定的税率和税额，而是随着国内外价格差额的变动而变动，因此是一种滑动关税。

征收进口附加税主要是为弥补正税的财政收入作用和保护作用的不足。由于进口附加税比正税所受国际社会约束要少，使用灵活，因而常常会被用作限制进口与贸易保护的武器。过去，我国在合理地、适当地应用进口附加税的手段方面显得非常不足。比如，因长期没有自己的反倾销、反补贴法规，不能利用反倾销税和反贴补税来抵制外国商品对我国低价倾销，以保护我国同类产品的生产和市场。直到1997年我国才颁布了《中华人民共和国反倾销和反补贴条例》，才使我国的反倾销和反补贴制度法制化、规范化。

（三）出口税

出口税是出口国家的海关在本国产品输出本国关境时，对本国出口商所征收的关税。由于征收出口税不利于本国商品的出口，因此，目前大多数国家对绝大部分出口商品都不征收出口税，但目前世界上仍有少数国家（特别是经济落后的发展中国家）征收出口税。征收出口税的目的主要是：

（1）对本国资源丰富、出口量大的商品征收出口税，以增加财政收入。一般来说，以财政收入为目的出口税税率都比较低，例如，拉丁美洲一些国家的出口税一般为1%~5%之间。

（2）为了保证本国的生产，对出口的原料征税，以保障国内生产的需要和增加国外商品的生产成本，从而加强本国产品的竞争能力。为了保证本国生产和消费而对出口的原料征收出口税的税率都比较高，在极端的情况下，甚至可以征收禁止性关税。例如，瑞典、挪威对于木材出口征收较高的关税，以保护其纸浆及造纸工业。

（3）控制和调节某些商品的出口流量，以保持在国外市场上的有利价格，防止盲目"贫困的增长"。如果国内生产要素增长过快使得出口产品迅速增加，就有可能产生贫困化增长。这种增长不但会恶化贸易条件，甚至会使一个国家的经济状况恶化。在这种情况下，通过出口税控制出口，有助于防止出口增加导致效益下降的情况发生。如果本国是一个大国，那么征收出口税以控制出口数量，就会迫使国际市场价格上涨，从而改善该国的贸易条件。

（4）为了防止跨国公司利用"转移定价"逃避或减少在所在国的纳税，向跨国公司出口产品征收高额出口税，可以维护本国的经济利益。

我国历来采用鼓励出口的政策，但为了控制一些商品的出口流量，采用了对极少数商品征出口税的办法。被征出口税的商品主要有生丝、有色金属、铁合金、绸缎等，出口税率从10%～100%不等。

（四）过境税

过境税又称通过税或转口税，是一国海关对通过其关境再转运第三国的外国货物所征收的关税。其目的主要是增加国家财政收入。过境税产生于资本主义生产方式准备时期，在重商主义时期盛行于欧洲各国。随着资本主义的发展，交通运输事业的发达，各国在货运方面的激烈竞争，过境货物对本国生产和市场没有影响，于是，到19世纪后半期，各国相继废除了过境税。第二次世界大战后，关贸总协定规定了"自由过境"的原则。目前，大多数国家对过境货物只征收少量的签证费、印花费、登记费和统计费等，而不征过境税。

三、关税征收的方法

各国海关通常使用的最基本的征税标准有两种，即从价计征和从量计征，此外。还有混合税以及选择税等。

（一）从量税

从量税是以商品的重量、数量、长度、体积和面积等单位作为标准征收的关税。例如：美国对青豆的进口征收从量税。普通税率为每磅征2美分，最惠国税率为每磅征1美分。

从量税的计算公式为：从量税额＝商品数量×每单位从量税率

在实际应用中，各国计算重量的标准各不相同，有的按照半毛重征税，还有的则按照净重征税。其中，毛重是指商品本身的重量加内外包装材料在内的总重量。半毛重是指商品总重量扣除外包装后的重量。净重则是指商品本身的重量，不包括内外包装材料的重量。

从量税的优点：①便于计算。海关人员只需要将商品分成按重量征税、按数量征税或按长度征税等即可。②在商品价格下降时，能加强关税的保护作用。这对于外国出口商进行削价倾销有着较高的防御作用。假定某一个国家对于进口汽车征收从量税，每一辆车的销售价格为18万元，一辆车的从量税为1.8万元。如果出口商削价倾销，每一辆车的价格降低至12万元，但是一辆车仍然征收1.8万元的关税。关税在价格中的比重，前者为10%，后者为15%，关税税率增加了50%。

从量税的缺点：①不够合理。同一税目的货物，不论质量好坏，均按同一税率征税。②在商品价格上涨时，用从量税不能完全达到关税保护的目的。同类商品按照其数量或者重量征税，那么价格高的商品，其关税在价格中所占的比重相对较低，而价格低的商品，其关税在价格中的比重就比较高。在通货膨胀时，从量税往往失去其保护作用。假如某国对于外国的进口电视机征收从量税，每一台电视机300美元，每一台征收60美元的关税。然而，由于通货膨胀，每一台电视的价格上升到500美元，每一台仍然征收关税60美元。通货膨胀以前，关税在价格中所占比率为20%；通货膨胀以后，关税在价格中所占比重仅为12%。随着价格的上升，关税在价格中所占比重会随之下降。

（二）从价税

从价税是以进口商品的价格为标准，按照一定的百分比征收的关税。

从价税的计算公式为：从价税额＝完税价格×从价税率

例如，假定我国对外国电视机进口征收20%的从价税，一台进口电视800美元，那么征收的关税则为160美元。

定税价格是从价税的一个关键问题，它是经海关审定作为计征关税依据的货物价格。现在多数国家采用正常价格为定税价格，即在正常贸易过程中，充分竞争条件下某一商品的成交价格。如果发票价格与正常价格一致，即以发票价格为依据征税；如果发票价格低于正常价格，则以海关估价为依据。

从价税的优点：①税率明确，便于比较各国税率。②税率不变时，税额随商品价格上涨而增加，既增加财政收入，又起到关税保护的作用，还较为公平。

从价税的缺点：征收从价税中，较为复杂的问题是确定商品的完税价格。完税价格是决定税额多少的重要因素。因此，如何确定完税价格十分重要。各个国家所采用的完税价格标准不一致，大体上可概括为以下三种：一是以成本加运费、保险费价格作为征税价格标准；二是以装运港船上交货价格为征税价格标准；三是以法定价格作为征税价格标准。"乌拉圭回合"谈判达成了《关于实施关税与贸易总协定第七条的协议》又称"海关估价协议"，该协议修改了"海关估价守则"。它规定了主要以商品的成交价格为海关完税价格的新估价制度。为了更加公正和统一，该协议共规定了6种不同的依次采用的新估价法。①进口商品的成交价格。进口商在正常情况下申报并在发票中所载明的价格。②如果海关不能按上述规定的成交价格确定商品海关估价，那就采用按相同商品成交价格的估价方法。相同商品的成交价格指与应估商品同时或几乎同时出口到同一进口国销售的相同商品的成交价格。当发现两个以上相同商品的成交价格时，应采用其中最低者来确定应估商品的关税价格。③如按以上两种估价办法都不能确定时，可采用按类似商品的成交价格估价办法。类似商品的成交价格指与应估商品同时或几乎同时出口到同一进口国销售的类似商品的成交价格。在确定某一货物是否是类似货物时，应考虑的因素包括该货物的品质、信誉和现有的商标等等。④倒扣法。倒扣法是以进口商品，或同类或类似进口商品在国内的销售价格为基础减去有关的税费后所得的价格。⑤计算价格。它是以制造该种进口商品的原材、部件、生产费用、运输和保险费用等成本费以及销售进口商品所发生的利润和一般费用为基础进行估算的完税价格。⑥合理办法。如果上述各种办法都不能确定商品的海关估价，任何视为合理的估价办法都可行，只要不违背本协议的估价原理和总协定第7条的规定。

（三）混合税

混合税又称复合税，是对同一种商品同时采用从量、从价两种标准征收关税。混合税的好处是使税负适度。当物价上涨时，所征税额比单一从量税多；当物价下降时，所征税比单一从价税多，增强了关税的保护程度。例如，日本对于外国手表的进口既征收15%的从价税，又征收从量税，每一只征收150日元。其征税的方法有两种，即从量税为主加上从价税或者从价税为主加上从量税。

（四）选择税

选择税指对同一物品同时规定从价税和从量税两种税率，征税时选择税额较高的一种征收。通常，当进口产品物价上涨时，选择从价税；当进口产品物价下降时，选择从量税。有时为了鼓励某种商品的进口，也选择税额较低的一种税率征收关税。

四、关税对国际贸易的影响

关税，作为外贸政策的一项重要措施，对国际贸易的影响是多方面的。各国关税水平的高低影响国际贸易的兴衰，制约国际贸易的商品结构和地理分布，影响商品价格和市场，调节贸易差额与国际收支。

（一）关税对世界贸易发展的影响

关税是在进出口商品的价格上额外增加的费用，它提高了物价，增加了消费者的税负。有些商品由于征税，减少了进出口的流量，不利于国际贸易的开展。一般来说，在其他条件不变的情况下，世界市场上主要国家的关税税率的增减程度与国际贸易的发展速度成反比关系。当世界各国普遍提高关税，加强关税壁垒时，国际贸易的发展速度将趋向下降；反之，当各国普遍地大幅度地降低关税时，国际贸易的发展速度则趋向加快。在1929~1933年发生的世界性经济危机期间，发达资本主义国家竞相提高关税，高筑关税壁垒限制外国商品进口。1930年6月美国通过极端保护主义的《斯穆特－霍利关税法案》，首先提高了关税，达到了美国历史上的空前水平，平均关税高达53%。美国提高关税后立即引起许多国家的严重抗议，有45个国家也相继提高了关税以对美国进行报复。这场"关税战"的结果使世界市场原已十分危急的局势急转直下，国际贸易急剧下降。1939年与1929年相比较，世界贸易额下降了2/3，世界贸易量减少1/3。而第二次世界大战后，特别是在20世纪50年代至70年代初期间，发达资本主义国家推行贸易自由化政策。由于关税在世界范围内的大幅度降低，国际贸易迅速发展。1950~1973年间，世界贸易额年平均增长率为10.3%，世界贸易量年平均增长率为7.2%，发展速度大大快于战前。

（二）关税对国际商品结构和地理分布的影响

关税还在一定程度上影响着国际贸易商品结构和地理分布。在20世纪50年代至70年代初的世界贸易自由化过程中，发达资本主义国家工业制成品进口关税的下降幅度超过对农产品的下降幅度，发达资本主义国家之间的关税下降幅度超过它们对发展中国家和社会主义国家的下降幅度，经济集团内部关税下降幅度超过其对集团外的下降幅度。这些特点，使国际贸易中工业制成品贸易的增长超过农产品贸易，使发达资本主义国家之间的贸易增长超过它们与发展中国家和社会主义国家之间的贸易，也使某些集团内部贸易的增长超过其对集团外的贸易增长。

（三）关税对商品价格和销售的影响

一般来说，进口货物课征关税后，会导致进口国的国内价格提高，进口数量减少，从而起到短期内保护和促进本国同类产品的在国内的生产和销售的作用。如果对某些产品实行长期的关税保护，不仅严重损害了消费者的利益，而且也不利于有关企业改进产品技术、降低成本及追求生产效率，使受保护的产品消费数量减少，使其在高关税的保护下长期落后世界先进水平，在国际市场上缺乏竞争能力，最终影响其在国内外市场上的生产和销售，束缚了其国际贸易的发展。国外许多经济学家认为，为了避免消费扭曲，通过生产补贴而不是关税来保护幼稚工业则更好。

（四）关税对贸易差额和国际收支的影响

当一国出现严重的贸易逆差和国际收支逆差时，如果对进口商品提高关税，可能会暂时地抑制进口，从而缩小贸易逆差，改善国际收支状况。但是，从长期来看，提高关税不但不能达到改善国际收支的目的，反而会产生相反的后果。由于征收高额进口税，国内价格会上涨，结果造成某些产品的生产成本提高。这些产品将因较高的生产成本而削弱出口竞争能力，减少出口，贸易逆差将可能重新产生或扩大。此外，一国提高关税，常常会引起有关国家的连锁反应，使其竞相提高关税以限制对方的进口，结果相互抵消了因提高关税对缩小和改善贸易收支的作用，而且使世界贸易中关税达到一个更高的水平。

第二节 非关税壁垒措施

一、非关税壁垒措施概述

历史上关税壁垒曾是最重要的贸易限制手段。然而经过关贸总协定的一系列减税谈判，各缔约方的进口关税水平已经降到了较低的水平：工业发达国家为5%以下，发展中国家为10%左右。因此，贸易壁垒的重点已从关税壁垒转向非关税壁垒。

（一）非关税壁垒的含义及其产生

非关税壁垒是指除关税以外的一切限制进口的措施。在 WTO 规则体系中，主要包括进口配额、自动出口限制、技术性贸易壁垒等。

非关税壁垒的产生与各国摆脱经济危机有着密不可分的联系。20 世纪 30 年代发生了世界性经济危机，出现了超贸易保护主义，各国在纷纷提高进口关税的同时，也使用了以限制进口数量为主要形式的非关税壁垒。之后，在 1974 年～1975 年和 1980 年～1982 年两次世界性经济危机的冲击下，发达国家的贸易战愈演愈烈，竞相限制商品进口。但随着关贸总协定的建立，各缔约方受到关税减让谈判的约束，为了抵销关税大幅度下降带来的影响，各国纷纷将限制进口的手段从关税壁垒转向了非关税壁垒，把其作为限制进口的主要措施。出现了以非关税壁垒为主、关税壁垒为辅的局面。

其次，非关税壁垒也与各国经济水平的提高有着必然的联系。随着经济水平的提高，人们的生活水平也在不断提高，对食品卫生、产品安全、生态环境更加关注。各国相继出台相关法律用以规范本国产品及进口产品。特别是世界贸易组织对正当的"绿色贸易壁垒"持肯定态度。WTO 负责实施的《实施卫生与植物卫生措施协议》规定成员方政府有权采取措施，以国际标准为基础，如无国际标准或认为不合适时，可自行设立标准以保护人类与动植物的健康。但要非歧视地实施并保持透明度。

（二）非关税壁垒的特点

非关税壁垒和关税壁垒都有限制外国商品进口的作用，但相对于关税壁垒来说，非关税壁垒具有以下几个特点：

1. 具有更大的灵活性

一般来说，各国关税税率的制定必须通过立法程序，并要求具有一定的连续性，同时，在同等条件下关税还受到最惠国待遇条款的约束，从有协定的国家进口同种商品就适用同样的税率，因而较难在税率上做灵活性的调整。然而，非关税壁垒通常采用行政程序来制定和实施，程序和手续较为简便迅速，具有较大的灵活性。

2. 更能达到限制进口的目的

如果出口国采用出口补贴、倾销等办法来降低出口商品成本和价格，则关税就难以起到限制商品进口的作用。但是，一些非关税壁垒（如进口配额制等）预先规定进口的数量和金额，就可以把超额的商品拒之门外，达到了关税无法达到的目的。

3. 更具隐蔽性

关税税率确定后，往往以法律形式公布于众，是公开透明的。但是，一些非关税壁垒往往不公开，或者规定极为繁琐复杂的标准和手续，使得出口商品往往由于不符合进口国的某项要求而不能进入进口国的国内市场销售，使得出口商难以适应和对付。

4. 更具针对性和歧视性

一些国家往往针对某个国家采取相应的限制性的非关税壁垒，结果，加强了非关税壁垒的差别性和歧视性。特别是目前掌握在发达国家手中的一些非关税壁垒，限制了发展中国家的主要产业，导致发展中国家原本符合公平竞争原则的比较优势消除殆尽，从而丧失其竞争力。因此，发达国家的产品比较容易进入发展中国家的市场，而发展中国家的产品却因难以达到发达国家的种种标准而受到歧视性待遇，常常被拒之门外。

综上所述，非关税壁垒在限制进口方面比关税壁垒更有效、更隐蔽、更灵活和更有歧视性。正由于这些特点，非关税壁垒取代关税壁垒成为贸易保护主义的主要手段，有其客观必然性。

（三）非关税壁垒的作用

西方发达国家的贸易政策越来越把非关税壁垒作为实现其政策目标的主要工具。对他们来说，非关税壁垒的作用主要表现在三个方面：①作为防御性武器限制外国商品进口，用以保护国内陷入结构性危机的生产部门，或者保障国内垄断资产阶级能获得高额利润。②在国际贸易谈判中用作砝码，逼迫对方妥协让步，以争夺国际市场。③用作对其他国家实行贸易歧视的手段，甚至作为实现政治利益的手段。总之，发达国家设置非关税壁垒是为了保持其经济优势地位，继续维护不平等交换的国际格局。

必须承认，发展中国家同样也越来越广泛地使用着非关税壁垒措施。但与发达国家不同的是，发展中国家设置非关税壁垒的目的主要是：①限制非必需品进口，节省外汇；②限制外国进口品的强大竞争力，以保护民族工业和幼稚工业；③发展民族经济，以摆脱发达资本主义国家对本国经济的控制和剥削。发展中国家的经济发展水平与发达国家相距甚远,完全不在同一条起跑线上,因而设置非关税壁垒有其合理性和正当性。为此,关贸总协定在肯尼迪回合中新增了"贸易和发展"部分,并陆续给予发展中国家以更大的灵活性,允许其为维持基本需求和谋求优先发展而采取贸易措施。乌拉圭回合达成的《WTO规则》也对发展中国家使用非关税壁垒保护国内民族产业给予了一定的特殊安排。但总的说来,无论是过去的关贸总协定还是今天的世界贸易组织,对于发展中国家采取非关税措施保护国内民族产业都缺乏实质性的保护条款。

二、非关税壁垒的主要种类

从对进口限制的作用来分,非关税壁垒有直接和间接两大类。前者是指进口国直接对进口商品规定进口的数量和金额,以限制和迫使出口国直接按规定的出口数量和金额限制出口;后者是指进口国未直接规定进口商品的数量和金额,而是对进口商制定种种严格的限制条例,间接地影响和限制商品的进口。非关税壁垒名目繁多,其主要种类包括:

(一) 进口配额制

进口配额又称进口限额,是一国政府在一定时期内(如一年、半年或一季度),对于某些商品的进口数量或金额直接加以限制。在规定的期限内,配额以内的货物可以进口,超过配额的则不准进口或者征收较高的关税或罚款后才能进口。因此,进口配额制是限制进口数量的重要手段之一。进口配额制有绝对配额和关税配额两种形式。

1. 绝对配额

绝对配额是指在一定时期内,对某些商品的进口数量或金额规定一个最高限额,达到这个限额后便不准进口。绝对配额按照其实施方式的不同,又有全球配额、国别配额和进口商配额三种形式。

(1) 全球配额。全球配额又称总配额,是指对某种商品的进口规定一个总的限额,对来自任何国家或地区的商品一律适用。主管当局通常按进口商的申请先后或过去某一时期内的进口实际额发放配额,直至总配额发完为止,超过总配额就不准进口。

由于全球配额不限定进口国别或地区,因而进口商取得配额后可从任何国家或地区进口。这样,邻近国家或地区因地理位置接近、交通便捷、到货迅速,处于有利地位。这种情况使进口国家在限额的分配和利用上难以贯彻国别政策,因而不少国家转而采用国别配额。

(2) 国别配额。国别配额即在总配额内按国别或地区分配给固定的配额,超过规定的配额便不准进口。为了区分来自不同国家或地区的商品,在进口时进口商必须提交原产地证书。实行国别配额,进口国可根据它与有关国家或地区的政治经济关系分别给予不同的额度,以贯彻国别地区政策。按照配额的分配由单边决定还是多边协商,国别配额可以进一步分为自主配额和协议配额。①自主配额又称单方面配额,是由进口国自主地、单方面强制规定在一定时期内从某个国家或地区进口某种商品的配额,而不需征求输出国家的同意。②协议配额又称双边配额,是由进口和出口两国政府或民间团体之间通过协议来确定配额。协议配额如果是通过双方政府协议达成,一般需将配额在进口商或出口商中进行分配。如果是双边的民间团体达成的,应事先获得政府许可,方可执行。由于协议配额是双方协商决定的,因而较易执行。

（3）进口商配额。进口商配额是指一国把某些商品的进口配额直接分配给本国进口商，由他们按所获额度组织进口，超额不得进入的一种进口配额制。采用这种配额的国家，往往将配额优先给大的垄断商行，而中小商人很难得到。

2. 关税配额

关税配额是指对商品进口的绝对数额不加限制，而对在一定时期内，在规定配额以内的进口商品，给予低税、减税或免税的待遇，对超过配额的进口商品则征收较高的关税，或征收附加税甚至罚款。

关税配额按商品进口的来源，可分为全球性关税配额和国别关税配额；按征收关税的优惠性质，可分为优惠性关税配额和非优惠性关税配额。优惠性关税配额是对关税配额内进口的商品给予较大幅度的关税减让，甚至免税，超过配额的进口商品则征收原来的最惠国税率。欧共体在普惠制实施中所采取的关税配额就属此类。而非优惠性关税配额是对关税配额内进口的商品征收原来正常的进口税，一般按最惠国税率征收，对超过关税配额的部分征收较高的进口附加税或罚款。

关税配额与绝对配额的主要区别在于：绝对配额规定一个最高进口额度，超过就不准进口，而关税配额在商品进口超过规定的最高额度后，仍允许进口，只是超过部分被课以较高关税。可见，关税配额是一种将征收关税同进口配额结合在一起的限制进口的措施。两者的共同点是都以配额的形式出现，可以通过提供、扩大或缩小配额向贸易对方施加压力，使之成为贸易歧视的一种手段。

进口配额制作为数量限制的一种运用形式，受到了关贸总协定及世界贸易组织的反对。关贸总协定曾规定禁止数量限制条款，几乎把它放到与关税减让同等重要的地位。

（二）"自动"出口配额制

"自动"出口配额又称"自动"出口限制是指出口国或地区在进口国的要求和压力下，"自动"规定某一时期内（一般为3~5年）某些商品对该国的出口数量，在限定的配额内由出口国自行控制出口，超过配额即禁止出口。"自愿"出口配额带有明显的强制性。进口国往往以商品大量进口使其有关工业部门受到严重损害，造成所谓的"市场混乱"为理由，要求有关国家的出口"有秩序地增长"，"自动"限制商品出口，否则就单方面强制性地限制进口，在这种情况下，一些出口国不得不实行自愿出口限制。自动"出口配额"和绝对进口配额一样，都起到了限制商品进口的作用。

自动出口配额有两种形式：①非协定的自动出口配额，即不受国际协定的约束，而是出口国迫于进口国单方面的压力，自行规定出口配额，限制商品出口。出口商必须向有关机构申请配额，领取出口授权书或出口许可证才能输出。也有的是由本国大的出口厂商或协会"自动"控制出口。②协定的自动出口配额，即进出口国双方通过谈判签订"自限协定"或"有秩序的销售协定"，规定在协定的有效期内某些商品的出口配额。出口国应该根据配额实行出口许可证制或者出口配额签证制，自行限制这些商品的出口，进口国则根据海关统计进行检查。这是目前国际上广泛采用的一种方式。

（三）进口许可证制

进口许可证制是指一国政府规定某些商品的进口必须申领许可证，否则一律不准进口的制度。它实际上是进口国管理其进口贸易和控制进口的一种行政管理措施与直接干预。

进口许可证按其是否有配额，可分为有定额的进口许可证和无定额的进口许可证。

（1）有定额的进口许可证。进口国预先规定有关商品的进口配额，然后在配额的限度内，根据进口商的申请对每笔进口货物发给一定数量或金额的进口许可证，配额用完即停止发放。这是一种将进口配额与进口许可证相结合的管理进口的方法，通过进口许可证分配进口配额。若为自动出口限制，则由出口国颁发出口许可证来实施。

（2）无定额的进口许可证。这种许可证不与进口配额相结合，预先不公布进口配额，只是在个别考虑的基础上颁发有关商品的进口许可证。由于这种许可证的发放权完全由进口国主管部门掌握，没有公开的标准，给正常的国际贸易带来困难，起到更大的限制进口的作用。

进口许可证按照其进口限制程度，可分为公开一般许可证与特种进口许可证。

（1）公开一般许可证。公开一般许可证又称公开进口许可证、一般许可证或自动进口许可证。它对进口国别或地区没有限制，凡列明属于公开一般许可证的商品，进口商只要填写公开一般许可证后，即可获准进口。因此，这一类商品实际上是可"自由进口"的商品。

（2）特种进口许可证又称非自动进口许可证。进口商必须向政府有关当局提出申请，经政府有关当局逐笔审批后方能进口。特种进口许可证适用于特殊商品以及特定目的的申请，如烟、酒、麻醉物品、军火武器。大多数国家在使用这种许可证时，都指定进口国或地区。

（四）外汇管制

外汇管制是指一国政府通过法令对国际结算和外汇买卖加以限制，以平衡国际收支和维持本国货币汇价的一种制度。

一般而言，外汇管制的方式包括数量管制和汇率管制。

数量管制是对外汇买卖的数量实行限制和分配。通过集中外汇收入、控制外汇支出和外汇分配等办法来达到限制进口商品品种、数量和国别的目的。一些国家还规定进口商在进口商品时首先要获得进口许可证，才能向外汇银行购买所需外汇。

汇率管制是国家外汇管理机构利用外汇买卖成本差异间接影响不同商品进口的制度，其方法是实行复汇率制度，即进出口的不同商品采用不同的汇率，鼓励（适用优惠汇率）或限制（采用不利的汇率）不同的商品出口和进口。

具体到国际贸易来说，外汇管制主要包括以下两种。

（1）对出口外汇收入的管制。在出口外汇管制中，出口商必须把出口所得到的外汇收入按官方汇率卖给外汇管制机构，出口商在申请出口许可证时，要填明出口的价格、数量、结算货币、支付方式和支付期限，并交验信用证。最严格的外汇管制不允许出口商截留外汇收入。

（2）对进口外汇的管制。对进口外汇的管制通常表现为进口商只有得到外汇管制机构的批准，才能在指定银行购买一定数量的外汇。外汇管制机构根据进口许可证决定是否批准进口商的买汇申请。有些国家将进口批汇手续与进口许可证的颁发同时办理。

（五）进口押金制

进口押金制又称进口存款制，指进口商在进口商品时，必须预先按进口金额的一定比率，在规定的时间和指定的银行无息存储一笔现金的制度。这种制度影响了资金的周转，加重了进口商的资金负担，起到了限制进口的作用。例如，意大利政府从1974年5月到1975年3月曾对四百多种进口商品实行进口押金制度。它规定，无论进口商从什么国家进口商品，都必须预先向中央银行交纳相当于货值一半的现款押金，无息冻结半年。据估计，这项措施相当于征收5%以上的进口附加税。又比如巴西政府规定，进口商必须预先缴纳与合同金额相等的为期360天的存款才能进口。

进口押金制对进口的限制有很大的局限性。如果进口商以押款收据作担保，在货币市场上获得优惠利率贷款，或者国外出口商为了保证销路而愿意为进口商分担押金金额时，这种制度对进口的限制作用就微乎其微了。

（六）最低限价制和禁止进口

最低限价制是指一国政府规定某种进口商品的最低价格，凡进口商品的价格低于这个标准，就加征进口附加税或禁止进口。这样，一国便可有效地抵制低价商品进口或以此削弱进口商品的竞争力，保护本国市场。

禁止进口是进口限制的极端措施。当一国政府认为一般的限制已不足以解救国内市场受冲击的困境时，便直接颁布法令，公开禁止某些商品进口。

（七）国内税

国内税是指一国政府对本国境内生产、销售、使用或消费的商品所征收的各种税，如周转税、零售税、消费税、销售税和营业税等。任何国家对进口商品不仅要征收关税，还要征收各种国内税。

在征收国内税时，对国内外产品实行不同的征税方法和税率，以增加进口商品的纳税负担，削弱其与国内产品竞争的能力，从而达到限制进口的目的。办法之一是对国内产品和进口产品征收差距很大的消费税。例如，美国、日本和瑞士对进口酒精饮料的消费税都大于本国制品。

国内税的制定和执行完全属于一国政府甚至是地方政府的权限，通常不受贸易条约与协定的约束，因此，把国内税用作贸易限制的壁垒，会比关税更灵活和更隐蔽。

（八）进出口的国家垄断

进出口的国家垄断又称国营贸易，是指对外贸易中，某些商品的进出口由国家直接经营，或者把这些商品的经营权给予某些垄断组织。经营这些受国家专控或垄断的商品的企业，称为国营贸易企业。国营贸易企业一般为政府所有，但也有政府委托私人企业代办。

各国国家垄断的进出口商品主要有四大类。第一类是烟酒，由于可以从烟酒进出口垄断中取得巨大财政收入，各国一般都实行烟酒专卖。第二类是农产品，对农产品实行垄断经营，往往是一国农业政策的一部分，这在欧美国家最为突出。如美国农产品信贷公司，是世界上最大的农产品贸易垄断企业，对美国农产品国内市场价格能保持较高水平起了重要作用：当农产品价格低于支持价格时，该公司就按支持价格大量收购农产品，以维持价格水平，然后，以低价向国外倾销，或者"援助"缺粮国家。第三类是武器，它关系到国家安全与世界和平，自然要受到国家专控。第四类是石油，它是一国的经济命脉，因此，不仅出口国家，而且主要的石油进口国都设立了国营石油公司，对石油贸易进行垄断经营。

（九）歧视性政府采购政策

歧视性政府采购政策是指国家通过法令规定政府机构在采购商品时必须优先购买本国产品。这种法令实际上是歧视外国产品，起到了限制进口的作用。

美国从 1933 年开始实行，并于 1954 年和 1962 年两次修改的《购买美国货法案》是最为典型的政府采购政策。许多发达国家都有类似的制度。英国限定通信设备和电子计算机要向本国公司采购。日本有几个省规定，政府机构需用的办公设备、汽车、计算机、电缆、导线、机床等不得采购外国产品。

现在，许多国家已经逐步取消了类似的法令，但实际上很多国家政府采购时遵循尽可能不买进口货的原则，或在实际购买中也往往关注外国企业产品在政府采购国家的国产化比率。

1994 年在摩洛哥马拉喀什会议上，政府采购协议以诸边协议方式为乌拉圭回合谈判各方签署，成为世界贸易组织负责管辖协议的一部分。该协议的宗旨是确认政府采购在一定金额的基础上，实现贸易自由化。

（十）海关程序

海关程序是指进口货物通过海关的程序，一般包括申报、征税、查验及放行四个环节。

海关程序本来是正常的进口货物通关程序，但通过滥用却可以起到歧视和限制进口的作用，从而成为一种有效的、隐蔽的非关税壁垒措施，这可以体现在以下几个方面。

1. 海关对申报表格和单证作出严格要求

比如要求进口商出示商业发票、原产地证书、货运提单、保险单、进出口许可证、托运人报关清单等，缺少任何一种单证，或者任何一种单证不规范，都会使进口货物不能顺利通关。更有甚者，有些国家故意在表格、单证上做文章。比如法国强行规定所提交的单据必须是法文，有意给进口商制造麻烦，以此阻碍进口。

2. 通过商品归类提高税率

即海关武断地把进口商品归在税率高的税则项下，以增加进口商品关税负担，从而限制进口。例如，美国海关在对日本产卡车的驾驶室和底盘进行分类时，把它从"部件"类归到"装配车辆"类，其进口税率就相应地从 4% 提高到 25%。又如，美国对一般的打字机进口不征关税，但若将它归类为玩具打字机，则要开征 35% 的进口关税。

3. 通过海关估价制度限制进口

海关估价制度原本是海关为了征收关税而确定进口商品价格的制度，但在实践中它经常被用作一种限制进口的非关税壁垒措施。进口商品的价格可以有许多种确定办法：成交价，即货物出售给进口国后经调整的实付或应付价格；外国价，即进口商品在其出口国国内销售时的批发价；估算价，即由成本加利润推算出的价格等。不同计价方法得出的进口商品价格高低不同，有的还相距甚远。海关可以采用高估的方法进行估价，然后用征从价税的办法征收关税。这样一来，就可提高进口商品的应税税额，增加其关税负担，达到限制进口的目的。在各国专断的海关估价制度中，以"美国售价制"最为典型。

4. 从进口商品查验上限制进口

海关查验货物主要有两个目的：一是看单据是否相符，即报关单是否与合同批文、进口许可证、发票、装箱单等单证相符；二是看单货是否相符，即报关所报内容是否与实际进口货物相符。为了限制进口，查验的过程可以变得十分复杂。一些进口国家甚至改变进口关道，即让进口商品在海关人员少、仓库狭小、商品检验能力差的海关进口，拖长商品过关时间。例如，1982年10月，为了限制日本等主要出口国向法国出口录像机，法国政府规定所有录像机进口必须到普瓦蒂埃海关接受检查，同时还规定了特别繁杂的海关手续，对所有伴随文件都要彻底检查，每个包装箱都要打开，认真校对录像机序号，查看使用说明书是否法文，检查是否所报原产地生产等。普瓦蒂埃是个距法国北部港口几百英里的内地小镇，海关人员很少，仓库狭小，难以对付大量堆积如山的待进口的录像机。原先一卡车录像机一个上午就可以检查完，而在普瓦蒂埃却要花2~3个月，结果严重地限制了录像机进入法国市场。进口量从原来的每月6.4万多台下降至每月不足1万台。也有的海关，对有淡旺季的进口商品进行旷日持久的检查，故意拖延其销售季节，从而限制了进口。

（十一）技术性贸易壁垒

技术性贸易壁垒是指一国以维护国家安全、保障人民健康和安全、保护动植物生命和健康、保护生态环境，或防止欺诈行为、保证产品质量等为理由，对进口产品制定一些复杂、苛刻且经常变化的强制性或非强制性的技术性措施，如技术标准与法规、合格评定程序、卫生检疫、商品包装和标签规定、绿色壁垒等，增加进口的难度，最终达到限制外国商品进入，保护市场的目的。

技术性贸易壁垒有狭义和广义之分。狭义的技术性贸易壁垒是指世界贸易组织《技术性贸易壁垒协议》中规定的技术法规或技术标准，及在检验商品是否符合这些技术法规或技术标准的认证、审批程序中形成的不合理的贸易障碍。广义的技术性贸易壁垒是指所有影响贸易的技术性措施，它不仅包括《技术性贸易壁垒协议》的内容，还包括世界贸易组织《实施卫生与植物卫生措施协议》、《知识产权协议》、《服务贸易总协定》中的有关动植物卫生检疫规定和信息技术壁垒等内容。

1. 苛刻复杂的技术法规和技术标准

技术标准主要包括生产标准、实验与检验方法标准、安全卫生标准等。具有公认机构批准的、非强制执行的特点。而技术法规是指必须强制执行的有关产品特性或其相关工艺和生产方法的法律规定。在国际贸易中，发达国家是国际标准和法规的制定者，而发展中国家往往是执行者。发达国家凭借他们在技术上的优势，制定较高的技术标准，而且这些标准经常变化，使得发展中国家的出口厂商要么无从知晓、无所适从，要么为迎合其标准付出较高的成本，从而失去产品在国际市场上的竞争力。合格评定程序是指任何用于直接或间接确定产品或服务、生产与管理体系是否符合技术法规或标准有关要求的程序。由于各国依据的标准不同，质量认证与合格评定的内容不同，认证机构资格确认不同，往往成为限制进口的主要障碍。

随着人类对生态环境的高度关注，主要发达国家还先后分别在空气、噪声、电磁波、废弃物等污染防治、化学品和农药管理、自然资源和动植物保护等方面制定了多项法律法规和许多产品的环境标准。如汽车尾气排放标准，纺织品有毒有害物质、偶氮染料标准，陶瓷铅镉含量标准，皮革的PCP残留量标准等。欧盟是目前世界上技术贸易壁垒最多、要求最严、保护程度最高的，其工业标准就不下 10 万种。进入欧盟市场的产品至少应该满足以下三个条件之一：一是符合欧洲标准 EN，取得欧洲标准化委员会 CEN 认证标志；二是取得欧盟安全认证标志 CE；三是取得 ISO9000 合格证书。不仅如此，欧盟成员国也有各自的标准。如德国就有自己的 1.5 万个标准。

WTO 要求成员国各级政府采用和实施的技术法规应符合《技术性贸易壁垒协议》的规定，除非基于气候、地理、技术条件等因素，各成员国应尽可能地采纳国际标准。当代最流行的国际体系认证有 ISO9000 质量管理体系认证和 ISO14000 环境管理体系认证。

2. 严格的卫生检疫制度

卫生检疫标准主要适用于农副产品及其制品。各国在卫生检疫方面的规定越来越严，对要求卫生检疫的商品也越来越多。如花生：日本、加拿大、英国等国要求花生黄曲霉素含量不超过百万分之二十，花生酱不超过百万分之十；茶叶：日本对茶叶农药残留量规定不超过百万分之零点二至零点五；陶瓷制品：美国、加拿大规定含铅量不得超过百万分之七，超过者不准进口。我国出口产品在卫生检疫规定面前频繁受阻。由于发展中国家经济发展水平与技术水平比较低，因而在使用卫生检疫措施作为限制进口手段方面还不具备条件。WTO《实施卫生与植物卫生措施协议》要求成员国要在非歧视的基础上，以科学为依据，参照国际标准制定与实施卫生与植物卫生措施，相关措施要公开、透明。

3. 严格的商品包装和标签的规定

商品包装和标签的规定适用范围很广。许多国家对在本国市场销售的商品订立了种种包装和标签的条例，这些规定内容繁杂、手续麻烦，出口商为了符合这些规定，不得不按规定重新包装和改换标签，费时费工，增加商品的成本，削弱了商品的竞争力。

十几年来，发达国家相继采取措施，大力发展绿色包装，主要是以立法的形式规定禁止使用某些包装材料，如含有铅和镉等成分的包装材料，没有达到特定的再循环比例的包装材料，不能再利用的容器等。许多国家还建立存储返还制度：啤酒、软性饮料和矿泉水一律使用可循环使用的容器。对生产和使用包装材料的厂家，根据其生产包装的原材料或使用的包装中是否全部或部分使用可以再循环的包装材料而给予免税、低税优惠或征收较高的税赋，以鼓励使用可再生资源。

（十二）环境标志

环境标志又称绿色标签，是由政府部门或公共、私人团体依据一定的环境标准颁发的图形标签，印制或粘贴在合格的商品及包装上，以此表明该产品不但质量符合标准，而且在生产、使用、消费、处理等全过程中，也符合环境要求，对生态环境、人体健康无损害。德国有"蓝色天使"标志，日本有"生态标志"，加拿大有"环境选择"标志，美国有"绿色标志"，欧盟有"环境标志"。全球通行的有 ISO14000 环境管理体系认证标志。

目前，美国、德国、日本、加拿大、挪威、瑞典、瑞士、法国、芬兰和澳大利亚等发达国家都已建立环境标志制度并朝着协调一致、相互承认的方向发展。环境标志已成为进入这些国家市场的通行证，没有环境标志的产品将受到数量和价格方面的限制。环境标志为发达国家市场形成了巨大的保护网，使发展中国家出口受到阻碍。发展中国家环保行动晚，环保水平低，不可能在短时期内提高环保标准，发达国家则以此限制或禁止进口发展中国家的产品。

三、非关税壁垒对国际贸易的影响

非关税壁垒的保护作用较之关税壁垒更直接、更灵活、更有效,且在实践中又缺乏行之有效的国际监督和规范,因而成为各国日益广泛采用的限制进口措施。非关税壁垒问题已引起国际社会的普遍关注。非关税壁垒对国际贸易的影响是复杂的,简单来讲,主要体现在以下几点。

(一) 非关税壁垒对国际贸易的影响

1. 对国际贸易发展的影响

一般来说,非关税壁垒对国际贸易的发展起阻碍性作用。这与关税对国际贸易的影响异曲同工。在其他条件不变的情况下,世界性非关税壁垒的加强程度与国际贸易的发展速度呈反比关系。当非关税壁垒趋向加强,实施非关税壁垒措施的国家进口商品的数量将要减少,而且由于相互影响、相互作用的结果,国际贸易的发展速度将趋向减缓。例如,第二次世界大战以后的50年代到70年代初,在关税大幅度下降的同时,发达资本主义国家还大幅度地放宽或取消进口数量限制等非关税壁垒措施,因而在一定程度上促进了国际贸易的发展。1950～1973年间,国际贸易额年平均增长率为10.3%,国际贸易量年平均增长率为7.2%。70年代中期以后,非关税壁垒不断加强,各种各样的非关税壁垒严重地束缚了国际贸易的发展。1973～1979年间,国际贸易额年平均增长率虽高达18.9%,但剔除高通货膨胀率的影响,国际贸易量年平均增长率却仅为4.5%,1980～1985年间的增长率更降为3%左右。

2. 对国际贸易商品结构和地理方向的影响

非关税壁垒在一定程度上影响国际贸易商品结构和地理方向的变化。第二次世界大战以后,特别是70年代中期以来,不断加强的非关税壁垒对农产品贸易的影响程度超过工业制成品贸易;对劳动密集型产品贸易的影响程度超过技术密集型产品贸易;发展中国家对外贸易受到发达资本主义国家的影响程度超过发达资本主义国家之间的贸易。这种差异决定了国际商品的结构和地理方向的变化,并阻碍和损害了发展中国家和社会主义国家对外贸易的发展。同时,发达资本主义国家之间以及不同的经济集团之间相互加强非关税壁垒,限制商品的进口,也加剧了他们之间的贸易摩擦和冲突。

(二) 非关税壁垒对进口国的影响

一国采取非关税壁垒措施限制进口,将使进口商品的供应量减少,在其他条件不变的情况下,也将引起进口商品价格的上涨,国内相同产品的价格也随之而提高。例如,美国通过"自限协定"限制日本汽车的进口,结果在美国市场上日本汽车价格在1981～1983年间分别提高了185美元、359美元和831美元,美国国内生产的汽车价格也随之上涨了。

一般来说,在一定的条件下,进口数量限制对价格的影响程度是不同的。进口国的国内需求量越大,外国商品进口限制的程度越大,其国内市场价格上涨的幅度将越大;进口国国内需求弹性越大或国内供给弹性越大,其国内市场价格上涨的幅度将越小。

进口数量限制等措施导致价格的上涨,成为进口国同类产品生产的"价格保护伞",在一定条件下起到保护和促进本国有关产品生产和市场的作用。但是,由于国内价格上涨,使得进口国消费者的支出增加,蒙受损失,而有关厂商,特别是资本主义的垄断组织从中获得高额利润。同时,随着国内市场价格上涨,其出口商品成本与价格也将相应提高,削弱出口商品竞争能力。为了扩大出口,国家采取出口补贴等措施来鼓励出口,这将增加国家预算支出,加重税赋负担。

（三）非关税壁垒对出口国的影响

一般来说,进口国加强非关税壁垒,特别是实行直接的进口数量限制,将使出口国商品的出口数量和价格受到负面的影响,造成出口数量减少,出口增长率下降。

由于各出口国的经济结构和出口商品结构不同,各种出口商品的供给弹性不同,其出口商品受到非关税壁垒措施的影响也不同。通常,发展中国家或地区出口商品的供给弹性较小,发达国家出口商品的供给弹性较大,因而,发展中国家或地区蒙受非关税壁垒限制的损失超过发达国家。

一些国家还利用非关税壁垒实行歧视性待遇,使得各出口国受到不同的影响。例如,一国实行绝对进口配额,由于进口配额的方式不同,对各出口国的情况也将不同。如果进口国对某种商品实行全球配额,则进口国的邻近出口国就处于较有利的地位,可能增加该种商品的出口,而距离较远的国家就可能减少该种商品的出口。由于绝大部分的技术标准由发达国家掌控,因此,一旦颁布实施,它们就会成为发展中国家相关产品出口的阻力,有时成为它们实施歧视性待遇的借口,影响发达国家与发展中国家国际贸易的顺利开展,加剧国家之间的贸易摩擦和矛盾。

第三节 出口鼓励措施

许多国家实施保护贸易政策的时候,常常利用关税措施或非关税措施对外国商品的进口进行限制与调节;另一方面,亦会采取各种鼓励出口的措施,以扩大本国商品的出口。

一、出口补贴

出口补贴又称出口津贴是指一国政府为了降低出口商品的价格,增强其在国际市场的竞争力,在某种商品出口时给予出口商的现金补贴或财政上的优惠待遇。尽管出口补贴违反世贸组织的精神,被指责为"不公平竞争",但许多国家仍以隐蔽或不隐蔽的形式提供出口补贴。

（一）出口补贴的方式

1. 直接补贴

直接补贴是指政府在商品出口时,直接给予出口商的现金补贴,主要来自财政拨款。其目的是为了弥补出口商品国内价格高于国际市场价格所带来的亏损,或者补偿出口商所获利润率低于国内利润率所造成的损失。第二次世界大战后美国和一些西欧国家对某些农产品的出口,就给予这种补贴。

直接补贴包括价格补贴和收入补贴两种形式。价格补贴是政府或其专门设立的机构根据出口商品的数量或价值直接给予的现金补贴,如每出口一数量单位或单位价值的商品,政府补贴一些现金的做法。价格补贴也可以采取补贴差价的方式。收入补贴主要指政府或专门设立的机构对出口亏损企业进行补贴或补偿。这种做法非常少见,如中国改革开放之前,政府对外贸企业发生的亏损全部承担。

2. 间接补贴

间接补贴是指政府对某些商品的出口给予财政上的优惠,以降低出口商品的成本,提高其价格竞争力,以便更有效地打进国际市场。财政性优惠包括退还或减免出口商品所缴纳的销售税、消费税、增值税、所得税等国内税;对进口原料或半制成品加工再出口给予暂时免税或退还已缴纳的进口税等。其他方面的优惠包括向出口厂商提供低价和快捷的运输、低廉的仓储费用和保险费用等。出口退税是世贸组织认可的一种出口激励手段。这是因为,出口商品在国内被征税以后,并没有在本国消费,在出口到进口国以后,又普遍面临着被再次征税。同时各国原料进口税率高低不等,使得使用进口原料的出口商品的比较利益因关税不同而发生扭曲。为了避免重复征税和消除这种比较利益的扭曲,各国对于出口退税这种出口鼓励措施都持一种认可的态度。当然,如果退税超过了一定范围,超过部分则被视为出口补贴。

(二)出口补贴的经济效应

现假定实施出口补贴的是一个出口量甚微的贸易小国,补贴的形式是现金补贴,该国只是价格的接受者,出口补贴不会影响国际市场价格。在这种情况下,补贴额由出口国转移到了进口国,出口补贴受益最大的是进口国消费者,而受损失的是出口国消费者和进口国的生产者,也就是说,出口国的财政补贴实际上补贴了进口国消费者的消费。如果某商品的进口国对出口国征收相当于补贴额的反补贴税,那么,出口国的财政补贴就会转化为进口国的财政收入。由此可见,出口补贴恶化了出口国的贸易条件。

如果出口国是一个贸易大国,其出口补贴对其国内价格、生产、消费以及社会利益是同质的,只是程度不同。这是因为,由于该国是个贸易大国,其出口量占世界出口量比重很大,如果该国因出口补贴而使出口量超过自由贸易时的出口量,就会使国际市场价格下跌。这样出口补贴就转移到国外,同时,出口价格的下跌还使得该国贸易条件恶化。此外,由于该国扩大出口,压低了国际市场价格,替代了未受补贴产品的生产和销售,使进口国和其他出口国的生产者受到了不同程度的损害。

(三)禁止使用的出口补贴

乌拉圭回合谈判中达成的《补贴与反补贴协议》规定除农产品外任何出口产品的下列补贴,均属于禁止使用的出口补贴:

(1)政府根据出口实际对某一公司或生产企业提供的直接补贴。

(2)外汇留成制度或任何包含奖励出口的类似做法。

(3)政府对出口货物的国内运输的运费提供了比国内货物更为优惠的条件。

(4)政府为出口产品生产所需的产品和劳务提供优惠的条件。

(5)政府对出口企业的产品全部或部分免除、退还或延迟缴纳直接税或社会福利税。

(6)政府对出口产品或出口经营,在征收直接税的基础上,对出口企业给予的特别减让超过对国内消费的产品所给予的减让。

（7）对出口产品生产和销售的间接税的免除和退还，超过用于国内消费的同类产品的生产和销售的间接税的免除和退还。

（8）对于被结合到出口产品上的货物的先期积累间接税给予免除、退还或延迟支付，仍属于出口补贴之列。

（9）超额退还已结合到出口产品上的进口产品的进口税。

（10）政府或由政府控制的机构所提供的出口信贷担保或保险的费率水平极低，致该机构不能弥补其长期经营费用或造成亏本。

（11）各国政府或政府控制的机构以低于国际资本市场利率提供出口信贷，或政府代为支付信贷费用。

（12）公共利益的目的而开支的项目，构成了总协定第16条意义上的出口补贴。

二、出口信贷

（一）出口信贷的含义

出口信贷是指出口国政府为了鼓励商品出口，通过官方金融机构或商业银行，以优惠利率向本国出口商、进口方银行或进口商提供的贷款。

（二）出口信贷的特点

第一，出口信贷是提供固定利率的贷款，受官方资助，属信用贷款，有利于保护借款人免受市场利率波动的风险。

第二，出口信贷的贷款金额，通常只占买卖合同金额的85%，其余10%~20%由进口商先支付现汇。

第三，出口信贷的发放与出口信贷保险或担保相结合，以避免或减少信贷风险。出口信贷的提供往往同时需要向信用保险机构投保并得到国家信用担保，所以出口信贷不仅融资条件优惠，而且有规避风险的预期保证。

第四，属于限制性贷款，即贷款必须用于购买出口国的资本货物，主要是大型成套设备，且第三国制造的部分不能超过一定的百分比。

（三）出口信贷的种类

1. 按时间长短划分

（1）短期信贷一般指180天以内的信贷，有的国家规定信贷期限为1年。主要适用于原料、消费品及小型机器设备的出口。

（2）中期信贷一般指为期1~5年的信贷。主要适用于中型机器设备的出口。

（3）长期贷款一般指5~10年，甚至更长时间的信贷。主要适用于大型成套设备与船舶等商品的出口。

2. 按贷款对象划分

（1）卖方信贷是出口方的出口信贷机构或商业银行向本国出口商（即卖方）提供的低利率贷款。这种贷款协议由出口商与银行签订。

在国际贸易中，出口商与进口商的交易如果涉及金额较大的商品贸易时（如机器设备、船舶等的出口），进口商一般要求采用延期付款或长期分期付款的办法来支付货款，并经常把其作为成交的一个条件。但此类付款方式实际上在一定时间里占用了出口厂商的资金，从而会影响到出口商的资金周转乃至正常经营。在这种情况下，就需要出口国银行对出口商提供信贷资金，卖方信贷便应运而生。因此，卖方信贷实际是指出口地的信贷机构或商业银行直接资助本国出口商向外国进口商提供延期付款，以促进商品出口的一种方式。

卖方信贷对进出口商有利也有弊。对出口商来说，卖方信贷使其获得了急需的周转资金，有利于其业务活动的正常开展。但是在其资产负债表上会反映出相应的负债和应收账款，这不利于出口商的形象和以后的筹资，同时需承担汇率风险和利率风险。对进口商来说，虽然这种做法比较简便，便利了进口贸易活动，但却使支付的商品价格明显提高。因为出口商报价时，除出口商品的成本和利润外，还要把从银行借款的利息和费用以及外汇风险的补偿加在货价内。因此，利用卖方信贷进口的成本和费用较高。

（2）买方信贷是出口方银行直接向外国的进口商（即买方）或进口方的银行提供的贷款。其附带条件就是贷款必须用于购买债权国的商品，以此促进出口，因此也称为约束性贷款。

买方信贷有两种方式：一种是出口国贷款银行直接与国外买方签订贷款协议，直接贷款给进口商，这时，进口厂商先用本身的资金，以即期付款方式向出口厂商缴纳买卖合同金额15%～20%的订金，其余货款以即期付款的方式将银行提供的贷款付给出口厂商，然后按贷款协议所规定的条件，向供款银行还本付息；另一种是由出口国贷款银行与进口商银行签订贷款协议，进口方银行以即期付款的方式代进口厂商支付相应的货款，并按贷款协议规定的条件向供款银行归还贷款和利息。至于进口厂商与本国银行的债务关系，则按双方商定的办法在国内结算清偿。

买方信贷不仅使出口商可以较快地得到货款，便于其资金周转，又避免了风险，同时不会增加其负债和应收账款；而且进口商对货价以外的费用比较清楚，便于其与出口商进行讨价还价。因此，这种方法在出口信贷中比较流行。

由于出口信贷方式能有力地扩大和促进出口，因此各国一般都设立专门银行来办理此项业务。例如，美国的"进出口银行"、日本的"输出入银行"和法国的"对外贸易银行"等，除对成套设备、大型交通工具等商品提供出口信贷外，还向本国私人商业银行提供低利率贷款或给予贷款补贴，以资助其出口信贷业务。我国1994年成立专门的政策性银行——中国进出口银行来办理出口信贷业务。

三、出口信贷国家担保制

出口信贷国家担保制是指一国为了鼓励出口，对于本国出口商或银行向外国进口商或银行提供的贷款，由国家的专门机构出面担保的一种制度。在外国债务人拒绝付款时，国家担保机构按照承保的金额给予补偿。

出口信贷国家担保制的主要内容如下：

（一）担保的项目与金额

国家机构担保的项目，通常是商业保险公司不承保的出口风险项目。这种出口风险主要是政治风险和经济风险两类。政治风险主要出于进口国发生政变、革命、暴乱、战争，以及政府实行禁运、冻结资金或限制对外支付等政治原因所造成的损失，可给予补偿。这种风险的承保金额一般为合同金额的85%~95%。经济风险主要是由于进口商或借款银行破产倒闭无力偿付,或货币贬值、通货膨胀等经济原因所造成的损失,可给予补偿。这种风险的担保金额一般为合同金额的70%~80%,为了扩大出口,有时对于某些出口项目的承保金额甚至达到100%。

（二）担保对象

出口信贷国家担保制的担保对象是出口商和出口银行。

出口商为出口商品向出口银行申请融资时,可向国家担保机构申请担保。官方担保机构本身不提供出口信贷,但可以为出口商从其他商业金融机构取得出口信贷提供便利条件。通常出口银行所提供的出口信贷均可申请担保,这种担保是担保机构直接对提供贷款的银行承担的一种责任。

四、商品倾销

商品倾销是指一些国家的大企业在控制国内市场的条件下,以低于国内市场的价格,甚至低于商品生产成本的价格,在国外市场抛售商品,打击竞争者以占领市场。

商品倾销通常由私人企业进行,但是随着国家对经济介入的程度不断加深,一些国家设立专门机构直接对外进行商品倾销。例如美国政府设立的农产品信贷公司,实施价格支持政策,以高价在国内收购过剩的农产品,而按照比国内低一半的价格在国外倾销农产品。

发达国家的大企业倾销商品可能会使利润暂时减少甚至亏本。它们一般采用如下办法取得补偿:在贸易壁垒的保护下,用维持国内市场上的垄断高价或压低工人的工资等办法,榨取高额利润,以补偿出口亏损;国家提供出口补贴以补偿企业倾销时的亏损;大企业在国外市场进行倾销,打垮了国外竞争者,占领国外市场后,再抬高价格,攫取高额利润,弥补过去的损失。

五、外汇倾销

外汇倾销是指一国利用本国货币对外贬值的机会来扩大出口,限制进口的一种措施。倾销行为可通过汇率变动政策来实现。这是因为,汇率是联系国内外价格的桥梁,汇率变动直接影响进出口产品的价格。当本币对外贬值后,出口商品用外国货币表示的价格就会降低,从而提高了商品的竞争能力,有利于扩大出口。本币对外贬值,还会使外国商品在本国市场的价格上涨,从而限制了进口。所以,一国货币对外贬值能够起到促进出口和限制进口的双重作用。

但是,外汇倾销并不能无限制和无条件地进行。外汇倾销对出口的促进作用受诸多因素的制约。首先,货币贬值迟早会引起国内价格的上涨,当国内价格上涨的程度超过货币对外贬值的程度时,外汇倾销的条件就不存在了;其次,如果其他国家也实行同幅度的货币贬值或采取提高关税等其他报复性的措施,外汇倾销的作用也将被抵消;第三,受出口商品供给和进口需求弹性的限制,如果外汇倾销创造了外国的进口需求,但本国厂商生产能力有限,不能相应地增加供给,外汇倾销就达不到目的,如果"倾销"的商品外国需求收入弹性及需求价格弹性低,降低价格并不能大量增加需求,则外汇倾销也难以扩大出口;第四,受出口生产结构的影响,如果出口生产中使用的进口原材料、中间部件比例较高,则外汇贬值会提高进口成本,抵销外汇倾销的促进作用,这对进料加工影响较大,但对来料加工没有影响。

六、促进出口的行政组织措施

第一,设立专门机构。政府成立专门的机构来从事推动出口的工作。它们既研究和确定有关的贸易战略与策略,又进行有针对性的实际工作。如:向出口企业提供商业信息和国外市场情报方面的服务。

第二,组织贸易中心和贸易展览会。贸易中心是永久性设施。在贸易中心内提供陈列展览场所、办公地点和咨询服务等。贸易展览会是流动的展出,许多国家都十分重视这项工作。有些国家一年组织15~20次国外商品展出,费用由政府补贴。

第三,组织贸易代表团出访和接待来访。许多国家为了发展对外贸易,经常组织贸易代表团出访,其出国的费用大部分是政府津贴。许多国家设立专门机构来接待来访团体,如英国海外贸易委员会设有接待处,专门接待官方代表团,并协助公司、社会团体等来访工商界从事贸易活动。

第四,对出口厂商的鼓励。各国政府对出口成绩显著的企业给予各种奖励的做法日益盛行,经常组织出口商的评奖活动,由国家授予奖章和奖状,鼓励它们对本国经济特别是国际收支平衡做出的贡献。

第四节 出口管制措施

一、出口管制的含义

出口管制是指国家通过法令和各种经济或行政措施,对本国出口贸易实行管理和控制。一般来讲,世界各国都会努力扩大商品出口,积极参与国际贸易活动。然而,出于国家安全、对外政策、履行国际义务和经济利益的考虑,各国都会限制和禁止某些战略性商品和高科技产品等重要商品输往国外。这些出口管制措施有的由各国单独采取,称为单边出口管制;有的是由一些国家联合进行,共同实行出口管制,称为多边出口管制。

二、出口管制的主要商品类型

需要实行出口管制的商品主要有以下四类。

(1)战略物资及有关的尖端技术和先进技术资料,如飞机、先进的电子计算机和通信设备等。各国尤其是发达国家控制这类物资出口的措施十分严厉,主要是从国家安全、军事防务、保持科技领先地位和经济竞争优势的需要出发,特别防止这类物资和技术流入政治制度对立或政治关系紧张的国家。

（2）国内紧缺的物资，即国内生产所急需的原材料、半成品以及国内明显供不应求的重要必需品。限制这些商品自由流往国外，主要是为了避免国内市场失衡和经济动荡。

（3）历史文物和艺术珍品。各国出于保护本国文化艺术遗产和弘扬民族精神的需要，一般都要禁止该类商品的输出，即使可以输出的，也实行较严格的管理。大多数国家规定要特许出口。

（4）国际市场上属大宗出口商品和据主导地位的重要商品。限制这些商品出口，是为了防止其国际价格大起大落，既严重损害自身的经济利益，又容易引发国际市场甚至世界经济的震荡。实施主体多为发展中国家。如：石油输出国组织、铜出口国政府间委员会、铁矿砂出口国协会、国际铝土协会、钨生产者协会等。

三、出口管制的主要措施

（1）出口国家专营。要求对出口管制商品的出口由国家指定的专门机构或由国营机构直接经营。专营出口的商品一般限于一些敏感性商品的出口，如石油及石油制品、粮食和武器等。

（2）征收出口关税。政府对出口限制范围内的商品根据限制程度征收高低不等的出口税，提高成本，削弱其在国际市场上的价格竞争力，达到减少出口的目的。

（3）实行出口配额制。配额是一种直接的限制措施，在出口限额内，政府对出口商品发放许可证或少征甚至不征出口税，超过这一出口限额，政府就不再对该商品的出口发放许可证或征收高额的出口关税。出口配额制往往和出口许可证同时使用，既可以确定商品出口的规模和方向，又可以具体控制数量和价格。

（4）实行出口许可证制度。国家规定对属于出口限制的商品的出口必须征得政府的许可，在申请领到出口许可证后海关才予以放行。出口许可证是一种直接管制措施，管制效果快速、明显，能有效地控制出口商品的国别、地区和价格、数量，是目前使用得最广泛的出口限制措施之一。

（5）禁止出口是一国政府在一定时期对其国内某些产品实施出口管制和禁止输出。被禁止出口的产品往往是一国的战略物资或国内供应短缺的物资。多半属于一种经济上的自我解困行为，并不针对特定贸易伙伴，因此一般只禁止本国厂商出口，并不限制进口。

（6）贸易禁运。一些国家为了制裁其敌对国家而实行的贸易控制措施，属于一种"商战"行为，带有鲜明的政治目的，往往针对某个或某几个国家而设置。所禁止的不仅是出口，同时还禁止从这些国家进口，其目的在于通过贸易禁运打击受制裁国家或敌对国家的经济。

四、出口管制的形式

（一）单方面出口管制

单方面出口管制是指一国政府根据本国的出口管制法案，设立专门的执行机构对本国某些商品出口进行审批和颁发出口许可证，实行出口管制。

(二) 多边出口管制

多边出口管制是指几个国家政府,通过一定的方式建立国际性的多边出口管制机构,商讨和编制多边出口管制货单和出口管制国别,规定出口管制的办法等,以协调彼此的出口管制政策和措施,达到共同的政治和经济目的。1949年成立、1994年宣布解散的巴黎统筹委员会,就是一个国际性多边出口管制机构,商讨对当时的社会主义阵营国家的出口管制问题。

第七章 Chapter 7
区域经济贸易一体化

第一节 区域经济贸易一体化概述

区域经济贸易一体化始于第二次世界大战后，20世纪50年代和60年代出现了大批经贸集团，70年代到80年代初期处于停顿状态，80年代后期又掀起世界范围经贸集团化的高潮。

一、区域经济一体化的概念

所谓区域经济一体化是指地理区域比较接近的两个或两个以上的国家之间实行的某种形式的经济联合，或组成的区域性经济组织。各成员国通过达成经济合作的某种承诺或签订条约、协议，建立超国家的决策和管理机构，制定共同的政策措施，实施共同的行为准则，规定较为具体的共同目标，实现成员国的产品甚至生产要素的本地区的自由流动。

二、区域经济一体化的形式

区域经济一体化包括不同的类型和不同的程度，无论从内容还是层次来看差异都很大，从不同角度考虑可以划分为不同的类型。

（一）按一体化的程度划分

1. 优惠贸易安排

优惠贸易安排是指在成员国间，通过协定或其他形式，对全部商品或一部分商品给予特别的关税优惠，也可能包含小部分商品完全免税的情况。这是经济一体化中最低级和最松散的一种形式，典型的有1932年英国与部分其旧时代的殖民地国家之间实行的英联邦特惠制，同时战后初建的东南亚国家联盟也属于此种类型。

2. 自由贸易区

自由贸易区是由签订有自由贸易协定的国家组成一个贸易区，在区内各成员国之间废除关税和进口数量限制，实现区内商品的完全自由流动，但每个成员国仍保留对非成员国的原有壁垒。这是一种区域内的自由贸易，其基本特点是用关税措施突出了成员国与非成员国之间的差别待遇。1960年成立的欧洲自由贸易联盟和1994年1月1日建立的北美自由贸易区就是典型的自由贸易区形式的区域经济一体化。

3. 关税同盟

关税同盟是指各成员国之间完全取消关税或其他壁垒，同时协调其相互之间的贸易政策，建立对外的统一关税。这是在自由贸易区的基础上又更进了一步，开始带有超国家的性质。它除了包括自由贸易区的基本内容外，而且成员国对同盟外的国家建立了共同的、统一的关税税率。世界上最早最著名的关税同盟是比利时、卢森堡和荷兰组成的关税同盟。比利时和卢森堡早在1920年就建立了关税同盟，第二次世界大战中，荷兰加入了比卢关税同盟，组成了比卢荷关税同盟。

4. 共同市场

共同市场是指除了在成员国内完全废除关税与数量限制并建立对非成员国的共同关税壁垒外，还取消了对生产要素流动的各自限制，允许劳动、资本等在成员国之间自由流动。

由上可见共同市场在关税同盟的基础上更进一步，即在服务贸易、资本流动和劳动力等生产要素上的自由化。服务贸易的自由化意味着成员国之间在运输、通信、咨询、金融、信息等服务类行业实行自由流动；资本的自由化意味着成员国的资本在成员国可以自由流通，投资更加自由化；而劳动力的自由化则意味着成员国的公民可以自由地选择在共同市场内任何一个国家工作而没有国籍等限制。欧洲经济共同体在20世纪80年代接近发展到这一水平。

5. 经济同盟

经济同盟与共同市场相比又进了一步，成员国之间不但实现商品和生产要素的自由流动，建立起对外的共同关税，而且制定和执行某些共同经济政策和社会政策，逐步废除政策方面的差异，形成一个庞大的经济实体。这些政策的制定权需要一部分转交给超国家机构统一管理，这意味着各成员方不仅让渡了关于内部经济的财政政策和货币政策、保持内部平衡的权利，也让渡了干预外部经济的汇率政策，维持外部平稳的权利。这些制度制定的让渡对共同体内部形成自由的市场经济，发挥"看不见的手"的作用是非常有意义的。如1991年已解散的经济互助委员会就属于这个类型。

6. 完全经济一体化

完全经济一体化是区域经济一体化的最高级形式。完全经济一体化不仅包括经济同盟的全部特点，而且各成员国还统一所有重大的经济政策，如财政政策、货币政策、福利政策、农业政策，以及有关贸易及生产要素流动的政策，并由其相应的机构执行共同的对外经济政策。这样，该集团相当于具备了完全的经济国家地位。

（二）按一体化的范围划分

按参加经济一体化的范围，可将区域经济一体化分为：

1. 部门一体化

部门一体化指区域内各成员国的一种或几种产业（或商品）的一体化，部门区域经济合作的范围很广，但不是每一个区域经济合作都包括所有的合作范围。一些区域只具备部分资源或条件，因此可以寻求与资源或条件丰富的区域开展部门经济合作。资源、行业、交通规划等方面的合作属于部门经济合作。如1952年建立的欧洲煤钢共同体与1958年建立的欧洲原子能共同体均属于此类。

2. 全盘一体化

全盘一体化指在政府的推动下，区域之间开展包括区域市场建设、要素区域配置、区域交通建设、区域金融合作、区域信息网络建设等全面的经济合作。区域基础设施建设、区域环境保护、区域政策法规制度建设等，均属于区域经济的全面合作。欧洲经济共同体（欧洲联盟）就属此类。

（三）按参加国的经济发展水平划分

按参加国的经济发展水平划分，可将经济一体化分为：

1. 水平一体化

水平一体化又称横向一体化，是由经济发展水平相同或接近的国家所形成的经济一体化形式，区域经济合作在合作各方经济发展水平相当、产业技术含量基本一致的基础上展开。从区域经济一体化的发展实践来看，现存的发达国家一体化大多数属于这种形式，如中美洲共同市场。

2. 垂直一体化

垂直一体化又称纵向一体化，是由经济发展水平不同的国家所形成的一体化。垂直型区域经济合作是与垂直区域分工模式相联系的合作类型，它是指合作各方在经济发展水平相差较大、技术差距明显的情况下，各参加方依照比较优势原则进行合作。该类型的合作主要发生在发达国家和发展中国家之间。如1994年的北美自由贸易区就属于这一种类。

三、区域经济一体化的特点

区域经济一体化实际上是一个超国家的组织，因为共同的利益组成各种形式的经济联合，并建立起相应的管理机构，共同制定行为准则，以实现成员国的产品、生产要素等在各国之间自由流动，以使成员国家间的资源配置更加优化，实现产业在更大范围（更多国家间）的专业分工，经济发展更加迅速，国际地位得以提高等。当然，区域经济一体化的成员国在得到一体化带来的好处的同时，也将放弃一部分国家主权，由一体化的管理机构来行使统一的超国家的经济干预与调节。区域经济一体化具有下面几个特点：

第一，区域经济一体化往往建立在各成员国地理位置相近、经济发展水平接近或具有互补性、文化背景相似，或有相同的社会政治体制等这些因素上，并慢慢地不断向周边和其他国家扩展。区域经济一体化的形成都是由易到难，最初多数都是从地理位置相近的国家开始，而往往这样的国家及其经济发展水平、文化背景等有很多相似性，避免了在达成一体化协议前的很多矛盾。随着区域合作逐渐成熟和合作深化，再逐步向周边和其他国家扩展。

第二，区域经济一体化实行"内外有别"的歧视性贸易政策。虽然各个区域经济一体化组织合作程度不同,但对区域内的成员,一体化组织的共同目标是逐步实现自由化,即全面降低关税或取消关税,取消关税壁垒,实现商品的自由流通,降低投资门槛,放宽投资限制,逐步实现投资自由化、人才流动自由化、资本流动自由化等。但是对区域外,则实行各种关税和关税壁垒,并利用各种贸易保护措施来限制和约束非成员国和其成员国的贸易往来,这违背了世界贸易组织下的非歧视性原则。

第三,区域经济一体化实际上是全球经济一体化的过渡阶段,因为在现阶段各国各地区发展还不平衡,各国各地区差距和差别还很大,区域经济一体化尝试先建立区域的多边机制,并以此为基础逐渐吸收周边的或有共同利益的国家和地区,从而以区域的经济一体化为跳板,并在全球的区域经济一体化走向成熟的基础上,顺利实现全球经济一体化。

第二节 区域经济贸易一体化的理论

区域经济一体化理论最早得追溯到欧洲联合的联邦主义思想。当时在欧洲联合进程中有着重要影响的思想主要是联邦和邦联。第二次世界大战结束后开始的欧洲一体化进程主要是按照联邦主义思想进行的。而从 20 世纪 50 年代开始,欧洲的联邦主义者很快在欧洲一体化进程中分裂成两种不同的学派:法制派和职能派。在煤钢共同体成立以后,职能派的思想占据主导地位,并且在 20 世纪 50 年代形成一种新职能学说,成为当时欧洲联合的主流思潮。随着欧洲联合进程的不断加快,西方其他一些发达国家也开始对区域经济一体化发展理论进行研究。20 世纪 50 年代,区域经济一体化的学术研究达到第一次高潮。区域经济一体化的传统主干理论的核心是关税同盟理论,后又出现了大市场理论以及协议性分工理论等,丰富了区域经济贸易一体化的理论。

一、关税同盟理论

对关税同盟理论研究最有影响的有美国经济学范纳(Jacok Viner)和李普西(K·G·Lipsey)。关税同盟理论主要是研究关税同盟形成后对内取消关税,对外设置共同关税对国际贸易产生的静态和动态效应。所以,按照范纳的关税同盟理论,完全形态的关税同盟应具备以下三个特征:①完全取消各成员国间的关税;②对来自成员国以外的国家和地区的进口设置统一的关税;③通过协商方式在成员国之间分配关税收入。这种自由贸易和保护贸易相结合的结构,使得关税同盟对整个世界经济福利的影响呈现双重性,即贸易创造和贸易转移并存。

(一)关税同盟的静态效应

所谓关税同盟的静态效应,是指假定在经济资源总量不变、技术条件没有改进的情况下,关税同盟对集团内外国家、经济发展以及物质福利的影响。关税同盟的静态效应主要是指贸易创造效应和贸易转移效应。

1. 贸易创造效应

贸易创造效应是指由于关税同盟内实行自由贸易后，产品从成本较高的国内生产转往成本较低的成员国生产，从而成员国的进口量增加，新的贸易得以"创造"。此外，一国由原先从同盟外国家的高价购买转而从结盟成员国的低价购买也属于贸易创造。

2. 贸易转移效应

假定缔结关税同盟前，关税同盟国不生产某种商品而采取自由贸易的立场，无税（或关税很低）地从世界上生产效率最高、成本最低的国家进口产品；关税同盟建立后，同盟成员国该产品转由同盟内生产效率最高的国家进口。如果同盟内生产效率最高的国家不是世界上生产效率最高的国家，则进口成本较同盟成立增加，消费开支扩大，会使同盟国的社会福利水平下降，这就是贸易转移效应。

3. 贸易创造及贸易转移效应的举例说明

现在假定在一定的固定汇率下，A 产品的货币价格在 X 国为 35 欧元，在 Y 国为 26 欧元，在 Z 国为 20 欧元；假定价格等于成本。随后，X、Y 国要达成关税同盟，互相取消关税，下面通过图 7-1、图 7-2、图 7-3 看看变化。

（1）贸易创造效应。在关税同盟建立之间，X 国为了保护本国 A 产品的生产企业，会实行高关税，至少 75% 及以上的关税才能阻止 Z 国的产品进口。假设是 100% 关税，那么 X 国就成功地阻碍了 Z 国的 A 产品，而同时 Y 国商品在如此高的关税情况下，也无法进入 X 国的市场。所以，X、Y、Z 之间没有 A 产品的进出口。

在关税同盟建立之后，X 国和 Y 国互相取消了关税。Y 国因 A 产品的价格低，会进入 X 国市场。Z 国不在同盟内部，无法享受关税取消的待遇，所以没有影响。因此，关税同盟建立后，X 国与 Y 国之间有了 A 产品的贸易，X 国也应以更低价格进口 A 产品而提高了福利，这就是贸易创造效应。

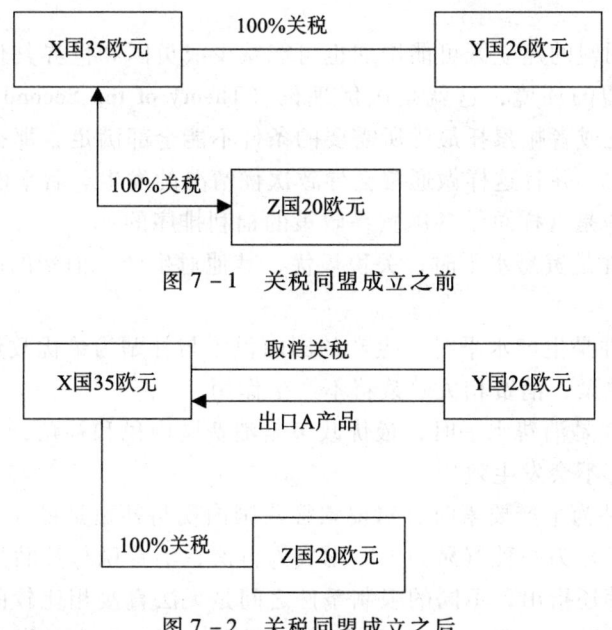

图 7-1　关税同盟成立之前

图 7-2　关税同盟成立之后

(2) 贸易转移效应。在 X 国、Y 国和 Z 国生产 A 产品所需成本不同的情况下，X 国实施自由贸易，不征收关税，那么关税同盟成立前后，会产生贸易转移效应。

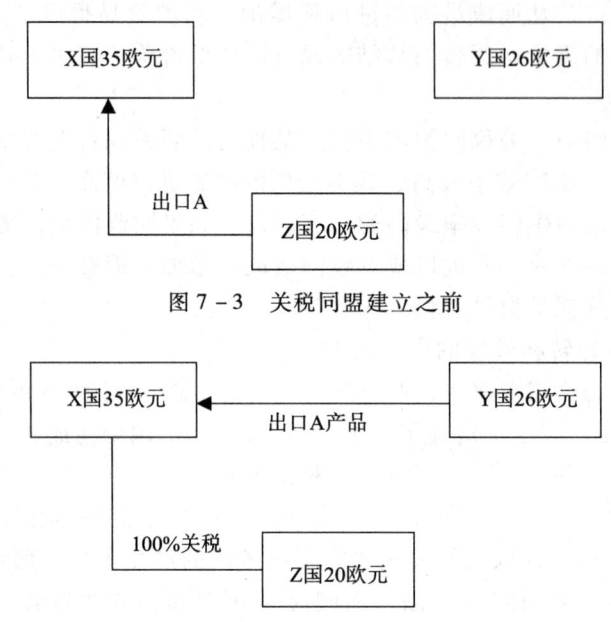

图 7-3 关税同盟建立之前

图 7-4 关税同盟建立之后

在关税同盟建立之前，X 国没有关税，会从价格较低的 Z 国进口 A 产品；而关税同盟建立之后，X 国与 Y 国没有关税，但是统一对非成员国 Z 征收 100% 关税之后，Z 国的价格优势消失，X 国将从 Y 国进口 A 产品，于是产生了贸易转移效果。

(二) 次优理论与关税同盟的其他静态效应

1. 次优理论

范纳认为关税同盟的建立既可能增加也可能减少成员国和世界其他国家的福利，而这取决于产生关税同盟的环境，这就是次优理论（Theory of the Second best）。这个理论认为，如果福利最大化或者帕累托最优所需要的条件不能全部满足，那么尽量满足尽可能多的条件是没有必要的，并且这样做通常会导致次优情况的发生。后来巴格瓦蒂在《扭曲和福利的一般理论》中是这样总结各国贸易政策的福利排序的：

(1) 当限制条件是贸易水平时，关税最优，其他对生产、消费的国内税和补贴为次优政策。

(2) 当限制条件是生产水平时，生产的国内税收与补贴为最优政策，关税或者要素国内税与补贴为次优政策，消费相关政策将不产生作用。

(3) 当限制条件是消费水平时，最优政策是消费国内税和补贴，关税将为次优，而生产的国内税与补贴都不会发生效用。

(4) 当限制条件为生产要素时，对要素征收国内税与补贴是最优政策，生产国内税与补贴为次优，而关税作为一种贸易的补贴则成为再次，消费税与补贴则根本没有作用了。

同时，巴格瓦蒂还指出，不同的限制条件之间是无法直接相比较的，这也符合次优理论的思想。次优理论进一步明确了干预的方向、手段、程度和有效性的界限，为贸易政策的制定和运用提供了一些启示：

（1）消除一种或数种贸易限制并不一定获得比原来更好的效果，重要的是贸易政策之间的协调，全面的改革来自局部的改革。

（2）自由放任不能对内生性扭曲有所作为，而过度的贸易干预将产生新的政策性扭曲。

（3）贸易政策工具的选择须以实际的综合效果为首要原则，因为针对具体的一种扭曲存在着政策排序的问题。

2. 关税同盟的其他静态福利效应

关税同盟的其他静态福利效应总结起来如下：

第一是关税同盟使得各成员国的海关人员、边境巡逻人员等减少而引起的行政费用的减少。

第二是贸易转移型关税同盟通过减少对同盟成员国之外的其他国家的进口需求和出口供给，有可能使同盟成员国共同的贸易条件得到改善。

第三是任何一个关税同盟，在国际贸易投票中以一个整体来行动，较之任何一个独立行动的国家来说，可能具有更强大的讨价还价的能力。

第四是关税同盟建立后，可减少走私。由于关税同盟的建立，商品可在同盟成员国之间自由移动，在同盟内消除了走私产生的根源，这样，不仅可以减少查禁走私的费用支出，还有助于提高全社会的道德水平。

（三）关税同盟产生的动态效应

所谓关税同盟的动态效应，是指关税同盟对成员国贸易以及经济增长的推动作用。关税同盟的动态效应表现在以下几个方面：

1. 规模经济效应

美国经济学家巴拉萨（B. Balassa）认为，关税同盟可以使生产厂商获得重大的内部与外部经济利益。内部规模经济主要来自对外贸易的增加，以及随之而来的生产规模的扩大和生产成本的降低；外部规模经济源于整个国民经济或一体化组织内的经济发展，某一部门的发展可能在许多方面带动其他部门的发展。同时区域性的经济合作还可导致区域内部市场的扩大，市场扩大势必带来各行业的相互促进。总之，关税同盟建立后，成员国国内市场向统一的大市场转换，自由市场扩大，从而使成员国获取贸易转移与规模经济效益。

2. 加强竞争

关税同盟的建立使成员国间的市场竞争加剧，专业化分工向深度和广度拓展，使生产要素和资源更加优化配置。同盟成立前，有部分生产者在高关税的保护下缺乏动力去降低成本、提高效率；但是同盟成立后，原来的市场垄断者不得不面对成员国国内更多的生产者的竞争，迫使他们提高效率、降低成本，增强竞争力。

3. 刺激投资

关税同盟对内取消了关税，实行生产要素的自由流动，扩大了市场规模，改善了投资环境。这样，它对成员国内部的投资者和外部非成员国的投资者都大大加强了投资吸引力。一方面，关税同盟成立后，成员国市场变成了统一大市场，企业为了提高竞争力，必须增加投资、更新设备、提高装备水平、改进产品质量，从而扩大了投资，另一方面，非成员国的企业为了避免贸易转移的消极影响，到成员国内进行直接投资建厂，就地生产、就地销售，以绕开关税壁垒，增加对了成员国的投资。

4. 促进了要素的自由流动

区域经济一体化的建立促进了区域内商品的自由流通，使生产要素趋于自由流动，资本和劳动力从边际生产力低的地区流向边际生产力高的地区，使生产要素配置更加合理，要素利用率提高，降低了要素闲置的可能性，从而使产量增加，提高了经济效益。

二、大市场理论

大市场理论是分析共同市场成立与效益的理论。共同市场比关税同盟又进了一步，共同市场把被保护主义分割的小市场统一起来，结成大市场，通过大市场内的激烈竞争，实现专业化、批量化生产等方面的利益。大市场理论的代表人物是德纽和西陶斯基。

大市场理论的提出者认为：以前各国之间推行狭隘的只顾本国利益的贸易保护政策，把市场分割得狭小而又缺乏适度的弹性，这样只能为本国生产厂商提供狭窄的市场，无法实现规模经济和大批量生产的利益；在共同市场或自由贸易条件下，会最终出现一种积极扩张的良性循环，即"产生大市场—向大量生产规模转换—生产成本下降—大量消费的增加—竞争进一步激化。"

大市场理论分析了共同市场的意义和作用，但仍不十分完善。第一，大市场理论强调扩大市场后出现的累积动态过程，不一定通过共同市场的形态才能完成。只要企业家大量引进先进技术，扩大生产规模，积极竞争，同样可以达到目的。第二，即使不组成共同市场，只要有世界性的自由贸易，也可取得大规模市场的各种利益。上述两点即大市场理论的缺陷之处。

三、协议性国际分工原理

协议性国际分工原理是由日本著名教授小岛清提出的。所谓协议性国际分工，是指一国放弃某种商品的生产并把国内市场提供给另一国，而另一国则放弃另外一种商品的生产并把国内市场提供给对方，即两国达成相互提供市场的协议，实行协议性国际分工。协议性分工不能指望通过价格机制自动地实现，而必须通过当事国的某种协议来加以实现，也就是通过经济一体化的制度把协议性分工组织化。如拉美中部共同市场统一产业政策，由国家间的计划决定的分工，就是典型的协议性国际分工。

（一）协议性国际分工理论的内容

协议性国际分工原理是建立在成本长期递减理论的基础上。国与国的分工方向并不是因为各自在生产某种产品上有比较优势，而是由于一体化范围内能够相互提供市场：首先进行分工，实现规模经济，导致分工商品成本递减，相互买到廉价的商品。

（二）协议性国际分工的条件

（1）必须是两个（或多个）国家的资本、劳动禀赋比率没有较大差别，工业化水平和经济发展阶段大致相等，协议性分工的对象商品在哪个国家都能进行生产。在这种状态之下，在互相竞争的各国之间扩大分工和贸易，既是关税同盟理论所说的贸易创造效果的目标，也是协议性国际分工理论目标。而在要素禀赋比率和发展阶段差距较大的国家之间，由于某个国家只能陷入单方面的完全专业化或比较成本差距很大，所以还是以比较优势原理为宜，并不需要建立协议性的国际分工。

（2）作为协议分工对象的商品，必须是能够获得规模经济的商品。因此产生出如下的差别，即规模经济的获得，在重化工业中最大，在轻工业中较小，而在第一产业几乎难以得利。

（3）不论对哪个国家，生产协议性分工的商品的利益都应该没有很大差别。也就是说，自己实行专业化的产业和让给对方的产业之间没有优劣之分，否则就不容易达成协议。这种利益或产业优劣主要取决于规模扩大后的成本降低率，随着分工而增加的需求量及其增长率。

上述三个条件表明，经济一体化更容易在同等发展阶段的国家之间建立，而发达国家可以进行协议性分工的商品范畴较广，因而利益也较大。

四、综合发展战略理论

综合发展战略理论对发展中国家经济一体化现象进行了阐述。综合发展战略理论认为，经济一体化是发展中国家的一种发展战略，要求有强有力的共同机构和政治意志来保护较不发达国家的优势。所以，有效的政府干预对于经济一体化是很重要，发展中国家的经济一体化是变革世界经济格局、建立国际经济新秩序的要素。

（一）综合发展战略理论的内容

综合发展战略理论的原则是经济一体化，是发展中国家的一种发展战略，它不限于市场的统一，也不必在一切情况下都寻求尽可能高的其他一体化形式。

两极分化是伴随一体化出现的一种特征，只能通过强有力的共同机构和政治意志制订系统的政策来避免。鉴于私营部门在发展中国家一体化进程中是导致其失败的重要原因之一，故有效的政府干预对于经济一体化的成功至关重要。

发展中国家的经济一体化是集体自力更生的手段和按新秩序逐渐改变世界经济的要素。

（二）发展中国家地区经济一体化的主要因素

1. 经济因素

（1）区域内经济发展水平及各国间经济发展水平的差异；

（2）各国间经济的相互依赖程度；

（3）新建经济区的最优利用情况，特别是资源与生产要素的互补性及其整体发展潜力；

（4）与第三国经济关系的性质，外国经济实体（如跨国公司）在特定经济集团中的地位。

2. 政治和机构因素

（1）各国间社会政治制度的差异；

（2）各国间有利于实现一体化的政治意志状况及稳定性；

（3）该集团对外政治关系模式；

(4) 共同机构的效率及其有利于集团共同利益的创造性活动的可能性。

(三) 制定经济一体化政策应注意的问题

(1) 各成员国的发展战略和经济政策应有利于经济一体化发展；
(2) 生产和基础设施是经济一体化的基本领域，集团内的贸易自由只应是这一进程的补充；
(3) 在形势允许时，经济一体化应包括尽可能多的经济和社会活动；
(4) 应特别重视通过区域工业化来加强相互依存性，并减少发展水平的差异；
(5) 通过协商来协调成员国利用外资的政策；
(6) 对较不发达成员国给予优惠待遇，以减轻一体化对成员国两极分化的影响。

(四) 综合发展战略理论的特点

综合发展战略理论相比于其他理论具有如下特点：
(1) 突破了以往经济一体化理论的研究方法，抛弃了用自由贸易和保护贸易理论来研究发展中国家的经济一体化进程，主张用与发展理论紧密相连的跨学科的研究方法，把一体化作为发展中国家的发展战略，不限于市场的统一。
(2) 充分考虑了发展中国家经济一体化过程中国内外的制约因素，把一体化当作发展中国家集体自力更生的手段和按新秩序变革世界经济的要素。
(3) 在制定经济一体化政策时，主张综合考虑政治、经济因素，强调经济一体化的基础生产及基础设施领域，必须有有效的政府干预。

第三节 区域经济贸易一体化的影响

因经济一体化的层次不同，其对成员之间产生的贸易和经济效应各有不同，对世界贸易的影响也不同，一般来讲，经济一体化程度越高，所产生的效应和影响越大。

一、区域经济一体化带来的积极影响

(一) 区域经济一体化的潜在效益

1. 自由贸易区与关税同盟

(1) 提高的生产率使按照比较优势的规律性提高专业化的水平成为可能。
(2) 由于较好地开发出规模经济的优势，使生产水平得以提高，进而使市场规模的扩大成为可能。
(3) 改进了国际谈判地位，使大规模地获得较好的国际贸易条件成为可能。
(4) 强化的竞争带来了经济效益的强制调整，加强了企业的融合与竞争。
(5) 技术进步引起生产要素的数量和质量的变化。

2. 共同市场和经济同盟

除获得以上经济一体化的潜在的经济效益，还可获得以下三种潜在的经济效益。

(1) 要素在成员之间跨境流动。
(2) 货币和财政政策的协调。
(3) 接近充分就业、高经济增长和良性收入分配成为统一的目标。

(二) 促进经贸集团内贸易的增长

在不同层次的众多经济一体化组织中，通过削减关税或免除关税，取消贸易的数量限制，削减非关税壁垒，形成区域性的统一市场；加上集团内国际分工向纵深发展，使经济相互依赖加深，致使成员国间的贸易环境比第三国市场好得多。从而使区域经贸集团内成员国间的贸易迅速增长，集团内部贸易在成员国对外贸易总额中所占比重提高。

(三) 加大经贸集团在世界贸易中的影响力

1. 提高谈判能力

经贸集团的建立，对成员国经济发展起到了一定的促进作用，联合起来的贸易集团其经济实力大大增强。以欧洲共同体为例，1958年建立关税同盟时，六个成员国工业生产不及美国的一半，黄金外汇储备仅为美国的55%，出口贸易与美国相近。但到1979年时，欧洲共同体九国国内生产总值已达23800亿美元，超过了美国的23480亿美元的国内生产总值，出口贸易额是美国的两倍以上，黄金储备是美国的六倍多。在关贸总协定和WTO的多边贸易谈判中，欧盟以集团身份与其他缔约方和成员方谈判，敢于同任何一个大国或贸易集团抗衡，达到维护自己贸易利益的目的。

2. 增强辐射能力

在世界经济一体化进程中，正在形成欧洲、北美、亚太三大贸易圈。在欧洲，以欧洲联盟为中心的贸易圈正在形成。欧洲联盟大市场的前景吸引了其他欧洲国家，"欧洲自由贸易协会"同欧洲联盟于1991年10月22日就建立"欧洲经济区"达成了协议。东南欧和独联体国家也积极谋求同欧盟建立联系，北欧和东欧一些国家已提出参加欧盟的申请，并获得欧盟的批准。

二、区域经济一体化的负面效应

(一) 出现贸易转移

区域经济一体化的安排增加了改革的可信度，因而成员内部的协商不像多边谈判那么麻烦，彼此产生了吸引力。这种安排如果设计得当，有可能通过提高地区经济一体化组织内生产商的效率来提高竞争力。同时，通过扩大对来自区域之外的生产资料和生活用品的需求来促进全球贸易。但是，支持贸易壁垒的区域性安排可能人为地把来自外部国家的进口供应转移给经贸集团内的国家，如果被排斥的外部供应厂商能够以更低的价格供应商品的话，就可能导致经贸集团参与者生产效率的下降。这种贸易转移可能会像国家壁垒一样不利于全球出口竞争。某些区域性安排中的"原产地条款"、用技术性检验和认证协议来保护经贸集团成员的措施，都有可能提高生产成本、降低竞争力，产生扼杀当地企业的后果。

(二) 对WTO构成挑战

在1947关贸总协定和1995年成立的WTO有关协定和协议中，对地区经济一体化的内部优惠采取例外，即不实施最惠国待遇条款。这实际上对非经贸集团成员构成了不平等待遇。在关税同盟建立后,成员国内厂商采购产品可能从高成本的集团内部进口,取代了成员外更低成本产品的进口,不利于世界性的资源合理配置,违背了 WTO 宗旨。此外,在关税同盟下,成员在关税统一过程中,决策机构会更多地而非更少地偏向保护或者干预。如欧盟的贸易政策制定具有"餐馆账单问题"的特点。

例如一批人去餐馆就餐,并分摊饭费。每个人都会想点他们平时吃饭时不会去点的高价菜肴,因为在某种程度上都会期待他人会负担部分费用。这种情况也出现在欧盟贸易政策的制定中。保护的代价由欧盟所有的消费者承担,与各个国家的国内生产总值成正比。生产商得到的好处与每个国家在欧盟中有关产品的生产份额成正比。如果欧盟内部大国能够使欧盟委员会在某一具体领域内提出保护主义的政策建议,所有的欧盟成员都将有一种愿望想使他们的一些产品也得到保护,势必加重贸易保护的普遍压力,对 WTO 的作用构成了严重的挑战。

这种情况也会出现在其他层次的区域经济一体化形式中。

第四节 区域经济贸易一体化的现状和趋势

一、区域经济贸易一体化的现状

区域经济贸易一体化在最近几年发展势头很快,成为国际经济领域里十分突出的现象,各种类型的区域经济贸易一体化组织遍布各地,对世界政治经济产生了多方面、多层次的影响。据世界贸易组织统计,截止到 2014 年,向该组织通报的区域经贸安排全球共有 275 个。

而我国在区域经济一体化进程中,速度也不容忽视。截止到 2015 年,中国已签署自贸协定 14 个,涉及 22 个国家和地区,分别是东盟、新加坡、巴基斯坦、新西兰、智利、秘鲁、哥斯达黎加、冰岛、瑞士、韩国和澳大利亚,另外还有内地与中国香港、澳门的更紧密经贸关系安排(CEPA),以及大陆与中国台湾的海峡两岸经济合作框架协议(ECFA)。正在谈判的自贸区有 8 个,包括与海湾合作委员会(GCC)、挪威、中日韩、"区域全面经济合作伙伴关系协定"(RCEP)、斯里兰卡、巴基斯坦自贸协定第二阶段谈判、马尔代夫和格鲁吉亚。此外,中国完成了与印度的区域贸易安排(RTA)联合研究;正与哥伦比亚等开展自贸区联合可行性研究;还加入了"亚太贸易协定"。

二、当代主要区域经济一体化组织简介

(一)欧洲联盟

欧洲联盟简称欧盟。总部设在比利时首都布鲁塞尔,是世界上最有力的国际组织,也是目前世界上一体化程度最高的区域组织。在贸易、农业、金融等方面趋近于一个统一的联邦国家,而在内政、国防、外交等其他方面则类似一个独立国家所组成的同盟。

1. 欧洲联盟的成立过程

欧洲统一思潮存在已久，早在中世纪就已经出现，在第二次世界大战后进入高潮。

1951年4月18日，法、意、联邦德国、荷、比、卢六国签订了为期50年的《关于建立欧洲煤钢共同体的条约》。1955年6月1日，参加欧洲煤钢共同体的六国外长在意大利墨西拿举行会议，建议将煤钢共同体的原则推广到其他经济领域，并建立共同市场。

1957年3月25日，六国外长在罗马签订了建立欧洲经济共同体与欧洲原子能共同体的两个条约，即《罗马条约》，于1958年1月1日生效。

1965年4月8日，六国签订了《布鲁塞尔条约》，决定将欧洲煤钢共同体、欧洲原子能共同体和欧洲经济共同体统一起来，统称欧洲共同体。条约于1967年7月1日生效，欧共体总部设在比利时布鲁塞尔。

1991年12月11日，欧共体马斯特里赫特首脑会议通过了建立"欧洲经济货币联盟"和"欧洲政治联盟"的《欧洲联盟条约》（通称马斯特里赫特条约，简称"马约"）。1992年2月1日，各国外长正式签署马约。经欧共体各成员国批准，马约于1993年11月1日正式生效，欧共体开始向欧洲联盟过渡。这标志着欧共体从经济实体向经济政治实体过渡。

1999年1月1日，已酝酿了近半个世纪的欧元，作为欧洲统一货币率先在欧盟十一国启动。与此同时，欧洲中央银行、十一国中央银行及银行间交易正式启用欧元。欧元是欧盟经济一体化的产物，它的诞生是国际金融史上的创举，同时也是欧洲崛起与美元抗衡的象征。经过3年的过渡期，于2002年1月1日欧元现钞开始正式流通。

截止到2015年初，欧盟成员国共计28个，即法国、德国、意大利、荷兰、比利时、卢森堡、爱尔兰、丹麦、英国、希腊、葡萄牙、西班牙、奥地利、芬兰、瑞典、波兰、拉脱维亚、立陶宛、爱沙尼亚、匈牙利、捷克、斯洛伐克、斯洛文尼亚、马耳他、塞浦路斯、保加利亚、罗马尼亚和克罗地亚。

2. 欧盟成立的影响

在五十多年的欧洲一体化进程中，欧洲联盟已经成为世界上一体化程度最高、一体化政策最完备、一体化效果最明显以及包容成员国最多的区域经济一体化组织。欧盟已经成为国际政治、经济格局中一支不可忽视的力量，特别是欧盟内部大市场成立之后，对欧盟内部和外部都产生了很大影响。

（1）欧盟内部大市场的对内影响。欧洲建设内部大市场得到了很大成功，内容正在逐步完善，其所要达到的目标也日益接近。大市场的建设对于欧洲同盟及其成员国具有重大影响，已经给共同体带来可观的经济收益，增强了其在国际经济中的竞争力，加强了成员国之间的联系。首先，在消除了各种壁垒的真正意义上统一市场，将为生产与资本的进一步集中提供良好环境，在更大规模上实现生产产业化，规模经济的优势将得到充分发挥，从而提高生产效率，降低成本。其次，统一市场将促进内部竞争，提高生产及管理水平，从而促进资源的优化配置和产业结构的调整改造。第三，大市场将推动创新的发展，有利于新技术和新工业的产生，并将带来一些新的商业机会和产业门类，从而为经济发展带来新动力。

单一市场的建立还有助于成员国经济的发展。这是因为，第一，内部开放的市场可以为成员国提供更多的发展机会和空间；第二，竞争促使各国注重利用本国的比较优势，进行产业结构的调整，实行资源的合理配置；第三，消除壁垒之后的大市场，可以促进成员国相互间贸易的进一步发展，有利于带动经济的发展。

（2）欧盟内部大市场的对外影响。在当代国际经济与贸易中，贸易保护主义是一种世界性的现象，工业发达国家更是惯用保护主义措施以排斥外国产品。地区性的经济贸易集团，不论其公开声称的目的如何，都难以否认其具有的贸易保护主义性质；欧洲联盟发展经济一体化的基本目的，就是谋求增强内部实力和对外抗衡能力，具有明显的自我保护和排他性。自1985年提出完成内部大市场的计划之后，共同体中一些与大市场计划有关的政策和行动已证明了这一点。例如，反倾销政策、市场开放方面的"互惠"原则等。因此，尽管欧盟声称大市场并不具有排他性特征，但实际上大市场并非是敞开大门，而是具有很多限制。

内部大市场的建成对整个国际贸易的形势也产生了一定影响，主要表现在：内部贸易将更多地替代外部贸易；影响外部国家对共同体市场的出口；使外部国家产品的竞争力受到影响；对世界市场的争夺变得更加激烈；促使资金供应更加紧张，促进国际贸易集团化趋势的发展等。

（二）北美自由贸易区

北美自由贸易区（NAFTA）由美国、加拿大和墨西哥三国组成于1992年8月12日，就《北美自由贸易协定》达成一致意见，并于同年12月17日由三国领导人分别在各自国家正式签署。1994年1月1日，协定正式生效，北美自由贸易区宣布成立。

北美自由贸易区的前身是美加自由贸易区。1985年3月，加拿大总理马尔罗尼在与美国总统里根会晤时，首次正式提出美、加两国加强经济合作、实行自由贸易的主张。由于两国经济发展水平及文化、生活习俗相近，交通运输便利，经济上的互相依赖程度很高，所以自1986年5月开始，经过一年多的协商与谈判，于1987年10月达成了协议，次年1月2日，双方正式签署了《美加自由贸易协定》。经美国国会和加拿大联邦议会批准，该协定于1989年1月生效，是当时世界上最大的自由贸易区。《美加自由贸易协定》规定在10年内逐步取消商品进口（包括农产品）关税和非关税壁垒，取消对服务业的关税限制和汽车进出口的管制，开展公平、自由的能源贸易。在投资方面两国将提供国民待遇，并建立一套共同监督的有效程序和解决相互间贸易纠纷的机制。另外，为防止转口逃税，还确定了原产地原则。美、加自由贸易区是一种类似于共同市场的区域经济一体化组织，标志着北美自由贸易区的萌芽。

由于区域经济一体化的蓬勃发展和《美加自由贸易协定》的签署，墨西哥开始把与美国开展自由贸易区的问题列上了议事日程。1986年8月两国领导人提出双边框架协定计划，并于1987年11月签订了一项有关磋商两国间贸易和投资的框架原则和程序的协议。在此基础上，两国进行多次谈判，于1990年7月正式达成了美墨贸易与投资协定（也称"谅解"协议）。同年9月，加拿大宣布将参与谈判，三国于1991年6月12日在加拿大的多伦多举行首轮谈判，经过14个月的磋商，终于于1992年8月12日达成了《北美自由贸易协定》。该协定于1994年1月1日正式生效，北美自由贸易区宣告成立。

成立之初，它就拥有3.6亿消费者，其国民生产总值总计超过6万亿美元。北美自由贸易区力图以自由贸易为理论基础，以自由贸易区的形式来实现贸易、投资等方面的全面自由化，进而带动整个北美地区的经济贸易发展。当时，许多国际经贸界人士视之为有史以来规模最大、措施最大胆的自由贸易区。尤其是对于墨西哥这样的发展中国家来说，加入这一协定包含了各方面的机遇和风险，对其国内政治、经济、社会等方面的影响非常深远。

北美自由贸易区是典型的南北双方为共同发展与繁荣而组建的区域经济一体化组织，南北合作和大国主导是其最显著的特征。它促进了地区贸易增长和直接投资的增加，墨西哥受益明显，同时为"美洲自由贸易区"的建立奠定了基础。后来，NAFTA 南扩趋势明显，有关成员国在 2005 年 1 月 1 日前完成了美洲自由贸易区（FTAA）的谈判。在 NAFTA 中占主导地位的美国除了把 NAFTA 看作是增加成员国贸易的手段外，还把 NAFTA 视作其外交政策的一部分，以及向美洲和全球贸易自由化扩展的重要工具，因此美加两国和墨西哥签订的协议在很多方面都是样板性的。"9·11"之后美国贸易政策变得更加外交化，NAFTA 已成为美国实现区域贸易对外扩张的样板，开始向 FTAA 扩展。北美自由贸易区的成立对成员国影响深远，特别是在经济方面，北美自由贸易区为三国取得了以下宏观利益：

第一，取得规模经济效益。北美自由贸易区的成立，使得各成员国的许可商品可以在贸易区内进行交易，很容易从其规模经济中获益，降低平均成本，并在此基础上取得竞争优势。

第二，实现优势互补。三国经济水平、文化背景、资源禀赋等各方面的差异，使得区域内经济的互补，提供了更多的专业化生产和协作的机会，促进了三国整体经济的发展。

第三，改善投资环境。《北美自由贸易协定》在行业惯例、服务贸易、投资规则、争议解决等方面均有详细的规定，这些规定具有稳定性和可预测性，有利于在法律制度的层面上增强北美地区投资人的信心并保障他们的利益。

这种宏观利益的表现是，近几年来，北美自由贸易区无论是在商品进口总额还是在出口总额方面都保持国际贸易地区份额的首位，远高于排名第二的欧盟国家的相应总额，已经占世界进出口总额的 1/4 左右。

（三）东南亚联盟

东南亚国家联盟（简称东盟，ASEAN）的前身是由马来西亚、菲律宾和泰国三国于 1961 年 7 月 31 日在曼谷成立的东南亚联盟。1967 年 8 月 8 日，印度尼西亚、泰国、新加坡、菲律宾四国外长和马来西亚副总理在曼谷举行会议，发表了《东南亚国家联盟成立宣言》，即《曼谷宣言》，正式宣告东盟成立。20 世纪 80 年代至 90 年代，文莱、越南、老挝、缅甸和柬埔寨五国先后加入该组织，使东盟由最初成立时的五个成员国扩大到十个成员国。巴布亚新几内亚是东盟观察员国。东盟十国总面积为 444 万平方公里，人口为 5.76 亿，国内生产总值（GDP）达 15062 亿美元，是一个具有相当影响力的区域性组织。

1991 年，中国与东盟开启对话进程。1997 年，双方建立睦邻互信伙伴关系。2003 年，双方建立"面向和平与繁荣的战略伙伴关系"，中国作为域外大国率先加入《东南亚友好合作条约》。多年来，中国与东盟政治互信不断增强，经济合作成效显著，各领域合作持续拓展。

2002年11月，中国同东盟签署《全面经济合作框架协议》，决定于2010年建成中国—东盟自贸区，正式启动了中国—东盟自贸区的建设进程。双方的《货物贸易协议》、《服务贸易协议》和《投资协议》均已签署并开始实施。2010年1月，中国—东盟自贸区全面建成。

（四）亚太经合组织

亚太经济合作组织（简称"亚太经合组织"，APEC）是亚太地区机制最完善、层级最高、影响最大的经济合作论坛。

20世纪80年代末，经济全球化、贸易投资自由化和区域集团化趋势渐成潮流。随着亚洲地区经济在世界经济中的比重明显上升，澳大利亚总理霍克1989年1月提议召开亚太地区部长级会议，讨论加强经济合作问题。

1989年11月，澳大利亚、美国、日本、韩国、新西兰、加拿大及当时的东盟六国在澳大利亚首都堪培拉举行了亚太经合组织首届部长级会议，标志着这一组织正式成立。1991年11月，亚太经合组织第三届部长级会议在韩国首都汉城（现称首尔）举行并通过《汉城宣言》，正式确立了这一组织的宗旨和目标，即"为本地区人民的共同利益保持经济的增长与发展；促进成员间经济的相互依存；加强开放的多边贸易体制；减少区域贸易和投资壁垒"。

亚太经合组织于1993年初在新加坡设立秘书处，为各级活动提供支持和服务。亚太经合组织的组织机构包括领导人非正式会议、部长级会议、高官会、委员会和专题工作组等。其中，领导人非正式会议是亚太经合组织最高级别的会议，迄今已先后举行了21次。

APEC成员的历史、文化、宗教不同，政治和经济制度以及发展水平各异，特别是成员国的经济体制、经济发展水平、贸易和投资自由程度差别很大。亚太经合组织自成立之初就形成了区别于其他组织的特点：

1. 成员的广泛性

亚太经合组织成员的广泛性是世界上其他经济组织所少有的，从地理分布上看，既有地处美洲的美国、加拿大等；又有地处亚洲的中国、日本、韩国、东盟各国；还有地处大洋洲的澳大利亚、新西兰。从经济发展水平上看，既有最大的发达资本主义国家——美国，也有最大的发展中社会主义国家——中国。

2. 开放的地区化

亚太经合组织的开放型主要包含两层含义：一是指APEC内部的贸易和投资自由化成果原则上也适用于外部的非成员；二是指APEC要为推动全球贸易自由化作出贡献，即不仅要减少APEC内部的贸易投资障碍，而且要为减少区域外部的障碍而努力。因此，APEC的发展不是通过多边协定将自身变成内向的、排他的自由贸易区，而是通过市场力量的驱动来促进本地区的贸易和投资自由化，加强APEC地区和整个世界市场的联系。这一原则在实际运作中也产生了良好的示范作用，在逐步加强内部成员相互联系的同时，也并未松懈与外部世界的联系，同时也没有违背WTO的非歧视原则。

3. 自愿的经济合作

由于成员国之间政治经济上的巨大差异性，在推动区域经济一体化和投资贸易化方面要想取得"协商一致"是非常困难的，APEC成立之初就决定了其决策程序的软约束力，是一种非制度化的安排，不具有硬性条件，只能在自愿经济合作的前提下，以公开对话为基础，为了促进亚太地区经济持续发展、共同繁荣，进行平等协调、利益均衡。

4. APEC 一体化进程表的多样性

宗教信仰和社会结构的多样性，决定了其一体化的进程不可能是一步到位的，需要设定一个跨度较长的时间表，使各成员特别是自由化程度较低的发展中国家有充裕的时间来实现既定目标，并自主确定其重点和顺序，根据本国的实际情况，分阶段逐步地向目标推进。不划定统一的时间表而采取渐进方式，赋予了各成员国在发展过程中先后和快慢的自主安排权，保持了 APEC 特有的灵活性，也有利于推动一体化进程。

5. 区域与次区域经济合作并存

目前，在 APEC 内部存在众多的次区域经济合作组织，形成了特有的大圈套小圈、大集团中有小集团的现象。北美自由贸易区（NAFTA）的三个成员同时又都是 APEC 的成员，在国民生产总值和对外贸易量等方面都有很大的影响。东盟自由贸易区（AFTA）各国在地缘政治格局中利益接近、关系密切，加之多年成功运作的经验，在 APEC 内部往往发出"集团声音"。澳新自由贸易区（CER）虽然所占经济比重不大，但作为运作比较完善、对外相对封闭的经济实体，仍然有自身的利益诉求。APEC 本身奉行非歧视原则，不但在内部成员之间不搞歧视，而且对非 APEC 成员原则上也不实行歧视。但次区域经济组织却是对外封闭的集团，自由贸易化的成果并不与非成员共享。

三、区域经济贸易一体化未来发展趋势

区域经济贸易一体化是不可逆转的潮流和趋势，进入 21 世纪以来，区域经济一体化组织数量增长迅速，内涵明显扩展。区域经济一体化在经济全球化的大背景下呈现出一些新的发展态势。

（一）合作形式多样化，合作机制灵活化

虽然目前的区域经济一体化组织安排以自由贸易协定的形式为主导，但是其他名称的区域经济组织也不断出现，如投资保障协议、紧密经济伙伴关系和经济伙伴关系协定等。传统的经济一体化组织要求各成员国地理位置相接近，然而进入 21 世纪以来，区域合作的构成基础打破了原来狭义的地域相邻概念要求。另外，部分区域经济一体化组织互相交叉重叠，或者是大区域组织包容次区域组织，或者是一个国家或地区参与多个不同层次的区域经济一体化组织，相互关系错综复杂。

同时，新浪潮下区域经济一体化在运行机制上显得更为灵活，制度性区域经济组织和功能性区域经济组织并存。制度性区域经济组织是指成员国以贸易协定、条约等法律契约形式为基础的区域经济组织，而功能性区域经济组织则为各成员国间相互进行信息交流、经济联系、协调各方面贸易政策等提供一个舞台。虽然制度性区域经济组织仍然占主导地位，而功能性区域经济组织也日益出现。

（二）合作程度更深，范围更广

新一轮的区域经济组织在合作程度上表现得更为深入，在合作范围上体现得更为广泛。传统的区域经济组织主要以货物贸易自由化为发展目标，而新浪潮中的区域经济组织合作的程度不断加深，不仅包括货物贸易的自由化，还包括服务业的投资、贸易争端解决

机制、统一的竞争政策、共同的环境标准和劳工标准、知识产权保护标准和超国家的制度安排等。

在合作范围上，传统的区域经济组织要求合作成员国的社会政治制度相似，而新一轮的区域经济组织已经拓宽了合作范围，混合性区域经济组织的不断出现表明全球区域经济合作正在步入一个新的发展阶段。

（三）区域经济合作组织之间的竞争已经成为大国竞争的新领域

20世纪80年代以前，美国在全球经济中的地位决定了它一直是全球多边贸易体制的主要推动者。但当1987年欧共体决定在1992年底建成欧洲内部统一大市场时，欧美之间的竞争态势已然形成。伴随着1992年《马斯特里赫特条约》的通过，美加自由贸易区也扩展为北美自由贸易区。进入20世纪90年代后，欧盟不断扩张，美国则致力于美洲自由贸易区的建设，使区域经济合作组织之间的竞争成为大国之间竞争。

（四）区域经济一体化进程中经济和政治合作相互渗透

20世纪90年代以来在世界各地迅猛发展的区域经济一体化组织，其合作内容已经开始包罗万象，尽管主要涉及经济合作内容，但政治内容已经成为各方关心的内容。政治合作为经济合作的更进一步开展提供了重要环境。尽管在政治合作方面存在的障碍远较经济合作要多，但各国开展区域经济一体化的本来目的就是要获得本国经济发展的必要和良好的外部环境，就此而言，政治合作必不可少。如欧盟在取得经济一体化重大发展的条件下，不遗余力地试图推进政治合作。尽管在经济合作和政治合作这两个方面并不平衡，但政治合作不容忽略。

在今后相当长的时期里，区域经济贸易一体化仍会获得蓬勃发展。在此过程中，国家利益与集团利益的矛盾，集团之间的矛盾和摩擦以及许多不确定的因素依然存在。所以，区域经济一体化的道路是不平坦的。各区域集团在贸易上对外部市场都有很大程度的依赖，因此，区域集团成员虽具有排他性，但也不可能采取全封闭政策。

此外，随着资金、技术和生产的日益国际化，西方国家的经济渗透已达很高程度，而集团间的投资和企业兼并又进一步加强了国际化和相互依存度。因此，由于集团对垒、地区分割走向政治和军事对抗的可能性较小。集团之间可以协商和妥协的方式解决矛盾和摩擦。

第八章 Chapter 8
世界贸易组织

截止到 2015 年 4 月，世界贸易组织已拥有 161 个成员，几乎囊括了世界上所有主要的经济体。其职能是协调成员的经济贸易政策，制定为各成员所普遍接受的国际规则，共同管理全球贸易。它的这些职能都是通过其管辖的各项协定、协议和其他法律文件来实现的，因此更确切地说，世界贸易组织是一个规则体系，代表了各成员对世界贸易体制的基本共识。入世是中国改革开放进程中的一个重大步骤，它使中国经济进一步融入国际经济主流，但同时也面临着扩大开放所带来的风险。

第一节 关税与贸易总协定与多边贸易谈判

关税与贸易总协定是一个政府间缔结的有关关税和贸易规则的多边国际协定，简称关贸总协定（GATT）。其宗旨是通过削减关税和其他贸易壁垒，消除国际贸易中的差别待遇，促进国际贸易自由化，以充分利用世界资源，扩大商品的生产与流通。

一、关税与贸易总协定的产生

关贸总协定是第二次世界大战之后国际经济与贸易发展的产物。第二次世界大战后，大多数国家在恢复本国经济的同时，都关心世界经济的重建。1944 年 7 月，英美等 44 国在美国新罕布什尔州的布雷顿森林举行会议，讨论拟建立三个国际经济组织：在金融方面，建立国际货币基金组织（IMF），重建国际货币制度，以维持各国货币稳定和国际收支平衡；在投资方面，建立国际复兴开发银行（IBRD），即世界银行，以鼓励对外投资，筹措资金，促进战后经济恢复与发展；在贸易方面，建立国际贸易组织（ITO），以减少关税壁垒，扭转日益盛行的高关税贸易保护主义和歧视性贸易政策的不利影响，促进国际贸易的自由发展。

为了实现建立国际贸易组织的设想，1946 年 2 月，联合国经济与社会理事会成立了筹备委员会，同年10月在英国伦敦举行首次会议，会议邀请了英美中在内的19个国家，讨论和审议美国提出的《国际贸易组织宪章草案》，由于与会国在有关问题上分歧较大，会议决定成立起草委员会对草案进行修改。1947年在日内瓦举行的第二次筹委会上通过该宪章草案，同年10月在古巴哈瓦那召开贸易与就业会议，会上通过了国际贸易组织宪章（即哈瓦那宪章）并送交各国政府批准。美国国会首先反对，它认为修改的宪章已不符合美国的利益，其他很多国家的议会也反对，因为这个宪章实质是一个包含所有谈判方意愿而又无法令各方满意的协议。该宪章最终未能通过，拟建的国际贸易组织胎死腹中。

为了弥补国际贸易组织流产的遗憾，参与哈瓦那会议的23个国家的代表一致同意将哈瓦那宪章中有关关税与贸易的条款摘出，连同各国的关税减让协议，构成一个单独的文件，即《关税与贸易总协定》，为了避开各国国内的批准程序，关贸总协定以签署《临时适用议定书》的方式，于1947年11月15日订立，于1948年1月1日生效，一直适用到1994年12月31日，共存续了47年。

二、关贸总协定的八轮多边贸易谈判

国际贸易按贸易参加国的数量可分为双边贸易和多边贸易。多边贸易即三个或三个以上的国家通过协议在多边结算的基础上进行互有买卖的贸易。很显然，在经济全球化的趋势下，多边贸易表现的更为普遍。自1948年起，关税与贸易总协定就已为多边贸易体制制定了规则，并发动了多轮多边贸易谈判。1986年至1994年的乌拉圭回合多边贸易谈判导致了真正意义上的多边贸易体制的成立，即世界贸易组织的建立。关税与贸易总协定主要处理货物贸易问题，而世界贸易组织及其协议还涉及服务贸易和知识产权。

（一）关贸总协定的前七轮多边贸易谈判

关贸总协定的第一轮多边贸易谈判于1947年4月~10月在瑞士日内瓦举行。第一轮谈判初始目标是建立国际贸易组织。但由于设想中途夭折，因此，下调关税的承诺成为第一轮谈判的主要成果。在7个月里，23个创始缔约方就123项双边关税减让达成协议，涉及45000种商品，平均下调关税35%。同时制定了包含关税减让和关税约束两份减让表，并绘制成总表。在双边基础上达成的关税减让，无条件地自动地适用于全体参加方。这轮谈判第一次依照关税与贸易总协定的规则，在众多商品项目上，达成了较大幅度的关税减让协议，为战后资本主义国家经济贸易的恢复和发展开辟了道路，成为大规模多边关税谈判的成功范例。这次谈判虽然在关税与贸易总协定草签和生效之前举行，但人们仍习惯将其作为GATT的第一轮多边贸易谈判。

关贸总协定的第二轮多边贸易谈判于1949年4月~10月在法国安纳西举行。召集本轮谈判的目的是给处于创始阶段的欧洲经济合作组织（后来的OECD）的成员提供进入多边贸易体制的机会，促使这些国家响应欧洲经济合作组织的号召，为承担各成员之间的关税减让而作出努力。因此，该轮谈判的参加方除在原缔约方23国之间进行外，又增加了瑞典、丹麦、芬兰、意大利、希腊、海地、尼加拉瓜、多米尼加、乌拉圭和利比里亚等10国。本轮谈判的另一成果是美国关税水平大幅下降。第二轮谈判总包含147项关税减让谈判，涉及减税商品5000余项，平均降低关税35%。

关贸总协定的第三轮多边贸易谈判于1950年9月~1951年4月在英国托奎举行。本次谈判的主要议题之一是讨论奥地利、秘鲁、菲律宾和土耳其等的加入问题。由于参加谈判的缔约方增加，使关税与贸易总协定缔约方的贸易额占世界贸易总额的80%以上。在关税减让方面，美国与英联邦国家（主要指英国、澳大利亚和新西兰）谈判进展缓慢。英联邦国家不愿在美国未作出对等减让条件下，放弃彼此间的贸易优惠，使美国与英国、澳大利亚和新西兰未能达成关税减让协议。此轮谈判共达成150项关税减让协议，涉及商品超过8700项，平均降低关税26%。

关贸总协定的第四轮多边贸易谈判于1956年1月~5月在瑞士日内瓦举行。由于美国国会认为美国在前几轮关税谈判中减让幅度明显高于其他缔约国，因此，这轮谈判美国政府代表团的谈判授权受到限制。美国代表团在几乎用足了国会的授权后，对进口只给予9亿美元的关税减让，而其本身所受减让约合4亿美元。本次谈判英国作了较大幅度的关税减让，以弥补其前两轮的保留。另外，日本在对关税与贸易总协定的各缔约方作了相当的关税减让后，加入了该组织。本轮谈判的最终成果是关税减让商品超过3000项，平均降低关税15%。

关贸总协定的第五轮多边贸易谈判于1960年9月~1962年7月在日内瓦举行，以美国副国务卿格拉斯·狄龙命名，共有45个国家参加。谈判先后分两个阶段，前一阶段自1960年9月至年底，着重对第四轮谈判有关内容进行再谈判，并就1957年3月25日欧共体创立所引出的关税同盟和共同体农业政策问题与有关国家进行协商。后一阶段于1961年1月开始，就新减让项目及新加入成员减让项目进行谈判，并因欧共体加入关税与贸易总协定而展开了关于关税联盟的谈判。总协定工作组检查了欧共体实施统一对外关税的法律后，决定可按总协定关税同盟条款进行谈判。最后，欧共体的统一关税约束取代了欧共体国别的关税约束，欧共体对由此导致的任何单一国家（包括欧共体以外成员）的收支不平衡，都将予以补偿。第五轮谈判关税减让商品超过4400项，平均降低关税20%。欧共体六国统一对外关税也达成减让，平均税率降低6.5%，然而农产品和某些政治敏感性商品仍被排除在最后的协议之外。

关贸总协定的第六轮谈判是1964年5月至1967年6月在瑞士日内瓦举行的，当时美国总统肯尼迪根据1962年通过的美国《贸易拓展法》提议召开，又称"肯尼迪回合"。1964年5月起，美国开始与共同体六国以及总协定其他成员进行削减关税谈判。美国提出有关国家各减关税50%的建议，而西欧国家认为即使这样，美国关税仍高于西欧国家，因此提出"削平"方案，即高关税国家多减，低关税国家少减，以缩小双方的关税差距。这轮谈判历时三年多，1967年7月才勉强达成协议，商定从1968年起的五年内，美国工业品关税平均降低37%，而西欧各国则平均削减35%，涉及关税减让商品项目合计达60000项之多，平均降低关税35%。这轮谈判是1973年以前关税与贸易总协定所主持的所有谈判中最广泛、最复杂的一次，共有占世界贸易额约75%的54个国家参加。谈判第一次涉及了非关税壁垒，亦制定了第一个反倾销协议，即总协定第六条的实施细则。美国、英国、日本等21个国家签署了该协议，反倾销协议于1968年7月1日生效。缔约方数量的增加是这一时期关税与贸易总协定的一个显著变化。60年代至70年代，相继独立的发展中国家加入了关税与贸易总协定。1965年2月，就在"肯尼迪回合"的谈判进程中，关税与贸易总协定新增了一个重要的部分。即第四部分"贸易与发展"，清晰地阐明了有关发展中国家指导本国贸易政策的总目标。这一回合还开创了让波兰作为一个"中央计划经济国家"参加关税与贸易总协定多边贸易谈判的先例。

关贸总协定的第七轮多边关税贸易谈判于1973年9月至1979年4月在日内瓦举行。但这轮谈判始于日本东京，故通称东京回合。肯尼迪回合多边关税贸易谈判结束后，国际贸易商品的总体关税税率水平大幅度下降，但贸易障碍并未完全消除。第一，约30%的进口产品仍不受关税减让协议的约束，特别是那些对发展中国家工业进步极为重要的工业品，其关税率仍维持在高水平上。第二，依加工程度而定的不断升级的税率，使加工产品及消费制成品的有效保护率大大高于其名义关税率。第三，农产品贸易中非关税壁垒的增多使贸易保护程度不断提高，而在第六轮多边谈判中农产品贸易又被主要发达国家列于一般降税商品范围之外，从而使农产品出口国受益程度大为降低。第四，非关税壁垒的大量采用和实施严重危及战后建立的多边国际贸易体系。因此，东京回合谈判除了继续进行关税减让谈判外，还将减少非关税措施纳入谈判。东京回合部长会议宣言提出了一个关税与贸易总协定有史以来范围最广泛、目标最庞大的贸易谈判安排：除缔约方外，东京回合还对非缔约方开放。102个国家参加了谈判（含29个非缔约方）。该轮谈判历时五年多，取得的主要成果涉及多个方面：第一，从1980年起八年内关税削减幅度为25%~33%，减税范围除工业品外，还包括部分农产品；第二，禁止工业品补贴，除国防、通讯和部分能源设备外，各国用竞争性的国际投标方式进行采购；第三，制定海关评估进口关税的准则，消除歧视性海关估价。本轮谈判最终关税减让和约束涉及3000多亿美元贸易额。

（二）关贸总协定的第八轮多边贸易谈判

关贸总协定的第八轮多边贸易谈判是关税与贸易总协定主持下的乌拉圭回合，也是关税与贸易总协定的最后一轮谈判。从1986年9月谈判的启动到1994年4月最终协议的签署历时8年。参加乌拉圭回合谈判的国家和地区从最初的103个，增加到1993年底的117个和1994年4月谈判结束时的128个。

1. 乌拉圭回合谈判启动的背景

关税与贸易总协定前七轮谈判，大大降低了各缔约方的关税，促进了国际贸易的发展。但从70年代开始，特别是进入80年代以后，以政府补贴、双边数量限制、市场瓜分和各种非关税壁垒为特征的贸易保护主义重新抬头。为了遏制贸易保护主义，避免全面的贸易战发生，美、欧、日等缔约国共同倡导发起了此次多边贸易谈判，决心制止和扭转保护主义，消除贸易扭曲现象，建立一个更加开放的、具有生命力和持久的多边贸易体制。1986年9月，关贸总协定部长会议在乌拉圭的埃斯特角城举行，同意发起乌拉圭回合谈判。

2. 乌拉圭回合谈判的目标、主要议题和成果

在1986年启动乌拉圭回合谈判的部长宣言中，明确了此轮谈判的主要目标：一是为了所有缔约方的利益特别是欠发达缔约方的利益，通过减少和取消关税、数量限制和其他非关税措施与壁垒，改善进入市场的条件，进一步扩大世界贸易；二是加强关贸总协定的作用，改善建立在关税与贸易总协定原则和规则基础上的多边贸易体制，将更大范围的世界贸易置于统一的、有效的多边规则之下。三是增加关税与贸易总协定体制对不断演变的国际经济环境的适应能力，特别是促进必要的结构调整，加强关税与贸易总协定同有关国

际组织的联系；四是促进国内和国际合作以加强贸易政策与其他影响增长和发展的经济政策之间的内部联系。

乌拉圭回合谈判议题包括传统的货物贸易和新议题。传统议题包括关税、非关税措施、热带产品、自然资源产品、纺织品服装、农产品、保障条款、补贴和反补贴措施、争端解决问题等。新议题则涉及服务贸易、与贸易有关的投资措施和与贸易有关的知识产权。

乌拉圭回合经过八年谈判，取得了一系列成果。

（1）在货物贸易方面。乌拉圭回合有关货物贸易的谈判可以分为两个内容，一是关于关税减让的谈判；二是关于规则的谈判。

在关税减让方面，发达成员对工业品的关税减让幅度达40%；发达成员承诺关税减让的税目占其全部税目的93%，占全部贸易额的84%，发达成员承诺关税约束的税目由78%上升为99%，涉及的贸易额由94%增长为99%。发展中成员工业品的关税减让水平低于发达成员，大部分发展中成员在乌拉圭回合后全面约束了关税，印度、韩国、印度尼西亚、马来西亚、泰国约束关税的比例在90%左右。

在制定规则方面，乌拉圭回合达成的协议主要分为四组：第一组包括《GATT1994》和《1994年关税与贸易总协定马拉喀什议定书》；第二组包括《农业协定》和《纺织与服装协定》；第三组包括《技术性贸易壁垒》、《海关估价》、《原产地规则》和《与贸易有关的投资措施》等7项协议；第四组包括《保障措施》、《反倾销》、《补贴与反补贴》三项贸易补救措施协议。

（2）在服务贸易方面。过去关税与贸易总协定只涉及货物贸易领域，因此，许多国家在服务贸易领域采取了不少保护措施，明显制约了国际服务贸易的发展。为了推动服务贸易的自由化，在乌拉圭回合谈判中，发达国家提出将服务业市场准入问题作为谈判的重点，经过8年的讨价还价，最后签署了《服务贸易总协定》，并于世界贸易组织成立的1995年1月1日正式生效。

（3）在与贸易有关知识产权方面。乌拉圭回合知识产权谈判组于1991年12月提出了《关于与贸易相关的知识产权包括对冒牌货贸易的协议》。该协议经过讨论修改后，在乌拉圭回合结束之际被各国接受而成为正式协议。该协议明确了知识产权国际法律保护的目标和动机；扩大了知识产权保护的范围，加强了相关的保护措施；强化了对仿冒和盗版行为的防止和处罚；强调对反竞争行为和歪曲贸易的控制；协议规定了对发展中国家提供特殊待遇的过渡期安排；最后还规定了与贸易有关的知识产权机构的职责，以及相互之间合作的安排。

通过八轮谈判，关贸总协定在多边范围内大幅度削减关税和非关税措施，促进了国际贸易自由化，增加了成员国贸易政策的透明度，解决了贸易争端，并吸收了一大批发展中国家参与多边贸易体制。关贸总协定在战后扩大国际贸易、促进世界经济增长方面发挥了非常重要的作用。

三、关贸总协定的缺陷与功绩

虽然关贸总协定的历史使命已经终结，但它在世界经济发展中的功绩不可磨灭，对世界贸易体制的不断成熟起到了非常重要的作用。

1. 功绩

关贸总协定在其长达半个世纪的发展过程中,对世界贸易的自由化做出了巨大的贡献,表现在:

(1) 降低了发达国家的关税水平,从原来的40%降到后来的3.7%。

(2) 扩展了多边贸易制度的适用范围:从原来仅约束货物贸易,到后来涉及服务贸易和知识产权领域。

(3) 除了关税之外,还对非关税措施进行了规范,签署了10个有关协定。

(4) 进一步完善了关贸总协定的争端解决机制和贸易政策审议机制,使其更加有效。

(5) 形成了一套指导缔约方贸易行为的国际贸易准则,对各成员方国内贸易管制法律和贸易政策产生了深远的影响。

2. 缺陷

(1) 严格来说关贸总协定没有法律地位,只是一项临时性的协议。

(2) 关贸总协定的成员缺乏普遍性,最初仅有23个缔约国。

(3) 关贸总协定的许多规则不够完善,对各国贸易关系的协调能力有限。

(4) 调整的领域不够广泛,仅涉及货物贸易领域。

(5) 关贸总协定的争端解决机制存在缺陷,使其对争端的解决缺乏有效性。

(6) "祖父条款"削弱了关贸总协定的权威性。对于各国国内立法与关贸总协定规则的关系问题,总协定规定:缔约方同意"在不违背国内现行立法的最大限度内临时适用关贸总协定的第二部分(即关于国民待遇、取消数量限制等规定)",这一条款被称为"祖父条款"。

(7) 关贸总协定还存在许多灰色区域和例外条款,导致其许多规则无法很好地被实施。

第二节 世界贸易组织概述

GATT的第八轮谈判乌拉圭回合历经八年,1994年4月15日,在摩洛哥马拉喀什会议上,该回合的128个参加方(包括中国)签署了《乌拉圭回合最后文件》和《建立世界贸易组织的协定》,后者是一项关于一个世界性经济与贸易组织的宪章性条约。可以说世界贸易组织在经历了半个世纪的艰苦努力之后终于在1995年1月1日宣告成立。世贸组织的成立,从根本上改变了原关贸总协定在法律上不是正式组织的尴尬局面,标志着关贸总协定临时性多边贸易体系的正式结束。

一、世贸组织的法律地位

《建立世界贸易组织协定》第8条规定了世贸组织的法律地位:

(1) 世贸组织具有法人资格。

(2) 为了保证世贸组织充分实行其各项职能，每一成员方给予它必需的特权和豁免权，这也是 WTO 具有法人资格的一个具体体现。

(3) 世贸组织官员和各成员方代表在行使与 WTO 相关的职能时，也享有此等特权和豁免权。

(4) 此等特权和豁免权等同于联合国 1947 年 11 月 21 日通过的《联合国各专门机构特权及豁免公约》所规定的特权和豁免权。

二、世贸组织和关贸总协定的关系

关贸总协定是世贸组织的前身，两者有着紧密的联系，又从根本上有着重要区别。

1. 联系

世贸组织和关贸总协定有着内在的历史继承性。世贸组织继承了关税与贸易总协定的合理内核，包括其宗旨、职能、基本原则及规则等。关贸总协定的有关条款是世贸组织《1994 年关税与贸易总协定》的重要组成部分，仍然是规范各成员间货物贸易关系的准则。

2. 区别

(1) 法律地位不同。GATT 是临时性的协定，WTO 协议是永久性的国际组织。

(2) 决策方式不同。世贸组织的决策机制比关贸总协定期间更完备，尤其是创新了反向一致原则。

(3) 管理范围和功能不同。世界贸易组织调整的领域更广泛，其成员也更全面。

(4) 争端解决机制不同。世界贸易组织发展了国际司法机制，在管辖权、争端解决模式、报复的程序方面对传统国际争端解决机制作出了突破性的发展。

三、世贸组织的宗旨及职能

1. 宗旨

在世界贸易组织宪章的序言中明确规定，WTO 的宗旨是提高生活水平，保证充分就业，大幅度稳步地提高实际收入和有效需求；扩大货物、服务的生产和贸易；坚持走可持续发展之路，各成员应促进对世界资源的最优利用、保护和维护环境，并以符合不同经济发展水平下各成员需要的方式，加强采取各种相应的措施；积极努力以确保发展中国家，尤其是最不发达国家，在国际贸易增长中获得与其经济发展水平相应的份额和利益。

2. 职能

世界贸易组织的基本职能包括：

(1) 负责世界贸易组织多边协定的实施、管理和运作。

(2) 为各成员提供多边贸易谈判场所，并为多边谈判结果提供框架。

(3) 按照其所建立的争端解决机制解决成员间发生的贸易争端，避免贸易战，以利于贸易的平稳和公平发展。

(4) 对各成员的贸易政策与法规进行监督和定期审议，以促进贸易管理体制的一体化。

(5) 协调与国际货币基金组织、世界银行等影响国际贸易政策的国际经济组织的关系,以保障全球经济决策的一致性。

(6) 对发展中国家和最不发达国家提供技术支持和培训。

四、世贸组织的基本原则

为保障和促进成员之间平等、公正、互惠的贸易,避免贸易歧视和贸易摩擦,实现世界贸易自由化,世贸组织制定了一系列的贸易原则和规则。世界贸易组织的基本原则贯穿于世贸组织的各个协定和协议中,构成了多边贸易体制的基础。世贸组织的基本原则是各成员公认的、具有普遍意义的适用于世贸组织一切效力范围,并构成该规则体系基础的最高共同准则。

但鉴于各国经济发展不同、利益得失不同、承受的保护主义压力不同,世贸组织在倡导自由贸易的同时,允许实施一些保护贸易措施,因而,世贸组织为其基本原则规定了例外条款,这些例外条款在世贸组织法律和政策中很重要,它们可以"协调"贸易自由化与其他经济和非经济价值观和利益之间的矛盾。

(一) 无歧视待遇原则

无歧视待遇原则是世贸组织及其法律制度的一项首要基本原则,是各国公平贸易的重要保证,是世贸组织的一块最重要的基石,又称为无差别待遇原则。

无歧视待遇原则是指一个缔约方在实施某种限制或禁止措施时,不得对其他缔约方实施歧视待遇。这一原则表明,如果缔约一方对另一方不采用对任何其他缔约方所同样不适用的限制或禁止,即称之为无歧视待遇。反之,如果缔约方根据公约或条约规定的某种理由采用某种限制或禁止,而这种限制或禁止同样适用于其他所有缔约方时,也是符合无歧视待遇原则的。而这一待遇的具体内容是通过最惠国待遇和国民待遇两个原则体现出来的。

(二) 最惠国待遇原则

最惠国待遇原则的含义与特征等内容在第十一章中已有所表述,此处不再重复。最惠国待遇原则的历史可以追溯到公元11世纪中叶,至今已有近千年的历史。最惠国待遇原则的理论基础是,最惠国待遇原则可促进国际关系的改善,因为它主要保障国外产品或服务提供商之间处于平等竞争地位。其含义是在世贸组织的成员之间实行非歧视待遇,在国际贸易中,给予最惠国的好处应给予所有成员。因此,最惠国待遇原则是世贸组织法律中最重要的原则,如果没有这一原则,多边贸易体制就不可能存在。

(三) 国民待遇原则

国民待遇原则是世贸组织非歧视原则的另一重要体现。国民待遇原则的历史渊源是1804年《法国民法典》中规定的"外国人在法国享有与其本国根据条约给予法国人的同样的民事权利"。它明确规定了对外国人在民事权利方面实行相互平等的原则。

国民待遇原则与最惠国待遇原则相生相伴,是国际贸易中平等与无歧视性原则的缺一不可的两翼。二者的目标相同,都是为实现贸易自由,减少市场扭曲,货畅其流。但二者也有区别:

1. 调整的法律关系不同

最惠国待遇调整的是两种以上外国进口产品之间的关系,主张在入境和清关过程中要对一切外国产品一视同仁。国民待遇处理的是进口外国产品与本国产品之间的关系，要求外国产品清关之后，应对本国产品同等对待。

2. 涉及的领域不同

国民待遇调整的不仅仅是货物贸易，还包括服务贸易和知识产权领域相关的问题。

（四）透明度原则

世界贸易组织的三大目标是，贸易自由化、透明度和稳定性。其中，贸易政策的透明度是世界贸易组织的三大目标之一。可见，世贸组织各成员政策和措施的充分透明十分重要，是保持多边贸易体制在开放、公平、无扭曲竞争基础上健康发展的重要保证。

世贸组织的透明度原则是指世界贸易组织成员方所实施的与国际贸易有关的法令、条例、司法决定行政决定，都必须公布，以便各成员方政府及贸易商了解和熟悉。也就是说，各成员方的法律、规章、措施在公布之前不允许实施，并有义务接受其他成员对实施情况的检查和监督。另外需要公布的还包括与其他国家签订的与WTO各项协议内容有关的双边和多边国际经济贸易条约、协定。当然，成员可以不公布那些妨碍法令的贯彻执行、违反公共利益或者损害某一企业正当商业利益的机密资料。

（五）贸易自由化原则

贸易自由化的含义，从本质上说，就是限制和取消一切妨碍和阻止国际贸易开展与进行的障碍，包括法律、法规、政策和措施等。而从根本上来说，是通过削减关税、弱化贸易壁垒以及取消形形色色的非关税壁垒措施来实现的。因此，这一原则是通过关税减让原则、互惠原则和取消非关税壁垒原则及服务贸易的市场准入等方面来实现的。

1. 关税减让原则

关税减让原则指任一缔约国减让表上所列特定项目关税减让产品，自其他缔约国输入时，如符合该减让表所定条件或限制，该输入国应不予课征超过载列于该减让表内的承诺税率。总协定中有关关税减让方面的规则可以用三句话来概括：关税保护、关税削减及关税约束。关税保护指一国只能用关税来保护其国内产业或产品，而不得采用其他方法。关税削减，指通过互惠互利的谈判，大幅度降低关税和进出口及其他费用水平，特别是降低导致少量进口受阻的高关税，以发展国际贸易。关税约束，指每一成员通过谈判达成的关税减让承诺必须载入关税减让表中作为该轮谈判法律文件之一，成为对各成员有约束力的义务。首先对现有税率加以约束；其次在现行税率基础上消减税率；最后，采用上限税率来约束其关税。

2. 互惠原则

互惠原则指世界贸易组织的成员方互相给予对方在贸易上的优惠待遇。它有着两方面的意义：一方面它不仅明确了各缔约国在关税谈判中相互之间应采取的基本立场，也包含着各缔约国之间应建立一种怎样的贸易关系；另一方面从关贸总协定以往的八轮谈判来看，互惠原则是谈判的基础，其作用也正是在互惠互利的基础上实现的。

3. 非关税壁垒减让原则

非关税壁垒减让原则指世界贸易组织就一些可能限制贸易的措施制定了专门协议，规范成员方的相关行为，减少非关税壁垒，以不断地推动全球贸易自由化进程。其具体表现在世贸组织的一系列非关税措施协定。

（六）公平竞争原则

所谓公平竞争原则是指通过消除各成员方对贸易活动的人为干预及其带来的扭曲，维护自由市场原则，促进各成员生产者和服务提供者之间的公平竞争。

公平竞争原则包括三个要点：

（1）公平竞争原则体现在货物贸易领域、服务贸易领域和与贸易有关的知识产权领域。

（2）公平竞争原则既涉及成员方的政府行为，也涉及成员方的企业行为。

（3）公平竞争原则要求成员维护产品、服务或服务提供者在本国市场的公平竞争，不论他们来自本国或其他任何成员方。

（七）对发展中成员和最不发达成员优惠待遇原则

优惠待遇原则又称非互惠待遇原则，是世贸组织关于发达国家成员方与发展中成员方之间货物贸易和服务贸易关系的一项基本原则。以此允许发展中成员方在相关的贸易领域在非对等的基础上承担义务，促进发展中成员方的出口贸易和经济发展。包含过渡期，以及各方面的义务豁免，在解决争端时可以考虑发展中国家的特殊环境，而且当争端尚未找到令人满意的解决方法时，就要成立专家组进行调停。《建立WTO协定》的序言中明确规定，应确保发展中国家与其经济发展相适应的国际贸易增长的份额，从而将优惠待遇原则融入世界贸易组织的宗旨之中。除此以外，乌拉圭回合的一系列单独文件几乎无一例外地表明了考虑对发展中成员优惠待遇的态度，而且用专门条文予以规定。

五、组织机构及各自职能

在《建立世界贸易组织协定》第四条中规定了世界贸易组织设立的相关机构及其职能。

（一）部长级会议

部长级会议是世界贸易组织的最高决策机制和权力机构，它负责履行世贸组织的各项职能，并为此采取必要的行动。部长级会议由所有成员方的代表组成，至少每两年举行一次会议。

（二）总理事会

总理事会是世贸组织的常设决策机关和主要的执行机关，在部长级会议休会期间执行部长级会议的各项职能。总理事会也由所有成员方代表构成，一般在它认为适当的时候召开会议。

（三）分理事会

分理事会是总理事会的附属机构，包括货物贸易理事会、服务贸易理事会、知识产权理事会等，是总理事会为了使各项制度与协定得到圆满的执行而设立的。每个分理事会每年至少举行8次会议。

（四）委员会

根据《建立世界贸易组织协定》规定，部长级会议下设专门委员会，最初设立的专门委员会只有三个：贸易与发展委员会，负责与发展中国家特别是最不发达国家的事务；国际收支限制委员会，负责在成员方为解决其收支平衡困难而采取贸易限制措施时协调该成员与其他成员方之间的关系；预算、财务与行政管理委员会，负责世贸组织财政和预算方面的事务。此外，总理事会在认为需要的时候还可成立其他委员会，如后来的区域贸易协议委员会、贸易与环境委员会等。

（五）秘书处和总干事

世贸组织设立由总干事领导下的秘书处。秘书处是世贸组织的日常办事机构，由部长级会议任命的总干事领导，负责处理日常事务。

总干事是世贸组织的行政首长，任期4年。总干事的职责除领导秘书处的工作外还任命秘书处的职员，并根据部长级会议的规定确定他们的责任和服务条件。

总干事和秘书处的义务完全具有国际性质，在履行其职责时，总干事和秘书处职员不代表任何国家的利益，只代表世贸组织的利益。

六、世贸组织的加入与退出机制

世贸组织的成员有两类：创始成员和加入成员。

（一）创始成员

成为世界贸易组织创始成员的条件是：

第一，在《建立世界贸易组织协定》生效之日，即1995年1月1日前已经成为关税与贸易总协定缔约方，并接受《建立世界贸易组织协定》。

第二，在货物贸易和服务贸易方面做出减让和承诺，包含减让和承诺的减让表已经被各方接受并分别附在《GATT1994》和《GATS》后面。

以上要求，特别是全体创始成员都必须无保留地接受《建立世界贸易组织协定》这一点，确定了世界贸易组织权利与义务的全面性。成为世界贸易组织创始成员的最不发达国家亦须遵守相同的基本条件，不同的是只被要求承担与其各自发展水平和管理能力相符的承诺和减让。

《关于接受与加入建立世界贸易组织协定的部长决定》中给予了所有符合资格的关税与贸易总协定缔约方以创始成员身份加入世界贸易组织的充足时间，同时也规定了最后的截止日期。除非部长们另有决定，新的创始成员只能在《马拉喀什建立世界贸易组织协定》生效后两年内加入。几乎所有关税与贸易总协定缔约方都在1996年底前批准了各自的加入条件，唯一的例外是关税与贸易总协定缔约方刚果（布）在1997年3月加入世界贸易组织。

（二）加入成员

加入世界贸易组织的大门对任何国家和单独关税区无限期地开放，世界贸易组织成员资格的条件并不是固定不变的，申请加入方需要按照与世界贸易组织成员谈判议定的条件加入。尽管加入方的加入条件有可能不同，但加入方必须履行世界贸易组织的基本义务。

世界贸易组织总理事会或部长级会议以三分之二多数通过加入议定书、工作组报告书和决定草案，申请加入方签署或递交批准文件接受加入议定书。加入议定书在申请加入方签署或递交批准文件30天后生效，申请者成为正式的成员。

（三）退出及互不适用

1. 退出

任何世界贸易组织成员可以退出世界贸易组织，但退出必须同时适用于所有多边贸易协定和《建立世界贸易组织协定》本身,退出在递交书面退出申请的6个月后才能生效。

2. 互不适用

由于政治或其他原因,某些国家可能不希望世界贸易组织的规则在它们之间相互适用。尽管世界贸易组织不鼓励这样做,但在它的法律规定上是允许的。条件是有关成员必须在它或另一成员成为世界贸易组织成员时明确表明"互不适用"的立场。另外,为了保证关税与贸易总协定向世界贸易组织过渡时"互不适用"条款不被用作采取新的贸易限制的手段,任何关税与贸易总协定缔约方不能针对另一关税与贸易总协定缔约方引用"互不适用",除非它此前已经援引了相关条款。

第三节 世界贸易组织的决策机制和争端解决机制

世界贸易组织的运行机制主要包括加入退出机制、决策机制、贸易政策审议机制和争端解决机制。本节主要介绍决策机制和争端解决机制。

一、世界贸易组织的决策机制

世界贸易组织的决策机制是指该组织对有关事项作出决定时应该遵守的程序与制度。关贸总协定成立之初实行的是一国(缔约方)一票制,但随着大批发展中国家的加入,美国为首的缔约方认为贸易大国与占贸易总额很低的发展中国家具有同等权力是不合理的,因此,自1960年以来采用了协商一致的决策原则。世界贸易组织成立之后,一方面继承了关贸总协定协商一致的做法,另一方面又进行了修改和补充,使其决策机制更为完善。

按照世贸组织的规定,世贸组织的决策首先应考虑适用协商一致原则,不能达成协商一致的实行多数票规则,但某些决策必须实行协商一致规则。对于实行多数票的决策,根据决策内容的不同,分别适用简单多数、2/3多数、3/4多数或反向一致规则。

(一)协商一致规则

协商一致规则即只要出席会议的成员方对拟通过的决议不正式提出反对就视为同意,包括保持沉默、弃权或进行一般的评论等均不能构成反对意见。下列事项的决策一般应实行协商一致规则通过才有法律效力,除非有特殊规定:

(1)对《世界贸易组织协定》和多边贸易协定的修改,有特殊规定的除外;

(2)下列豁免成员方的义务:①豁免决定所涉及的某一成员方未在有关期限内履行过渡期或分阶段实施期的任何义务;②某项有关世贸组织章程的豁免请求且在提交部长级会议90天内;③对世界贸易组织协定附件4诸边贸易协议的增加;④争端解决机构按照《关于争端处理规则和程序的谅解》做出决定时,需一致同意。

(二)简单多数规则

对于世贸组织一般的决议如果不能达成一致同意,则采用简单多数规则,但《世界贸易组织协定》另有规定的除外。

（三）2/3 多数通过规则

下列事项采用2/3多数通过：

（1）对《世界贸易组织协定》附件1中的多边货物贸易协定和与贸易有关的知识产权协定的修改建议；

（2）对《服务贸易总协定》一至三部分以及附件的修改建议；

（3）对《世界贸易组织协定》和多边贸易协定的某些条款修改意见提交成员方接受的决议；

（4）新成员方加入世界贸易组织；

（5）财务和年度预算决议。

（四）3/4 通过规则

对于非常重大事项，如果成员方不能达成一致同意，则采用3/4多数通过：

（1）条款的解释；

（2）各项协定的修改；

（3）各成员的豁免义务。

（五）反向一致规则

反向一致规则即只要不是有权投票者全体一致对有关事项提出反对，则视为全体一致同意。该项规则避免了1947年关贸总协定"一致同意"规则的弊端，是一个重大的创新。该规则主要体现在《关于争端解决规则和程序的谅解》第十六条等条款之中。

（六）必须接受规则

世贸组织的有些决议通过后只有经过所有成员方的接受才具有法律效力。下列决策采用必须接受规则：第一，对世界贸易组织决策制度（投票程序）的修改；第二，对1994年《关贸总协定》第一条款（最惠国待遇）和第二条款（关税减让）的修改；第三，对《服务贸易总协定》第二条款（最惠国待遇）的修改；第四，对《与贸易有关的知识产权协定》第四条款（最惠国待遇）的修改。

二、世界贸易组织的争端解决机制

随着国际社会经济贸易的不断发展，国际经贸领域的贸易战日益增加。在解决国际经贸纠纷方面，世贸组织自成立以来就发挥着重要作用。全球多边贸易体制在长期实践中逐步探索出一套行之有效的争端解决机制。如果世贸组织没有争端解决机制，这样一个以规则为基础的国际组织将会因规则得不到遵守而流于形式，缺乏实际效力。世贸组织的争端解决机制不是凭空产生的，它是基于《关贸总协定（1947）》框架下47年实际经验而产生的。

与关贸总协定相比，世贸组织的争端解决机制更具强制性和约束力。相对于关贸总协定阶段的争端解决机制，世贸组织对争端解决机制作了一定的改进：

（1）制定了比较确定的时间表。

（2）对可以采取的制裁措施及程序有明确的规定，实行制裁须经授权。WTO争端解决机制第一次对过去未开发的争端解决程序进行改革，即通过授权报复等手段强化了WTO法规的约束力；另一方面明确规定任何国家未经授权的单边制裁行为为违规，并加之仲裁手段，避免制裁的随意性和贸易争端的扩大化。

（3）采取消极协商一致制度，使得在WTO争端解决机制在设立专家小组、通过专家小组和上诉机构的报告、授权报复等重大问题的决策方面，具有准自动性。这避免了败诉方对争端解决机构决议的恶意阻挠，增加了WTO争端解决机制的权威。

（4）规定了对发展中国家的特殊和差别待遇。与乌拉圭回合最后谈判成果的其他协定一样，《关于争端解决规则与程序谅解》也在不同条款中规定了对发展中国家的特殊与差别待遇，以便为发展中国家平等地参与WTO的争端解决活动提供便利。

（一）WTO争端解决机制的目的及其基本原则

1. 争端解决机制的目的

世界贸易组织争端解决机制的目的是为了维护各成员方在有关协定中规定的权利和义务，确保争端获得积极圆满的解决，达成能为争端各方相互接受且符合适用协定的解决办法；或确保撤销那些被确认为违反有关协定的措施。补偿规定作为一项临时措施只有在确属不可能立即撤销这些违反有关协定的措施时方可被援用。

2. 争端解决机制的基本原则

（1）多边原则。WTO各成员承诺，其在贸易活动中发生的争端，不针对其认为违反贸易规则的事件采取单边行动，要诉诸多边争端解决制度，并遵守其规则与裁决。对于产生的争端应由WTO争端解决机制采用的多边机制来进行解决。

（2）统一程序原则。WTO的争端解决机制规定了统一的争端解决程序用以解决各成员方在进行国际贸易的过程中发生的争端。只要属于WTO争端解决机制适用范围内的争端，都采用统一程序加以解决。

（3）协商解决争端原则。WTO争端解决机制的目的在于"为争端寻求积极的解决办法"。所以能找到为争端各方当事人都愿意接受并与各有关协议相一致的解决办法就成了实现这一目的的重中之重，而当事人之间的双边磋商使找到这一办法变成可能。

（4）自愿调解与仲裁原则。DSU（争端解决机制）第5条第1款规定："斡旋、调解和调停是在争端的各当事方同意之下自愿采取的程序。"在WTO争端解决机制中，斡旋、调解和调停可以在任何时候进行，也可以在任何时候终止。如果争端的各当事方同意，在专家小组进行工作的同时，斡旋、调解和调停仍可以继续进行。总干事依其职务上的资格进行斡旋、调解或调停。DSU第25条还规定了仲裁程序。它和调解程序一样也是在自愿的基础上产生的，它作为争端解决的一项选择性手段，能够促进解决某些由当事双方已明确界定的问题。

（5）授权救济原则。在进行贸易活动过程中，如果一方违反协议，给另一方造成了损失，或阻碍了协议目标的实现，各方应优先考虑当事方一致同意的与各协议相一致的解决办法。如果无法达成满意的结果，申诉方可以通过争端解决机制获得救济。

（6）法定时限原则。关贸总协定由于没有严格的程序时限，所以在解决争端时往往久拖不决，WTO争端解决机制既规定了争端解决的程序还对各个程序的执行规定了严格的时限。如果一方在时限内没有行使权利，程序将自动进入下一阶段。这样既在很大程度上缩短了争端解决的时间，也大幅度提高了DB的工作效率，这无疑对争端各当事方都有益。

（7）权利与义务平衡的原则。WTO 成员既享受各有关协议规定的权利，又需按协议要求尽相应的义务，DSU 第 3 条第 2、3 款规定："在出现一成员认为其按有关协议获得的利益正在直接或间接地被另一成员采取的措施而损害时，WTO 就应迅速发挥其作用并使各成员的权利和义务之间保持适当的平衡。"

（8）对发展中国家成员方的优惠待遇原则。DSU 规定对发展中成员方投诉的案件，发展中成员方有权援引 1947 年关贸总协定缔约方全体于 1966 年 4 月 5 日所作"关于补充总协定第 23 条的协议"。DSU 在专家组程序中，对执行各项建议和裁决的监督及向发展中成员方提供争端解决的法律咨询与帮助方面都做出了优于发达成员方的规定。

（二）世界贸易组织争端解决机制的特点

1. 鼓励成员通过双边磋商解决贸易争端

世贸组织的争端解决机制形成了以磋商、斡旋、调解和调停等形式为主要内容的政治说理解决争端的争端解决制度，以仲裁、诉讼等为内容的法律形式作为弥补协商方式不足的手段，争端当事方的双边磋商是世贸组织解决争端的第一步，也是必经的步骤。仲裁、专家小组、上诉机构为合理解决争端提供有力的制度保障。

2. 以保证世界贸易组织规则的有效实施为优先目标

争端解决的目标是使争端得到有效解决。争端当事人应寻求各方可接受并与世贸组织有关协定或协议相一致的解决办法。在未能达成各方满意的解决方法时，争端解决的首要目标是确保成员撤销被认定违反世贸组织有关协定或协议的措施。

3. 严格规定争端解决的时限

关贸总协定的争端解决规则只规定各个程序在合理期限内完成。有些案件以合理为由拖了三至五年，到作出裁决时已失去诉讼价值。新的争端解决机制对争端解决的各程序规定了严格时限，通过在一年之内完成争端解决程序，克服了原来争端解决的弊端。

4. 实行"反向协商一致"的决策原则

在关贸总协定阶段，协商一致原则一直是解决争端时作出决议的方法。而世贸组织的争端解决机构在审议专家小组报告时，只要不是所有参加方都反对，则被视为通过。新的决策方法大大推动了争端解决进程，当一成员方认为其他成员方的行为违背了世贸组织的原则或使其在规则下应享有的利益丧失或受到损害时，它就有理由期望获得迅速而有效的解决，从而加强了争端解决机制的有效性和权威性。

5. 禁止未经授权的单边报复

世贸组织要求，争端当事方应按照规定妥善解决争端，禁止采取任何单边的、未经授权的报复行动，而是鼓励各成员尽量采用多边机制进行解决。

6. 允许交叉报复

通过交叉报复，有关当事方可以选择更为有效的方式对违反协议的情况进行报复，允许交叉报复的做法提高了世贸组织争端解决的效率，加大了裁决执行的力度。

（三）争端解决的机构

1. 争端解决机构（简称 DSB）

与关贸总协定不同，DSU 设立了一个专门的、有权威的争端解决机构。DSB 隶属于部长级会议之下，它实际上是总理事会在行使争端解决谅解所规定的争端解决机构的职责时的特殊称谓。它正式成立于1995年1月31日WTO总理事会第一次会议上,澳大利亚的唐纳德·凯尼恩（Donald Kenyon）大使成为DSB的第一任主席。DSB下设有争端解决专家小组和常设上诉机构。

2. 专家小组

专家小组是在有关成员方未能通过磋商解决争端时,在申诉方的请求下由DSB成立的。根据DSU规定:专家组成员应由3~5名资深的政府和非政府人员独立组成,秘书处保留一份具有担任专家组成员资格的名单,并负责从中选出合适的专家组的人员,若没有不可抗力的缘由,争端各当事方不应反对任命。如果在专家组成立的20天内,并未就成员组成达成协议,在争端有关的任一方请求下,总干事在与DSB主席有关的委员会或理事会主席协商的基础上,并与争端各当事方磋商后,任命专家小组组成人员。被任命后,专家组成员应以个人身份展开工作而并非作为政府代表或任何组织的代表身份展开工作。当争端成员方中既有发达国家也有发展中国家时,如发展中国家提出请求,专家组中就应至少有一位来自发展中国家成员的专家。

3. 常设上诉机构

1995年2月,DSB组建了常设上诉机构。该机构由7名在法律、国际贸易和各有关协议主题内容方面具有专业知识的公认权威人士组成。他们应当与任何政府没有关系,且应具有WTO成员的广泛代表性。上诉应限于专家组报告中涉及的法律及由该专家组所作的法律解释。上诉机构应在与DSB主席及总干事磋商的基础上制定各项工作程序,此工作程序应当保密。上诉机构可维持、修改或推翻专家组的法律认定和结果,并向DSB报告。上述机构成员任期4年,且可连任一次。7名成员依一定程序定期轮换。在该机构受理任一对专家组的决定提出上诉的案件时,应由7名成员中的3人进行审议。

（四）WTO争端解决机制的程序

1. 磋商程序

作为争端第一个阶段的磋商,是指争端各成员方为了问题得到解决或达成谅解进行国际交涉的一种方式。在国际经贸往来过程中,当发生贸易争端时,首先应考虑以磋商的方式予以解决。

2. 斡旋、调解和调停程序

和磋商程序所不同,斡旋、调解和调停是在争端的各当事方同意之下自愿进行的,涉及斡旋、调解和调停的各项程序,应为争端的各当事方所持立场保密,且不应有损任一当事方,根据这些程序再进行任何进一步诉讼程序的权利,此程序具有时间上的灵活性,即可以在任何时候开始,也可在任何时候终止,只要争端的各当事方同意,即便是在专家组进行工作的同时,斡旋、调解和调停的程序仍可继续。

3. 专家组程序

专家组程序是世界贸易组织争端解决机制的核心程序,专家组几乎是"一经请求,即可成立"。专家小组的职能包括对案件的事实,各有关适用协定的适用和是否与有关适用协定一致做出客观的评价；作出其他调查结果,协助争端解决机构按照各适用协定规定提出建议或作出裁决；定期与争端各方协商并给予他们适当机会以达成相互满意的解决办法。专家小组在其活动过程中,为了确保高质量的专家小组报告,应尽可能快地确定专家小组进程时间表。为了使各种程序更加有效，专家小组的工作时限，原则上不得超过6个月。在紧急情况下，包括那些涉及易变质货物的情况，专家小组应该在3个月内完成其工作。专家小组如果认为不能在6个月内提交报告或在紧急情况下不能在3个月内提交报告，则应书面通知DSB并向其提供延误的原因及将提交报告的预订时间。专家小组的最后工作时限为从其设立到向各成员国提交报告的时间绝不允许超过9个月。

4. 上诉程序

上诉程序是较之关贸总协定的争端解决程序新增加的程序。上诉机构由7名在法律、国际贸易和各适用协定内容方面具有令人信服的专业知识的公认权威人士组成，他们不附属于任何政府。任何一个上诉案件应由其中3人审理。上诉机构成员每届任期4年，可以连任1届。

5. 仲裁程序

迅速仲裁是WTO争端解决的一种选择性手段，它可以促进已由各方明确确定的问题的某些争端的解决。诉诸仲裁应在当事各方协商一致的情况下，制定仲裁协议，并在仲裁前通知全体成员国。其他成员国只有在已诉诸仲裁的当事方的同意下，才能成为仲裁程序的当事方。

第四节 贸易的救济措施协议

贸易救济措施规则包括三个协议：反倾销协议、补贴与反补贴协议和保障措施协议。这是WTO为成员方设计的在特殊情况下，为保护本国市场和相关产业免受进口冲击而使用的"安全阀"，是成员方遇到特殊困难而可以采用的救济方法，统称为贸易救济措施。

如果这些措施被滥用，不仅会造成新的贸易保护主义的抬头，也将为进口货物"挤出"本国市场提供合法的借口。

一、反倾销协议

倾销一般是指一国出口商以低于产品正常价值的价格，将产品出口到另一国市场的行为。倾销行为一出现，就被一些国家认为是不公平的贸易做法，并通过立法采取反倾销措施予以抵制，以保护国内相关产业。

为推动缔约方普遍接受反倾销规则，促进反倾销措施公正实施，避免反倾销措施滥用来对国内产业实行长期保护。"乌拉圭回合"仍将反倾销列为重要议题。经过多次磋商，最终达成《关于实施〈1947年GATT〉第6条的协议》即"反倾销协议"。从1995年1月1日生效，对所有缔约方均有约束力。《反倾销协议》由3部分，18个条款以及2个附件构成。主要内容分两大类：一类是关于确定倾销、损害以及两者之间关系的实体条款；另一类是关于反倾销调查，反倾销措施的实施，反倾销税的征收以及反倾销机构的设置等程序规则。

（一）实施反倾销措施的条件

实施反倾销措施必须具备三个条件：倾销、损害、倾销与损害之间的因果关系。

1. 倾销的确定

"反倾销协议"的第2条第1款明确规定："如果一项产品从一国出口到另一国，而产品的出口价格在正常的贸易过程中低于在出口国旨在用于消费的相同产品的可比价格，即以低于正常价值的价格进入另一国，则该产品被视为倾销。"

可见认定倾销是否存在的关键是"出口价格"与"正常价值"的比较。如果出口价格低于正常价值便存在倾销。

2. 损害的确定

对一项进口产品是否采取反倾销措施，除证明进口商品存在倾销外，还必须证明这种倾销对进口方生产相同产品的国内产业造成了损害。这里所说的国内产业是指国内生产相同产品的生产商总体，或者是指其产品的合计总量构成这些产品国内总量大部分的生产商。总量大部分的标准为大于50%。

协议中的损害分三种情况：一是进口方生产同类产品的产业受到实质损害；二是进口方生产同类产品的产业受到了实质损害威胁；三是进口方建立生产同类产品的产业受到了实质阻碍。

另外，损害可以累计评估，即在评定倾销的进口产品是否对国内产业造成损害时对来自多个国家的倾销进口产品在综合基础上予以考虑。

按协议的规定，进行累计评估的条件是：①来自每一个国家的进口产品的倾销幅度均超过2%。②从每一个国家进口产品的数量超过进口国相同产品的3%，或虽来自几个国家的进口量分别低于3%但总和超过7%。③根据进口产品之间的竞争条件和进口产品与国内同类产品之间的竞争条件，累计确定对进口产品造成的影响是适当的。

3. 倾销与损害的因果关系

根据协议的规定，只有证明倾销与损害之间存在着直接的因果关系，才能导致反倾销措施的实施。因为有时国内相关产业的损害并非是由倾销所致，所以不能把由其他因素对产业造成的损害归咎于进口产品的倾销。

按协议规定，以下因素将导致排除倾销与损害间的因果关系：

（1）未以倾销价格出售的进口产品。
（2）进口国需求的减少和消费模式的变化。
（3）外国与国内生产商之间的竞争以及限制贸易竞争的行为。
（4）技术的发展。
（5）进口国相关产品出口的下降和生产能力的下降。
（6）进口国不存在进口产品的相关产业。

（二）实施反倾销措施的程序

1. 反倾销调查

（1）反倾销申请。提出反倾销调查的申请人，必须能够代表国内相关产业，而代表国内相关产业的资格必须符合以下标准：①申请人的集体产量必须达到该产品国内全部生产量的25%以上；②申请人的集体产量必须达到支持或反对该申请的国内生产商产量的50%以上。

（2）立案审查和公告。进口方反倾销当局接到书面申请后，审查申请所提供的证据的准确性和资料的充分性，做出是否发起反倾销调查的决定。如果进口方反倾销当局决定进行反倾销调查，必须在调查之前通知有关出口国政府并严以公告。

（3）反倾销调查的终止和裁决。存在下列情况，反倾销当局应拒绝调查或终止调查：①倾销的损害证据不足；②倾销的幅度小于2%；③倾销的数量小于进口成员中相同产品进口的3%。

反倾销调查的期限，一般情况下调查应在发起的一年内结束，最长不得超过18个月。

反倾销案的裁决，分为初步裁定和最终裁定两个阶段。

初步裁定是反倾销调查的初步结果，终裁是在初裁的基础上，有关当局经过进一步的调查和核实，对核销和损害作出的最终裁决。在作出最终裁决之前，反倾销调查当局应将作为最终裁定基础的各项主要事实通知所有有利害关系的当事人，并为其提供充分的辩护时间，最终裁定将导致进口方根据倾销的幅度和影响征收反倾销税。

（4）复审。复审是指裁定征收反倾销税一段合理期限后（一般为一年），应任何利害关系当事人的要求，对倾销案件进行复审，以降低甚至取消或提高征收反倾销税。如终裁后5年内有关利害关系的当事人均不提出复审，则反倾销税（包括价格承诺）自征收之日起5年终止。此规定被称为"日落条款"。

"日落条款"系指太阳升起后总有落下的时候，意为反倾销税的征收也应该结束的时候，不能永远征收下去。

2. 反倾销措施

反倾销措施的实施方式有三种：临时反倾销措施、价格承诺和征收反倾销税。

（1）临时反倾销措施指在调查过程中，进口方反倾销当局作出存在反倾销的初步裁定，在正式征收反倾销税之前，为防止调查期间倾销的继续发生或防止发生更严重的损害而采取的一种临时性措施。

临时措施有两种：①征收临时的反倾销措施税。时间不超过4个月，情况特殊时也不得超过9个月。②提供担保。有出口商支付现金或保证金，其数额相等于临时预计的反倾销税。临时措施应从反倾销调查开始之日起60天后采用。

（2）价格承诺。价格承诺是指被控倾销产品的出口商与进口方主管机构达成协议，作出提高倾销产品的价格或停止倾销价格向进口商出口的承诺。以消除对进口国的产业损害。进口方则应中止或终止对案件的调查。

价格承诺是在反倾销调查的肯定性初步裁决之后作出的，达成价格承诺的建议可以由进口方调查当局提出，也可以由出口方提出。但双方的接受是自愿的。

（3）反倾销税的征收。反倾销税是指在进口国反倾销当局作出倾销和损害存在的最终裁定后，由进口国政府对倾销产品所征收的进口附加税。

反倾销税的征收是最主要的一项反倾销措施，是否征收完全由进口方当局决定，并且在所有征收条件都已满足的情况，必然要征收反倾销税。

征收反倾销税应遵循以下原则：①征收额度应低于或等于倾销幅度；②多退少不补；③非歧视原则，一视同仁，不得对不同出口商实施差别待遇。

二、补贴与反补贴措施协议（SCM）

无论是补贴还是反补贴，其作用都有两面性，如果运用得当，有助于国际贸易发展，维持贸易的公正性。如果运用不当，对补贴措施过渡滥用，反而会成为贸易保护主义的工具。对国际贸易的发展有害无益。因此，对这类行为需要进行规范。

在"东京回合"中，缔约方达成了《反补贴守则》，该守则虽然对补贴与反补贴措施的适用作了较详细的规定，但在结构上还不够严谨，措施的实施缺乏可操作性，同时是作为诸边协议签署，适用范围有限，当时只有24个缔约方参加，影响了其作用的发挥。在乌拉圭回合多边贸易谈判中，在东京回合协议的基础上，达成了较守则更为明确、更易操作的《补贴与反补贴措施协议》，简称《SCM协议》。从而在WTO中确立了更为完善的补贴与反补贴措施的约束机制，该协议对全体成员方普遍构成约束。SCM协议由11个部分32个条款和7个附件组成。

（一）补贴的定义

协议从主体、形式和效果三个方面对补贴进行了界定，补贴只有在满足以下三个条件时才能成立：

（1）补贴是由政府或公共机构提供的；
（2）政府提供了财政资助或任何形式的收入及价格支持；
（3）补贴使产业或企业得到了利益。

（二）补贴的分类

协议将补贴分为三类：禁止性补贴、可诉补贴和不可诉补贴。

1. 禁止性补贴（红灯补贴）

禁止性补贴指任何成员方都不得实施的补贴。协议明确指出：出口补贴和进口替代补贴属于禁止性补贴。

（1）出口补贴。出口补贴是指法律上或事实上以出口实绩为条件而给予的补贴。出口补贴的影响在于，它会刺激出口的增长，使其他未受到补贴的同类产品在竞争中处于不利地位，并可能对进口方或第三方相关产业造成实质性损害。

（2）进口替代补贴。进口替代补贴是指以使用国产货物为条件而给予的补贴。这种补贴的影响在于，它会使进口产品在与受补贴的国产产品竞争中处于劣势，从而抑制相关产品的进口。

进口替代补贴采取的形式往往是给予进口替代企业所得税，或允许以加速折旧方式减少所得税的税基，或给予使用国产货物的企业或消费者物质奖励，或提供贷款等。

2. 可申诉性补贴

可申诉性补贴又叫黄灯补贴，指那些不是一律被禁止，但又不能自动免于质疑的补贴。这种补贴的特点是因其具有存在的合理性，因而WTO规则允许其存在。如果运用适当，就可以不被起诉；如果运用不当，损害到其他成员方的利益，就会被起诉，并受到一定的制裁。

3. 不可申诉的补贴

不可申诉的补贴指成员方所采取的补贴措施是WTO规则所允许的，其他成员方不能

提出起诉,又称"绿色补贴"。协议的第 8 条规定,不可申诉补贴包括以下内容:

(1) 非专向性补贴,是对所有企业都适用的,非专门针对某些产业和特定企业。

(2) 对企业所进行的或由与企业签订合同的高等教育研究机构所进行的研究活动给予的补贴,该项补贴应符合以下条件:①该补贴占产业研究成本不超过75%或者占先期开发活动成本不超过50%;②该项补贴只能用于研究人员的劳务费、咨询费、直接管理的资料费;③该项补贴只能用于在研究活动中永久使用的仪器、设备、土地和建筑物的费用。

(3) 对落后地区提供的补贴。落后地区必须是从经济上和行政上明确界定的一定区域,并且以官方的文件或法律形式固定下来的非暂时性的灾害区域,其标准应符合下列经济指标:①人均收入或家庭收入或人均 GNP 不超过该成员方平均水平的85%;②失业率至少达到该成员方平均水平的110%;③以三年为期衡量一次。

(4) 为了适应新环境需要根据有关法律、法规对现有设备进行改造的企业给予的补贴,条件是:①补贴是一次性的,不再发生的;②补贴程度不得超过改造工程费用的20%;③补贴对所有采用新设备或新工序的改造企业的机会应是均等的。

(三) 补贴的争端解决和反补贴措施

1. 补贴的争端解决

协议对禁止性补贴和可申诉性补贴的争端解决在程序及时间规定上有所区别,可申诉性补贴的争端解决程序时间要长一些,这体现了对不同类型补贴的约束程度的差异。

2. 反补贴措施

反补贴措施是指进口方主管机构应国内相关产业的申请,对受补贴的进口产品进行反补贴调查,并采取征收反补贴税或价格承诺等方式,抵消进口产品所享受的补贴,恢复公平竞争,保护受到损害的国内产业。

协议规定了使用反补贴措施的规则,这些规则与反倾销的规则极其相似,但两者间也有一些不同,区别表现为:

(1) 对微量的标准规定不同。反倾销调查中:2%或以下的倾销幅度被认为是微量的;反补贴调查中:只有补贴低于从价金额1%,才被视为是微量的。

(2) 对忽略不计的标准规定不同。反倾销调查中,若其成员方倾销产品对特定市场的出口量不足该市场进口总量的3%,则该进口量可以忽略不计,除非此种比例均低于3%的几个成员方的会计比例超过7%。

反补贴调查中,针对发展中成员方的此种比例为4%,作为例外如会计比例为9%。

(3) 邀请磋商是发起反补贴调查成员方的义务,而反倾销调查中不存在此类规定。

(4) 价格承诺的方式不同。反补贴中的价格承诺有两种形式:出口商同意修改其价格;出口方政府同意取消或限制补贴。反倾销中的价格承诺不存在政府承诺的问题。

(四) 机构和监督

根据协议第 3 部分的规定,世界贸易组织设立补贴与反补贴措施委员会和常设专家小组。常设专家小组可以在 WTO 争端解决机构专家组的请求下,专门确定某一补贴是否属于被禁止的补贴。

协议的第 7 部分专门规定了各成员方均有就本国实施补贴的情况向补贴与反补贴措施委员会进行通知的义务。该委员会只有监督该协议实施的职能。

三、保障措施协议

1943 年美国在和墨西哥签订的《互惠贸易协定》中首次列入了保障条款,其内容被后来列入《1947 年关税与贸易总协定》第 19 条"对某种产品进口的紧急措施"。但在一些问题的规定上,过于笼统与抽象,可操作性差,实施情况并不理想,同时给缔约方滥用该条款留下了余地。为了明确保障措施的发动机制,亦为避免滥用,关贸总协定在 1993 年开始的东京回合中对此进行了多边谈判。在乌拉圭回合谈判中,争论的焦点是选择性适用的问题。经过激烈的讨价还价,最后美国和日本放弃了原来的主张,最终达成了对所有成员方都具有约束力的"保障措施协议"。保障措施协议由 14 个条款和 1 个附件组成。

(一) 保障措施的定义及特点

1. 保障措施的含义

保障措施是指成员方由于某种商品进口的急剧增加,对其国内相关产业造成严重损害或严重损害威胁时,作为紧急避难而采取的进口限制措施。保障措施具体的实施内容包含有提高关税、实施关税配额制度、实施数量配额和发放进口许可证等。

2. 保障措施的性质

保障措施是 WTO 体制中的一种例外,它为成员方提供了免除义务条件和程序,它存在的目的旨在协调两个相互冲突的目标:即贸易自由化和成员方经济主权、经济安全和经济利益上的矛盾,以及市场开放与成员方适度的背离 WTO 上的矛盾。

3. 保障措施的特点

保障措施的特殊性在于它是在公平贸易条件下保护国内产业的重要手段,它所针对的是所有国家的同类进口产品,而非特指某一成员方。

4. 保障措施与反倾销措施的异同点

(1) 相同点:①均是为保护国内相关产业而采取的行政措施;②均是针对进口产品而采取的行政措施;③均是以国内相关产业受到损害为起因而采取的行政措施。

(2) 不同点:①保障措施针对的是公平贸易行为,反倾销措施针对的是不公平贸易行为;②保障措施针对的进口产品是所有国家的同类产品,反倾销措施针对的是来自特定国家的某种产品;③保障措施的实施必须与有重大出口利益的成员方事先进行磋商,而反倾销措施则不用;④实施保障措施的一方,原则上必须给予受到利益影响的其他成员方相应的补偿。如果这种补偿不能达成协议,受影响的成员方还有权采取报复措施。而实施反倾销措施的一方不会给对方利益补偿。受反倾销投诉的一方更不能进行报复;⑤虽然都是行政措施,但批准的政府决策层次不同,批准保障措施的往往要比反倾销的决策层次高。

(二) 保障措施实施的条件

协议规定,成员方实施保障措施必须满足 3 个条件:

(1) 某项产品的进口激增。

(2) 进口激增是由于不可预见的情况和成员方履行 WTO 义务的结果。

(3) 进口激增对国内生产同类产品或直接竞争产品的产业造成了严重损害或损害威胁。

需要注意的是,当满足上述条件而实施保障措施时,必须遵守协议:对进口产品实施保障措施需"不管其来源"的原则。这一"不管其来源"的原则明确指出,动用保障措施的成员方不能对不同来源的产品实施歧视待遇,而是不管来自哪个成员方,均应对进口产品采取一视同仁的最惠国待遇原则。

(三) 实施保障措施的程序

实施保障措施的程序要经过调查、通知和磋商三个环节。

1. 调查

协议规定:进口成员方在采取保障措施之前必须符合1994年GATT第10条的要求,按照公开的程序,由主管当局进行调查。

调查要合理地通知有利害关系的成员方,并举行听证会邀请有利害关系的出口商参加,使其有提供证据和发表意见的机会。在此基础上主管当局还应公布一份结论性报告,列明对一切相关事实和解释问题的调查结果,以及作出的合理结论。

2. 通知

成员方应将下列事项立即通知保障措施委员会:
(1) 发起调查的决定及理由;
(2) 对进口增长造成严重损害或损害威胁的调查结果;
(3) 就实施或延长实施保障措施做出的决定。

3. 磋商

由于采取保障措施会影响到有关成员方根据WTO相关协议所享有的权利,协议规定,采取保障措施的成员方应与各利害关系方进行磋商,交换意见,并达成谅解。磋商结果应及时通知货物贸易委员会。

(四) 保障措施的具体实施

保障措施的实施只能以非歧视的方式进行,即进口限制措施仅针对产品,而不论该种产品的来源。

1. 保障措施实施的形式

保障措施实施的形式有三种:①提高关税;②数量限制;③关税配额。

在这三种形式中有两种(数量限制、关税配额)属于非关税措施,而非关税措施对贸易的扭曲作用较大。所以协议的第五条限制:实施数量限制,不得使进口数量低于过去三个有代表年份的平均进口水平。在实施关税配额限制时,进口方应当与利害关系方就配额分配进行磋商。磋商的基础是以供应方有代表性的年份作依据。

2. 保障措施期限

保障措施的实施期限一般不应超过4年。如果仍需以保障措施防止损害或救济受损害的产业,或有证据表明该产业正在进行调整,则可延长实施期限,但全部实施期限(包括临时保障措施)也不得超过8年。

另外协议规定,在紧急情况下,如果迟延会造成难以弥补的损失,进口方可以不经磋商而采取临时保障措施。主管机构只能在初步裁定进口激增已经或正在造成严重损害的情况下,方可采取临时保障措施。期限不得超过200天,并计入总期限。

临时保障措施只能以提高关税的形式进行。

如果随后调查不能证明进口激增对国内产业已造成损害,则增收的关税应如数迅速退还给出口方。

成员方在采取临时保障措施前应通知保障措施委员会；在采取措施后应尽快与各利害关系方进行磋商。

（五）补偿与报复

由于保障措施针对的是公平贸易条件下的产品进口，其实施必然影响出口方的正当利益。为此，协议的第8条规定，有关成员方可就保障措施的贸易产生的不利影响协商补偿的适当方式。

如果在30天内未达成协议，受影响的出口方可以对进口方对等地中止义务，即实施对等报复。但是，实施对等报复应在进口方实施保障措施后的90天内，并在货物贸易委员会收到出口方有关中止义务的书面通知30天后进行，且货物贸易委员会对此中止不持异议。

（六）禁止"灰色区域"措施

灰色区域措施是指有关国家根据双边达成的正式或非正式协议，实施的与WTO规则不符的进口限制措施，由于这些协议的透明度很低，故形象地称为"灰色区域措施"。其主要特征是：

（1）名义上是出口国自愿承担的单方面行动，实际上是在进口方压力下作出的。
（2）规避了取消数量限制和非歧视性原则。
（3）有关协议的内容一般包括提高产品价格、限制进口数量及进口监督等。

（七）发展中成员的优惠待遇

如果源自发展中成员方的产品，在进口方该产品进口总量中所占比例不超过3%，则不得针对该发展中成员的产品实施保障措施。但是，当比例均不超过3%的几个发展中成员的合计比例超过9%时，保障措施则可适用。

发展中成员实施保障措施最长可至10年。

（八）监督机制

协议的第13条规定：在货物贸易理事会之下设定一个对所有成员方开放的保障措施委员会，负责监督各成员方实施保障措施的行为。具体职能有7项。

下篇　　国际贸易法律法规

第九章 Chapter 9
国际贸易法律法规概述

第一节 国际贸易法概述

一、国际贸易法的定义

国际贸易法是20世纪中后期逐步成熟的独立的学科，随着经济的发展和贸易活动的扩大，这门学科涵盖的范围逐渐包括了货物贸易、服务贸易和技术贸易，而关于上述这些贸易活动的管理制度、法律规范也逐步形成，并在国际上得到普遍的遵守与应用。

有关国际贸易法的定义众说纷纭，但一般都可以概括为：国际贸易法是调整跨越国境的贸易活动关系以及与这些贸易活动相关的其他各种关系的法律规范的总和。主要体现为各种国际公约、国际贸易惯例和各国的国内立法。

二、国际贸易法的特征

在明确了国际贸易法的定义之后，通过进一步分析可以知道，国际贸易法有如下四点特性：

（一）调整对象的国际性

通过定义可知，跨越国境的贸易活动既包括营业地点位于不同国家和地区的企业和个人之间的贸易活动，也包括国家与国家之间的贸易活动，还包括国家与企业或个人之间的贸易及管理活动，这些活动都带有涉外的性质，也就是国际性的体现。

（二）涵盖内容的广泛性

国际贸易法不仅仅调整国际贸易活动关系，也调整因为国际贸易而产生的管理、干预和规制关系。单就跨越国境的贸易关系来说，目前已经形成了货物贸易、服务贸易和技术贸易三位一体的交易关系，有些西方学者还主张将国际投资、支付等经济关系纳入到国际贸易法的调整范围中。

（三）法律性质的多样性

国际贸易法因其调整对象的特点而具有多种法律性质。其中，既有国内法律规范，又有国际条约；既有调整平等主体之间的私法规范，又有规制纵向贸易关系的公法规范；既有实体法规范，又有程序法规范和冲突法规范。

（四）法律体系的综合性

国际贸易法是一种综合性的法律体系，既包括各国调整国际贸易活动关系及规制关系的国内法，也包括调整多边和双边贸易关系的多边条约、国际公约、双边贸易协定等，同时也包含大量的在国际贸易实践中形成的国际贸易惯例。

三、国际贸易法与其他相关法律学科的关系

国际贸易法与很多相关法律学科有相似之处，本节从国际贸易法的定义和特征出发，具体阐明它与国际法、国际经济法和国际商法的区别和联系。

（一）国际贸易法与国际法

国际法是调整国家与国家之间、国家与具有国家法主体地位的国际组织之间相互在政治、经济、军事、外交等方面的权利和义务关系的法律规范的总称。

国际贸易法与国际法在调整的主体内容上是有重合的，如国家和国际组织既是国际贸易法的主体，也是国际法的主体；国家和国家间的贸易关系既是国际贸易法的调整对象，也是国际法的调整对象。因此，这两个学科在内容上有一定的联系，但两者的区别也是明显的：首先，国际贸易法的主体还包括企业和个人，比国际法的主体范围要大；其次，国际贸易法的调整对象包括平等主体的当事人之间的贸易活动关系，而这并不是国际法的调整对象。

（二）国际贸易法与国际商法

国际贸易法在发展历史上要晚于国际商法，但两者都源于早期的商人习惯法，都以平等主体当事人之间的贸易关系作为调整对象，因此都有"意思自治"、"契约自由"等基本原则。它们的主要区别体现在各自学科涵盖的范围上，例如，各国政府对贸易关系的管理和规制、国际贸易争端解决机制、国家和国家之间的双边贸易条约、国际公约等都是国际贸易法的内容，而规范跨国公司行为、票据应用等法律则是国际商法的范畴。

（三）国际贸易法与国际经济法

国际经济法是调整国际经济关系的法律规范的总称，有广义与狭义之分。狭义的国际经济关系仅指国家、国际组织间的经济关系，主体一般限于国家和国际组织。广义的国际经济关系不仅包括狭义的国际经济关系，还包括不同国家之间的个人、法人、国家、国际组织之间的经济关系。国际经济法调整的对象既包括国际法上的经济关系，又包括国内法上的涉外经济关系，既有纵向的关系，又有横向的关系，既有公法的关系，又有私法的关系。因此，不少国内学者认为，国际经济法是包含了国际法、国际商法、国际贸易法等多门类、跨学科的综合独立法律学科。但随着近年来国际贸易法在规制内容上的日益扩大，它的独立性特征也日益明显。目前，人们通常认为国际贸易法已经成为一个相对成熟和独立的法律学科。

四、国际贸易法调整的对象

一个法律部门之所以能成为一个独立的部门，前提就是必须明确其调整的对象。所谓调整对象，是指某一法律部门所调整的特定的社会关系。对国际贸易法来说，它的调整对象即国际贸易关系，包括商品、技术、服务跨国的交换以及国家或地区、国际组织、企业、个人和其他组织因为这种交换关系而彼此形成的更为复杂的贸易关系。

第二节 国际贸易法的主体和基本原则

一、国际贸易法的主体

国际贸易法的主体是指在国际贸易法律关系中，可以享受权利并承担义务的法律人格者，又称为国际贸易法律关系的参加者或当事人，包括自然人、法人、国家和国际经济组织这四大类别。

（一）自然人

自然人是相对于法人而言的，它是指基于出生而取得民事权利和义务的主体资格的个人。国际条约和各国法律一般都规定，具有权利能力和行为能力的自然人是国际贸易法律关系的主体，因此，自然人参加国际贸易活动的前提是，必须具备相应的权利能力和行为能力，这一点在各个国家的国内法中都有所规定，例如我国《宪法》第18条第1款规定：中华人民共和国允许外国的企业和其他经济组织或者个人依照中华人民共和国法律的规定在中国投资，同中国的企业或者其他经济组织进行各种形式的经济合作。自然人在国际贸易关系中的主要作用是从事投资、贸易、金融、房地产、技术转让等各种经济活动。但是，由于个人受物力、财力所限，自然人在国际贸易领域中发挥的作用有限。

（二）法人

法人是指依法定程序设立，有独立财产、独立的组织机构，能以自己的名义享有权利并承担义务的社会组织。法人在国际贸易领域中占有非常重要的地位，是最积极、最活跃，也是数量最多的一部分主体，尤其是跨国公司的作用尤为突出，它们往往凭借其拥有的经济、技术、资金等方面的优势，在国际贸易中发挥着自然人主体和普通法人主体不能比拟的作用。

（三）国家

国家作为国际贸易关系的主体，是国际贸易法的主要缔结者，是指以国家名义参加国际贸易关系的国际代表和政府机关。在国际贸易法中，国家是一个有着特殊身份的主体。首先，它是国家对外贸易的当事人，作为平等主体以自己的名义从事各种国际、国内的经济活动，签订各种贸易合同、条约和协定；其次，它是国家对外贸易的管理者，制定国家对外经济政策和法律，依法对本国的涉外经济活动进行管理和法律调整。在这两种身份中，国家的主要作用体现为后者。

（四）国际经济组织

国际经济组织是指两个或两个以上的国家政府或民间团体为了实现共同的经济目标，通过缔结或加入国际条约或者协定而成立的组织。国际经济组织一般可以分为世界性国际经济组织和区域性世界经济组织两类，前者如世界贸易组织（WTO）、世界银行（WB）、国际货币基金组织（IMF）等，后者如亚太经合组织（APEC）、欧盟（EU）、东南亚国家联盟（ASEAN）等。

大多数国际经济组织都有自己的组织机构和章程，有固定的资产和资金来源，在特定的范围内承担一定的权利义务，并能够以自己的名义对外承担责任，有些国际经济组织甚至享有外交特权和豁免权。因此国际经济组织完全有能力参与国际贸易，在国际贸易法律关系中，它们起着非常重要的作用，如：制定或促成制定有关调整国际贸易关系的条约或协定；协调各国有关立法，收集、传播和制定有关国际贸易、投资、技术转让的资料、情报和政策；签订国际贸易合同；促进国际经济交流和协作等等。可以说，没有国际组织的话，国际贸易的开展将会遇到很多障碍。

二、国际贸易法的基本原则

国际贸易法的基本原则是指被国际社会普遍接受的、指导国际贸易活动的基本原则。国际贸易法的基本原则具有普遍意义，适用于国际贸易法的一切领域，并构成了国际贸易法的基础，换言之，所有的国际贸易法中具体法律制度的建立和运用都必须受国际贸易法基本原则的指导和制约。

现代意义上的国际贸易法基本原则是通过多年的发展、总结、吸收其他先进经验得来的，同时，为了适应建立新的国际经济秩序的需要，还确立了一些新的原则，这些原则的主要内容是：

（一）尊重国家主权原则

尊重国家主权原则也叫经济主权和国家对自然资源的永久主权原则，它是国际贸易法最重要的基本原则之一，体现为每个国家对其全部财富、自然资源和经济活动享有永久主权，包括拥有权、使用权和处置权在内，并可以自由行使这些权利。拥有国家主权的经济实体在确定其经济制度和对外经济交往上拥有独立权和自主权，不受任何外来干涉的影响，对其境内的任何人、物、事有自主管理权，包括对境内任何经济活动和从事经济活动的任何公司实体的管理权和控制权。

（二）平等互利、协商一致原则

平等互利、协商一致原则是指国家之间经济贸易活动的基本原则，它要求一国对所有在其领域内从事正当贸易活动的外国人和外国企业一视同仁，不得因国内贸易与对外贸易之间的差别或将国内法适用于国际贸易而使外国人处于不公平的受歧视的地位。在国际贸易领域，该原则具体体现为国家之间相互给予无条件最惠国待遇，同时也适用于贸易合同双方当事人之间的私法关系。

（三）国家合作与发展原则

1974年12月联合国大会通过的《各国经济权利和义务宪章》明确规定："每个国家

都有权利和责任来选择本国发展的道路和目标，充分动员和利用本国资源，实行进步的经济改革和社会改革，并且切实保证本国人民能够充分参加发展的过程，充分分享发展的利益。"由此可知，发展权利是各国一项独立的、不可剥夺的权利，因为人类没有发展就不能生存，尤其是对发展中国家而言，必须首先通过国家经济的发展和振兴，逐步缩小与发达国家之间的巨大差距，才能建立起公平、合理的国际经济关系。

由此原则出发，各国都有制定适当的本国发展政策的权利和义务，以达到不断改善全体居民和所有个人福利的目的。发展中国家对自身的发展负有主要的责任。但是，也必须清醒地认识到，只凭发展中国家自己，无论作出多么大的努力，都不足以使其尽快达到所期望实现的发展目标。因此，发展中国家有权获得发展援助，有权分享科学技术进步和发展的利益，以加速其经济和社会发展的脚步。

（四）贸易自由化、便利化原则

国际贸易是一种跨国性的行为，这种天然属性决定了国际贸易开展的有效性是和各国的贸易自由化程度、交易的便利化程度成正比的，只有简化贸易流程、弱化贸易障碍才能进一步促进国际贸易的发展，形成良性循环机制。因此贸易的自由化、便利化原则是国际贸易法的一项重要原则，它的内涵大致包括：简化和统一与货物进出口及货物运往目的地的运输相关手续中所需要的数据和票据；实现信息和数据的标准化和一体化；改进和统一包括运输和海关在内的有形基础设施；加强和精简港口过境和中转运输程序；统一贸易和运输法律法规；加大市场准入，降低关税；弱化关税和非关税壁垒。这种自由化、便利化的原则一直是经济学家所追求的目标，第二次世界大战后，各国也为此做出了大量卓有成效的工作，但是在国家主权仍然非常强大，实现完全的贸易自由还只是一个理想。

（五）意思自治原则

在国际贸易活动中，有相当一部分交易行为体现为平等主体之间的行为，规制这些行为的法律规范一般来说都是任意性规范，当事人双方可以通过约定选择适用还是不适用，从这个角度来说，当事人在交易活动中的意思自治就体现为一种普遍意义上的原则，《联合国国际货物买卖合同公约》第6条就体现了这一点：双方当事人可以不使用本公约，或在第12条的条件下减损本公约的任何规定或改变其效力。当事人就合同履行发生争议时还可以选择解决争议的法律或自行和解。当然，意思自治原则不是绝对的，它必须在一定的限制条件下才能应用，从目前的司法实践来看，对意思自治原则的主要规制体现为：当事人的意思自治只适用于国家的任意性法律规范，而非强制性法律规范，同时，只能选择实体法而非冲突法；当事人是善意的并且采取的是合法的行为；不得与一国的公共秩序和善良风俗相抵触等。

（六）有约必守原则

有约必守原则是一项古老的民商法基本原则，也可以称为诚实信用原则。它的基本含义是，民商事关系的当事人之间在依法订立合同之后，就必须认真遵守和执行约定的条款，履行各自的义务。该条原则之所以能够成为国际贸易法的基本原则，是国际贸易法这门学科的本质决定的，在一个国际贸易活动中，参与缔结合同的是不同国籍、不同国家的自然人、法人，还有国家和国际经济组织，只有当事人各方都能够本着诚实信用、尊重并履行合同的态度，才能使双方当事人获得期望中的经济利益，并进一步维持和发展正常的贸易关系，因此，有约必守可以说是国际贸易法的一块重要基石。《联合国国际货物买卖合同公约》、《美国统一商法典》等国际条约或国内法均充分体现了这一原则。

（七）禁止权利滥用原则

禁止权利滥用原则是一项比较抽象和宽泛的原则，由诚实信用原则发展而来，它是指当事人双方在设立、变更、终止国际贸易法律关系的过程中，必须正确看待和行使己方的权利，不得损害社会公共利益或社会公共秩序。公共利益或公共秩序是比较模糊的概念，各国的理解和规定都不甚相同，但公认的是禁止权利滥用原则在避免个人利益和国家利益发生冲突和失衡这一点发挥了不可忽视的作用。同时，因为它涉及不同国家之间的公共利益的协调和维护，因此在国际贸易法中的作用也尤为重要。

第三节 国际贸易法的法律渊源

国际贸易法的法律渊源是指国际贸易法的外在表现形式，包括国内渊源和国际渊源两个方面。国内渊源主要体现为国内立法；国际渊源体现为国际经济条约、国际贸易惯例以及某些国际组织关于国际经济的规范性文件。

一、国内渊源

国际贸易法的国内渊源指的是国内立法，亦即各国为了调整国际贸易关系，管理、指导当事人进行对外贸易活动，在对外贸易方面所进行的各项立法。它是国际贸易法的主要渊源，所有国际条约、贸易惯例的适用均离不开国内立法的相关规定，一国的各种交易活动、争端解决以及管理规则的制定也主要通过国内立法进行。

一国在规范对外贸易方面的立法主要有对外贸易法、合同法、专利法、商标法、著作权法、海关法、反倾销法、反补贴法和保障措施法等等。

二、国际渊源

（一）国际经济条约

国际经济条约是指国家之间、国际组织之间或国家与国际组织之间为了确定彼此之间的经济权利和义务而达成的协议。各国根据发展的需要缔结的与国际贸易有关的国际条约是国际贸易法的重要渊源之一。

国际经济条约有多种表现形式，如调整两个国家之间双边经济关系的双边经济条约；为设立区域性国际经济组织或区域性经济合作而签订的区域性经济条约；由世界上大多数国家或若干国家通过国际组织或国际会议共同制定的世界性多边条约。

（二）国际贸易惯例

国际贸易惯例是指在长期的国际贸易实践中逐渐自发形成的，为某一地区、某一行业中的当事人普遍接受和经常遵守的任意性规范，它是国际贸易法的另一个重要渊源。

国际贸易惯例形成的过程不受政府机关的控制和制约，它的成文一般是由商业自治团体自发地编纂而成，这使它有别于依靠国家立法机关制定的国内法以及依靠各国之间的相互谈判、妥协而达成的国际条约。这种非主权性特点使国际贸易惯例具有任意性，没有强制适用性。只有在当事人明示或者默示同意采用时，才对当事人具有法律效力。如果当事人明示或者默示地加以排除，则不能将国际贸易惯例强加给当事人。

（三）重要国际组织的决议

重要国际组织的决议作为国际贸易法的渊源之一，主要指的是普遍性的国际组织所作出的和国际经济有关的规范性决议。按照国际法的理论，国际组织并没有立法权。因此其通过的决议一般来说对其会员国或成员国是没有强制力的，这一点使得国际组织的决议有别于经国家签署或批准而产生法律约束力的国际条约。但是在现代国际贸易法律制度中，全球性的国际经济组织的决议正在发挥着日益重要的作用，例如，1974年5月1日联合国大会通过的《建立国际经济新秩序宣言》和《建立国际经济新秩序行动纲领》以及1974年12月12日联合国大会通过的《各国经济权利和义务宪章》所确立的国家对资源永久主权原则、建立国际经济新秩序原则等，均已被国际社会所公认，具有国际法效力，因此，凡是符合国际法公认的准则且具有重要意义的国际组织决议应当是具有法律效力的，属于国际贸易法的重要渊源。

第四节 管制国际贸易的法律制度

1995年1月1日诞生的世界贸易组织（WTO）是一个管理全球多边贸易体制有序运行的政府间国际组织，它的目标是要建立一个完整的、更可行和持久的多边贸易体制，各个成员方都给予WTO履行职能所必需的特权和豁免，以满足WTO的法律效力，同时，在GATT乌拉圭回合中，国际贸易的内涵得到了极大的扩展，不局限于传统的货物贸易，而是根据国际贸易实践的发展，扩大到服务贸易、知识产权以及与贸易有关的投资措施等等，它致力于建立一个综合性的贸易规则系统，并将最惠国待遇、国民待遇等原则强化并推广适用于货物贸易、服务贸易和知识产权等领域。因此，从世界范围来看，世界贸易组织对规制国际贸易活动最为全面和有效。

一、管制国际货物贸易的法律制度

（一）贸易救济制度

作为传统的贸易载体，货物贸易是WTO调整最主要的领域，除了降低关税以促进货物进出口之外，GATT/WTO更多地将重点放在避免滥用非关税壁垒上，并将农业和纺织品重新纳入货物贸易的框架下，同时开始解决影响贸易自由化的与贸易有关的投资措施等问题。

贸易救济是指当外国进口对一国国内产业造成负面影响时，该国政府所采取的减轻乃至消除该类负面影响的措施，这里的"贸易"专门指代一国的对外贸易，不涉及国内贸易。在 WTO 框架内，贸易救济包括三种形式：反倾销、反补贴和保障措施。一般而言，采取贸易救济措施表现为：经过国内产业或其代表申请或者经一国主管当局认为有必要而自行发起之后，主管当局发起一项反倾销、反补贴或者保障措施调查，最终确定对外国进口加征关税或者实行配额管理（保障措施中可能二者并用）。其宗旨和目的是为了保障实质性的贸易自由化，维护国际贸易的公平性，保护成员方经济发展的长远利益，同时优化成员方的贸易环境，增强竞争能力。

反倾销、反补贴和保障措施作为贸易救济的主要法律制度，从产生、发展到趋于完善经历了较长时间的历史演变，到目前为止，国际上对贸易救济的态度比较统一，要求它一方面要作为维护正常国际贸易的武器，另一方面要控制其正当运用，不轻易成为国际贸易保护主义的工具。

（二）《乌拉圭回合农业协定》

长期以来，农产品贸易一直作为一个特殊的领域游离于国际贸易纪律的有效约束之外，农业保护始终深深地植根于发达国家的国内农业政策之中，农业贸易由于各国政府的高度干预仍然是多边贸易体制中最为复杂和敏感的问题之一。半个多世纪以来，围绕农产品贸易制度安排而产生的争议始终是各国关注的焦点。尤其是 2001 年 11 月启动的多哈回合谈判，从 2003 年坎昆会议的无果而终，到 2004 年 7 月达成的"多哈框架协议"，到 2005 年 7 月协议初稿无法形成，再到 2005 年 12 月香港会议召开，农业谈判问题始终一波三折，难有进展。

1993 年 12 月 15 日签署的《乌拉圭回合农业协定（下称《农业协定》）》，实际由 4 个部分构成，即：农业协定文本；各谈判方在市场准入、国内支持和出口补贴方面作出的削减和承诺；实施卫生和植物卫生措施的协定；关于最不发达国家和粮食净进口发展中国家的决定。农业协定的基本目标与原则是：建立一个公正的、以市场导向为目标的农产品贸易体系，并顾及应当通过在国内支持和保护方面的承诺谈判建立起强有力的、在操作上更为有效的规则来推动农业贸易体系改革工作；农产品贸易体系改革的长期目标是从根本上逐步实现减少现存的农业补贴和保护，最终纠正和防止世界农产品市场中存在的种种限制和扭曲现象；在实施市场准入承诺时，发达国家成员应考虑到发展中国家成员的特殊需要和条件，特别是对发展中国家具有特殊利益的农产品的准入条件和机会（如热带农产品等）；在承诺中考虑到非贸易关注问题（包括粮食安全和环保需要）、给予发展中国家的特殊和差别待遇，并考虑对最不发达的粮食净进口国实行改革计划可能产生的负面效应。

在整个《农业协定》文本结构中，比较重要的规制农产品贸易的有出口补贴和国内支持两项规定，其中，出口补贴包括：因农产品出口而实施直接补贴；以低于国内价格销售或处置政府库存；资助生产者的出口补贴；市场营销补贴；交通运输补贴；根据农产品纳入出口产品范围而定的补贴。出口补贴被认为是对贸易扭曲最严重的政策措施，因此《农业协定》第 8 条明确规定了关于出口补贴的一般纪律，即"每一成员方均不得以除符合本协议和其减让表中列明的承诺以外的其他方式提供出口补贴"。而第 9 条则列出 6 种出口补贴只能向减让表中的产品提供，并受制于削减程度，不能向减让表以外的产品提供。

与出口补贴相类似，国内支持也是政府干预下经济资源向农业生产者的一种转移行为，但它不以出口实绩为条件。《农业协定》对不同的国内支持措施进行分类处理：一类是不会引起贸易扭曲，被免于削减承诺的措施，包括"绿箱"政策、"蓝箱"政策、微量支持和发展性支持。其中，"绿箱"政策包括政府提供的一般服务、用于粮食安全目的的公共储备、国内粮食援助以及对生产者的直接支付等。"蓝箱"政策是指限产计划下给予的直接支付，而微量支持针对的则是对特定产品的国内支持未超过有关成员方农业生产总值5%的情况。发展性支持指的是发展中国家政府直接或间接鼓励农业或农村发展的援助措施可以免于削减；另一类是产生贸易扭曲，要求各国作削减和约束承诺的措施，叫"黄箱"政策。由于"绿箱"政策的支持面很宽，因此各成员国纷纷将本国内原属于"黄箱"的部分转化为"绿箱"。

对于《农业协定》没有规定的内容，无论是《农业协定》还是WTO的争端解决实践都表明，可以适用WTO的其他规定。例如加拿大牛奶和奶制品出口措施案中，就援引了《补贴与反补贴协定》的相关规定。

（三）与贸易有关的投资措施协定（TRIMS）

贸易和投资是关系非常紧密的一对概念，在多边贸易体制管制国际贸易的过程中，不可避免地要对国际投资进行干预和规制，因此，WTO框架包含了不少与投资有关的协议，如TRIMS协议、TRIPS协议等。尤其是TRIMS协议，它介绍了与贸易有关的一些投资措施规则，促进了跨国投资的开展。

TRIMS协议（简称TRIMS）全称是《与贸易有关的投资措施协议》，是1986年10月开始的乌拉圭回合谈判的最后成果之一，它的宗旨是：避免投资措施给贸易带来扭曲和限制，从而促进世界贸易扩展和逐步自由化，并促进跨国投资，以达到在确保自由竞争的同时，增进所有贸易伙伴，尤其是发展中国家成员方经济增长的目的。TRIMS由序言、正文、附录组成，正文有9个条款，是对与贸易有关的投资措施的具体规定。

1. 适用范围

TRIMS只适用于与货物贸易有关的投资措施，不适用于与知识产权和服务贸易有关的投资措施，也不适用于所有与货物贸易有关的投资措施，而是适用于那些可能对贸易产生限制或扭曲作用的投资措施。

2. 国民待遇原则和取消数量限制原则

国民待遇原则和取消数量限制原则是TRIMS的核心内容，它不是禁止成员国实施投资措施，而是禁止其实施违反国民待遇原则和取消数量限制原则等一切可能对贸易产生限制或扭曲作用的投资措施，如要求企业购买或使用当地生产的或来源于当地的产品，无论这种要求是以规定特定的产品、产品数量或价值形式提出，还是以规定该企业在当地生产一定比例的产品数量或价值的形式提出；限制企业购买或使用进口产品的数量，并把这一数量与该企业出口当地产品的数量或价值相联系；普遍限制企业对用于当地生产或与当地生产相关产品的进口，或将进口限制在与其出口的当地产品的数量或价值相关的水平；通过将企业可使用的外汇限制在与可归因于该企业外汇流入相关的水平，从而限制该企业对用于当地生产或与当地生产相关产品的进口；限制企业产品出口或供出口产品的销售，无论是按照特定产品、产品数量或价值规定，还是按照当地产品在数量或价值上所占比例规定。

3. 例外规定

第4条就发展中国家在投资措施方面履行国民待遇义务和一般取消数量限制义务做了例外规定。第5条的过渡安排也给予了发展中国家成员方更长的缓冲期，在要求各成员方取消与 TRIMS 不相符的投资措施时，发达国家的过渡期是2年，发展中国家为5年，最不发达国家则是7年。

4. 通知与过渡安排

协定 TRIMS 第5条规定，各个缔约国在协定 TRIMS 生效90天内将所有正在实施的与协定 TRIMS 不相符的投资措施予以通报，在通知此类普遍或特定适用的投资措施时应同时告知其主要特征，并在两年内（发展中国家5年，最不发达国家7年）消除这些 TRIMS。货物贸易理事会应发展中国家成员方的请求，可以延长其过渡期限，但发展中国家成员方应证明执行该协定时的特殊困难。在过渡期内，为不使现有的受上述通知的任何投资措施约束的企业处于不利地位，可在过渡期内对一项新投资实施相同的投资措施，但必须符合两个条件：该类投资的产品与现有企业的产品同类，且为避免扭曲新投资与现有企业间的竞争条件所必需。此外，任何适用于新投资的投资措施应通知货物贸易理事会。

5. 透明度规则

TRIMS 第6条规定，各成员方应加强其投资政策法规以及做法的透明度义务。还应向 WTO 秘书处通知含有投资措施的出版物，包括各级政府所使用的相关出版物。但可以不公开有碍法律实施并对公共利益及特定企业的合法商业利益造成损害的信息。

6. 管理机构

TRIMS 专门建立了一个对参加协议所有成员方开放的与贸易有关的投资措施委员会，主要职责是管理 TRIMS 的运作和实施，并就此向货物贸易理事会提交年度报告；向各成员方提供有关该协定运作和实施的任何事项的协商机会；负责执行货物贸易理事会指派的其他职责。

7. 解决争端

TRIMS 第8条规定与贸易有关的投资措施协议的协商程序和争端解决使用 GATT1994 第二十二条、二十三条和 WTO《争端解决谅解书》各项条款。

二、管制服务贸易的法律制度

服务贸易与货物贸易有很大的不同，其包含的部门有相当大一部分与国家主权、安全、国防相关，所以无论发达国家还是发展中国家均非常重视服务贸易的相关内容，并争取在国际服务贸易规则的制定中维护本国利益。在乌拉圭回合谈判中达成的《服务贸易总协定》是发达国家和发展中国家相互妥协的结果，是 WTO 框架的三大支柱之一。

《服务贸易总协定》（GATS）由三大部分组成：一是协定条款本身，又称为框架协定，二是部门协议，三是各成员的市场准入承诺单，全文共有29条，8个附件以及各成员方的具体承诺减让表。

1. GATS 的范围和定义

GATS 的第一部分规定了适用范围和服务贸易的定义。该协定适用于各成员方服务贸易的措施，而服务贸易的定义则包含跨境交付、境外消费、商业存在和自然人流动四种形式，涵盖了通过资本和人员这两大要素流动进行的服务贸易，将其列入 GATS 的适用范围是兼顾各方利益的举措。

2. GATS 各成员方应承担的义务

GATS 规定，各成员方应给予任何其他成员方的服务或服务提供者以最惠国待遇；各成员方在服务贸易领域中的各种法律与管制措施应具有透明度；在已经做出具体承诺的部门中，成员方应保证所有影响服务贸易的普遍适用的措施以合理、客观和公正的方式实施，各成员方应根据其具体承诺减让表履行市场准入和国民待遇义务。

（1）市场准入和国民待遇。关于国民待遇，GATS 第 17 条规定，每一成员方在其承诺表所列的服务部门中，根据该表所列的各种条件和资格，在影响服务提供的所有措施方面，给予任何其他成员方的服务和服务提供者的待遇，不低于其给予本国相同的服务和服务提供者的待遇。在市场准入方面，GATS 第 20 条规定，每一成员方的具体承诺应列明市场准入的条款、限制和条件。当然，自由化进程必须符合各成员方国家的政策及发展水平，个别发展中国家成员应该更灵活地适用。

（2）最惠国待遇。GATS 第 2 条规定，对于任何其他成员的服务和服务提供者，无条件和立即地给予不低于其给予任何其他国家类似服务和服务提供者的待遇。但是，这种义务并不是绝对的，GATS 还设定了若干最惠国待遇适用的例外，包括边境贸易例外、经济一体化例外和各成员的"自我豁免"等。

三、与知识产权有关的法律制度

在乌拉圭回合谈判中，以美国为代表的发达国家希望通过 GATT/WTO 的争端解决机制保护本国知识产权不受侵犯。但大多数发展中国家则认为，GATT 所管辖的是有形商品的自由贸易，保护知识产权应属于世界知识产权组织的职权范围，而且，如果发展中国家和发达国家承担一样的义务会给发展中国家带来沉重的财政和行政负担。因此，在两大阵营国家的妥协下，TRIPS 协议达成，并成立了知识产权理事会，负责监督 TRIPS 的实施。

《与贸易有关的知识产权协定》（缩写为 TRIPS）简称《知识产权协定》，由七个部分，共 73 条构成。其中所说的"知识产权"包括：著作权与邻接权；商标权；地理标志权；工业品外观设计权；专利权；集成电路布线图设计权；未披露的信息专有权。

1. TRIPS 的适用范围

TRIPS 保护的范围包括：著作权及相关权、商标、地理标志、工业品外观设计、专利、集成电路布线图设计、未公开的信息含商业秘密等七种知识产权，规定了最低保护要求；并涉及对限制竞争行为的控制问题，规定和强化了知识产权执法程序，有条件地将不同类型的成员加以区别对待。该协定宗旨是促进对知识产权在国际贸易范围内更充分、有效的保护，以使权利人能够从其创造发明中获益，受到激励，继续在创造发明方面的努力；减少知识产权保护对国际贸易的扭曲与阻碍，确保知识产权协定的实施及程序不对合法贸易构成壁垒。

2. TRIPS 的实施

TRIPS 协议对知识产权的实施作了非常详细的规定，涵盖民事程序、刑事程序、行政程序、临时措施和边境措施等等。首先，在关于执行程序上，TRIPS 规定，民事、刑事及行政程序必须公平，各成员方的执法不得无故拖延，在任何情况下，对行政部门的终局裁决和决定都应给予当事人诉诸法律的权利。

其次，在临时措施的适用上，允许各成员方在适当的情况下，特别是在任何延迟可能会给权利人带来不可弥补的损害或证据极有毁灭危险的情况下，司法当局采取适当的措施，阻止对知识产权侵权行为的发生，特别是阻止包括刚刚结关的进口商品在内的侵权商品进入其司法管辖区内的商业渠道，保护关于被断言的侵权行为的有关证据。

边境措施要求成员方应保证有确凿证据怀疑仿冒商标商品或盗版商品的进口可能发生的权利人，能够以书面形式向主管的行政或司法当局提出由海关中止放行该货物进入自由流通的申请。

第十章 国际贸易法律制度

第一节 国际货物买卖法

国际货物买卖是国际贸易活动的重要组成部分,各国的相关法律、在长期的货物流通实践中逐步形成的国际贸易惯例、在一些重要的国际经济组织主持下缔结的国际公约都对国际货物买卖活动进行着管理和调整。本节即对与国际货物买卖有关的主要国家的立法、国际惯例和国际公约进行比较全面的介绍。

一、国际货物买卖法概述

(一)国际货物买卖法的定义

国际货物买卖法是调整国际货物买卖过程中所产生的各种权利、义务的法律制度和规范的总称。它的核心内容是合同双方当事人的权利和义务关系。

(二)国际货物买卖法的渊源

法律渊源是指法律的表现形式,国际货物买卖的法律渊源具有多样性,包括各国的国内法、国际公约和国际惯例。

1. 各国的国内法

(1)大陆法系。在大陆法系民商合一的国家中,调整国际货物买卖的国内法一般是作为民法典的一部分在债权篇中规定,如瑞士的债务法典、意大利民法典等;在民商合一的国家,除了民法典以外,还有专门规制商事行为的商法典,作为民法典的特别法加以补充。

(2)英美法系。英美法系没有专门的民法典,关于货物买卖的法律规定在普通法原则以及一些单行法规中,如英国《1893年货物买卖法》(后经多次修改和补充,先使用的为1995年修订版本)第二篇,就对货物买卖的相关问题作出了规定,而该篇没有涉及的问题则适用普通法原则。英国《货物买卖法》对英美法系国家的货物买卖立法有着非常重要的示范作用，如美国法学会全国统一州法代表会议制定的《美国统一商法典》就是以英国《货物买卖法》为蓝本制定的。

（3）中国关于货物买卖的法律。我国没有专门的民法典和商法典，有关货物买卖的法律体现在《中华人民共和国民法通则》和《中华人民共和国合同法》中。

2. 国际公约

目前关于国际货物买卖的国际公约主要有：1964年《国际货物买卖统一法公约》、1964年《国际货物买卖合同成立统一公约》以及1980年《联合国国际货物买卖合同公约》（以下简称《公约》）。前两个公约由于受大陆传统影响比较多，晦涩难懂，参加国也比较少，因此，没有在国际上得到普遍的采用和认可，也没有起到统一国际货物买卖法的作用。1980年《联合国国际货物买卖合同公约》是目前为止国际上最有影响力的关于国际货物买卖的国际公约，我国以及我国的主要的贸易伙伴都是《公约》的缔约国。

3. 国际惯例

国际货物买卖的国际惯例是伴随着国际贸易、国际航运等活动产生和发展而形成的，是国际货物买卖法的重要组成部分，但是国际货物买卖是否适用国际商务惯例，取决于当事人的约定，如果当事人约定适用某项国际贸易惯例，则该惯例适用于他们之间订立的国际货物买卖合同。目前在国际货物买卖领域中适用比较广泛的国际贸易惯例主要有《1932年华沙—牛津规则》、《1994年美国对外贸易定义修订本》和《2010年国际贸易术语解释通则》等。

二、国际货物买卖合同的成立

国际货物买卖合同，是指营业地处于不同国家的当事人就某一货物的买卖表示一致的协议。由于此类交易的国际性特征，使得因合同的订立、履行、救济等问题发生的纠纷和矛盾都比较复杂，解决方法也较之国内困难。以下主要以1980年《联合国国际货物买卖合同公约》（以下简称《公约》）为主，并结合相关国家关于国际货物买卖方面的立法进行介绍。

（一）国际货物买卖合同成立的程序

《公约》的第二部分规定了国际货物买卖合同成立的内容，对合同成立的两个基本要素即要约和承诺作出详细规定，努力调和了大陆法系和英美法系在合同成立方面的分歧。

1. 要约

（1）要约的含义。《公约》第14条规定，向一个或一个以上特定的人提出的订立合同的建议，如果内容十分确定且表明要约人在得到承诺时就将受其约束的意思，即构成要约。发出要约的人称为要约人，收到要约的人称为受要约人。要约可以由买方提出，也可以由卖方提出，方式可以是口头、信函、电子数据、传真、电传等等。

（2）要约的构成条件。《公约》规定，一项有效的要约应当包含以下条件：①向一个或一个以上特定的人发出。如果向广大群众发出，如刊登普通商业广告、派发商品目录、价目表等，只能视为要约邀请。②内容必须十分确定。要约人必须清楚明白地表明要约的主要交易条件，一旦对方承诺，则合同可以成立并有效地履行，《公约》还规定，若一项建议写明了货物的名称、明示或暗示地规定数量和价格或规定如何确定数量和价格的方法,即为十分确定。③表明要约人在其要约一旦得到承诺时即受约束。如果订立合同的建议中附有保留条件,例如"仅供参考"的字样等,则不能作为要约,只能视为要约邀请。

(3) 要约的生效。要约于其到达受要约人处时生效,对于受要约人来说,可以承诺,也可以拒绝,也可以就要约的内容按照自己的意思进行改动。《公约》规定,有关货物价格、质量、数量、支付方式、交货地点和时间、争议的解决等内容,如受要约人进行了变更,均视为对原来的要约实施了实质性的变更,视为新要约。

(4) 要约的撤回与撤销。要约的撤回是指,要约可以在其生效之前收回。只要撤回要约的通知在要约到达受要约人处之前或同时到达受要约人处,即可撤回要约。

要约的撤销是指要约在生效之后、受要约人承诺之前将其收回。但要注意的是,如果要约写明了有效期限或用其他的方式表明该要约是不可撤销的,或受要约人有理由相信该要约是不可撤销的并已本着对该项要约的信赖行事时,要约不可撤销。

2. 承诺

(1) 承诺的含义。承诺是受要约人无条件地对要约人在要约中所提出的交易条件表示同意,并作出愿意按此交易条件与要约人订立合同的意思表示。

(2) 承诺的构成条件。一项法律意义上的承诺通常必须具备以下五个条件:①承诺必须是由受要约人作出的。只有受要约人或其授权的代理人作出的承诺,才能认为是当事人的意思表示一致。②承诺必须向要约人作出。③承诺必须在要约的有效期限内到达要约人。如果要约中未规定要约的有效期,那么受要约人一般应该在合理期内作出承诺。④承诺的内容必须与要约的内容相一致。按照《公约》的规定,承诺不能对要约作出实质性的变更,才能视为一致。⑤承诺的方式不能违背要约的要求。通常承诺的方式必须和要约的规定相符合。如果要约对承诺的方式作了规定,承诺应当按规定的方式作出,但如没有相应的规定,则受要约人通常应当采用和要约相同的方式或更快捷的方式作出承诺。

(3) 承诺的生效。承诺生效的时间涉及合同何时成立,承诺生效的地点则涉及合同在何处成立,这是一个非常重要的问题,大陆法系和英美法系对承诺的生效问题看法分歧较大。

大陆法系采取"到达生效"原则,亦即承诺到达要约人处时生效;英美法系采取"投邮生效"原则,亦即承诺一经发出,立即生效。

(4) 承诺的撤回。《公约》第22条规定,一项承诺可以撤回,只要撤回的通知于承诺生效之前或在承诺生效的同时到达要约人。这项规定以承诺的到达生效原则为基础。

(二) 国际货物买卖合同的内容和形式

1. 国际货物买卖合同的内容

国际货物买卖合同与其他类型的合同一样,通常由首部、正文、尾部三个部分组成。首部通常包括合同名、编号、当事人名称和地址等。尾部则包括当事人签章、合同正副本数量及效力等,而合同订立的时间和地点则有时放于首部,有时放于尾部。合同的主体部分是正文,它规定了当事人双方的权利义务关系,主要包括以下基本内容:

(1) 标的物条款;

(2) 装运条款;

（3）保险条款；

（4）支付条款；

（5）检验条款；

（6）不可抗力条款；

（7）争议解决和法律适用条款。

以上是国际货物买卖合同不可缺少的条款，但当事人在签订国际货物买卖合同时并不以上述七项条款为限，如果当事人认为有必要，可以增添其他内容进行补充。

2. 国际货物买卖合同的形式

《公约》对合同的形式没有作出限制性规定，考虑到某些缔约国国内法的不同规定，《公约》允许缔约国对合同的形式作出保留。

三、买卖双方的义务

国际货物买卖合同是一种双务合同，当合同成立并生效后，当事人双方都有责任按约定履行各自的合同义务，因此，卖方和买方都有什么样的义务是合同的重要内容，各国国内法、《公约》均对此有明确规定。

（一）卖方的义务

在国际货物买卖合同中，卖方承担的义务是主要的方面，《公约》规定，卖方必须按照合同和本公约的规定交付货物、移交与货物有关的单据、担保货物没有瑕疵。

1. 交付货物

（1）关于交货的地点。如果买卖合同对交货地点已有具体规定，卖方应按合同规定的地点交货。如果合同对交货地点没有作出规定，根据《公约》第31条的规定，卖方应按下述三种不同情况履行其交货义务：①如果合同没有规定具体的交货地点，而该合同又涉及货物的运输，即要求卖方把货物运送给买方，如经由铁路或海运交买方等，则卖方的交货义务就是把货物交给第一承运人。②如果买卖合同既没有规定具体的交货地点，又不要求卖方把货物运送给买方，即合同中没有涉及卖方应负责运输的事宜，则按照《公约》的规定，如果该合同出售的货物是特定物，或者是从某批特定的存货中提取的货物，或者是尚待加工生产或制造的未经特定化的特定物，而双方当事人在订立买卖合同时已经知道这些货物存放在某个地方，或者已经知道它们将在某个地方生产或制造，则卖方应在该地点把货物交给买方处置。③除上述情况外，在其他情况下，卖方的交货义务是在其订立买卖合同时的营业地点把货物交给买方处置。所谓交给买方处置（at the buyer's disposal），是指卖方采取一切必要的行为，让买方能够取得货物。例如：做好交货前的准备工作，将货物适当包装打上唛头，并向买方发出通知让其提取货物等。如果卖方已把货物交给仓库或承运人照管，则卖方将有关单据，如提单或仓库单据交给买方，即认为已将货物交给买方处置。

（2）关于交货的时间。《公约》第23条对如何确定卖方交货的时间做了如下几项规定：①如果合同中规定了交货的日期（如5月20日），或从合同中可以确定交货的日期（如买方开出信用证后30天）则卖方应在该日期交货。②如果合同中规定了一段交货的期间（如5月或6月—7月等），或从合同中可以确定一段期间，则除情况表明买方有权选定一个具体日期外，卖方有权决定在这段期间内的任何一天交货。③在其他情况下，卖方应在订立合同后的一段合理时间内交货。至于何谓"合理时间"，应根据交易的具体情况来确定。

2. 移交单据

在国际货物买卖中，装运单据具有十分重要的作用。它们是买方提取货物、办理报关手续、转售货物以及向承运人或保险公司请求赔偿所必不可少的文件。按照国际贸易惯例，在大多数情况下，卖方都有义务向买方提交有关货物的各种单据。而且，买卖合同也往往规定，以卖方移交装运单据作为买方支付货款的对流条件。《公约》明确规定，移交有关货物的单据，是卖方的一项主要义务。

3. 品质担保

品质担保也叫瑕疵担保，是指卖方对其所售货物的质量、特性或适用性承担的责任。《公约》规定，卖方提交的货物除了应符合合同的规定外，还应符合公约的如下要求：

（1）货物适用于同一规格货物通常使用的目的；

（2）货物适用在订立合同时买方明示或默示通知卖方的特定目的；

（3）在凭样品或说明书的买卖中，货物要与样品和说明书相符；

（4）卖方应按照同类货物通用的方式装箱或包装，如果没有通用的方式，则用足以保全和保护货物的方式装箱和包装。否则，根据各国法律与实践，卖方违反瑕疵担保不仅要承担交货不符、违反合同的责任，如果因货物瑕疵导致人身伤亡和财产损失，当事人还要依法承担产品责任。

4. 权利担保

权利担保是指卖方所提交的货物必须是第三者不能提出任何权利要求的货物。卖方在订立合同时应保证其所售货物的所有权不因存在买方所不知的瑕疵而被追夺。《公约》规定：

（1）卖方应向买方担保他确实有权出售该货物；

（2）卖方应担保货物上不存在任何不为买方所知的留置权、抵押权等他人的权利要求；

（3）卖方应向买方担保第三者对所提交的货物不得以侵权或其他类似理由提出合法要求，例如卖方出售的货物及其使用不得侵犯第三者的专利权、商标权等。

（二）买方的义务

买方的主要义务有两项：一是支付货款；二是受取货物。现将《公约》中有关买方义务的规定介绍如下：

1. 支付货款

按照《公约》的规定，买方支付货款的义务涉及许多方面的问题，如履行必要的付款手续、合理确定货物的价格、确定付款的时间和地点等。对这些问题，《公约》的规定比许多国家的国内法都更为详细和具体。

（1）履行必要的付款手续。《公约》第54条规定，买方支付货款的义务包括采取合同或任何法律、规章所要求的步骤及手续，以便使货款得以支付。所谓"依照合同或法律、规章的要求采取为支付货款所必需的步骤及手续"，主要是指按照买卖合同的规定，申请银行开出信用证或银行保函；在实行外汇管制的国家，还必须根据有关法律或规章的规定，向政府申请取得为支付货款所必需的外汇。

（2）确定货物的价格。如果合同没有明示或默示货物的价格或确定价格的方法，如合同已有效成立则应当认为双方当事人已默认引用订立合同的时候这种货物在有关贸易中类似情况下出售的通常价格。《公约》这项规定的目的是为了使合同不致由于没有规定价格或作价方法而不能履行。

（3）支付货款的地点。如果买卖合同对付款地点没有作出具体的规定，买方应按《公约》第57条的规定，在下列地点向卖方支付货款：①在卖方的营业地付款。如果卖方有一个以上的营业地点，则买方应在与该合同及合同的履行关系最为密切的那个营业地点向卖方支付货款。②如果是凭移交货物或单据支付货款，则买方应在移交货物或单据的地点支付货款。

（4）支付货款的时间。《公约》第58条规定了买方支付货款的时间与条件。它包括以下三项内容：①根据《公约》第58条第1款的规定，如果买卖合同没有规定买方应当在什么时候付款，则买方应当在卖方按合同和《公约》的要求把货物或把代表货物所有权的装运单据（如提单）移交给买方处置时，支付货款。②如果合同涉及货物的运输，卖方可以在发货时订明条件，规定必须在买方支付货款时，方可把货物或代表货物所有权的装运单据交给买方。③《公约》规定，买方在没有机会检验货物以前，没有义务支付货款，除非这种检验的机会与双方当事人约定的交货或支付程序相抵触。

2. 收取货物

根据《公约》第60条的规定，买方收取货物的义务主要包括以下两项内容：

（1）采取一切理应采取的行动，以便卖方能交付货物。这项规定主要是要求买方合作，采取必要的行动，如及时指定交货地点或按合同规定安排有关运输事宜，以便卖方能履行其交货义务。

（2）接收货物。买方有义务在卖方交货时接收货物。如买方不及时接收货物，有时可能会对卖方的利益产生直接影响，如支付滞期费及仓储费、保险费等额外费用，对此买方亦应承担责任。

四、违约及其救济

违约是指订立合同的当事人没有按照合同的规定履行合同义务，除了因不可抗力、情势变迁或合同受挫等原因造成的合同不履行之外，行为人对不履行合同的行为都要承担相应的责任，即违约责任。

（一）违约的类型

1. 根本违反合同

《公约》第25条规定，一方当事人违反合同的结果，如使另一方当事人蒙受损害，以至于实际上剥夺了他根据合同规定有权期待得到的东西，即为根本违反合同，除非违反合同一方并不预知而且一个同等资格、通情达理的人处于相同情况中也没有理由预知会发生这种结果。《公约》对根本违约的构成要求了两个要件：违约后果的严重程度与违约后果的可预见性。一旦构成根本违约，非违约方便可以根据第49条、72条或73条等的规定宣告合同无效。

2. 一般违反合同

《公约》并未对一般性的违反合同作出具体规定，但与根本违反合同比较来看，可以认为，一般违反合同是除了根本违反合同之外的其他违约行为，从违约后果的严重程度上来看，类似美国法上的轻微违约行为。

3. 预期违反合同

《公约》认为，预期违反合同，是指在合同规定的履行期到来之前，已有根据预示合同一方当事人将不会履行其合同义务。

4. 违反分批交货合同

《公约》第73条规定，对于分批交货的合同，对方当事人不履行对任何一批的货物的义务，便对该批货物构成根本违反合同，本方当事人可宣告合同对该批货物无效。如果对方当事人不履行对任何一批货物的义务，使本方当事人有充分理由断定对今后各批货物将会发生根本违反合同，则本方当事人可以在一段合理时间内宣告合同今后无效。如果各批货物是相互依存的，不能单独用于双方当事人在订立合同时所设想的目的，则买方宣告合同对任何一批货物的交付无效时，可以同时宣告合同对已交付的或今后交付的各批货物均无效。

（二）违约的救济方法

1. 损害赔偿

损害赔偿是《公约》规定的一种主要的违约救济方法，赔偿范围包括实际损失和利润的损失，在具体判定时，采取可预见性标准及减损标准。

《公约》第74～77条对损害赔偿的责任范围和计算方法都作了具体的规定，其第74条规定，一方当事人违反合同应负责的损害赔偿额，应与另一方当事人因他违反合同而遭受的包括利润在内的损失额相等。但这种损害赔偿不得超过违反合同一方在订立合同时，依照他当时已知道或理应知道的事实和情况，对违反合同预料到或理应预料到的可能损失。第77条则规定，声称另一方当事人必须按情况采取合理措施，减轻由于另一方违反合同而引起的损失，包括利润方面的损失。如果他不采取这种措施，违反合同一方可以要求从损害赔偿中扣除原应可以减轻的损失数额。

2. 实际履行

实际履行，是指在一方当事人违约时，另一方当事人要求其履行法院判决其履行合同规定的义务，而不能以金钱或其他方式代替履行。

《公约》原则上认为实际履行是一种基本的救济方法，这个观点与大陆法系的传统观点一致，但与英美法系看法有所不同（英美法系将实际履行作为损害赔偿的补充手段）。《公约》规定了实际履行的具体条件，首先，买方并未采取与这一要求相抵触的救济方法；其次，买方只能在卖方交货不符的行为构成根本违反合同时要求其交付替代物；再次，买方应给予卖方履行合同的宽限期；最后，法院是否做出实际履行的判决依赖于该国国内法的规定。《公约》第28条规定，法院没有义务做出判决，要求实际履行此一义务。这就是说，即使当事人要求实际履行，法院可以拒绝这一请求。这一点与英美法系比较类似，因为在英美法系国家的法院中，法院通常是不强制实际履行的。

3. 解除合同

解除合同是指当合同一方当事人违反合同义务时，另一方当事人可以按合同或法律的规定终止合同。这是一种单方采取的救济手段，各国法律和《公约》都对其运用有一定的限制。

《公约》第49条规定，解除合同的适用条件为：第一，一方不履行合同，且构成根本违反合同时，另一方可以解除合同；第二，卖方不在规定的额外合理时间交货，或宣布不交货时；第三，解除合同必须向另一方当事人发出通知；第四，解除合同只能与损害赔偿方式同时使用而不能与其他救济方式同时使用。

4. 中止履行

中止履行合同是双方当事人均可以采用的救济方式，《公约》规定，如果订立合同后，一方当事人由于履行义务能力或信用有严重缺陷，或者在准备履行合同或履行合同过程中的行为表明，他显然不履行其大部分义务，则另一方当事人可以中止履行自己的义务。

5. 受损方自助

受损方自助行为包括修补及减少价金两种方式。《公约》第46条规定，如卖方所交付的货物与合同规定不符，则买方可以要求卖方进行修补。具体方式可以由买方自己或请第三方进行修补，费用则由卖方负担。

《公约》第50条对减少价金作了规定，如果卖方交付的货物与合同不符，那么不论买方是否已经付款，均可以要求减少价金。通过这种方式，买方可以获得与损害赔偿相同的救济结果。

五、货物所有权及风险的转移

（一）货物所有权的转移

货物所有权何时转移，涉及由谁来承担货物可能产生的风险、谁享有货物的保险利益以及救济方式的采用等问题，因此在各国国内法中都有明确的规定。

1.《英国货物买卖法》

《英国货物买卖法》规定，货物所有权的转移与货物运输风险的转移紧密相连，货物所有权的转移直接决定了货物运输风险的转移，认为货物的运输风险是随着货物的所有权转移而转移的，这就是"物主承担风险"的原则。

《英国货物买卖法》把货物分为特定物和非特定物两种情况。在特定物的买卖中，包括已经被特定化了的货物买卖中，货物的所有权应在买卖双方当事人约定转移的时候转移，货物所有权的转移完全取决于双方当事人的意愿。

所谓非特定物，是指仅凭说明进行交易的货物。在非特定物的买卖中，在将货物特定化之前，其所有权不转移于买方。

在特定物和非特定物的买卖中，在卖方所要求的条件未得到满足之前，比如买方付款之前，卖方可以通过保留对货物的处分权，使得货物的所有权不发生转移。根据《英国货物买卖法》第19条的规定，下列情况均被视为卖方保留了对货物的处分权：在合同中明确规定保留对货物的处分权；通过使用指示提单来保留对货物的处分权；通过对装运单据

（主要是提单）的处理来保留对货物的处分权。

2. 《美国统一商法典》

《美国统一商法典》把货物所有权与风险分开，不再以所有权转移的时间作为风险转移的时间。第 2401 条规定，除合同双方当事人另有特别约定，货物的所有权应于卖方完成其交货义务时转移，而不管卖方是否通过保留货物所有权的凭证来保留其对货物的权利。根据其规定，卖方保留货物所有权的凭证，一般只能起到担保权益的作用。

3. 《德国民法典》

德国法律认为，货物所有权的转移是属于物权法律的范畴，买卖合同本身是属于债权法律的范畴，不能转移货物的所有权。根据《德国民法典》，动产所有权的转移应以交付标的物为必要条件，不动产所有权的转移应以向主管机关登记为条件。

4. 《法国民法典》

《法国民法典》原则上是以买卖合同的订立作为货物所有权的转移时间，如法国民法典第 1583 条规定，当事人就标的物及其价款达成协议时，即使标的物尚未交付，价款尚未支付，标的物的所有权也转移给买方。但是在司法实践中，法院会根据实际情况作出处理，如果买卖合同的标的物是种类物，则在特定化之后所有权转移给买方，无须交付；如果合同附有条件，则待条件成就后所有权转移与买方；双方也可以约定所有权转移的时间。

值得一提的是，《公约》在此问题上采取了回避的态度，也就是说《公约》只涉及货物风险的转移，而不涉及货物所有权的转移。这是因为，各国国内法对该问题分歧较大，《公约》很难调和，因此只作出了原则性的规定，即卖方有义务将货物所有权转移给买方。

（二）货物风险的转移

国际货物买卖中，货物可能遇到的风险大概包括：货物在高温、水浸、火灾、严冬、盗窃或查封等非正常状态下产生的短少、变质或灭失等损失。而货物风险的转移则是指上述这类风险由当事人哪一方来承担。它的关键在于要确定风险转移的时间，这对当事人双方来说都是一个非常重要的问题。

风险转移的时间是一个非常关键的问题。风险转移越早对卖方越有利，越晚对买方越有利。如果当事人在合同中已有明确规定，则风险就在合同所规定的时间转移。当事人也可以通过贸易术语来确定风险转移的时间。如果当事人既没有在合同中规定风险转移的时间，也没有通过贸易术语来确定风险转移的时间，则应根据《公约》或各国的国内法规定来确定。

通常而言，规定风险转移时间可以遵循以下原则：第一，物主承担风险的原则，即谁是货物的所有人，谁就承担货物的风险。以英国为代表的一些国家的法律都实行物主承担风险的原则，如《英国货物买卖法》第 20 条规定，除双方当事人另有约定以外，卖方应负责承担货物的风险直至货物所有权转移给买方为止。一旦货物的所有权转移给了买方，则不论货物是否已经交付，其风险均由买方承担。第二，交付货物的时间为风险转移的时间。这是《美国统一商法典》所确定的原则，这一原则把货物的所有权转移与货物风险转移分开。德国、奥地利及我国等国家也采用交货时间为风险转移的时间这一原则。

《公约》基本肯定《美国统一商法典》所确定的原则,采取以交付货物时间决定风险转移时间的做法,并且特别规定,卖方有权保留控制货物处置权的单据,这并不影响风险的转移。在具体规定上,有如下几点:

1. 买卖合同涉及货物运输时

如果买卖合同涉及货物运输,《公约》把卖方交货分为两种情况:卖方有义务在特定地点交货,卖方无义务在特定地点交货。两种交货情况的风险转移的时间不同。

《公约》第67条规定,如果买卖合同涉及货物的运输,且卖方有义务在某一特定地点把货物交给承运人,在货物于该地点交给承运人时,风险转移到买方身上。如果卖方无义务在特定地点交付货物,自货物交给第一承运人时起风险就转移。

2. 出售在途货物的风险转移

出售在途货物,是指卖方先把货物装上运往目的地的船舶或其他运输工具,然后再寻找买方签订买卖合同,出售已经在运输途中的货物。《公约》第68条规定,对于出售在途货物的,从订立合同时起,风险就转移到买方承担。

3. 其他情况下风险转移

所谓其他情况是指除涉及货物运输以及出售在途运输货物以外的情况,一般包括买方有义务在卖方营业地接收货物和买方有义务在卖方营业地以外地点接收货物两种情况。

如果买方有义务在卖方营业地接收货物,《公约》规定:第一,买方在合同规定时间内到卖方营业地接收货物,则从买方接收货物时起,风险转移给买方承担。第二,买方未在合同规定时间内接收货物,则从货物已经交给买方处置但买方没有前来提货并构成违约时风险转移,违约成立时间就是风险转移时间。

买方有义务在卖方营业地以外的地点接收货物,《公约》规定:如果货物存放在第三方仓库里,买方有义务到第三方的仓库接收货物,则从交货时间已到而买方已经知道货物存放在第三方仓库交给他处置时风险转移。应注意的是,适用这一规定应具备如下的条件:第一,买方有义务在卖方营业地以外的地点接收货物;第二,合同规定的交货时间已到;第三,买方已经知道货物在该地点交给他处置。《公约》特别强调,在货物未清楚注明有关合同之前,不得视为已交给买方处置,也就是说,在货物未特定化之前,不能视为货物已经交给买方处置,风险也不能转移。

第二节 国际货物运输法

国际货物运输,是转移国际货物买卖标的物的行为,由承运人使用一种或多种运输工具将货物在国家与国家、国家与地区之间进行运输。国际货物运输又可分为国际贸易物资运输和国际非贸易物资(如展览品、个人行李、办公用品、援外物资等)运输两种。由于国际货物运输中的非贸易物资的运输往往只是贸易物资运输部门的附带业务,所以,国际货物运输通常也被称为国际贸易运输。

一、国际货物运输的特点和方式

（一）国际货物运输的特点

1. 政策性强

国际货物运输通常会涉及国际经济和政治两方面问题，在办理各种国际货物运输业务时除了要考虑市场因素之外，还要注意他国的对外贸易政策，不要与其产生冲突。

2. 时间性强

国际货物运输是在一定时间内完成的行为，通常要遵循合同当事人约定的装运期及交货期的规定来进行，尤其是在运输某些鲜活易腐商品或季节性商品时要格外注意这一点。

3. 中间环节多

国际货物运输的运输距离通常都比较长，路线复杂，有时需要多种运输工具相互配合使用，需要经过多次装卸、搬运等环节，并要结合途经的不同国家的经济及政策要求来安排具体运输事宜，只要其中任何一环出现差错，都会影响整个运输过程，进而影响当事人的合同利益。

4. 风险大

由于上述种种特点，使得国际货物运输面临的风险相当复杂多变，如各种自然灾害、意外事故、海盗、社会动乱及国家封锁禁运等等，造成严重后果。因此，国际货物运输的进行一般都伴随着保险，以便能转嫁这种运输中可能产生的风险和损失。

（二）国际货物运输的方式

国际货物运输中，涉及的运输方式很多，其中包括海洋运输、铁路运输、航空运输、河流运输、邮政运输、公路运输、管道运输、大陆桥运输以及由各种运输方式组合的国际多式联运等。

二、国际海上货物运输法律制度

（一）国际货物海上运输的方式

国际货物海上运输是用船舶作为运输工具完成运输任务的一种贸易行为，在当今的国际货物运输中，海上运输所占的比例最大，根据营运方式的不同有班轮运输和租船运输两种方式。

1. 班轮运输

班轮运输是指船舶按公布的船期表在确定航线上，以公布的挂靠港顺序、有规则地从事航线上各港间的货物运输。班轮运输适合于货流稳定、货种多、批量小的杂货运输。船舶类型主要包括传统杂货船、集装箱船、滚装船、载驳船和冷藏船等。

班轮运输的特点可以总结为"四定一负责"——航线、停靠港口、船期、运费率固定，承运人负责装和卸。具体来说，有以下几点需要注意：

（1）"四定"，即固定航线、固定港口、固定船期和相对固定的费率，这也是班轮运输的最基本特征。

（2）班轮运价内包括装卸费用，即货物由承运人负责配载装卸，承托双方不计滞期费和速遣费。

（3）承运人对货物负责的时段是从货物装上船起，到货物卸下船止，即"船舷至船舷"或"钩至钩"。

（4）承运双方的权利义务和责任豁免以签发的提单为依据，并受统一的国际公约的制约。

班轮运输的主要优势在于，首先，它有利于一般杂货和不足整船的小额贸易货物的运输，只要有舱位，不论数量大小、挂港多少、直运或转运都可接受承运；其次，由于班轮运输"四定一负责"的特点，时间有保证，运价固定，为贸易双方洽谈价格和装运条件提供了方便；最后，班轮运输的手续比较简单，对托运人来说方便运作。

2. 租船运输

租船运输，又称租船，是指租船人向船东租赁船舶用于货物运输的一种方式。租船运输适用于大宗货物运输，有关航线和港口、运输货物的种类以及航行的时间等，都按照承租人的要求，由船舶所有人确认。租船人与出租人之间的权利义务以双方签订的租船合同确定。

租船运输的特点有如下几个方面：

（1）以租船合同为基础。租船运输是根据租船合同组织运输的，租船合同条款由船东和租方双方通过各自或共同的租船经纪人洽谈成交租船业务。另外，各种租船合同均有相应的标准合同格式。

（2）不定航线，不定船期。船东对于船舶的航线、航行时间和货载种类等按照租船人的要求来确定，提供相应的船舶，经租船人同意进行调度安排。

（3）租金率或运费率不固定。租船运输的租金或运费多少不是固定的，要根据租船市场行情来决定。

（4）其他费用支出由当事人分担。船舶营运中有关其他费用的支出，取决于不同的租船方式由船东和租方分担，并在合同条款中订明。例如，装卸费用条款 FIO 表示租船人负责装卸费，若写明 Liner Term，则表示船东负责装卸费。

（二）国际货物海上运输合同

国际海上货物运输合同是指由托运人与承运人订立的，由承运人使用船舶将指定的货物经海路从一国或地区运至另一国或地区的指定港口，并收取运费的合同。

1. 国际货物海上运输合同的订立

国际货物海上运输合同的订立与一般民商事合同的订立过程一样，都需要经过要约和承诺两个阶段。但是，班轮运输方式下，合同一般通过租船订舱的方式订立；而租船运输时，合同一般是通过双方的代理人签订。另外，一些大型航运组织会事先拟定某些租船合同的范本，用不同的租约代号表示，如纽约土产交易所期租合同，租约代号为"NYPE"、中国定期租船合同标准格式，租约代号为 SINOTIME1980 等等，当事人可以协议选用某一范本并协商修改、增减。关于合同的形式，各国国内法一般都规定，海上货物运输合同应以书面形式订立。

2. 国际货物海上运输合同当事人的主要权利和义务

（1）承运人的主要义务。①保证船舶的适航性。承运人在开航前和开航时应恪尽职责，使船舶适于航行。②保证船舶设备的正常使用。承运人应适当地配备船员、装备船舶和供应船舶,使货舱、冷藏舱和该船其他装载货物的部分能适宜和安全地收受、运输和保存货物。③管理货物。承运人在运输期间应适当和谨慎地装载、搬运、配载、运输、保管、照料和卸载所运货物。④合理安排运输时间。承运人不得进行计划外的绕航行为,除船舶遇到海上救助事件或因双方共同利益需要等合理事由。另外,承运人应当及时开航并完成交付,期间不应存在不合理的延误。

(2)承运人的主要权利。①损害赔偿责任的免除及赔偿责任的限制。根据1924年《统一提单的若干法律规定的国际公约》,即《海牙规则》的规定,承运人的免责事由包括:承运人对船长、船员、引水员或承运人的受雇人,在航行或管理船舶中的行为、疏忽或不履行义务免责;火灾免责;承运人对海上或其他通航水域的灾难、危险和意外事故、天灾、战争、罢工等免责;对救助或企图救助海上人命或财产的行为免责;对由于货物的固有缺点、性质或缺陷引起的体积和重量的亏损,或任何其他灭失或损坏,对包装不良、标志不清或不当,对虽恪尽职责亦不能发现的潜在缺点免责;不是由于承运人的实际过失或私谋,或是承运人的代理人或受雇人员的过失或疏忽所引起的任何其他原因免责。《海牙规则》规定船东或承运人对货物或与货物有关的灭失或损坏的赔偿金额不超过每件或每单位100英镑或相当于100英镑的等值货币。《维斯比规则》将最高赔偿金额提高为每件或每单位10000金法郎或按灭失或受损货物毛重计算,每公斤30金法郎,两者以较高金额的为准。《汉堡规则》再次将承运人的最高赔偿责任增加至每件或每货运单位835特别提款权(SDR,或称记账单位)或每公斤2.5特别提款权,两者以金额高的为准。②运费、亏舱费、滞期费及其他费用的请求权。③货物留置权。当托运人或收货人不支付运费、亏舱费、滞期费、共同海损分担费用及其他费用,也没有提供适当担保时,承运人有权依据合同约定或法律规定,对托运人或收货人的货物在合理限度内进行留置,以担保其债权的实现。

(3)托运人的主要义务。①支付运费及其他费用。托运人应按照合同的约定向承运人支付运费及其他费用。②提供货物。托运人应按约定提供货物,并进行妥善的包装。如违反约定或包装不良给承运人带来损失的,托运人应承担赔偿责任。托运人托运危险物品的,必须事先与承运人达成协议,并按照有关海上危险货物运输的规定妥善包装,正确标明危险品标志和标签,同时,将此危险物品的情况说明和预防危害措施书面通知承运人。③办理有关手续。托运人应及时向港口、海关、检验检疫及其他主管部门办理货物运输所需要的各项手续,并及时将相关单据交付承运人。

三、国际铁路货物运输法律制度

国际铁路货物运输通常适用于陆地毗邻的国家之间,从运输量、价格、安全等方面考虑,是一种最理想的运输方式。

(一)国际铁路货物运输概述

国际铁路货物运输合同是指运人以火车将托运人的货物,从一国的铁路货运站运至另一国的铁路货运站,由托运人或收货人等向承运人支付运费的合同,也称为国际铁路货物运单。它主要有以下几个作用:

(1)它是铁路收到承运人运输货物的书面证据;

(2) 它是承运人收取运费和交付货物的依据；
(3) 它是出入海关的凭证。

（二）国际铁路货物运输公约

有关国际货物铁路运输的公约主要有两个，分别是《国际铁路货物联合运输协定》和《关于铁路货物运输的国际公约》。《国际铁路货物联合运输协定》简称《国际货协》，1951年在华沙订立，我国于1953年加入该协定。《国际货协》现行版本为1974年修订本。《关于铁路货物运输的国际公约》简称《国际货约》，1961年在伯尔尼签字，1975年1月1日生效。因为我国只加入了《国际货协》，所以本部分着重介绍《国际货协》的主要内容。

《国际货协》共设8章40条。主要内容包括：适用范围、运输合同的订立、运单的性质、运输契约缔结、托运人的义务和权利、承运人权利和义务、赔偿请求与诉讼时效等。

1. 协定的适用范围

本协定适用于缔约国铁路方面的国际直通货物联运，协定对铁路部门、发货人、收货人都有拘束力。但不适用以下三种情况：

(1) 发站、到站都在同一国内，而用发送国列车只通过另一国家过境运送货物；
(2) 两国车站间，用发送国或到达国列车通过第三国过境运送的；
(3) 两邻国车站间，全程都用某一方列车，并据这一铁路的国内规章办理货物运送时。

2. 运输合同的订立

发货人在办理托运时，要填写运单和运单副本，签字后向发运站提出，从发运站承运货物时起，运输合同即告成立。

3. 运单的性质

运单是发货人与铁路之间缔结的运输契约，是铁路向收货人收取运杂费用和交付货物的依据。运单又是铁路运输的凭证，但不是物权凭证，不能转让，亦不能凭以提货。运单随同货物从始发站至终点站全程附送，最后交给收货人。运单副本是贸易双方结算货款的依据。当所运货物或票据丢失时，副本也可作为向铁路索赔的证件。运单副本加盖戳记后，证明铁路运输合同订立，并交付发货方凭以结汇。

4. 托运人（收货人）的权利和义务

(1) 托运人对运单记载和声明事项的正确性承担义务，否则，承担相应的一切后果。
(2) 托运人对货物包装、标记符合要求负责。
(3) 按规定计算、支付运费。即发送国铁路国内运价由托运人支付；到达发生的运费按到达国国内运价由收货人在到站支付；过境铁路运费按《国际货协》统一的过境运价规程计算，在发站或到站由收货人支付。
(4) 货到站后，收货方应付清运费并领取货物。
(5) 货物发生重大质变，不能按原用途使用时，收货人有拒绝领取货物的权利。
(6) 发货人和收货人都有变更运单的权利，但仅限一次。

5. 承运人的权利和义务

承运人（铁路）的权利和义务主要包括：收取运送费用和其他费用，并交付货物和运单；检查运单中记载事项的正确性，并对不完全、不准确记载和声明核收罚款；对由非承运人过失而引起的货物灭失、损坏、短量不负责任；铁路对于按《国际货协》办妥联运手续的货物负全程运输责任；如果货物发往非《国际货协》国，铁路应负责按另一种有关协定的运单要求办理运送手续。

6. 赔偿请求与诉讼时效

（1）托运人有权据合同提出赔偿请求。赔偿请求应采用书面形式。由全权代理人、代表提出时，应有发货人或收货人的委托证明书。

（2）列明具体赔偿金额。当请求人是发货人时，则向发送路局提出；如由收货人提出赔偿请求，则应向到达站提出。

（3）索赔不能得到合理解决时，可起诉。

（4）提出索赔和诉讼时效为：9个月内提出请求或诉讼；但逾期的请求赔偿和诉讼，应在2个月内提出。部分灭失、损坏以及逾期索赔，自交付货物之日起计算；全部灭失赔偿，自货物运到期限届满后30日内计算。

四、国际航空货物运输法律制度

国际航空运输是一种现代化运输方式，优点很多：运输速度快、安全性高、不受地面条件的限制等，非常适合运输贵重或急需商品。虽然航空运输费用相较于海运和陆运要高，运输货物的品种也有限制，但是考虑到运输速度的要求和资金、仓储周转的需要，航空运输仍具有相当大的竞争力。

（一）国际航空运输概述

国际航空货物运输是指，承运人和托运人之间亲自或通过代理人订立航空货物运输合同，由承运人按约定将合同项下的货物由一国航空港运至另一国航空港，交付给收货人并收取运费的贸易行为。采取的主要运输方式有班机运输、包机运输、集中托运和航空急件。

航空货物运输虽然起步较晚，但发展异常迅速，特别受现代化企业管理者的青睐，原因之一就在于它具有许多其他运输方式所不能比拟的优越性。概括起来，航空货物运输的主要特征有：

1. 运送速度快

飞机是最快捷的交通工具，常见的喷气式飞机的经济巡航速度大都在每小时850~900公里左右。快捷的交通工具大大缩短了货物在途时间，对于那些易腐烂、变质的鲜活商品；时效性、季节性强的报刊、节令性商品；抢险、急救品的运输，这一特点显得尤为突出。

2. 货物在途风险降低

因为航空运输的运送速度快，在途时间短，所以降低了货物在运输中可能产生的风险，因此许多贵重物品、精密仪器也往往采用航空运输的形式。

3. 不受地面条件影响，深入内陆地区

航空运输利用天空这一自然通道，不受地理条件的限制。对于地面条件恶劣交通不便的内陆地区非常合适，有利于当地资源的出口，促进当地经济的发展。

4. 安全、准确

与其他运输方式相比，航空运输的安全性较高，航空公司的运输管理制度也比较完善，货物的破损率较低，如果采用空运集装箱的方式运送货物，则更为安全。

5. 节约包装、保险、利息等费用

由于采用航空运输方式，货物在途时间短，周转速度快，企业存货可以相应的减少。一方面有利于资金的回收，减少利息支出，另一方面企业仓储费用也可以降低。又由于航空货物运输安全、准确，货损、货差少，保险费用较低。与其他运输方式相比，航空运输的包装简单，包装成本减少。

（二）国际航空货物运输合同

1. 国际航空货物运输合同的含义

国际航空货物运输合同也叫航空运单，是承运人或其代理人与托运人之间签订的货物运输协议。

2. 国际航空货物运输合同的特点

航空运单是发货人与航空承运人之间的运输合同，是托运人托运货物后取得的货物收据，是承运人签发的已接收货物的证明，是承运人据以核收运费的账单和内部处理业务的依据，是承运人或托运人投保的依据，也是报关单证之一。需要注意的是，航空运单的性质与海运提单不同，但与铁路运单类似，它们都不是物权凭证，不能转让。

3. 国际航空货物运输合同的内容

航空运单的正本一式三份，每份都印有背面条款，其中一份交发货人，是承运人或其代理人接收货物的依据；第二份由承运人留存，作为记账凭证；最后一份随货同行，在货物到达目的地，交付给收货人时作为核收货物的依据。它的基本内容包括：起运地和目的地；约定的经停地点；运单的填写日期和地点；第一承运人的名称和地点；收货人的名称和地点；托运人的名称和地点；货物的性质；货物的包装件数、包装方式、特殊标志或号码；货物的重量、数量、体积或尺码；运费金额、付费日期、地点和付款人；声明的货物价值；航空运单份数；随同航空运单交给承运人的凭证；运输期限；经过的路线及适用的公约。

（三）国际航空货物运输公约

国际航空货物运输具有特殊性，因此需要专门的法律来进行调整。目前，调整国际航空货物运输的法律主要是各国的国内航空法及有关国际航空货物运输的公约，鉴于各国国内航空法在内容方面都比较一致，因此，本部分着重介绍关于国际航空货物运输公约的相关内容。

目前，有关国际航空货物运输的有影响力的国际公约主要有1929年《华沙公约》、1955年《海牙议定书》、1961年《瓜达拉哈拉公约》和1999年《蒙特利尔公约》。

1.《华沙公约》

《华沙公约》，全称《统一国际航空运输某些规则的公约》，1929年9月12日订于波兰华沙，1933年2月13日生效，后经多次修改。我国于1957年7月被通知加入，1958年10月对我国生效。主要内容包括航空运输的业务范围、运输票证、承运人的责任、损害赔偿标准等，形成了国际航空运输上的"华沙体系"。《华沙公约》为调整国际航空运输

创立了一整套基本制度，虽经多次修改，现在仍然是调整国际航空运输的主要公约。

2.《海牙议定书》

《海牙议定书》全称是《修订1929年10月12日在华沙签订的〈统一国际航空运输某些规则的公约〉的议定书》，于1955年9月28日在海牙签订。该公约签订的目的是为了修改、完善《华沙公约》中某些不适应国际航空运输发展需要的规定，如对于旅客伤亡的责任限制太低等问题。《海牙议定书》主要是在航行过失免责、责任限制、运输单据的项目和提出索赔的期限等方面做出了修改。《海牙议定书》于1963年8月1日生效，我国于1995年8月20日加入了该公约。

3.《瓜达拉哈拉公约》

《瓜达拉哈拉公约》是《统一非缔约承运人所办国际航空运输某些规则以补充〈华沙公约〉的公约》的简称，1961年在墨西哥的瓜达拉哈拉签订。《瓜达拉哈拉公约》对《华沙公约》中所规定的承运人的概念和实际承运人的损害赔偿责任问题进行了补充规定，并确立了统一的实际承运人损害赔偿的规则体系。该公约于1994年5月1日生效，但我国至今并未加入。

4.《蒙特利尔公约》

《蒙特利尔公约》全称是《统一国际航空运输某些规则的公约》，1999年5月28日签订于蒙特利尔，共有7章57条。根据其规定，国际航空承运人应当对旅客的人身伤亡、行李和货物损失，以及由于延误造成旅客、行李或货物的损失承担责任并予以赔偿。

《蒙特利尔公约》于2003年11月4日正式生效，我国于2005年6月1日交存批准书，7月31日起该公约对中国生效。《蒙特利尔公约》的目的在于确保国际航空运输消费者的利益，对国际航空运输中旅客的人身伤亡或行李损失，或者运输货物的损失，在恢复性赔偿原则基础上建立公平赔偿的规范体系。

第三节 国际货物运输保险法

在国际贸易中，货物通常需要经过长途运输才能到达进口方所在地，在运输、装卸的过程中，货物很可能遇到各种风险，遭受各种损失，为了使当事人在遭到损失后能得到一定的补偿，买方或卖方或承运人就要向保险人投保货物运输保险，使得被保险人可以通过保险的形式将风险转移给保险公司。通过保险公司的赔偿，可以使受损失的被保险人得到补偿，也可以避免经济纠纷的发生，因此，国际货物运输保险作为一种服务贸易方式，在国际贸易活动中发挥着非常重要的作用。

一、国际货物运输保险概述

（一）国际货物运输保险的概念和种类

国际货物运输保险，是指保险人对国际运输途中的货物因遭受保险事故所致损失，按照约定向被保险人承担赔偿责任的一种制度。按照货物运输方式的不同，国际货物运输保险可以分为货物海上运输保险、货物陆上运输保险、货物航空运输保险、邮包保险及国际货物联运保险等。有时一批货物的运输全过程使用两种或两种以上的运输工具，这时，往往以货运全过程中主要的运输工具来确定投保国际贸易运输保险种类。

（二）国际货物运输保险领域内的国际公约和惯例

1. 国际公约

（1）《设立亚洲再保险公司的协定》。《设立亚洲再保险公司的协定》由联合国亚洲及太平洋经济社会委员会的会员国于1977年4月20日在曼谷签订，自1979年5月24日起生效，根据协定成立了亚洲再保险公司。1979年3月29日中国政府批准加入，5月24日协定对中国生效。

该协定的宗旨是促进各国民族保险业务的迅速增长和充分利用外国分保的服务，同时减少亚太地区各国因对外分保而支出大量外汇。协定共有4部分32条和两个附约，对公司的各方面作了详细的规定：公司是政府间团体，是独立法人，有完全资格订立契约，取得、持有和处理财产，进行法律诉讼。公司的最高权力机构是理事会，由理事会指定的总经理、副总经理、组织秘书和外部查账员负责具体业务。

（2）《1976年海事索赔责任限制公约》。《1976年海事索赔责任限制公约》是1976年政府间海事协商组织在伦敦召开的外交会议上通过的公约，1986年12月1日起生效。该公约采用"事故制度"及超额递减的"金额制度"，并以"特别提款权"作为计算单位，以《1969年船舶吨位丈量公约》确定的总吨作为计算责任限额的吨位；将船舶分成若干等级来计算有关人身伤亡和财产损失的责任限额，较之1957年《船舶所有人责任限制公约》有了很大的提高。

2. 国际惯例

（1）《伦敦保险协会货物保险条款》。在国际海运保险业务中，英国是一个历史悠久、经济发达的国家。它所制定的保险规章制度，特别是保险单和保险条款对世界各国影响很大。目前世界上大多数国家在海上保险业务中都直接采用英国伦敦保险协会所制定的《协会货物条款》（简称I.C.C.）。《伦敦保险协会货物保险条款》最早制订于1912年，后来经过多次修改，最近一次修改于2009年1月1日起生效。主要修订内容包括：澄清条款所载的不承保事项，条款改用现代文字，以及加入某些词语的新释义。条款经过修订后，更加明白清晰，最重要的是扩大了保障范围，令被保险人获得更全面的保障。

（2）《约克—安特卫普规则》。《约克—安特卫普规则》是国际海事委员会制定的，供保险当事人处理国际海上货物运输中所发生的共同海损理算事宜时参考使用的惯例，有1974年和1994年及2004年三个版本。

《约克—安特卫普规则》不是强制性的，它只有在合同规定时才适用。因此当事人在综合考虑自身适用的各种情况之后，很可能会在合同中继续规定适用1974年或1994年《约克—安特卫普规则》，因此在一段时间内，会出现1974年、1994年和2004年《约克—安特卫普规则》三者并存的局面。

二、国际货物运输保险合同

国际货物运输保险是通过订立保险合同来实现的，国际货物运输保险合同是指进出口商对进出口货物按照一定的险别向保险公司投保，交纳保险费，当货物遭遇风险产生损失时，由保险公司按照约定进行赔偿的一种协议。保险合同一经订立，订约双方均应按照合同条件，亦即保险单中各项保险条款的规定来履行义务、享受权利。

（一）国际货物运输保险合同的基本原则

1. 保险利益原则

保险利益指被保险人对保险标的所具有的合法的利害关系，要求投保人或被保险人在投保时对保险标的具有保险利益。但在国际货物运输保险实践中，则要求在保险标的物发生损失时具有保险利益即可。保险利益需具备合法性、可确定性和价值性三个条件。

此原则可以使被保险人无法通过不具有保险利益的保险合同获得额外利益，以避免将保险合同变为赌博合同或产生道德危险。

2. 最大诚实信用原则

最大诚实信用原则指国际货物运输保险合同的当事人应以诚实信用为基础订立和履行保险合同，要求投保人在订立保险合同时须履行以下三项义务：

（1）主动声明；

（2）如实声明；

（3）不违反保证。

投保人或被保险人违反此项原则的法律后果是保险合同不成立，即使订立，保险人也可主张解除合同。

3. 损失补偿原则

损失补偿原则指在保险事故发生而使被保险人遭受损失时，保险人必须在责任范围内对被保险人所受的实际损失进行补偿。国际货物运输保险合同属于补偿性的财产保险合同，因此，在发生超额保险和重复保险的情况下，保险人只赔偿实际损失，因为保险的目的是补偿，而不能通过保险得利。

4. 近因原则

在国际货物运输保险实践中，近因原则是常用的确定保险人对保险标的的损失是否负保险责任以及负何种保险责任的一条重要原则。近因，是指引起保险事故发生的最直接、最有效、起主导作用或支配作用的原因。近因原则是指判断风险事故与保险标的的损失的直接因果关系，从而确定保险赔偿责任的一项基本原则，是保险当事人处理保险案件，或法庭审理有关保险赔偿的诉讼案，在调查事件发生的起因和确定事件责任的归属时所遵循的原则。

5. 保险代位求偿原则

保险代位求偿原则是从损失补偿原则中派生出来的，只适用于财产保险。在财产保险中，若保险事故的发生是由第三者造成并负有赔偿责任，则被保险人既可以根据法律的有关规定向第三者要求赔偿损失，也可以根据保险合同要求保险人支付赔款。如果被保险人首先要求保险人给予赔偿，则保险人在支付赔款以后，保险人有权在保险赔偿的范围内向第三者追偿，而被保险人应把向第三者要求赔偿的权利转让给保险人，并协助向第三者要求赔偿。反之，如果被保险人首先向第三者请求赔偿并获得损失赔偿，被保险人就不能再向保险人索赔。

（二）国际货物运输保险合同的订立

国际货物运输保险合同的订立过程同样要经过要约和承诺的过程。一般来说，实践当中的具体过程体现为：由被保险人以填制投保单的形式向保险人提出保险要求，即要约，经保险人同意承保，并就货物运输保险合同的条款达成协议后（即承诺后），保险合同即成立。投保单中须列明货物名称、保险金额、运输路线、运输工具及投保险别等事项。保险人应当及时向被保险人签发保险单或者其他保险单证，并在保险单或其他保险单证中载明当事人双方约定的合同内容。

（三）国际货物运输保险合同的主要内容

国际货物运输保险合同的内容主要包括下列几项：保险人名称；被保险人名称；保险标的；保险价值；保险金额；保险责任和除外责任；保险期间；保险费和保险费率。

1. 国际货物运输保险合同的当事人

国际货物运输保险合同的当事人为保险人和被保险人。保险人是保险合同中收取保险费，并在合同约定的保险事故发生时，对被保险人因此而遭受的约定范围内的损失进行补偿的一方当事人。被保险人指在保险范围内的保险事故发生时受到损失的一方当事人。国际货物运输保险合同中的投保人一般也是被保险人。

2. 国际货物运输保险合同的保险标的

国际货物运输保险合同的保险标的主要是货物，包括贸易货物和非贸易货物。

3. 保险价值

保险价值是被保险人投保的财产的实际价值。投保人在投保时需说明所要投保的标的的价值，而准确地确定标的的实际价值是很困难的。因此，保险价值通常是由被保险人与保险人协商确定的。这个价值是估算形成的，因此它可以是标的的实际价值，也可能与实际价值有一定的距离。

4. 保险金额

保险金额指保险合同约定的保险人的最高赔偿数额。当保险金额等于保险价值时为足额保险；当保险金额小于保险价值时为不足额保险；当保险金额大于保险价值时为超额保险。财产保险中的保险金额通常以投保财产可能遭遇损失的金额为限，即不允许超额保险。因为保险是以损失补偿为原则的，如果允许超额保险就等于被保险人可以通过保险赚钱。正因为如此，法律规定保险金额不得超过保险价值，超过保险价值的部分无效。

5. 保险责任和除外责任

保险责任是保险人对约定的危险事故造成的损失所承担的赔偿责任。"约定的危险事故"就是保险人承保的风险。保险人承保的风险可以分为保险单上所列举的风险和附加条款加保的风险两大类，前者为主要险别承保的风险，后者为附加险别承保的风险。

除外责任就是保险人不承保的风险。保险所承保的风险可能发生，也可能不发生。如果该风险必然发生则保险人是不承保的。因此，自然损耗这种必然发生的风险保险人通常会约定不予承保；市价跌落引起的损失属于间接损失，保险人也往往将其列入除外责任的范围。此外，被保险人的故意行为或过失造成的损失、属于发货人责任引起的损失等不是由于自然灾害、意外事故或约定的人为风险引起的损失，保险人也不予承保。

6. 保险期间

保险期间也就是保险责任的期间。保险责任的期间有三种确定方法：

（1）以时间来确定，例如规定保险期间为 1 年，自某年、某月、某日起至某年、某月、某日止。

（2）以空间的方法来确定，例如规定保险责任自货物离开起运地仓库起至抵达目的地仓库止。

（3）以空间和时间两方面来对保险期间进行限定的方法，例如：规定自货物离开起运地仓库起至货物抵达目的地仓库止。但如在全部货物卸离海轮后 60 日内未抵达上述地点，则以 60 日期满为止。

7. 保险费和保险费率

保险费率是计算保险费的百分率，保险费是投保人向保险人支付的费用。保险费等于保险金额乘以保险费率。

（四）国际货物运输保险合同的形式

国际货物运输保险合同的形式体现为保险单据。保险单据包括保险单和保险凭证两种，前者是由保险人签发的，载有保险合同内容的书面文件，后者则体现一种简化的保险单。保险单据可以证明保险合同的成立，也是被保险人索取赔偿、保险人理赔的主要依据。

（五）国际货物运输保险合同的变更和终止

国际货物运输保险合同的变更，指在运输货物保险合同主体不变的情况下，对合同中原约定的某些内容进行的改变。国际货物运输保险合同的内容需要修改时，被保险人可以向保险人提出申请，由保险人出具保险批单，保险批单的效力大于保险单正文的效力。

国际货物运输保险合同的终止可以由于各种原因引起，例如以下几种：

（1）自然终止，指保险单的有效期限已届满。

（2）义务已履行而终止，依保险单的规定，保险人已履行了赔偿责任，保险单的责任即告终止。

（3）违约终止，指保险人因被保险人的违约行为而终止保险合同。

（4）因危险发生变动而终止。

（5）保险标的因保险事故之外的原因而灭失，从而使保险合同终止。

第四节 国际产品责任法

当今世界，随着不同国家或地区之间的经济交往日益增多，以及产品通过商业贸易、交通运输在全世界各个国家和地区之间的相互流通，产品责任问题也从一个国家和地区扩散到其他国家和地区，使得各国产品责任的国内法调整出现了域外效力问题。因此，调整和解决产品责任的国际纠纷是当今国际社会经济生活所急需的。在这个前提下，我们有必要对国际产品责任法有一个较全面的了解。

一、产品责任和产品责任法

(一) 产品责任

1. 产品责任的含义

产品责任是指由于产品存在缺陷（不合理的危险），造成了产品的消费者、使用者或第三者的人身伤害或财产损失，依法应由生产者或销售者分别或共同负责赔偿的一种法律责任。

产品责任的主体是生产者和销售者；赔偿对象是消费者、使用者及第三人；赔偿范围是人身伤害和财产损失。

2. 产品责任的特征

（1）产品责任是一种特殊的侵权责任。产品责任是侵权责任，而且具有强制性，当事人不得事先在合同中予以排除。

（2）产品责任是由产品的缺陷引发。产品责任并不是产品自身质量问题和自身损坏造成的产品本身的财产损失，而是产品因缺陷造成使用人的人身伤害或者缺陷产品以外的财产损害。这里的"缺陷"是指产品具有不合理的危险，即产品存在潜在的、不被社会公众所认可的危险性。

（3）产品责任的义务主体和权利主体范围比较大。

（4）产品责任的赔偿范围比较大。

产品责任的赔偿范围包含人身伤亡和财产损失以及精神损害，赔偿金额需一次性支付，不得分期。

(二) 产品责任法

1. 产品责任法的含义

产品责任法是调整产品的制造者、销售者因制造、销售缺陷产品造成产品的消费者、使用者或其他第三人人身伤亡或财产损失所引发的赔偿关系的法律规范的总称。

2. 产品责任法的特征

产品责任法的主要特征是：

（1）调整范围较大，为缺陷产品造成的人身伤亡和缺陷产品以外的财产损失。缺陷产品本身的损坏则由合同法进行调整。

（2）归责原则一般为严格责任，有时候也适用过错责任原则（包括过错推定原则）。

（3）产品责任法性质比较复杂，大部分内容属于私法性质，但是关于生产者对产品的责任和义务则具有公法性质，当事人不得以任何方式排除，具有强制性。

二、美国产品责任法

美国的产品责任法发展比较早，发展较快，在法理上和现行立法上都比较先进，在世界上具有很大的影响力和示范作用。美国的产品责任的立法表现形式多样，既有习惯法，又有成文法，既包括联邦产品责任法、各州产品责任立法及判例以及适用于各州的有关产品责任的规定、判例，也包括对司法实践有着指导作用的有关产品责任的示范法。

（一）美国产品责任法基本理论

1. 疏忽责任说

所谓疏忽责任，是指产品的制造者或销售者在生产或销售过程中因主观上的疏忽导致产品有缺陷，而造成产品的消费者或使用者遭受损害所应承担的责任。

疏忽责任说的特点是，原告和被告之间无须存在合同关系。当受害者以疏忽责任说起诉时，需要提出以下证据证明被告有疏忽：被告没有尽到合理的注意义务，或没有将产品的有关事项说清楚，或违反了法律或有关规章制度的规定；由于被告的疏忽直接造成了原告的损害。

2. 担保责任说

担保责任说也叫违反担保说，是指生产者或销售者违反了对产品明示或默示的担保，使消费者、使用者或第三人因缺陷产品而受到损害，则消费者、使用者或第三人可以以违反担保为理由提起诉讼，要求生产者或销售者赔偿损失。

担保责任说来源于商品交易中的买卖合同，即卖方必须保证其所出售的货物符合当事人约定的标准或法定的标准。其中，生产者、销售者对消费者作出的明确的说明或陈述称为明示担保；默示担保则分为商销性默示担保和适合特定用途的默示担保两种。商销性默示担保是指制造商或销售商应保证其所生产或销售的产品符合生产和销售该产品的一般目的。适合特定用途的默示担保，是指制造商或销售商应当保证其所制造或出售的商品能够满足购买人对商品所要求的特定用途。从合同的法理上讲，当购买人购买某商品是为了满足特定需要时，双方既然达成买卖协议，卖方理应有义务保证商品能够满足购买人的特定目的之需要，否则，即构成违约。所以，适合特定用途的默示担保实际上是质量担保的特定化。

因违反明示担保而提起诉讼时，受害人需证明：被告所作的说明；当事人相信了该说明；当事人所受的伤害是由于产品不符合被告所作的说明引起的。

因违反商销性默示担保要求赔偿时，受害人需证明：产品在出厂时就有缺陷；缺陷与损害之间具有因果关系。

因违反适合特定用途的默示担保要求赔偿时，受害人需证明：销售者已被告知或有理由知道原告购买该产品的用途；买方依赖卖方的技能、技术和专门知识来选择产品；伤害是由于产品未能符合原告的特定用途而引起的。

3. 严格责任说

严格责任说是指只要产品存在缺陷，对使用者、消费者或第三人具有不合理的危险，而使其受到人身伤害或财产损失，该产品的生产者和销售者都应承担赔偿责任。

美国法学会于1965年编写的《侵权法重述》中采纳了严格责任理论，使得严格责任说在美国的产品责任领域得到了广泛的推广和借鉴。可以说，严格责任说在现今的产品责任领域里有着无可比拟的地位。

（二）被告的抗辩事由

在产品责任诉讼中，被告可以利用各种理由进行抗辩以减轻自己的责任，这些抗辩事由因原告行为的性质有不同的类别：

1. 疏忽的分担

疏忽的分担是指在产品责任纠纷中，损害的发生不仅仅是因为被告有疏忽，原告本身的行为也有疏忽之处。疏忽的分担分为与有疏忽和相对疏忽两种。

与有疏忽是指原告（受害者）在使用被告所提供的有缺陷的产品时也有疏忽之处，由于双方面的疏忽而使原告受到伤害。

相对疏忽是指尽管原告方面也有一定的疏忽，但是法院只是按原告的疏忽在引起损害中所占的比重，相对减少其索赔的金额，而不是像与有疏忽那样使原告不能向被告请求任何损害赔偿。

在司法实践中，近年来以不太区分与有疏忽和相对疏忽，如原告行为确有疏忽之处，通常是被告减轻责任而非免除责任的理由。

2. 担保的排除或限制

如果原告以被告"违反担保"为理由对其起诉，被告也已经在合同中排除了各种明示或默示担保，他就可以提出担保已排除作为抗辩。但是美国产品责任法规定，为了保护消费者的利益，在消费交易中，卖方如有书面担保就不得排除各种默示担保。此外，这项抗辩仅能对抗以"违反担保"为理由起诉的被告，而不能用来对抗以"疏忽"为理由起诉的原告。

3. 自担风险

自担风险是指原告已经知道产品有缺陷或带有危险性，尽管如此原告也甘愿将自己置于这种危险或风险的境地，并且由于原告甘愿冒风险而使自己受到损害。

4. 非正常使用、误用、滥用产品

如原告在使用某个产品的时候随意扩大其用途，或不按指定方法使用，由此造成的损失，被告就可以用该条理由进行抗辩，要求原告也应承担一定的责任。但是在被告采用此抗辩时，法院往往对此加以某种限制，即要求被告证明原告对产品的误用或滥用已超过被告可能合理预见的范围。

5. 特殊敏感体质

如果某个产品被证明仅仅对少数人有伤害，对大多数人来说是安全的，被告就可以采用此抗辩来减轻责任。例如，洗涤剂产品对大多数人都是安全无刺激的，但是如果原告本身体质过于敏感，如因使用洗涤剂引发皮炎等症状，被告可以引用"特殊敏感体质"作为抗辩。

6. 擅自改动产品

如果原告对产品或其中零部件擅自加以变动或改装，从而改变了产品的状态或条件，致使自己遭受损害，被告就可以以此为理由提出抗辩，要求免除责任。

7. 产品不可避免地带有不安全因素

如果产品即使正常使用，也难以保证安全，而且权衡利弊，该产品对公众社会是有益的，而且利大于弊，则制造或销售这种产品的被告可以要求免除责任。其中，以药物最为典型。

（三）损害赔偿范围

1. 人身伤害的损害赔偿

人身伤害的损害赔偿主要包括肉体上的痛苦与疼痛；精神上的苦恼；收入的减少与生存能力的减弱；合理的医疗费用；身体残废的补偿。

2. 财产损失的损害赔偿

财产损失赔偿，一般限于损坏财产的必要、合理的更换或者维修产生的费用，也就是财产的直接损失，有些个案会将因财产处于修理或更换过程中不能正常使用所带来的损失也计算在内，称为财产的间接损失。

3. 惩罚性的损害赔偿

惩罚性赔偿又称惩戒性赔偿，是指给原告的赔偿超过其实际损害的赔偿，一般适用于故意或者主观过错严重的被告。

（四）美国产品责任的管辖原则

美国产品责任领域中有一种比较特别的司法管辖原则，叫做"长臂管辖"，也叫"长臂法"。这种管辖原则最初被规定在州法中，亦即各州都要求凡是州居民的被告只要与该州有某种"最低限度的接触"，该州法院就能对该被告享有对人的管辖权。根据美国1962年《统一州际和国际诉讼法》规定，只要具备下列情形之一的，即可构成"最低限度的接触"：在该州经营商业的；通过签订合同在该州供应劳务或货物的；在该州的作为或不作为造成侵权伤害，并在该州经常从事商业或招揽商业，或从事任何其他持续性的行为，或从在该州所使用或消费的商品或提供的劳务中获得相当收入的。

由于美国这种"长臂法"的规定，被告在美国某州内只要做了某事或做过一次交易，就将他和该州的司法管辖连在了一起，甚至一个实际上从未在该州进行过交易的被告也可能受制于该州的司法管辖，只要其产品在该州被使用并由此造成损害就构成"长臂法"所要求的最低限度的接触。

美国的长臂管辖制度，不仅能在国内产品责任诉讼中更便于原告在受害地法院起诉，从而保护原告的利益，而且在涉外产品责任诉讼中亦有利于本国原告选择在本国法院起诉，从而根据其冲突法的指向适用本国法律。

三、欧盟产品责任法

欧盟的产品责任统一法主要由1977年《斯特拉斯堡公约》、1985年《欧洲共同体产品责任指令》和1992年欧盟的《欧洲产品安全指令》等构成，欧盟各成员国的国内法基本都与后两项指令内容相符。

（一）《斯特拉斯堡公约》

《斯特拉斯堡公约》全称是《欧洲共同体关于造成人身伤害与死亡的产品责任的欧洲公约》，该公约是欧洲理事会在1975年9月～1976年5月通过草案，1977年1月26日发布并生效的。该公约对产品责任适用的归责原则、产品的界定、生产者的界定、赔偿责任的确定和限制、免责及诉讼时效均作出了详细规定，成为欧洲范围内第一个关于产品责任的统一文件。

（二）《欧洲共同体产品责任指令》

《欧洲共同体产品责任指令》是一部统一欧洲共同体跨国产品责任的法律，由欧洲共同体主持制定，1985年7月25日经欧洲共同体理事会全体通过，是欧共体统一产品责任法律制度的重要内容之一。

在此之前，欧共体各成员国各自施行不同归责原则下的产品责任制度，有的采取过错责任原则，如荷兰、意大利等国；有的采取过错推定责任原则，如德国、比利时等国；有的采取无过错责任原则，如法国、卢森堡等国，如此一来，在统一的欧共体内，对于同样的产品侵权案件，在不同的成员国发生诉讼，则可能会出现不同的处理结果，这显然违背建立欧共体的目的。因此，《欧洲共同体产品责任指令》的发布实施，对平衡欧共体内生产者的产品责任及其诉讼权利，保障消费者权益，以及平等维护各成员国经济利益，促进欧洲统一大市场的商品流通具有积极意义。

《欧洲共同体产品责任指令》再次明确了产品生产者对因产品缺陷造成损害承担的严格责任和免责条件，同时对损害赔偿的数额进行了更为清晰的界定和限制。

（三）欧盟《欧洲产品安全指令》

由于1985年的《欧洲共同体产品责任指令》中还存在着对消费者保护不够充分的缺陷，如免责条件的适用等问题，同时为了统一协调各成员国的产品安全法，1992年6月29日欧盟理事会通过《欧洲产品安全指令》，1994年6月29日正式实施。《欧洲产品安全指令》明确规定：包括进出口商在内的生产者有义务确保其投入欧盟市场的产品是安全的，也就是说，产品在其安全使用期内，在正常或合理的使用条件下，不应存在致人损害的任何危险。该条规定限制了生产者免责事由的运用，加大了对消费者的保护力度，从而完善了欧盟各成员国对严格责任的适用。

第五节 国际知识产权法

知识产权贸易是国际贸易的重要组成部分。在当今时代，知识产权贸易发展的速度甚至已经超过了货物贸易的速度，同时，鉴于很多货物贸易本身也与知识产权贸易交织在一起，因此，在协调货物贸易的同时也必须有相应的法律法规来协调知识产权贸易，本节着重介绍关于知识产权的基本概念和特征以及国际立法保护问题。

一、知识产权概述

（一）知识产权的概念

知识产权是人们对其智力成果依法享有的权利，体现为一种财产性的权利。换言之，知识产权是对人的智力成果的法律化、权利化和物质化。有学者考证，该词最早于17世纪中叶由法国学者卡普佐夫提出，后为比利时著名法学家皮卡第所发展，皮卡第将之定义为"一切来自知识活动的权利"。直到1967年《世界知识产权组织公约》签订以后，该词才逐渐为国际社会所普遍使用。

根据《保护工业产权巴黎公约》、《世界知识产权组织公约》、《与贸易有关的知识产权协议》以及大多数国家的国内知识产权立法规定，知识产权主要包括以下内容：发明；外观设计；商标；服务标志；厂商名称；动植物新品种；集成电路布线图设计；原产地标识；版权及其邻接权；制止不正当竞争等。

(二) 知识产权的特征

1. 知识产权是一种无形财产

知识产权从本质上说是一种无形财产权，它的客体是智力成果或者知识产品，是一种无形财产或者一种没有形体的精神财富，是创造性的智力劳动所创造的劳动成果，但它与房屋、汽车等有形财产一样，都受到国家法律的保护，都具有价值和使用价值。

2. 知识产权具备专有性的特点

专有性即独占性或垄断性，除权利人同意或法律规定外，权利人以外的任何人不得享有或使用该项权利。这表明权利人独占或垄断的专有权利受严格保护，不受他人侵犯。

3. 知识产权具备时间性的特点

时间性即只在规定期限内享有保护。法律对各项权利的保护，都规定有一定的有效期，各国法律对保护期限的长短可能一致，也可能不尽相同，只有参加国际协定或进行国际申请时，才对某项权利有统一的保护期限。

4. 知识产权具备地域性的特点

地域性特征表明，即除签有国际公约或双边、多边协定外，依一国法律取得的权利只能在该国境内有效，受该国法律保护。

5. 知识产权具备法定性的特点

大部分知识产权必须依法定的条件、原则、程序，并由法定的机构予以确认，这与民法上的其他权利不同。

6. 知识产权具备双重性的特点

知识产权既有某种人身权（如签名权）的性质，又包含财产权的内容。但商标权是一个例外，它只保护财产权，不保护人身权。

二、知识产权的国际保护

(一) 与知识产权保护有关的国际公约

与知识产权保护有关的国际公约是指各国为了确保本国的知识产权在国外能获得法律保护而签订的双边互惠协定以及多边保护知识产权的国际公约，以促使知识产权在国际上得以保护。本部分将对目前在知识产权国际保护领域内有影响力且我国已加入的国际公约进行简要介绍。

1. 《保护工业产权的巴黎公约》

《保护工业产权的巴黎公约》（简称《巴黎公约》），于1883年3月20日在巴黎签订，1884年7月7日生效，至今已作了7次修改。该公约的宗旨是保证一成员国的工业产权在所有其他成员国都得到保护。《巴黎公约》是各种工业产权公约中缔约最早、成员国最广泛的一个综合性公约，也是当今世界社会保护工业产权的最基本、最重要的一个全球性多边国际公约。中国于1985年3月成为该公约的成员国。

2. 《专利合作条约》

《专利合作条约》（简称PCT），于1970年6月19日由35个国家在华盛顿签订，1978年6月1日开始实施。截至2013年7月，共有148个成员国，由总部设在日内瓦的世界知识产权组织管辖。我国在加入WTO时成为该公约的成员国。该公约是专利领域的一项国际合作条约，也是自《巴黎公约》以来，被认为是在专利领域进行国际合作最具有意义的进步标志。它主要涉及专利申请的提交、检索及审查以及其中包括的技术信息的传播的合作性和合理性，是只对《巴黎公约》成员国开放的一个特殊条约，事实上构成《巴黎公约》的补充。

3. 《商标国际注册马德里协定》

《商标国际注册马德里协定》于1891年4月14日在马德里签订，1892年7月生效。其自生效以来共修改过多次，和1989年签署的《商标国际注册马德里协定有关议定书》（简称《马德里议定书》）合称为商标国际注册马德里体系。其主要内容是规定、规范国际商标注册问题。我国于1989年10月4日正式成为该协定的成员国。该协定是对《巴黎公约》关于商标注册部分的一个补充，根据协定规定，须先参加《保护工业产权的巴黎公约》，才能参加《商标国际注册马德里协定》。

4. 《保护文学和艺术作品的伯尔尼公约》

《保护文学和艺术作品伯尔尼公约》（简称《伯尔尼公约》），是关于著作权保护的国际条约，标志着国际版权保护体系的初步形成。该公约于1886年9月9日制定于瑞士伯尔尼。截至2013年11月22日，该公约缔约方总数达到167个，1992年10月15日中国成为该公约第93个成员国。该公约与《巴黎公约》一起并称为全世界范围内保护经济"硬实力"（指《巴黎公约》）和文化"软实力"（指《伯尔尼公约》）的两个"根本法"。

《伯尔尼公约》由联合国专门机构——世界知识产权组织管理，公约的核心规定了每个缔约国都应自动保护在伯尔尼联盟所属的其他各国中首先出版的作品和保护其作者是上述其他各国的公民或居民的未出版的作品。

5. 《世界版权公约》

《世界版权公约》于1947年由联合国教育、科学及文化组织主持准备，1952年在日内瓦缔结，1955年生效，1971年在巴黎修订过一次。中国于1992年7月30日递交了加入《世界版权公约》的官方文件，同年10月30日对中国生效。

该公约旨在协调伯尔尼联盟与泛美版权联盟之间在著作权保护方面的关系，建立各成员国均能接受的国际著作权保护制度。该公约由7条实体条文与14条行政条文组成。它的实体条文比较笼统，但不允许参加国作任何保留。

6. 《保护录音制品制作者　防止未经授权复制其录音制品公约》

《保护录音制品制作者　防止未经许可复制其录音制品公约》（简称《录音制品公约》或《唱片公约》）是在世界知识产权组织主持下于1971年10月29日在日内瓦缔结的一个国际公约。我国于1992年11月7日加入。该公约对版权的邻接权保护作出了明确规定，强化了保护的方式和手段，任何成员国在加入时不得作出任何保留。

7. 《与贸易有关的知识产权协议》

《与贸易有关的知识产权协定》简称《知识产权协定》，是世界贸易组织管辖的一项多边贸易协定。协定的主要内容是提出和重申了保护知识产权的基本原则，确立了知识产权协定与其他知识产权国际公约的基本关系。宗旨是促进对知识产权在国际贸易范围内更充分、有效的保护，以使权利人能够从其创造发明中获益，受到激励，继续在创造发明方面努力；减少知识产权保护对国际贸易的扭曲与阻碍，确保知识产权协定的实施及程序不对合法贸易构成壁垒。

(二) 专利法

1. 专利的概念和特点

专利（patent）一词来源于拉丁语 Litterae patentes，意为公开的信件或公共文献，是中世纪的君主用来颁布某种特权的证明，后来指英国国王亲自签署的独占权利证书。英语"Patent"一词包括了"垄断"和"公开"两个方面的意思，与现代法律意义上的专利基本特征是吻合的。从法律意义上讲，专利是指一国依法在一定时期内授予发明创造者或者其权利继受者、受让者独占使用其发明创造的权利，主要保护范围包括发明、实用新型和外观设计。

作为知识产权的重要组成部分，专利也具有专有性、地域性及时间性的特点。

2. 授予专利权的条件

从世界各国的知识产权立法上看，要取得某项专利保护，必须具备一些实质性的条件，其中一般规定发明和实用新型需要具备新颖性、创造性和实用性，而外观设计要具备新颖性、实用性和富于美感。

（1）新颖性。新颖性是指一项发明在申请人提出专利申请之时，必须是从未公开发表、公开使用或者以其他形式为公众所知的，而且以往也从未有人提出过类似的申请。

判断某项发明是否具备新颖性的标准主要有：①公开标准。如公开发表、公开使用或以其他方式公开，即丧失新颖性。②地域标准。不同的国家对此规定不同，大致分世界新颖性标准、本国新颖性标准和混合新颖性标准。③时间标准。目前世界各国判断新颖性有三种时间标准：以发明日为准、以申请日为标准、以申请时刻为标准。

我国专利法主要适用的是时间标准，有限适用世界新颖性，一项发明只要从未在国内外出版物上公开发表，也未在国内公开使用过，也未以任何其他方式为公众所知，就认为具备了新颖性。

（2）创造性。创造性是指提出专利申请的项目和以前相比，具有实质性的特点和明显的进步。判断标准有两种：①时间标准。从时间角度判断发明创造是否有创造性，例如以申请日为标准，将该申请专利项目同申请日以前的现有技术相比，通过比较判断其是否具有创造性。②人员标准。以所属技术领域的普通技术人员的认知能力为标准，如果对他们而言某一项发明是显而易见的，该发明就不具有创造性。美国专利法将这一条件称为"非显见性"，大意为：如果申请专利的内容与现在技术之间的差别甚小，以至于在该项发明完成时对于本专业具有一般技术的人员来说是显而易见的，那么即使该项发明已经具备了新颖性，也无法获得专利。

（3）实用性。实用性是指申请专利的项目必须适用于工业生产，可以在实践中批量重复制造或使用。

（4）富于美感。富于美感是对专利中外观设计的特殊要求。一件外观设计究竟美不美，不同的人因不同的审美观、不同的教育背景、不同的兴趣爱好，甚至不同的性格以及不同的时代等原因，会有不同的结论，因此判断标准比较主观、不易把握。但结合各国立法综合来看，只要一件新的外观设计与之前的外观设计相比较有差距，而且这种差距大到足以打动人心，有所感触，即可认为是富于美感的外观设计。

3. 专利保护的客体

世界各国专利保护立法的范围不尽相同,但大多数都包含发明、实用新型和外观设计三大类。

(1) 发明。发明是应用自然规律解决技术领域中特有问题而提出创新性方案、措施的过程和成果。发明具有以下两个特点:首先,发明具有先进性,它主要是利用自然规律创造出过去没有的事物;其次,发明具有价值性,可以应用于工业生产。

(2) 实用新型。实用新型是指对产品的形状、构造或者其结合所提出的适于实用的新的技术方案,又称小发明或小专利。它的创造性和技术水平较发明专利低,但实用价值大,有些国家并没有将其列为专利保护的独立对象,而是将其放在发明专利中予以保护。

(3) 外观设计。工业品外观设计,是指对产品的形状、图案或者其结合以及色彩与形状、图案的结合所做出的富有美感的、用于物品装饰的并适于工业应用的新设计。外观设计并不涉及产品的技术和结构,但必须以产品为依托。世界上大部分国家都有专门的立法来保护工业品的外观设计。

4. 专利权人的权利和义务

(1) 专利权人的权利。专利权人所享有的权利就是专利权内容的体现,从立法规定上看,专利权人的权利主要体现为一种专利的独占实施权、许可权、转让权及请求保护权。①独占实施权指只有专利权人才有权利实施其专利的制造、使用、销售,对该专利获得享有独占的权利,任何自然人、法人其他组织均不得不经许可、不支付报酬使用、制造、销售专利产品。②许可权。专利权人可以有条件地允许他人使用其专利技术。具体而言,专利权人可以通过签订合同的方式,允许他人在一定条件下使用其取得专利权的专利的全部或者部分。③转让权是指专利权人有权将自己的专利权或专利申请权转让给他人,受让人依法可以成为新的权利人。④请求保护权。专利权人在其权利受到不法侵害时,有权向专利管理机关请求保护,也可以向法院起诉,要求司法保护。

(2) 专利权人的义务。①缴纳年费。所谓年费是指法律规定的、为维持专利权的有效性,由专利权人在专利权保护期限内逐年向专利管理机构缴纳的费用。专利权人没有按期缴纳年费或者缴纳费用不足的,其专利权将被视为终止。有些国家还规定了逐年递增的专利年费制度,目的是促进专利权人尽早放弃没有实际价值的专利,使之尽快成为全社会的公共财产。②充分公开其发明创造。该条义务是指专利权人应当在专利申请文件中将发明、实用新型或者外观设计的内容,详细、清楚、准确、完整地加以阐述,使本专业技术领域的普通技术人员能够实现该发明创造。③正确行使专利权、不滥用专利权是指专利权人应当在法律规定的范围内行使自己的权利,不能损害其他人的知识产权和其他合法权益。

(三) 商标法

1. 商标的含义

商标是商品的生产者或经营者在其生产、制造、加工、拣选或者经销的商品上或者服务的提供者在其提供的服务上采用的,用于区别其他商品或服务来源的显著标志。商标一般是由文字、图形或其组合构成,附注在商品、商品包装、服务设施或广告宣传制品上,提示消费者本产品或服务与其他产品或服务的不同,便于消费者进行选择以及经营者的相互竞争。

2. 商标权

（1）商标权的含义。商标权是商标专用权的简称，是指商标主管机关依法授予商标所有人对其注册商标受国家法律保护的专有权，即商标的所有人对其商标依法拥有的权利，包括商标权人对其注册商标的排他使用权、收益权、处分权、续展权和禁止他人侵害的权利。注册商标是指经政府有关部门核准注册的商标，商标申请人取得商标专用权，则享有使用某个品牌名称和品牌标志的专用权，这个品牌名称和品牌标志受到法律保护，其他任何企业都不得仿效使用。

（2）商标权的客体。大多数国家都规定，商标权的取得必须要依法注册，因此，商标权的客体也就是注册商标，依《巴黎公约》及《与贸易有关的知识产权协议》的规定，注册商标必须具备以下几个条件：①显著性。商标要具有能够区别于其他商品或服务的显著性特征，这也是商标法的核心内容。②不得违反禁止性规定。为了维护公共利益和公共道德，遵守所参加的相关公约的义务，各国商标法一般都规定了不得作为商标注册的情形。例如中国《商标法》第10条就规定，下列标志不得作为商标使用：同中华人民共和国的国家名称、国旗、国徽、国歌、军旗、军徽、军歌、勋章等相同或者近似的，以及同中央国家机关的名称、标志、所在地特定地点的名称或者标志性建筑物的名称、图形相同的；同外国的国家名称、国旗、国徽、军旗等相同或者近似的，但经该国政府同意的除外；同政府间国际组织的名称、旗帜、徽记等相同或者近似的，但经该组织同意或者不易误导公众的除外；与表明实施控制、予以保证的官方标志、检验印记相同或者近似的，但经授权的除外；同"红十字"、"红新月"的名称、标志相同或者近似的；带有民族歧视性的；带有欺骗性，容易使公众对商品的质量等特点或者产地产生误认的；有害于社会主义道德风尚或者有其他不良影响的；县级以上行政区划的地名或者公众知晓的外国地名，不得作为商标。但是，地名具有其他含义或者作为集体商标、证明商标组成部分的除外。

（3）商标权的内容。商标权的内容也就是商标所有权人的基本权利和义务，其中商标权人的权利可以概括为以下几点：①完全的所有权。商标所有权对其注册商标有完全的所有权，是指商标权人拥有注册商标的使用权、收益权、占有权和处分权。其他所有权利基本都从所有权中衍生而来。②许可和转让权。商标权人可以许可他人使用自己的注册商标，并收取一定的费用，也可以将其注册商标的所有权转让给他人，受让人成为新的商标权人。③禁止侵害及请求保护权。商标权人有权在自己的注册商标受到侵犯时禁止他人继续实施侵害行为，也可以寻求行政或司法的保护。

商标权人的义务有以下几点：缴纳各项费用；标明注册标记；保证商品质量；依法使用注册商标。

（4）商标权取得的原则和程序。虽然各国商标法的具体规定不同，但都认为商标权的取得应当遵循法定的原则和程序进行，结合各国商标法对取得商标的专用权的规定，总结出商标权取得的原则大致有三种：①注册在先。注册在先意为商标权属于最先注册的人。采用该原则的关键在于确定提出商标注册申请的日期。②使用在先。使用在先意思是商标权属于首先使用该商标的人。③混合原则。混合原则，即折中原则，是指在确定商标权的成立时，兼顾使用与注册两种事实，商标权既可因注册而产生，也可因使用而成立。以英国商标法为代表的不少英联邦国家都采用这一原则。

各国商标注册一般都要经过申请、初审、公告、异议、复审、核准等过程,先公告后注册是取得商标权的基本程序。

（四）著作权法

1. 著作权的概念

著作权也叫版权,是指作者或其他著作权人依法对其文学、艺术和科学作品所享有的人身和财产权利的总称。

2. 著作权的客体和主体

著作权的客体就是作品,是指文学、艺术、科学领域内以一定客观形式表现出来的智力创造成果,也是世界各国著作权法保护的对象。出于对社会公共利益的考虑,各国对某些违反一般法律原则、违反社会公共道德和社会伦理道德以及一些故意妨碍公共秩序的作品持不予保护的态度。另外,《世界版权公约》及大多数国家亦认为,著作权保护不得延伸至作品的思想、程序、操作方法和原理等因素。

著作权的主体也称为著作权人,是指依法对文学、艺术、科学作品享有著作权的自然人、法人或其他组织。著作权人大致可以分为两类,一是原始著作权人,即因创作了作品从而获得著作权的人;另一类是继受的著作权人,即通过交易、继承等方式取得著作权的人。

3. 著作权的内容

著作权的内容是著作权法律制度中最为核心的部分,它是指著作权人基于作品而享有的各种人身权利和财产权利。《伯尔尼公约》中也规定,作者对作品享有精神权利和经济权利,也就是说,著作权的内容就是人身权和财产权两类权利。

（1）人身权。著作人身权在大陆法系称为作者人格权,在英美法系称为精神权利。我国《著作权法》称为作者的人身权,它是指作者基于作品的创作而享有的各种与人身相联系但不具备财产内容的权利。在《伯尔尼公约》中包含署名权和修改权。我国《著作权法》还包含了发表权和保护作品完整权。著作人身权具有不可转让性、不可剥夺性、个别权能的可继承性（如发表权）以及永久性的特征。

（2）财产权。著作财产权是作者对其作品的自行使用和被他人使用而享有的以物质利益为内容的权利。著作财产权的内容具体包括复制权、发行权、出租权、展览权、表演权、放映权、广播权、信息网络传播权、摄制权、改编权、翻译权、汇编权、追续权以及其他应当由著作权人享有的权利。

4. 著作权的取得

结合各国著作权法及国际公约的规定,对著作权的取得要考虑实质性要件和形式要件的要求。

（1）实质性要件。实质性要件是指以文学艺术作品的产生方式作为取得著作权的法律事实。大体有两种标准：一种是只要特定的思想或情感被赋予一定的文学艺术形式,无论是作品的全部还是其中的局部,也不考虑该作品是否已经采取了一定物质形式被固定下来,都可以依法被认为是受保护的作品。另一种是,除了具备作为作品的一般条件,即表现为某种文学艺术形式外,还要求这种形式通过物质载体被固定下来,才可以获得著作权法保护。按照这种标准，口述作品以及一些即兴创作的舞蹈、音乐、曲艺作品，就可能被排除在著作权法保护之外。《伯尔尼公约》第 2 条规定，对未以物质载体方式固定下来的作品是否提供著作权法保护，由各国自行决定。我国《著作权法》就采用了第一种标准，即口述作品等均可以成为著作权法的保护对象。

（2）形式要件。形式要件是指作品完成之后，是否需要附加一定的条件才能获得著作。从各国立法和公约的规定来看，目前主要有三种做法：

第一，著作权自动取得原则，也称无手续原则、自动保护原则，意思是以作品的产生为条件自动取得著作权。采用此原则的优点在于，作品一经创作完成即可及时获得保护，能够有效地制止侵犯著作权的行为，保护水平较高。但是在发生著作权纠纷时，取证比较困难。所以有些国家如日本，通过设立自愿的登记制度作为补充。已经建立著作权保护制度的国家大多数都实行这一原则。

第二，著作权登记获得原则，也称有手续原则，《伯尔尼公约》和《世界版权公约》都没有关于作品登记才能获得著作权的规定。所以，某些实行作品登记获得制的成员国，有关要求登记的规定，其法律效力只限于本国作者，对公约其他成员国的作者的著作权保护，不得要求以登记为前提条件。这并不利于著作权的保护，因此，世界上大多数国家都不采用这种方式。

第三，著作权标记原则。著作权标记是指在作品及其复制品上刊印的表明该作品受版权保护的标记。以在作品上加注著作权标记为取得著作权条件，这是一种有条件的自动保护办法，《世界版权公约》也规定，著作权标记由著作权符号"©"即英文 copyright（著作权）一词的首字母外加一个圆圈、著作权人的姓名以及作品首次出版或注册年份三部分组成。中国图书的版权页还常常刊载作品的版次、印次、印数、定价以及发行人等。由于这种加注标记的方法简便易行，故被广泛采用。

5. 著作权的保护期限

著作权的保护期限是指著作权受法律保护的时间界限。在期限内，作品的著作权受法律保护；一旦著作权的保护期届满，该作品便进入了公共领域，成为社会公共财产，不再受法律的保护。因此，对著作权保护期的规定一方面要考虑保护著作权人的利益，另一方面要考虑必须有利于作品的传播和科学、文化事业的发展。

（1）著作人身权的保护期限。关于著作人身权的保护期限，大多数国家采取的都是无期限原则，即永久性地保护作者的署名权、修改权和保护作品完整权。

（2）著作财产权的保护期限。在著作财产权的保护期限上，绝大多数国家的著作权法均规定，公民作品的著作财产权保护期为作者有生之年加上死后若干年。《伯尔尼公约》规定最低的保护期限为作者有生之年加死后 50 年；《世界版权公约》规定最低的保护期限为作者有生之年加上死后 25 年。我国的《著作权法》与《伯尔尼公约》的规定是一致的。

第十一章 Chapter 11
国际贸易条约

第一节 国际贸易条约的概念

一、国际贸易条约的含义

贸易条约是国际条约中的一种契约性条约,又称"商约"。泛指国家间在经济贸易关系方面规定相互权利义务的各种书面协议的总称,而其中由缔约国为调整贸易关系而达成的书面协议称之为贸易协定。国际贸易条约和国际贸易协定常常被称为国际贸易条约与协定。

国际贸易条约与协定按照缔约国家的关系,可分为双边贸易条约和协定与多边贸易条约和协定。前者是两个主权国家之间所缔结的贸易条约和协定,后者是两个以上主权国家共同缔结的贸易条约和协定。

贸易条约和协定与关税、非关税措施相比较,有其不同之处。许多关税和非关税措施是主权国家的政府以立法或行政措施实现的,属于国内法范畴;而贸易条约和协定受到国际法规范的约束。但贸易条约和协定与其他对外贸易措施又有着密切的关系,彼此相互配合。

贸易条约和协定是国际条约和协定的一种。但贸易条约和协定同其他政治性的国际条约和协定相比又有一定的特殊性。从内容上看,贸易条约和协定主要是缔约国之间的经济和贸易关系,从国际法角度看,贸易条约和协定往往遵守某些国际通用的法律条款,如最惠国条款和国民待遇条款等。从国际惯例上,贸易条约和协定,既可在建立正式外交关系的国家之间签订,也可在没有建立正式外交关系的国家之间签订,既可在不同国家的政府间签订,也可在不同国家的政府和民间团体之间或双方的民间团体之间签订。

二、贸易条约和协定的历史发展

最早的贸易条约和协定可追溯于公元前 508 年罗马与迦太基所签订的条约，内容包括商业和航海的关系。到了资本主义生产方式的准备时期，欧洲新兴的资产阶级力图以国家权力保护工场手工业。为了限制进口和鼓励出口，就利用贸易条约和协定作为争夺市场和保障自己有利条件的手段。

在资本主义自由竞争时期，随着国际贸易的发展，各国之间的贸易往来迅速增加，贸易条约的缔结更为重要。因此，在资本主义自由竞争的时期，贸易条约不仅在数量上大为增加，并且在内容上也远远比以往复杂。

到了帝国主义时期，帝国主义垄断组织为了追求高额利润，更需要利用贸易条约和协定作为实现对外经济扩张，夺取推销市场、原料来源和投资场所的重要手段。贸易条约和协定已成为帝国主义国家剥削和奴役小国的工具。

第二次世界大战后，许多发展中国家为了维护国家主权和保护民族经济的发展，在平等互利的基础上与其他国家签订了一些贸易条约和协定。我国作为世界上最大的发展中国家之一，已经同超过 170 个国家和地区建立了贸易关系，并同多个国家签订了贸易协定，参加了有关的国际经济贸易公约和条约。

三、国际贸易条约的特点

国际贸易条约和协定是主权国家为了确立它们之间经济贸易关系以及为了实现这一关系所应遵循的一般原则和所需采取的具体措施而缔结的书面协议。它是国际条约的一个重要组成部分，具有以下特点。

（一）一般特性

国际贸易条约与协定作为国际条约的一个构成部分，它应具备国际条约如下的一般特性：

1. 国家是主体

国际贸易条约和协定的主体只能是国家。而自然人与自然人之间、法人与法人之间、国家与法人或自然人间达成的有关协议，无论其内容或性质何等重要，都不能成为双边贸易条约和协定或其组成部分。

2. 以国际法为准

必须符合国际法是国际贸易条约和协定合法性的根本标志，否则，其就不具有法律上的约束力。它成为判断国际贸易条约和协定是否平等，是否具有权威性的基础。

3. 主体之间的相关性

国际贸易条约和协定所规定的是缔约国之间经济贸易交流中的权利和义务关系，以此确定签约主体之间的相关性。

4. 以书面形式表达

条约和协定的内容要形成文字，作为一个书面文件出现。因为国际贸易条约和协定内容涉及缔约国之间的经济利益和国家政策。如果不把达成的协议用确切的文字记载下来，则不能保证缔约国如实履行条约。

（二）独有特性

国际贸易条约和协定与其他政治性的国际条约相比又有其特殊之处。根据国际惯例，在没有正式建立外交关系的国家之间，不能签订政治性条约，但可签订双边贸易条约和协定。如中国于1955年8月22日就和埃及签订了贸易协定，但埃及在1956年5月30日才和中国建立正式的外交关系。在很多情况下，双边贸易条约和协定的缔结，往往为外交关系的建立创造有利的先行条件。

（三）与国内政策的约束关系

国际贸易条约和协定是一个国家实现贸易政策的重要措施之一。与属于国内法范畴的关税措施和非关税措施等其他贸易政策措施不同，它受国际化规范的约束。但是，国际贸易条约和协定与其他贸易政策措施之间有着密切的联系，并相互配合。如国际贸易条约和协定中列出国内相关贸易措施与之符合要求的义务，则国内相关法规要受其约束。

四、贸易条约和协定的内容结构

贸易条约与协定一般由序言、正文和结尾三个部分组成。

序言通常载明缔约双方发展经济贸易关系的愿望及缔结条约或协定所遵守的原则。

贸易条约与协定的正文，是贸易条约与协定的主要组成部分，它是有关缔约各方权利、义务的具体规定。不同种类的贸易条约与协定，其正文所包括的条款和内容有所不同。

贸易条约与协定的结尾包括条约与协定的生效、有效期、延长或废止的程序、份数、文字等内容，还有签订条约和协定的地点及双方代表的签名。缔结条约和协定的地点对于需要经过批准的条约与协定有特别的意义，如果条约是在一方首都签订的，按惯例批准书就应在对方国家的首都交换。贸易条约与协定一般以缔约各方的文字写成，并且规定两种文本具有同等的效力。

第二节
国际贸易条约的分类

一、通商航海条约

通商航海条约是一种内容广泛、全面规定缔约国双方之间经济贸易关系的条约。它常涉及缔约国之间经济和贸易关系上一切可能发生的问题。

通商航海条约的主要内容如下：缔约国双方商品在进口和出口的关税问题上的待遇问题、缔约双方公民和企业即法律上的自然人和法人的经济权利的问题、航行和港口使用等问题、铁路运输问题和过境问题、特种所有权问题、商品进口的国内捐税问题、进口和出口的数量限制问题、对仲裁裁决的执行问题等。随着缔约国之间经济和贸易关系的发展，又出现一些特殊内容，如对样品和展览品的免税输入、领事的待遇等。通商航海条约以国家元首名义签订，签订条约的全权代表要由国家元首特命派遣。双方代表在条约上签字后，还须按缔约国的法律程序完成批准手续才能生效。这类条约的有效期较长，一般为3~5年，到期后还可延长。

二、贸易协定

贸易协定是就两国之间经济贸易关系中的具体规定而缔结的一种书面协议。与通商航海条约相比，它的特点是比较具体，具有可操作性。

其主要内容通常包括：最惠国待遇条款，双边贸易额，双方出口货单、作价办法，使用的货币、支付方式、关税优惠等。对于贸易额和双方出口货单的规定不是硬性的，在具体执行时可通过协商加以调整。

双边贸易协定的有效期限一般比较短，签订的程序也较简单，一般只需经签字国的行政首脑或其代表签署即可生效。如果在双边贸易协定中包含有支付条款，则这份书面协议可称为双边贸易与支付协定。

三、贸易协定书

贸易协定书是对已签订的双边条约或协定中某个具体问题作出补充、解释修订而达成的书面协议。具体来讲，贸易协定书是缔约国关于贸易发展中的某一具体事项达成的一种书面协议；或者是作为贸易条约、贸易协定的附属文件；或者是与贸易条约、贸易协定有同等效力的法律文件。

贸易协定书的签订程序和内容比贸易协定简单，一般经签署国有关行政部门的代表签署后即可生效。在国际贸易中，许多国家采用贸易协定书的形式，它既可以用来修改、补充和解释国际贸易协定的某些条款，又可以在两国还没有签订贸易协定的情况下先签订贸易协定书作为两国贸易的临时依据。如果两国订立有长期贸易协定，则可以通过贸易协定书确定年度贸易的具体安排。贸易协定书也可以用来规定延长条约或协定的有效期。

四、支付协定

支付协定大多为双边支付协定，是规定两国间关于贸易和其他方面债权债务结算方法的书面协议。其主要内容包括：清算机构的确定、清算账户的设立、清算项目与范围、清算货币、清算办法、差额结算办法的规定等。

支付协定是外汇管制的产物，在实行外汇管制的条件下，结算只能在双边基础上进行。具体来说，国际清算通常由外汇银行以外汇交易方式进行，亦即使用具有兑换性的国际性货币进行清算。然而在一国国际收支呈现逆差，缺乏对外支付的外汇资金的情况下，国家为应付外汇缺乏而实施外汇管制与贸易限制，从而使国际交易活动受到阻碍。为了解决这种困境，国与国之间往往签订双边贸易协定与清算协定。

支付协定的主要内容包括：

（1）清算机构的规定。通常双方都指定它们的中央银行作为清算的负责机构来处理双边的清算工作。

（2）清算账户的设立。通常包括单边账户和双边账户两种。前者只在缔约国一方的中央银行开立清算账户,后者指缔约国双方的中央银行互为对方国家开立清算账户。

(3)清算时使用的记账货币。在单边账户下,用开立清算账户国家的货币记账和进行支付;在双边账户下,使用的货币分为记账货币和支付货币两种。记账货币可用一方的货币,也可用第三国货币,用何种货币记账由双方谈判后在协定中确定。而双方的债权人和债务人在具体办理收付时,则应分别使用本国的货币。

(4)账户清算的项目和范围。具体是指两国间的贸易和非贸易往来应通过清算账户进行结算的项目和范围,该项目与范围除了进出口贸易外,还包括进出口贸易的从属费用。

(5)双方债权和债务抵偿后差额的清算方法。

(6)清算账户的差额处理,主要有四种方式,如在一定期限内由债务国向债权国输出商品;用双方同意的可兑换的货币或黄金支付;用双方同意的其他不可兑换的货币支付;将金额转入下一年度清算账户内。在支付协定中,关于差额的清算办法一般有三种:一是超过摆动额的清算。通过规定在协定期限内,双方贸易额不得超过一定限额,如10%,如超过限额,即由欠方偿付超过的部分。二是定期差额清算,即在协定中规定一段时间,到期时,双方对债权债务抵偿后出现的差额进行偿付。三是协定结束后的差额清算。协定期满后,双方进行清算。

在1929年到1933年世界经济危机发生后,签订支付协定的国家日益增加,其中绝大部分是双边支付协定。但自1958年以来,西方主要发达国家相继实行自由兑换货币,放宽外汇管制,双边支付结算逐渐被多边支付结算取代。至今一些仍实行外汇管制的发展中国家,有时还需要采用支付协定来规定对外债权债务的结算方法。

五、国际商品协定

关于国际商品协定,将在本章第四节做详细描述。

第三节 国际贸易条约的法律效力

国际贸易条约是缔约国之间确定相互经济贸易关系所缔结的协议,它是缔约国之间开展经济贸易往来所必须遵守的准则,具有法律效力。在我国,中国缔结或者参加的国际条约构成我国法律的一部分,具有国家法律效力。在有权利与义务的国际贸易条约和协定中,通常以如下的法律原则条款来约束缔约国间的经贸关系。

一、最惠国待遇原则条款

(一)最惠国待遇原则的含义

最惠国待遇原则是指缔约国一方现在和将来给予任何第三国的一切特权、优惠和豁免,也同样给予对方。最惠国待遇原则是从国际法中国家平等原则派生出来的,是国家平等原则在经贸关系上的具体适用。在双边贸易条约和协定中,依据最惠国待遇原则而制定的条款称为"最惠国条款"。

最惠国条款是双边贸易条约和协定中的一种专门条款。其主要作用在于，使该国出口的商品在外国市场上获得与任何第三国同等的竞争条件，使其企业或船舶在外国享有不受歧视的地位。

（二）最惠国待遇条款的特征

（1）最惠国待遇一般是相互给予的。

（2）最惠国待遇一般是平等的待遇，而不是享有独有的特殊利益。

（3）缔约国双方给予的最惠国待遇是不需要对方给予任何补偿的。

（4）缔约国双方对于最惠国条款所规定的优惠、特惠或豁免必须是自动地适用于缔约国对方，而不另外需要对方的申请手续和法律程序。

（5）缔约国根据最惠国条款给予缔约国对方的优惠、特惠或豁免，在时间上不仅包括以往在缔约前所给予任何第三国而现时仍继续有效的一切优惠、特惠和豁免；同时也包括缔约以后在条约有效期内所给予任何第三国的一切优惠、特惠和豁免。

（6）最惠国待遇条款在国际惯例上是经济和贸易性的条款，如条约和协定无特殊规定，将不适用于经济和贸易关系以外的事项。

（三）最惠国待遇条款的分类

在长期的国际贸易实践中，逐渐形成的具有不同法律形式和法律效果的最惠国待遇。通常可以分为以下几类：

1. 无条件的最惠国待遇条款和有条件的最惠国待遇条款

无条件最惠国待遇条款是指，凡缔约国一方现在或将来给予任何第三国的任何特权、优惠或豁免，缔约国对方无须提出任何补偿作为交换而立即无条件地享受同样的特权、优待和豁免。

有条件的最惠国待遇条款是指，如果缔约国一方现在或将来给予第三国的优惠是有条件的，那么缔约国另一方必须提供同样的补偿才能享受这种优待。在现代双边贸易条约和协定中，有条件的最惠国待遇条款已属罕见，但为了避免产生歧义，现在贸易条约与协定中的最惠国待遇条款上，仍有必要注明"无条件"的字样。

2. 无限制的最惠国待遇条款和有限制的最惠国待遇条款

无限制的最惠国待遇条款是指对最惠国待遇的适用范围不加以任何限制，不仅适用于商品进出口征收的关税及手续和方法，也适用于移民、投资、商标等各个方面。在有限制的最惠国待遇条款中，其使用范围限制在经济贸易关系的某些领域，规定仅在条约规定的范围内，在此范围外则不适用。

3. 互惠的最惠国待遇条款和非互惠的最惠国待遇条款

互惠的最惠国待遇条款是指缔约方双方给予的最惠国待遇是相互的、同样的。非互惠的最惠国待遇条款是指缔约一方有义务给予另一方以最惠国待遇，即单方面给予，而无权从另一方享有最惠国待遇。

（四）最惠国待遇条款的适用范围

1. 关税率、各种附加税及海关手续

关税包括进出口关税率、各种附加税、征收的方法及海关的报关手续等。

2. 航行

航行问题一般包括以下的内容：船舶的驶入、驶出和停泊；货物的装载、卸载及旅客的上下；吨税、港务税、领港费、灯塔费、检疫费等各种税款和费用的征收；燃料、水及粮食的供应，船舶的修理，港口设备的使用及其他港口服务事项。

3. 铁路运输及过境

在铁路运输及过境问题上，双边贸易条约和协定常常规定缔约国双方在规定运费率和铁路运输手续方面彼此提供最惠国待遇。

4. 自然人和法人的法律地位

法律地位主要指缔约双方自然人和法人的经济权利，内容包括：移民权、财产购置权、经营工商业权、捐税方面的权利和义务、法律保护权等。但同时规定，自然人和法人在享受最惠国待遇时，也必须遵守对方国家政府的一切法律、规则和决议。

5. 特有所有权

特有所有权是指缔约国双方自然人和法人在对方境内取得和使用专利权、商标权、版权和其他特种所有权的问题上适用最惠国待遇。可以参考 WTO 负责实施管理的与贸易有关的知识产权协定和与知识产权有关的国际公约。

6. 进口配额制度

进口配额制度是一个国家以法令规定一定时期进口商品种类、数量或价值和来源地的分配定额的制度。

在许多国家都实施进口定额制的条件下，一个国家为防止本国的出口商品在别国分配不到满意的进口配额，在与其他国家缔结双边贸易条约和协定时，往往规定缔约国间按最惠国待遇的原则分配给缔约国对方商品的进口配额，得到"公正和平等"的比例。

7. 许可证制度

许可证制度是一个国家根据法令的规定由指定的贸易管理机关通过书面许可的方式来控制该国的进出口贸易。在双边贸易条约和协定中，最惠国待遇有时适用到许可证制度上，但规定往往含糊而笼统。

8. 外汇管制

当双边贸易条约和协定中规定将最惠国待遇适用于外汇管制时，往往只规定在实行外汇管制时给予平等待遇，或相互给予对方以"公正和平等"的份额。

（五）最惠国待遇条款的限制与例外

1. 限制

最惠国待遇条款的限制是指：当贸易条约所规定的理由存在时，即不适用最惠国待遇。例如：为了国家安全，保护公共卫生或为了保护动植物免受病害、衰退、死亡等的危害，缔约双方有权对这类货物的输入和输出加以限制或禁止。

2. 例外

最惠国待遇条款的例外是指：在贸易条约所规定的某些场合下，不适用最惠国待遇。

（1）边境贸易。一些国家往往把边界两边各 15 公里内的小额贸易当作特殊的当地贸易来处理，在关税上、海关手续上给予减免等优惠。这种优惠不适用于最惠国待遇条款。

（2）关税同盟。关税同盟是指以一关税领土替代两个或两个以上关税领土，以便对成员领土之间的所有贸易或至少对产于此类领土产品的所有贸易,取消关税和其他限制性贸易法规,而对同盟以外领土的贸易实施相同的关税或其他贸易法规。关税同盟成员内部在关税上的特殊待遇排除于缔结最惠国条款的国家所享有的优惠范围。

(3) 沿海贸易和内河航行。在航行问题上,对于缔约国一方在沿海贸易和内河航行方面给予他国的优惠视为例外。

(4) 多边国际条约中承担的义务。若因缔约国一方为参加联合国或其他多边国际条约而履行其所承担的义务而触及最惠国待遇利益者视为例外。

(5) 区域性优惠条款即若干特定的国家之间通过条约和协定相互给予优惠的待遇,应视为最惠国待遇的例外。

(6) 其他例外,如沿海捕鱼、武器进口、金银外币的输出、港口服务以及为了保存艺术品和文物古迹而实行的禁止和限制等。

二、国民待遇原则条款

(一) 国民待遇原则的含义

国民待遇原则是指一个国家对外国自然人或法人在某些事项上(如在民事权利方面)给予不低于本国自然人或法人的待遇。

(二) 国民待遇原则的适用范围

国民待遇的适用范围是有一定限制的。它一般适用于外国自然人从事商业、外国天然物产和制造品所应缴纳的国内捐税,利用铁路运输和转口过境的条件,船舶在港口的待遇以及知识产权等。至于本国人所享有的其他某些权利,如沿海贸易权、领海捕鱼权、沿海和内河航行权、购买土地权、零售贸易权以及充当经纪人等,不属于国民待遇的适用范围,一般不给外国侨民。

第四节 主要国际贸易条约

目前已达成的国际贸易条约有很多,有的是关于建立国际贸易组织的条约,典型的是关税与贸易总协定;有的是关于贸易合同方面的,国际货物买卖合同成立统一法公约、联合国国际货物销售合同公约、国际货物销售代理公约、国际保付代理公约等;如有的是关于国际贸易运输方面的,如国际海上人命安全公约、国际海上避碰规则、国际铁路货物联运协定、国际铁路货物运送公约等;有的是关于某种商品的国际贸易条约,如国际纺织品贸易协议、国际天然橡胶协定等;还有一些是关于贸易中涉及相关业务的条约,如承认与执行外国仲裁裁决公约、国际贸易术语解释通则、跟单信用证一惯例、汇票和本票统一法公约、支票统一法公约、货物暂准进口公约等。另外,随着我国与其他国家之间建设自由贸易区(FTA)越来越多,形成了诸如《中华人民共和国政府与新西兰政府自由贸易协定》等一系列国际贸易条约。

在上述各种类的条约中，有一些已经终止并被新条约代替，如国际货物买卖合同成立统一法公约在1980年终止，被生效的联合国国际货物销售合同公约代替。而大多数条约则是根据现实贸易的变化，经过多次修改，如2010年，国际贸易术语解释通则被修订，并于2011年正式实施即《INCOTERMS 2010》；同时现在的跟单信用证统一惯例版本是2007年修订的第600号出版物，即《UCP600》。下面介绍几个主要的国际贸易条约。

一、联合国国际货物销售合同公约

（一）《联合国国际货物销售合同公约》产生的背景

《联合国国际货物销售合同公约》（简称CISG，以下简称《公约》）是由联合国国际贸易法委员会主持制定的，1980年在维也纳举行的外交会议上获得通过，是半个多世纪以来，有关国际组织在推动国际贸易法律统一化方面所取得的一项重要成果。为了克服各国贸易立法冲突给国际贸易带来的障碍，1934年国际私法研究所拟订了一部《国际货物买卖法》草案，交各国政府征求意见，尔后由于第二次世界大战爆发而中断。战后，1964年4月在海牙召开的外交会议上，终于通过了《国际货物买卖统一法公约》和《国际货物买卖合同成立统一法公约》，并分别于1972年8月18日和同年8月23日起生效。但是，这两个公约基本上是欧洲大陆法传统的产物，所体现的主要是大陆法的原则，参加的国家不多，并没有起到统一国际货物买卖法的作用。为纠正上述两个公约的缺陷，制定一部能为不同法律制度和不同社会经济制度国家所接受的国际货物买卖统一法，1969年国际贸易法委员会成立了一个专门工作组。1980年工作组完成起草工作，提出了一部《联合国国际货物销售合同公约》，同年3月在维也纳外交会议上获得通过，1988年1月1日达到规定接受国家数量后正式生效。1986年12月11日我国交存核准书，在提交核准书时，提出了两项保留意见：(1) 不同意扩大《公约》的适用范围，只同意《公约》适用于缔约国的当事人之间签订的合同。(2) 不同意用书面以外的其他形式订立、修改和终止合同。

（二）《联合国国际货物销售合同公约》的主要内容

《联合国国际货物销售合同公约》共分为四个部分：①适用范围；②合同的成立；③货物买卖；④最后条款。全文共四章，101条。公约的主要内容包括以下四个方面：

1. 公约的基本原则

建立国际经济新秩序的原则、平等互利原则与兼顾不同社会、经济和法律制度的原则。这些基本原则是执行、解释和修订公约的依据，也是处理国际货物买卖关系和发展国际贸易关系的准绳。

2. 适用范围

第一，公约只适用于国际货物买卖合同（即营业地在不同国家的双方当事人之间所订立的货物买卖合同），但对某些货物的国际买卖不能适用该公约作了明确规定。第二，公约适用于当事人在缔约国内有营业地的合同，但如果根据适用于"合同"的冲突规范，该"合同"应适用某一缔约国的法律，在这种情况下也应适用"销售合同公约"，而不管合同当事人在该缔约国有无营业所。对此规定，缔约国在批准或者加入时可以声明保留。第三，双方当事人可以在合同中明确规定不适用该公约（适用范围不允许缔约国保留）。

3. 合同的订立

合同的订立包括合同的形式和发价（要约）与接受（承诺）的法律效力。

4. 买方和卖方的权利义务

第一，卖方责任主要表现为三项义务：交付货物；移交一切与货物有关的单据；移转货物的所有权。第二，买方的责任主要表现为两项义务：支付货物价款；收取货物。第三，详细规定卖方和买方违反合同时的补救办法。第四，规定了风险转移的几种情况。第五，明确了根本违反合同和预期违反合同的含义以及当这种情况发生时，当事人双方所应履行的义务。第六，对免责根据的条件作了明确的规定。

（三）《联合国国际货物销售合同公约》的特点

同其他国际贸易条约一样，《公约》的主要特点是既坚持国际贸易法的统一化，又照顾到不同社会、经济和法律制度的差别性，并把两者灵活、巧妙地结合起来，使之成为世界上不同法系都能接受，不同社会、经济制度都能容纳的调整国际贸易关系的统一规范。例如，海牙两公约之一的《1964年国际货物买卖统一法公约》规定，每一缔约国要保证在不迟于本公约对该国生效之日，按照本国立法程序把本公约纳入本国法律之中。这是一项强制性规定，换言之，凡是缔约国加入该公约时必须首先将公约的规定全部纳入本国立法，这是加入公约的一项前提条件；而纳入本国法则意味着全面修改本国原有与公约不同的立法，单就这一点对于不同法系、法制的国家来说，就是一个难以接受的条件。《联合国国际货物销售合同公约》改变了这种僵硬的做法，在《公约》的序言中明确宣布，本公约各缔约国认为采用照顾到不同社会、经济和法律制度的国际货物销售合同统一规则将有助于减少国际贸易的法律障碍，促进国际贸易的发展。这也是制定本公约的宗旨，具体说就是，在照顾到不同社会、经济和法律制度差别的条件下，制定一个缔约各国共同遵守的统一规则。这一宗旨本身就深刻体现了统一性与灵活性相结合的指导思想。《公约》在制定过程中通过反复磋商、修改和各种技术处理，使这一宗旨得到实现，使各国之间由于在社会、经济和法律制度各方面存在严重分歧而难以统一的棘手问题，诸如合同形式问题、实际履行问题以及所有权转移问题和对本公约能否部分承认等问题，通过不同的方式，得到较好的解决，从而为国际贸易法统一化打开了新的局面。

二、统一提单的若干法律规定的国际公约

《统一提单的若干法律规定的国际公约》又称《海牙规则》，它是关于提单法律规定的第一部国际公约。随着经济的发展以及海运业的发展，《海牙规则》显示出了它的不足，于是从20世纪60年代开始，各组织先后修订了该规则或者重新拟定了货物运输公约，依次出现了《关于修订统一提单若干法律规定的国际公约的协定书》，简称《海牙—维斯比规则》，并于1977年6月生效；《汉堡规则》，即联合国海上货物运输公约，于1992年11月1日生效；《联合国全程或者部分国际海上货物运输合同公约》，即《鹿特丹规则》，并经2008年12月11日审议通过。但是由于《海牙规则》最大程度地保护了承运人的利益，因此目前依然被大多数运输公司使用。

（一）产生背景

在提单产生的早期，即自货物托运形式出现后的很长一个时期，在海上航运最为发达的英国，一方面，从事提单运输的承运人，即英国习惯上视为"公共承运人"必须按照英国普通法对所承运的货物负绝对责任，即负有在目的港将货物以装货港收到货物时的相同状态交给收货人的义务，对所运货物的灭失或损坏，除因天灾、公敌行为、货物的潜在缺陷、托运人的过错行为所造成，或属于共同海损损失之外，不论承运人本人、船长、船员或其他受雇人、代理人有无过错，承运人均应负赔偿责任。但另一方面，法律对私人合同却采取"契约自由"原则，这就为承运人逃避普通法上的法律责任打开了方便之门，承运人在提单上列入对货物灭失或损失免责的条款，强加给货主的各种不公平的条件和不应承担的风险越来越多。

在以英国为代表的船东国在提单上滥用免责条款的时期，以美国为代表的货主国利益受到了极大的损害。为了保护本国商人的利益，美国于1893年制定了《哈特法》，即《关于船舶航行、提单，以及财产运输有关的某些义务、职责和权利的法案》。该法规定，在美国国内港口之间以及美国港口与外国港口之间进行货物运输的承运人，不得在提单上加入由于自己的过失而造成货物灭失或损害而不负责任的条款，同时还规定承运人应谨慎处理使船舶适航，船长船员对货物应谨慎装载、管理和交付。该法规定，凡违反这些规定的提单条款，将以违反美国"公共秩序"为由宣告无效。随后，澳大利亚、新西兰和加拿大等国也颁布了类似的法律，但是，少数国家的努力难以解决承运人无边际免责的实质问题。而且各国立法不一，各轮船公司制定的提单条款也不相同，极大地妨碍了海上货物运输合同的签订，不利于国际贸易的发展。国际海上货物运输不可能按某一国的法律处理，因此，制定统一的国际海上货物运输公约来制约提单已势在必行。

于是国际法协会所属海洋法委员会于1921年5月17日至20日在荷兰首都海牙召开会议，制定了一个提单规则，定名为《海牙规则》，供合同当事人自愿采纳。此规则经过修改，1924年8月25日在比利时首都布鲁塞尔签订，1931年6月2日起生效，为统一世界各国关于提单的不同法律规定，并确定承运人与托运人在海上货物运输中的权利和义务而制定。

（二）主要内容

《海牙规则》共十六条，其中第一至第十条是实质性条款，第十一至第十六条是程序性条款，主要是有关公约的批准、加入和修改程序性条款。实质性条款主要包括以下内容：

1. 承运人最低限度的义务

所谓承运人最低限度义务，就是承运人必须履行的基本义务。对此《海牙规则》第三条第一款规定："承运人必须在开航前和开航当时，谨慎处理，使航船处于适航状态，妥善配备合格船员，装备船舶和配备供应品；使货舱、冷藏舱和该船其他载货处所能适当而安全地接受、载运和保管货物。"该条第二款规定："承运人应妥善地和谨慎地装载、操作、运送、保管、照料与卸载。"即提供适航船舶，妥善管理货物，否则将承担赔偿责任。

2. 承运人运输货物的责任期间

所谓承运人的责任期间，是指承运人对货物运送负责的期限。按照《海牙规则》第一条"货物运输"的定义，货物运输的期间为从货物装上船至卸完船为止的期间。所谓"装上船起至卸完船止"可分为两种情况：一是在使用船上吊杆装卸货物时，装货时货物挂上船舶吊杆的吊钩时起至卸货时货物脱离吊钩时为止，即"钩至钩"期间。二是使用岸上起重机装卸，则以货物越过船舷为界，即"舷至舷"期间承运人应对货物负责。至于货物装船以前，即承运人在码头仓库接管货物至装上船这一段期间，以及货物卸船后到向收货人交付货物这一段时间，按《海牙规则》第七条规定，可由承运人与托运人就承运人在上述两段发生的货物灭失或损坏所应承担的责任和义务订立任何协议、规定、条件、保留或免责条款。

3. 承运人的赔偿责任限额

承运人的赔偿责任限额是指对承运人不能免责的原因造成的货物灭失或损坏，通过规定单位最高赔偿额的方式，将其赔偿责任限制在一定的范围内。这一制度实际上是对承运人造成货物灭失或损害的赔偿责任的部分免除，充分体现了对承运人利益的维护。《海牙规则》第四条第五款规定："不论承运人或船舶，在任何情况下，对货物或与货物有关的灭失或损坏，每件或每单位超过100英镑或与其等值的其他货币时，任何情况下都不负责；但托运人于装货前已就该项货物的性质和价值提出声明，并已在提单中注明的，不在此限。"

承运人单位最高赔偿额为100英镑，按照该规则第九条的规定应为100金英镑。一是按英国起初的英国航运业习惯按100英镑纸币支付，后来英国各方虽通过协议把它提高到200英镑，但还是不能适应实际情况。几十年来，由于英镑不断贬值，据估计1924年的100英镑的价值，到1968年已相当于当时的800英镑的价值。在这样英镑严重贬值的情况下，如果再以100英镑为赔偿责任限额，显然是不合理的，也违反了《海牙规则》第九条的规定。二是在《海牙规则》制定后，不少非英镑国家纷纷把100英镑折算为本国货币，而且不受黄金计算价值的限制和约束，由于金融市场的变幻莫测，以致和现今各国规定的不同赔偿限额的实际价格相去甚远。

4. 承运人的免责

《海牙规则》第四条第二款对承运人的免责作了十七项具体规定，分为两类：一类是过失免责；另一类是无过失免责。国际海上货物运输中争论最大的问题是《海牙规则》的过失免责条款，《海牙规则》第四条第二款第一项规定："由于船长、船员、引航员或承运人的雇佣人在航行或管理船舶中的行为、疏忽或过失所引起的货物灭失或损坏，承运人可以免除赔偿责任。"这种过失免责条款是其他运输方式责任制度中所没有的。很明显，《海牙规则》偏袒了船方的利益。

5. 索赔与诉讼时效

索赔通知是收货人在接收货物时，就货物的短少或残损状况向承运人提出的通知，它是索赔的程序之一。收货人向承运人提交索赔通知，意味着收货人有可能就货物短损向承运人索赔。《海牙规则》第三条第六款规定：承运人将货物交付给收货人时，如果收货人未将索赔通知用书面形式提交承运人或其代理人，则这种交付应视为承运人已按提单规定交付货物的初步证据。如果货物的灭失和损坏不明显，则收货人应在收到货物之日起3日内将索赔通知提交承运人。

《海牙规则》有关诉讼时效的规定是："除非从货物交付之日或应交付之日起一年内提起诉讼，承运人和船舶，在任何情况下，都应免除对灭失或损坏所负的一切责任。"

6. 托运人的义务和责任

（1）保证货物说明正确的义务。《海牙规则》第三条第五款规定："托运人应向承运人保证他在货物装船时所提供的标志、号码、数量和重量的正确性，并对由于这种资料不正确所引起或造成的一切灭失、损害和费用，给予承运人赔偿。"

（2）不得擅自装运危险品的义务。《海牙规则》第四条第六款规定：如托运人未经承运人同意而托运属于易燃、易爆或其他危险性货物，应对因此直接或间接地引起的一切损害和费用负责。

（3）损害赔偿责任。根据《海牙规则》第四条第三款规定：托运人对他本人或其代理人或受雇人因过错给承运人或船舶造成的损害，承担赔偿责任。可见，托运人承担赔偿责任是完全过错责任原则。

7. 运输合同无效条款

根据《海牙规则》第三条第八款规定：运输合同中的任何条款或协议，凡是解除承运人按该规则规定的责任或义务，或以不同于该规则的规定减轻这种责任或义务的，一律无效。有利于承运人的保险利益或类似的条款，应视为属于免除承运人责任的条款。

8. 适用范围

《海牙规则》第五条第二款规定："本公约的规定，不适用于租船合同，但如果提单是根据租船合同签发的，则它们应符合公约的规定。"同时该规则第十条规定："本公约的各项规定，应适用于在任何缔约国内所签发的一切提单。"

结合本规则"运输契约"定义的规定，可以看出：①根据租船合同或在船舶出租情况下签发的提单，如果提单在非承运人的第三者手中，即该提单用来调整承运人与提单持有人的关系时，《海牙规则》仍然适用。②不在《海牙规则》缔约国签发的提单，虽然不属于《海牙规则》的强制适用范围，但如果提单上订有适用《海牙规则》的首要条款，则《海牙规则》作为当事人协议适用法律，亦适用于该提单。

（三）影 响

《海牙规则》于1931年6月2日正式生效。欧美许多国家都加入了这个公约。有的国家仿效英国的做法，通过国内立法使之国内法化；有的国家根据这一公约的基本精神，另行制定相应的国内法；还有些国家虽然没有加入这一公约，但他们的一些船公司的提单条款也采用了这一公约的精神。所以，这一公约是海上货物运输中有关提单的最重要的和仍普遍被采用的国际公约。中国虽然没有加入该公约，但却把它作为制定中国《海商法》的重要参考依据；中国不少船公司的提单条款也采纳了这一公约的精神。所以，《海牙规则》堪称现今海上货物运输方面最重要的国际公约。

三、国际商品协定

（一）国际商品协定的含义

国际商品协定是指某种商品的主要生产出口国之间，或者主要生产国与主要进口国之间为了稳定或者操纵该种商品的世界市场价格，获得足够的垄断利润，保证世界范围内的供求基本平衡而签订的多边国际协议。

国际商品协定的主要对象是发展中国家所生产的初级产品。第二次世界大战前，签订了小麦（1933年）和糖（1937年）两种国际商品协定。第二次世界大战后，共签订了糖（1953年）、锡（1956年）、咖啡（1962年）、橄榄油（1958年）、小麦（1949年）、可可（1973年）、天然橡胶（1979年）七种国际商品协定。这些初级产品的生产出口国大多是发展中国家，主要进口国大多是发达国家。初级产品出口市场的份额、价格、销路与发展中国家的国计民生关系极大，故发展中国家渴望稳定初级产品价格，而进口国也希望供应来源稳定。出口国和进口国利益的共同点促进了初级产品国际协定的出现，使其应运而生。

（二）国际商品协定的目的

国际商品协定的目的有四个方面：

一是垄断某种初级产品出口供给，联合提价，取得垄断利润。

二是防止初级产品国际市场价格的大幅度波动，保证重要的初级产品的合理分配，这不仅是发展中国家所期望的，也是发达国家所期望的目标。

三是保证产品的生产和供应。国际商品协定不仅从价格上干预，也干预供销数量的稳定和平衡。

四是能够建立起干预市场的机制。

随着世界经济贸易的发展和发展目标的不同，国际商品协定的作用与功能出现多样化。

（三）国际商品协定的协定体系

国际商品协定一般由序言、宗旨、定义、经济条款、行政条款、财务条款和最后条款组成，其中最重要的是经济条款和行政条款。

1. 序言、宗旨和定义

序言通常载有缔约各方发展该项初级产品贸易的愿望及缔结协定所应遵循的原则；宗旨用以指明签订该项初级产品协定的目的及实习目的的手段与途径；定义用以指明签订协议成员、机构的身份和产品的确切含义和衡量的标准。

2. 经济条款

经济条款主要规定各成员国的权利和义务，一般有如下三种规定方法：

（1）出口配额规定，即规定基本的出口配额以控制商品供应量，保持价格的稳定。具体做法是一般规定一个基本的出口固定数量，每年再根据市场需求和价格变动，确定当年平均的年度出口固定数量。年度出口固定数量按固定部分和可变部分分配给有基本固定数量的各出口成员国，可变部分按出口成员国的库存量占全体出口成员国总库存量的比例进行分配。

（2）缓冲存货规定，即协定执行机构建立缓冲存货（包括实物和现金）并规定最高限价和最低限价以干预市场；稳定物价。

（3）多边合同规定，即一方面要求进口国保证在协定规定的价格幅度内向出口国购买一定数量的有关商品；另一方面要求出口国保证在规定的价格幅度内向进口国出售一定数量的有关商品。

3. 行政条款

行政条款主要涉及权力机构和表决票的分配。商品协定的权力机构有理事会、执行委员会和监督机构。虽然名称不一,但都是协定的最高权力机构的常设机构,由于权力机构关系到协定的履行和管理,涉及各方面的切身利益,因而职位的分配往往是各出口国和各进口国成员国所关心的重要问题。各权力机构达成的协议,除采用协商一致的办法外,一般要通过表决决定。故大多数协定都会对表决票的分配及其使用有具体的规定,以保证每个成员国享有一定的表决权。

4. 财务条款

财务条款主要是确定国际初级产品协定机构活动的经费来源以及分摊办法。各协定都规定:各成员对每个财政年度预算的分摊额度应与在核准该协定预算时,该成员在所在成员表决票总数中所占的表决票数成比例。

5. 最后条款

最后条款主要是规定协定的签字、批准、生效、有效期、加入、退出等具体程序和手续。

(四) 国际商品协定的运行机制

1. 缓冲存货机制

所谓缓冲存货机制就是由商品协定的权力机构按照最高限价和最低限价的规定,动用其成员国提供的实物储备和现金储备干预市场稳定价格。其方法是在最高限价和最低限价之间划分三个价格档次(高档、中档、低档)。当市场价格进入高档范围时,动用缓冲存货实物储备抛售,把市场价格拉下来,当市场价格进入低档范围时,动用缓冲存货现金储备购买现货,把市场价格拉上来,通过这种方法把国际市场的价格水平稳定在中档价格范围之内。这种国际商品协定成员国争议的焦点是:最高限价,最低限价以及价格档次的划分,缓冲存货机制所需要的实物储备和现金储备如何决定,各个成员国按照什么比例提供,如何得以补偿。采用这种机制的主要是国际锡协定和国际天然橡胶协定。

2. 出口限额机制

出口限额机制是某种商品的主要生产国之间通过签订协议决定一个基本的出口总量限额或者出口总量的增长幅度,每年再根据市场需求和价格变动的具体情况确定当年具体的出口总量额度。年度出口总量决定之后,按照固定部分和可变部分分配给各个成员国。固定部分一般占年度出口总限额的70%,可变部分占30%,可变部分按照各个成员国的库存量占成员国总库存量的比例分配。属于此类的国际商品协定是国际咖啡协定。此类国际商品协定的成员国争议的焦点是出口总限额、年度生产配额和年度库存配额的分配问题。

3. 多边合同机制

多边合同机制是由主要的生产出口国和主要的商品进口国之间协商签订多边国际合同,它要求主要的进口国在协定规定的价格幅度内向各出口国购买一定数量的产品,出口国有义务保证在协定规定的价格幅度内出口一定数量的产品。当进口国完成应该进口的数量义务后可以在任何市场以任何价格购买任何数量的该种商品,当出口国完成应该出口的数量义务后可以在任何市场以任何价格出口任何数量的该种商品。这实际上是一个国际多边贸易合同,实施此类方法的是国际小麦协定。

(五) 国际商品协定的种类

按照国际商品协定关注重点的不同,将其分为以下三种:

1. 带有经济条款的国际商品协定

一般来说，带有经济条款的国际商品协定的目的主要是为了稳定市场、价格和出口收益。《国际可可协定》和《国际天然橡胶协定》就属于这一类。

《国际可可协定》是世界主要可可生产国和消费国1972年所达成的单项商品的国际协定。1993年7月16日达成新的《国际可可协定》，1994年2月22日生效。1972年《国际可可协定》规定了可可的价格结构和价格水平，制定了一套半自动的价格调整机制和稳定价格机制，其目标是加强在世界可可经济领域中的国际合作，促进其发展；为世界可可市场的稳定作出贡献，以维护各成员的利益；更容易调节生产，促进消费，以确保供给与需求的中长期均衡，从而使世界可可经济得到均衡发展；在对消费者和生产者都为公正合理的价格基础上确保充足的供应；有利于国际可可贸易的扩大；通过收集、分析和发布相关统计资料和开展相关的研究，提高世界可可经济活动中的透明度；促进在可可领域中的科学研究和开发；提供适当的论坛，讨论与世界可可经济有关的各种事件。

新的《国际天然橡胶协定》于1995年2月17日在日内瓦签订，取代1987年的《国际天然橡胶协定》。原协定由于1979年建立的国际天然橡胶组织继续负责和监督协定的实施。其总部设在马来西亚的吉隆坡。参加协定的成员有24个，出口成员6个，都是发展中国家；进口成员18个，由发达国家和中国组成。其目标是通过研究与开发提高天然橡胶的竞争力，确保供给的稳定。协定寻求采取各种措施，扩展天然橡胶的国际贸易，提高天然橡胶的市场准入度，促进天然橡胶再加工、营销和分配方面的改善。

2. 国际商品管理协定

国际商品管理协定通常也考虑价格的稳定问题，但它重在确保国际合作提供国际咨询论坛以促进研究，并鼓励和增加商品的消费。《国际咖啡协定》、《国际糖协定》和《国际谷物协定》都属于这一类。

新的《国际咖啡协定》于1994年签订，取代1983年的《国际咖啡协定》。拥有63个成员，其中出口成员44个，由44个发展中国家组成；进口成员19个，均为发达市场经济国家。国际咖啡组织是"国际咖啡协定"的执行和监督机构，总部设在英国伦敦。协定的目标是确保与世界咖啡经济有关的国际合作得到加强；为协定政府间的磋商和谈判提供论坛，讨论有关咖啡的问题，寻求世界咖啡供给与需求达到合理的平衡的方法。这种方法的基础应该是在对消费者公平、对生产者合理的价格水平上确保咖啡的充足供应，同时有助于生产和消费之间达到长期的均衡；通过收集、分析和发布有关咖啡生产、销售等方面的统计数字，公布指标价格和其他市场价格以利于国际咖啡贸易的扩大，同时提高世界咖啡经济的透明度；成为收集、交换和公布有关咖啡的经济信息和技术信息的中心；促进在咖啡领域的研究和调查；鼓励、增加对咖啡的消费。

《国际糖协定》于1953年和1958年曾2次签订，由于美国拒绝进口古巴糖，这2个协定未能付诸实施。此后，又经历了1968年、1973年、1977年、1987年、1992年签订的《国际糖协定》。1992年签订的新《国际糖协定》目标是确保与世界糖制品及其相关问题的国际合作的加强；提供政府间讨论糖和发展世界糖业经济方法的论坛；收集和提供世界糖市场及其他甜料的信息，为糖的国际贸易提供便利；开辟新途径，利用各种方法刺激对糖的需求。其管理和监督协定执行的机构是国际糖组织，拥有成员63个，代表了世界食糖产量的81%，消费量的63%。目前，中国还不是该组织的成员，但应邀以观察员的身份参加过国际糖组织年会。

新的《国际谷物协定》于1995年7月签订，取代1986年的《小麦贸易和粮食援助公约》，它包括谷物贸易公约和粮食援助公约。谷物贸易公约拥有成员26个，其中发达国家6个，其余为发展中国家和东欧国家，其目的是进一步稳定和扩大谷物市场，提高世界谷物供应的安全性；提供扩大和改进对成员方的统计和市场信息服务，为成员方之间的磋商创造和提供机会。粮食援助公约拥有成员23个，其中一个为发展中国家，其余均为发达国家，其目标是通过国际社会的共同努力，保证每年向发展中国家提供一定数量的适合食用的谷物。

3. 国际商品发展协定

国际商品发展协定旨在生产者和消费者之间提供一个合作和咨询的机构，在诸如开发、贸易扩展、市场促销、降低成本、环境保护和提供市场信息方面与缔约国进行合作和交流。国际黄麻和黄麻制品协定、国际橄榄油协定和国际热带木材协定都属于这一类。

新的《国际黄麻和黄麻制品协定》于1989年11月3日在日内瓦签订，1991年4月12日正式生效。该协会拥有24个成员，其中出口成员5个，包括中国和亚洲的4个发展中国家；进口成员21个，有2个为发展中国家，其他均为发达市场经济国家，中国于1990年7月18日签署并即接受约束。该协定的监督和执行机构是国际黄麻组织，其目标是提高黄麻和黄麻制品的竞争力；在维持和扩大现有市场的同时开发新市场；开发黄麻和黄麻制品的新的最终用途；提高黄麻种植业的产量和质量，提高黄麻制品的质量和降低成本。

新的监督国际橄榄油协定执行的机构建立于1994年3月，该协定对1986年国际橄榄油协定进行修订和补充，国际橄榄油理事会是国际橄榄油协定的执行与管理机构。其目标是开展国际合作与共同行动，促进橄榄培育、橄榄油提炼和食用橄榄油加工的现代化；促进橄榄产品的国际贸易；制定橄榄产品的生产标准；在橄榄及橄榄油加工方面考虑环境因素。

新的《国际热带木材协定》于1994年1月26日签订，取代1983年的《国际热带木材协定》。该协会拥有51个成员。其中生产国为24个，都是发展中国家；消费国27个，除去中国、埃及、尼泊尔、韩国、俄罗斯以外，其余都是发达市场经济国家。国际热带木材组织是国际热带木材协定的实施与管理机构。总部设在日本神户。协定的主要目的是提供有效地与世界木材经济所有方面有关的磋商、国际合作和政策发展的框架；提供磋商论坛以促进正常的木材贸易活动；致力于可持续发展进程；实施提高成员供应能力的战略；促进国际热带木材贸易的扩展和多元化等。

（六）商品综合方案

商品综合方案是按照1976年5月联合国第四届贸易和发展会上正式通过的"商品综合方案"决议成立的，主要解决发展中国家初级产品的贸易问题。为了实施商品综合方案，通过设立基金的办法给予财政保证。从1976年至1980年，在联合国贸易与发展会议的主持下就建立商品共同基金进行磋商。1989年6月，国际商品综合方案下的共同基金协议正式生效。

1. 商品综合方案的主要特点

商品综合方案的主要特点在于综合性。与单个商品协定相比,商品综合方案把各项因素综合起来,表现为把十几种初级产品联系在一起,以共同基金资助协定规定商品的储存,把买卖双方对某一种产品的供销作中期和长期的安排,在财政上更有利地支援生产国,采取较广泛的改进该产品的办法。

2. 商品综合方案的主要内容

商品综合方案的主要内容如下:

(1) 由发展中国家出面筹集一笔共同基金,对香蕉、可可、咖啡、糖、茶、植物油(包括橄榄油籽)、肉类、棉花和棉纱、黄麻及其产品、硬纤维及其产品、热带木材、橡胶、铁矿砂、锡、铜、铝土、锰砂、磷矿石等18种初级产品实行国际储存(又称"缓冲储存")。

(2) 当这些商品在国际市场上价格下跌到低于规定的最低水平时,储存机构就用共同基金买进这些商品,使价格回升;当其价格上涨到超过规定的最高水平时,储存机构就卖出这些商品,使其价格回跌到规定的范围以内。

(3) 为了平衡这些初级产品的供求,参加商品综合方案的各国政府要在一定时期内承担义务,保证进口或出口其中一定数量的某种商品,以帮助提高国际储存的效能。

(4) 当国际储存和其他更直接的办法不能维持发展中国家的出口收入时,则要求国际货币基金组织,按出口收入实际价值的下降程度,对出口收入处于不利地位的发展中国家提供补偿性贷款或赠款。同时,要求发达国家向发展中国家提供技术和财政援助,帮助他们制造和出口初级产品的加工品,取消或减少对这种加工品的关税壁垒和非关税壁垒,以利于他们扩展初级产品加工品的出口,实现出口多样化,从而改善其出口收入。

以上是国际贸易条约的主要种类,除此之外还有关税协定、政府间大量商品供应和购买协定、贷款协定等内容。

第十二章 Chapter 12
国际贸易惯例

国际贸易惯例是在国际贸易实践中自发形成的,被广泛接受和普遍使用的行为规范。与法律相比,国际贸易惯例在国际贸易中的意义和作用更为重要。不同国家的法律对贸易活动中的同一问题的规定并不完全相同,有时甚至完全相反。国际贸易惯例来源于国际贸易实践,并由国际组织加以编纂与解释,广泛存在于国际贸易买卖、运输、保险等经贸关系中,采用国际惯例解决国际贸易问题已逐渐成为国际上的一种趋势。加入世界贸易组织后,我国的对外贸易发展迅速,但是,伴随着中国对外贸易的高速发展,贸易摩擦和纠纷的数量也快速上升。在这些摩擦和纠纷中,越来越多地遇到的是国际贸易惯例及其适用的问题,即国际贸易中究竟存在哪些惯例,这些惯例的主要内容是什么,它有哪些特点和作用,在贸易实践中是否具有普遍性和强制性等问题。只有弄清楚这些问题,懂得惯例,并自觉地在对外贸易中按惯例办事,才能有效避免和解决国际贸易中的摩擦和纠纷,从而有效地避免经济损失,促进我国对外贸易健康发展。

第一节 国际贸易惯例概述

国际贸易惯例是在长期的国际贸易实践中形成的,国际贸易惯例的产生具有悠久的历史。

一、国际贸易惯例的产生与发展

国际贸易惯例与国际贸易有着十分密切的关系,没有国际贸易实践就无从谈起国际贸易惯例。但国际贸易惯例与国际贸易并不是同步产生的,国际贸易产生于原始社会末期,而国际贸易惯例产生于十七世纪。国际贸易的产生与发展成就了国际贸易惯例的产生与发展,反过来国际贸易惯例作为规范国际贸易当事人的一种准则,又促进了国际贸易的发展。

(一) 国际贸易惯例产生的背景

国际贸易惯例是国际贸易实践的产物。在前资本主义时期，自然经济占统治地位，商品经济比较落后，即使国际贸易活动比较活跃的地中海地区，国际贸易也还只是零星的、狭小的、区域性的和偶然性的，那时显然不可能形成国际贸易惯例。随着哥伦布发现美洲大陆，以英国为首的商品经济比较发达的西欧各国第一次产业革命的完成和大机器工业的建立，世界范围内形成了国际分工。国际市场建立，国际贸易得到飞速发展，贸易品种增加，贸易规模扩大，国际贸易商之间的联系日益广泛。

然而，由于世界各国的政治制度不同，法律体系不同，经济发展水平不等，历史文化背景各异，成文、不成文的贸易规则和习惯做法也不一样。于是在日益发展的国际贸易实际业务中，各国商人之间不可避免地发生了各种各样的矛盾，如进出口手续由谁办理，途中风险由谁承担，货款如何支付等等。这些纠纷对国际贸易产生了不良影响，并在一定程度上制约了国际贸易的发展。

为了解决这些问题，确保国际贸易的顺利发展，国际贸易商人集团、国际贸易促进机构等便开始归纳和整理国际贸易中被反复使用的做法，试图制定和公布贸易或与贸易有关的规则，意欲减少贸易中的纠纷。

(二) 国际贸易惯例的产生

一般认为，国际贸易惯例主要是在西方贸易发达国家之间发展起来的。有学者认为古罗马时代的万民法中就含有习惯规则。但当今通行的观点认为，国际贸易惯例起源于中世纪的"商人法"，并经历了"商人法"的国内化与现代"商人法"的复苏等阶段。

大约公元13世纪，地中海沿岸各国之间的商业往来已经十分的密切。从事贸易的商人为了维护自身利益，根据业务实践制定了一些商业习惯做法和规则，出现了最初的商人的贸易规则，并在处理纠纷中被当地法庭所采用，被称为"商人的法律"，简称"商人法"。

1640年，英国资产阶级革命代表着人类社会进入了现代。公元17世纪到20世纪初，商人法逐渐被各主权国家所认可，从而形成了各国的国内商法。

进入20世纪以后，随着各国国内法的发展，各国国内法之间的差异性日渐扩大。在国际贸易活动中，各国国内商法之间在处理贸易纠纷的过程中产生了很多的矛盾，严重阻碍了国际贸易的发展。为了克服各国国内商法的矛盾冲突，国际社会不断努力促使国际贸易法的统一，通过编撰国际贸易惯例和缔结国际条约，形成和制定一系列调整国际贸易关系的统一的实体规范。在国际贸易惯例方面也形成了一系列成果，如国际法协会制定的《1932年华沙—牛津规则》，国际海事委员会制定的《约克—安特卫普规则》，国际商会制定的《国际贸易术语解释通则》、《跟单信用证统一惯例》，等等。

二、国际贸易惯例的概念

国际贸易惯例，又称国际商务惯例，主要是在国际贸易领域中的国际惯例，它存在于贸易、投资、海商、运输、保险等经贸关系中。尽管国际贸易惯例在国际贸易中具有重要作用，但关于其内涵，国内外却有许多不同的解释。英国著名法学家施米托夫认为，国际商业惯例是由国际组织制定的商业性习惯做法和标准构成，这些组织包括国际商会、联合国欧洲经济委员会,以及各国际贸易协会等,这些习惯性做法通过制定成法律规则而获得固定的形式。他特别强调"国际贸易惯例"一词仅指由国际组织制定的惯例,不是由国际组织制定的惯例只能称为"商业习惯"或"习惯做法"。姚新超、冯大同、赵承壁等一批国内知名教授则普遍认为,国际贸易惯例是在国际贸易实践中逐步自发形成的,为某一地区、某一行业或某类贸易中所经常遵守和普遍接受并由此产生相应的义务感与合理期望的任意性规范。前者强调了国际贸易惯例的法律属性,而后者观点则突出了国际贸易惯例的自发性与渐进性。

由此可见,关于国际贸易惯例的概念,虽然国内外并没有统一的界定,但其更多的只是字面上的差别,实质内容大同小异。一般认为,所谓国际贸易惯例是在长期的国际贸易实践中逐渐自发形成的、为某一地区(甚至是世界范围)、某一行业的人们所普遍遵守,并由相关机构或团体编撰成文且在一定范围内采用、实施的行为规范。简言之,国际贸易惯例是在国际贸易实践过程中逐渐形成的一些通用的做法。

一般说来,国际贸易惯例应具有三个基本条件:

(1) 必须是被一定范围内的人们一贯地、经常地、反复地采用。

(2) 内容必须是明确肯定的。

(3) 必须是在一定范围内众所周知的,具有普遍约束力。

三、国际贸易惯例的性质与特点

尽管国际贸易惯例是国际贸易法律的渊源之一,它具有类似法律规范的性质。但严格来说,国际贸易惯例本身并不是法律,贸易双方当事人有权在合同中达成不同于惯例规定的贸易条件。为了正确运用国际贸易惯例,充分发挥其作用,当事人对国际贸易惯例的性质和特点需要给予认识和明确。

(一) 国际贸易惯例的性质

国际贸易惯例的性质可从两个层面进行认识:

(1) 惯例本身不是法律,对当事人不具有强制性。法律是由主权国家制定的,有关当事人必须遵守,即法律具有普遍适用性和强制性。而国际贸易惯例是由国际组织撰写成文,贸易当事人自行决定是否采用,即它不具有普遍适用性和强制性。

(2) 惯例的采纳与适用以当事人的意思自治为基础。买卖双方在合同中做出某些与惯例不符的规定,只要合同有效成立,双方都要遵照合同的规定履行义务。一旦发生争议,法院和仲裁机构也要维护合同的有效性。

(二) 国际贸易惯例的特点

在调整国际经济贸易关系方面,国际贸易惯例与国际贸易法规有许多不同之处,具有自身的特点。

(1) 国际贸易惯例是在长期的国际贸易实践中自发形成的。国际贸易惯例形成的过程不受政府机关的控制和制约,它的成文化一般也是由商业自治团体自发编纂而成,这使它有别于依靠国家立法机关制定的国内法以及依靠各国之间的相互谈判、妥协而达成的国际条约,也正是这种非主权性大大增强了国际贸易惯例的普遍适用性。

(2) 国际贸易惯例是为某一地区、某一行业的人们所普遍接受的。这是国际贸易惯例的客观特征。偶然的实践决不能成为国际贸易惯例。这里的普遍接受并不要求人人都已经理解和接受，而只要从事这一行业的大多数人知道和接受即可，即可推定其他人理应知道这种惯例的存在。早期的国际贸易惯例一般形成于一些比较大的港口、码头，慢慢地，他们的一些合理做法就为同行业的其他人所接受。例如美国西海岸的码头工会为保护自身利益向集装箱货主征收近乎落地费性质的杂费，这种杂费后被各国的班轮公会列入班轮运价或者班轮条款，因而这种做法成了同业者之间的国际贸易惯例。

（3）国际贸易惯例可以修改或变更。这意味着当事人可以在合同中约定与惯例相抵触的条款。这也是某些地区的习惯做法与国际贸易惯例不同的原因之一。

（4）国际贸易惯例只有在一定条件下才具有强制性，具有法律约束力。这表明，只有在当事人明示或者默示同意采用时，才对当事人具有法律效力。如果当事人明示或者默示地加以排除，则不能将国际贸易惯例强加给当事人。这些条件体现在：

第一，通过国内立法，明文规定适用国际贸易惯例。当国际贸易惯例已被某一国家转化为国内法时，国际贸易惯例已取得了法律的普遍约束力，不管当事人选择与否，在这些国家，特定的国际经贸往来必须适用特定的国际贸易惯例。

第二，通过国际立法，将国际贸易惯例引入公约或条约中。一个国家必须遵守它所参加的相关公约或条约，若国际贸易惯例是公约或条约中的一部分，则该国家必须遵守国际贸易惯例的做法。

第三，在合同中直接引用国际贸易惯例，这是最常见的适用国际贸易惯例的情况。合同的双方当事人在合同中明确表示对某一问题适用国际贸易惯例，并将该惯例引入合同中，则该惯例成为了合同的一部分，从而合同赋予该惯例以法律效力，具有强制性的约束力。

第四，司法实践中引用国际贸易惯例，这在国际仲裁和诉讼中较为常见。当事人未在合同中对某一问题进行明确规定，也未说明适用哪种国际贸易惯例，但在发生争议时，仍可引用国际公认的或影响力广泛的国际贸易惯例作为裁决的依据。

第五，默示适用国际贸易惯例。当事人默示选择商人法作为合同的适用准据。这种情形的前提是当事人即使未选择应适用于合同的国内法，也未明示选择适用商人法，但是有选择适用商人法的意图。

四、国际贸易惯例的作用

国际贸易惯例对于国际贸易的作用主要体现在三个方面：

（1）国际贸易惯例为贸易当事人提供了共同遵守的行为准则，有利于交易合同的顺利进行。由于各国法律存在较大差异，国际社会要想缩小或取消这种差异短期内难以实现，因此在长期贸易实践中产生的国际惯例得到了大多数国家和当事人的认可。国际贸易惯例既避免了因各国法律不同而导致的分歧，较大范围统一的做法也简化了当事双方谈判、履约方面的手续，从而起到利于合同顺利进行的作用。

（2）国际贸易惯例可以作为解决纠纷的依据。在国际贸易实践中，买卖双方之间难免发生分歧、矛盾和纠纷，每当这种贸易纠纷出现，国内法就鞭长莫及而显得软弱无力。因为贸易双方所在国的法律制度对有关纠纷的规定很可能是针锋相对的，而依据国际惯例进行仲裁，就容易让当事人接受。尽管仲裁也涉及适用的法律问题，但在仲裁时，任何仲裁庭都会充分考虑相关的国际贸易惯例。

（3）国际贸易惯例的发展促进了国际贸易的健康发展。当代的国际贸易量很大，发展也很迅猛，积极进入国际市场的国家日益增多，贸易的内容几乎无所不包，众多的国际贸易商以及与之相关的运输、保险、银行、海关等关系人，如果单靠各国内法的制约，国际贸易就没有任何秩序，其发展就会变得缓慢。有了国际贸易惯例，这些问题会在某种程度上得到解决。

五、国际贸易惯例与法律的关系

（一）惯例与法律的一致性

惯例与法律虽然有根本的不同，但二者在方向、内容、目的等方面有较大的一致性，在协调经济贸易发展的功能上两者相互渗透和补充。

1. 惯例是法律的主要来源之一

法律属于上层建筑，是统治阶级用来调整社会关系和经济关系，并凭以维护统治和秩序的武器。经济法则是调整人们之间的经济关系。具有普遍适用性、公正合理性、内容确定性的国际贸易惯例成为法律条文制定者和法官判决的重要依据之一。许多国家将国际贸易惯例的一些条款甚至整个惯例纳入国内的民法典，比如西班牙、伊拉克等国都正式确认国际商会制定的国际贸易术语解释通则具有法律效力。1964年海牙外交会议上的《国际货物买卖统一法》、《国际货物买卖合同成立统一法》在20世纪70年代末被引进比利时、德国、荷兰、圣马力诺等国的国内法。

2. 惯例是民商法典的重要补充之一

法律条文不论多长都难以做到天衣无缝，更何况人类社会在发展，科学技术在进步，经济贸易实践中也会出现各种各样的新问题，具有普遍滞后性的法律对这种不断出现的新问题、新矛盾显得鞭长莫及。但法律条文没有具体规定的，并非等于在这方面或这一领域就没有任何准则和约束，任凭投机取巧的奸商钻法律的空子而不公正地攫取巨额利润。实际上，国际贸易惯例补充了法律规定之不足。日本法律就规定："关于商业，本法无规定的，适用于商业习惯法。"《中华人民共和国涉外经济合同法》第5条规定："中华人民共和国法律未做规定的，可以适用国际惯例。"《跟单信用证统一惯例》1993年修订本在总则中开宗明义地指出："除非在信用证中另有规定，本统一惯例的条文对有关各方都有约束力。"

3. 惯例吸取各国普遍承认的原则

由于世界各国的社会政治制度不同，甚至根本对立，经济发展水平不一，甚至相差悬殊，加之民族特性、文化背景、地理环境等等情况，使各国的法律也存在着很大的不同，甚至在一些重大问题上针锋相对，矛盾不可调和。就是在社会制度相同、地理环境相同、民族文化背景相近的西欧，法律规定也常有重大差异，甚至迥然不同。作为国际贸易惯例，就必须让有关各国均能在某种程度上接受，因而惯例不能同各国法律有根本冲突，所以公约在发盘的问题上做了折中的规定。正是为了法律冲突的各国均能接受，国际商会在《国际贸易代理合同范本》导言中指出："国际商会认为需要制定统一的合同规则。这些规则，不以任何特定的国内法为基础，但是这些规则吸取了国际贸易中通行的惯例，也吸取了关于代理的国内法所普遍承认的原则。"

（二）法律与惯例的矛盾性

法律与惯例虽然具有一致性，但从根本上来说，两者并不相同。

1. 法律与惯例的性质不同

法律是统治阶级意志的集中体现，属于上层建筑的范畴，最明显的特征就是具有强制性。与人们是否愿意接受毫无关系。惯例则是国际贸易方面的协会、团体、组织，以协调国际贸易关系、规范国际贸易当事人的行为、促进国际贸易的发展为宗旨，将国际贸易实践中的惯常做法精炼化、系统化、成文化，使之成为国际贸易的样板而非准绳。无论多么有影响力和广泛性的国际贸易惯例，都不能超出当事人自愿采用的范畴，即仍然允许当事人在贸易中做出与该惯例不一致的规定。国际法协会的"1932年华沙牛津规则"，虽然是法学家们所制定，但它绝非立法，而仅仅是规则。由于法律与惯例的性质截然不同，使得两者不可能不存在着明显的矛盾性。

2. 法律与惯例各自调整的范围不同

在经济方面，法律由一个主权国家所制定，在其领土或其所控制的区域或其指定的区域内协调人与人及社会群体方面的经济关系。世界上绝大多数国家都有立法机构制定的商法或经济法。但是，在经济领域，还没有一部在全世界范围内能够强制执行以调整经济关系的国际经济法。随着当代国际经济贸易的迅猛发展，国际间的经济贸易活动日益频繁，联系日益紧密，这使得制定一些调整国际间贸易活动的所谓"惯例"成为人们的共同愿望。所以，一定时期内不可能达成的国际经济法就只能由惯例来代替，因此惯例所调整的范围远较各国的国内经济法调整的范围大。

3. 二者的制定者不同

无论是国内法还是国际法，其制定者都是国家，是政府。对我国而言，全国人民代表大会是立法机构。全国人民代表大会及其常委会是国家级法律的制定者，地方性法规由同级别的人大及其常委会制定。而国际贸易惯例是从贸易实践中产生并被广泛接受的，是由一些国际组织或社会团体进行编纂的，严格来讲并不能称为制定。

第二节 国际贸易惯例的适用

国际贸易惯例的性质和特点决定了它的适用应充分体现"当事人意思自治"、"契约自由"的精神和原则。由于国际贸易惯例不具有法律的普遍适用性和强制性，除非得到主权国家的认可，否则当事人可以选择采用，或不采用，完全由当事人的意志决定。

一、国际贸易惯例适用的内涵

一般认为，国际贸易惯例的适用有两层含义：

在经济层面上，国际贸易惯例的适用是指在国际商事以及贸易活动中当事人在合同中选择依据国际贸易惯例来进行交易；从法律层面而言，国际贸易惯例的适用是指在国际贸易活动中出现争议的时候，如何适用国际贸易惯例来解决争议。

虽然角度不同，但这两个方面的实质是一致的。一般来说，立法者若直接在规范性文件中明确规定国际贸易惯例具有法律效力，这便意味着该国承认了国际贸易惯例是其国内法的法律渊源，国际贸易惯例已成为该国法律体系的有效组成部分，从而获得了和其他法律等同的效力，这是国际贸易惯例在解决国际贸易合同争议中得以适用的最直接、最有效的方法。但国际贸易惯例的历史发展表明，国际贸易惯例是自发形成的，缺乏国家意志的渗透和监督，因而，在某一国际贸易惯例形成的过程中，极有可能因为一方当事人处于优势而使得该国际贸易惯例的某些内容不利于另一方当事人。而且，国际商事活动毕竟有别于国内贸易，在此领域形成的国际贸易惯例有可能与国内的交易方式不符。因此，很少有国家在其立法中直接承认国际贸易惯例的法源地位，目前承认的国家也只是对个别国际贸易惯例给予承认。

二、国际贸易惯例适用的限制

虽然国际贸易惯例在国际商事实践中已得到广泛的应用，但是，国际贸易惯例又显然不同于国内法等明确具有强制性的法律，各国在适用中普遍认为在一定程度上对其是有所限制的，目的是维护国家的秩序和经济利益。总体而言，实践中国际贸易惯例的限制来自国内强制性法律、公共秩序以及合同最密切联系的部分。

（一）强制性法律规范对国际贸易惯例适用的限制

不可否认，建立在当事人意思自治原则之上的国际贸易惯例其目的是当事人可以依据各方的意愿，最大限度地将国际贸易惯例纳入到合同中，但实践中各国为了保护国家及本国公民的利益，都制定了一定的法律，对适用的国际贸易惯例予以限制。例如，以毒品、武器为标的的合同，在许多国家的国内法上是无效的。在我国，相关的司法解释不具备法定主体资格的合同当事人签订的合同，双方当事人恶意串通损害国家、集体或第三方利益的合同都是无效的。我国《合同法》第126条规定："涉外合同的当事人可以选择处理合同争议所适用的法律，但法律另有规定的除外"，"在中华人民共和国境内履行的中外合资经营企业合同、中外合作经营企业合同、中外合作勘探开发自然资源合同，适用中华人民共和国法律"。第二次世界大战后，西方国家合同法中的意思自治原则受到了较多的限制，出现了以保护弱者而维护公正平等为特点的趋势。比如，不少国家法律对标准合同予以限制，目的在于限制经济实力强大的一方凭借其优势地位，获得不当利益，从而使各方在交易中得到尽量平等的收益。由此，在某种程度上对国际贸易惯例形成了限制。在国际商事领域，为了尊重各国的相关规定，很多规定都将国际贸易惯例的有效性交由国内法来确定。例如，《联合国国际货物买卖合同公约》第4条规定，公约不涉及国际贸易惯例的有效性问题，表明了决定国际贸易惯例的适用与否很大程度依赖于国内法。

（二）公共秩序保留制度对国际贸易惯例适用的限制

公共秩序是指关系到一国的国内基本制度、基本政策、基本原则和社会公共利益的法律秩序和道德秩序。公共秩序保留是指当一国法院在处理某国际民商事案件时，根据国内冲突规范的援引，本应适用被援引的外国法，但被援的外国法违背了法院地国家的公共秩序，因而该国法院排除或拒绝适用被援引的外国法。在立法上最早把公共秩序保留规定在民法中的是1804年的《法国民法典》。该民法典第6条称"不得以特别的约定违反有关公共秩序和善良风俗的法律"。我国早在1950年由中央人民政府法律委员会制定的《关于中国人与外侨、外侨与外侨结婚问题的意见》中就规定了"适用当事人本国法的婚姻法以不违背我国的公共秩序、公共利益和目前的基本政策为限度。"随后在一系列涉外立法中都有关于公共秩序的内容。例如我国《民法通则》第一百五十条也规定："依照本章规定适用外国法律或者国际惯例的，不得违背中华人民共和国的公共利益。"公共秩序保留已成为国际私法中一项公认的和普遍采用的制度。

在适用国际贸易惯例的实践中，国际贸易惯例一般不会危及一国的公共秩序，但不能说绝对没有可能。虽然国际贸易惯例产生的领域与国家公共利益的关系不甚紧密，与一国公共秩序冲突的几率较低，但也不应从立法上就排除公共秩序保留的适用。

（三）合同联系理论对国际贸易惯例适用的限制

在民事诉讼的实践中，合同当事人不得选择与合同毫无实际联系的法律是一项比较普遍的规则。而不同于国际民事诉讼，国际商事仲裁中的当事人更愿意选择与合同没有联系的某一国家的法律作为合同的准据法，主要是因为，在多年的国际商事仲裁实践中，已形成了较强的当事人意思自治观念，当事人各方不愿意选择各自的国内法，认为选择第三者的法律对他们彼此更为平等，而且因为这样的选择往往认为某一特定的国家的法律对某些问题规定得更详尽和合理而选择该国法。在一定情况下，当事人愿意将争议提交一个特定的仲裁机构解决，而该机构则依据自己的规定坚持适用某一国家的法律；某些仲裁机构作出的裁决可能比较容易地得到执行等等。总的来说，只要当事人表示的意思是善意合法的，又无原因可以公共秩序为由撤销其选择，则很难以其他理由限制当事人的意思自治。从目前的国际商事实践来看，允许当事人自由选择实体法而不受合理联系规则的限制已比较普遍。随着经济全球化的发展，国际商事活动必然会趋向统一，当事人选择合同实体法的意思自治也会受到越来越小的限制。

三、国际贸易惯例适用的原则

由于国际贸易惯例是在贸易实践中自发、逐步形成，所涵盖的范围也较为广泛，其适用性必然存在着保证实施和遵守的基本原则，只有遵守了这些原则，才会使国际贸易惯例这样一个无法律直接约束力的规则成为国际贸易实践中常用的争议解决援引。

（一）意思自治原则

意思自治原则本身就是私法理念的核心，旨在尊重当事人的自主意思。当事人有权选择其所欲实施的法律行为的形式，在不违反法律的强行性规定的前提下，有权在口头、书面、公证或鉴定形式中加以选择。法律对违背自愿要求的民事行为不予保护。

在国际贸易惯例的适用问题上，该原则得到了很好的体现，比如《联合国国际货物买卖合同公约》就有关于当事人有权选择或排除该公约的权利的规定。所以，在适用方面，国际贸易惯例的适用是否必须经有关当事人双方协议选择是前提条件。但从实践来看，在一些特别情况下，未经当事人选择的国家贸易惯例也有可能被适用。这主要体现在以上两个方面：一是当国际贸易惯例已被某一国家转化为国内法时，国际贸易惯例就取得了法律的普遍约束力，由此，无论当事人是否选择，这些国家特定的国际经贸往来就需适用此种国际贸易惯例；二是当事人默示选择商人法作为合同准据法因而得到适用的情形。此种情形的前提条件是当事人既未选择应适用于合同的国内法，也未明示选择适用商人法，但有选择适用商人法的意图。

（二）诚实信用原则

诚实信用原则作为经济交往中的一项重要原则，不可避免地也是国际贸易当中所必须秉承的。国际贸易当中也广泛地应用着此原则。在国际统一私法协会制定的"国际商事合同通则"中已经将该原则视为一项基本原则，当事人在合同中不得排除或限制此项义务。如合同订立的过程中，受要约人有理由相信要约人向受要约人发出的要约是不可撤销的，且受要约人已按该要约行事，在这种情况下，合同成立。通过欺诈订立的合同无效得到各国法律的认可，其主要依据是当事人违法了诚实信用的原则。另外，在合同的履行过程中，如果不履行其合同义务的一方当事人提出证据证明，其不履行由于他不能控制的原因所致，且在合同订立时该方当事人无法合理地预见，或不能合理地避免、克服或消除其影响，则不履行的一方当事人应当予以免责。当然，此项免责应当建立在诚实信用原则的基础上。

（三）不可抗力原则

不可抗力作为法定免责事由，已成为各国法律界无可争议的事实。国际贸易实践中，意想不到的事件层出不穷，因此不可抗力原则成为国际贸易惯例的一项重要原则。为了避免不必要的纠纷，促进交往的顺利进行，当事人可以在合同中约定不可抗力的范围。但要注意的是，合同中约定不可抗力范围也仅是为了交易的方便，为了免责的适用，并非表示约定的范围都属于不可抗力。不可抗力原则在国际贸易惯例的适用中应注意不可抗力条款的措施及其不同解释，并不是所有特殊情况均可视作不可抗力，一定要正确援引不可抗力条款。交易一方援引不可抗力条款免责时，另一方当事人应按合同规定严格进行审查，以确定其援引的内容是否属于不可抗力条款规定的范围。

（四）约定必守原则

约定必守原则现在也已经被国际法以及各国的国内法所普遍认可，指参加缔结条约的国家应忠实执行条约各项规定的国际法原则。目前，这项原则在国际商事交易中也被广泛接受，并得到普遍的承认和适用。约定必须信守是所有合同关系的基础，当事人一旦在合同中确立二者的关系，当事人就应该在享受合同赋予其权利的同时，遵守合同的规定，履行当事人应尽的义务。

四、国际贸易惯例的现实适用

法理学意义上的法律适用，显然有严格的限制。在中国法律制度下，法律的适用系指国家机关及其公职人员依照其职权范围把法律规范应用于具体案件的活动。基于此理解，国际贸易惯例的适用显然并非是交易当事人的权利范畴，而是法院和仲裁庭的职权；当事人仅仅可以通过合同约定应适用的法律（包括国内法、国际条约和国际贸易惯例），应用适用法律的毕竟是拥有司法权的司法机关及司法人员的职权行为。

(一) 国际贸易惯例在国内法院的适用

一般而言，国际贸易惯例对国际货物买卖当事人的效力以当事人的意思表示为基础，换言之，如果国内法院在审理案件时确定适用国际贸易惯例以解决特定贸易争议，必须以当事人的自愿选择为条件。

然而，即使将国际贸易惯例作为法律予以适用的国家，惯例的适用仍受制于国内法，即惯例的效力依赖于法院地的国内法。更何况不少国家和地区的立法都将国际贸易惯例（包括其他国际惯例）作为合同的补充或者合同解释时应考虑的因素。瑞士、土耳其、泰国、阿根廷、奥地利的民法典均赋予惯例以补充法律的作用，我国台湾地区的"民法"也是如此。所以，类似于我国大陆地区的《中华人民共和国民法通则》第142条第3款那样规定可以直接适用国际惯例的，毕竟是少数，况且其仍然以国内法和所缔结的国际条约无规定作为适用国际惯例的前提。

(二) 国际贸易惯例在国际商事仲裁中的适用

仲裁庭在解决国际商事争议时同样会遭遇法律适用问题。相比较法院的法律适用受到国内法的制约，仲裁庭在审理国际商事争议时处理法律适用的灵活性是法院所无法比拟的。其基本原因在于国际商事仲裁的民间性、管辖权的非强制性、自治性和国际性特点。国际商事争议当事人的国籍和营业地不同，审理国际商事争议的仲裁庭通常由来自多个国家和地区的仲裁员组成，仲裁庭开庭审理争议地点的确定往往出于方便或者是当事人相互妥协的结果。显然，仲裁案件与特定国家的联系具有很大的偶然性。在此情况下，要求仲裁员像法官一样，必须依据某种联系因素从而遵循特定国家的法律适用规则，无疑未必妥当。法官必须以其名义确认某国的国家法律；可是仲裁员则必须考虑当事人的共同意愿，必须适用普遍接受的各种学说和判例法的联系因素，不必拘泥于国家的特性。

基于上述考虑，在各国的仲裁立法方面鲜见对仲裁的法律适用作出强制性的规定。在仲裁的实践中，各国法院对仲裁行使监督权时都给予仲裁庭适用法律更为灵活和宽松的考虑。

在立法方面，1981年之《法国民法典》第1496条是对仲裁庭适用法律持宽松态度的典型。依该条规定，仲裁员必须按当事人选择的法律规则裁断案件，若当事人未作选择，仲裁员依其认为适当的法律规则作出裁决；在所有情况下，仲裁员都应考虑到贸易惯例。故而在法国法下，仲裁员适用贸易惯例处理商事争议是有充分的法律基础的。在英国1996年《仲裁法》下，关于法律适用的原则是：如果当事人有约定，仲裁庭可以依当事人选择的法律作出裁决，也可以在当事人同意的条件下按仲裁庭确定的"其他考虑"作出裁决。按英国学者的理解，该规定所指之"其他考虑"应包含了一般法律原则和商人法。不过，在英国法下仲裁庭不得直接适用实体法，即援引所谓的"直接适用方式"来适用法律，而必须依冲突规范的指引来确定准据法。

在仲裁实践中，仲裁庭依据国际贸易惯例作出裁决早已不是什么障碍或者新问题了。诸多常设国际商事仲裁机构的仲裁规则都明确规定了仲裁员在裁决争议时应考虑有关的国际贸易惯例。至于仲裁庭适用国际贸易惯例作出的裁决，更是不胜枚举。

众所周知，国际条约对非缔约国不具有约束力，《联合国国际货物销售合同公约》亦不例外。然而，国际商会仲裁院仲裁庭在1989年第5713号仲裁裁决书中指出"没有任何其他比 CISG 条款更好的途径来确定占优势的贸易惯例"。在该案中，买卖双方的营业地所在国均非公约的缔约国，仲裁庭的意见是，如果本案争议双方的营业地所在国系公约的缔约国，则公约在本案中就应作为法律加以适用，而不是仅仅作为一项贸易惯例。这反映出公约是一种普遍认可的惯例。

五、中国法律体系下的国际贸易惯例

（一）适用国际惯例的法律基础

自 20 世纪 80 年代以来，中国通过了数十项涉外事务的制定法。除中华人民共和国民法通则第 142 条以外，在中华人民共和国海商法第 268 条、中华人民共和国民用航空法第 184 条、中华人民共和国票据法第 95 条等诸多专门立法中均载入了可适用国际惯例的规定。

考察这些散见于各项法律中的适用国际惯例的规定，可知其适用国际惯例的条件几乎完全相同，即中国法律和中国缔结或者参加的国际条约没有规定的，可以适用国际惯例。

中华人民共和国民法通则第 150 条还进一步规定了适用国际惯例不得违背中国的社会公共利益。这样，实际上在中国法律体系下适用国际惯例的条件一是法律或条约无规定，二是不违反社会公共利益。

（二）关于适用国际惯例的法院立场——最高人民法院的司法解释

正如前述关于立法与法院态度的分析，要考察国际贸易惯例在中国的地位，不仅要看中国的相关立法规定，更为重要的是中国法院对此所持的立场和态度。近 30 年的历史表明，中国法院对适用国际贸易惯例的态度远较一些国家法院的态度更为开放。究其原因，中国的民商事立法始于 20 世纪初，大大滞后于发达国家，它们早在一百多年前已经基本完成了基础法律制度建设。这样，当中国法院在对外开放环境下需要解决前所未遇的商业纠纷时，面临着无法可依的局面。在此背景下，在立法时参考和借鉴一切人类文明的成果就成为必需；因此，在司法实践中参考国际惯例，甚至直接将其作为法律予以适用亦不失为有效的方式。

中国法院对国际惯例的态度集中体现在最高人民法院历次发布的关于法律适用或处理特定法律关系的司法解释中。这些司法解释意见通常由最高人民法院审判委员会通过，对各地法院具有事实上的必须遵循的法律效力。最高人民法院《全国沿海地区涉外、涉港澳经济审判工作座谈会纪要》法（经）发〔1989〕12 号明确规定：涉外、涉港澳经济纠纷案件的双方当事人在合同中选择适用的国际惯例，只要不违背我国的社会公共利益，就应当作为解决当事人纠纷的依据。

最高人民法院《关于审理信用证纠纷案件若干问题的规定》法释〔2005〕13 号第 6 条规定：人民法院在审理信用证纠纷案件中涉及单证审查的，应当根据当事人约定适用的相关国际惯例或者其他规定进行；当事人没有约定的，应当按照国际商会《跟单信用证统一惯例》以及国际商会确定的相关标准，认定单据与信用证条款、单据与单据之间是否在表面上相符。

最高人民法院《关于适用〈中华人民共和国涉外经济合同法〉若干问题的解答》第 2 条第 9 款规定：在应当适用我国法律的情况下，如果我国法律对于合同当事人争议的问题

未作规定的,可以适用国际惯例。

(三) 国际惯例在中国的适用评析

通过相关的立法和最高人民法院的司法解释,国际贸易惯例在中国的适用具有比较明确的法律基础及条件,即中国法律和中国所参加的国际条约无规定或者有当事人明确规定,并且不损害中国的社会公共利益。

在法律及司法解释之间,国际贸易惯例适用的条件存在差异。国际惯例既可以由当事人约定而适用,亦可能因中国国内法无规定而直接适用,两者的适用条件明显不同。在实践中,中国法院对于国际惯例的适用可能态度更为积极。

上述法律及司法解释意见一般将国际惯例在中国法院的适用视为仅发挥补缺的作用,即它的法律地位排在国内法和国际条约之后。然而,一旦符合了适用国际条约的条件,而该等国际条约对于国际惯例的效力等级另有规定者,就可能导致三者位阶排列的变化。例如,在适用《销售合同公约》的条件下,援引该公约第9条第2款之规定,买卖当事人应视为"已默示地同意对他们的合同或合同的订立适用双方当事人已知道或理应知道的惯例"。显然,在受到公约支配的范围内,适用惯例并不需要当事人的明示同意。与此同时,基于公约第6条之规定,惯例的效力优先于公约的相关规定。

第三节
主要国际贸易惯例

在国际贸易实践中,每一个贸易行为都涉及国际惯例与规则,它存在于贸易、结算、运输、保险、海商等交易环节中,种类比较多,范围比较广。本节将在对国际贸易惯例进行分类的基础上介绍几个主要的国际贸易惯例。

一、国际贸易惯例的种类

国际贸易惯例是从事国际贸易的商人们长期实践的产物,而非任何国内或国际立法机关立法活动的产物,故一般来说他们应该是不成文的。然而,为了便于商人们理解、掌握或选择使用,促进国际贸易发展,一些重要的国际贸易惯例被加以收集整理、编纂成文。

(一) 按编纂的机构分,国际贸易惯例可分为民间国际组织编纂的和政府间国际组织编纂的两种

1. 民间国际组织编纂的国际贸易惯例

由于国际贸易惯例是从各国商人的交易习惯中发展演进而来,所以大部分成文的国际贸易惯例是由民间性国际组织编纂整理而成,如国际商会、国际法协会,等等。其中,设于法国巴黎的国际商会对现代国际贸易惯例的编纂和整理发挥了极其重要的作用,它所制定的许多国际贸易惯例成为促进国际贸易、便利商人交易和明确当事人权利义务不可替代的行为规范。由民间国际组织编纂的重要国际贸易惯例包括:由国际商会编纂的《2010年国际贸易术语解释通则》、《跟单信用证统一惯例2006年版》(简称UCP600)、《托收统

一规则1996年版》（简称URC522），国际商会国际海事委员会的《2004年约克—安特卫普规则》，国际法协会编纂的《1932年华沙—牛津规则》，美国全国对外贸易协会的《1941年美国对外贸易定义修订本》等。

2. 政府间国际组织编纂的国际贸易惯例

由政府间国际组织参与编纂和制定国际贸易惯例是自第二次世界大战后出现的新现象，联合国国际贸易法委员会成立后就积极进行国际贸易法的统一化工作，起草了大量法律文件。就其性质而言，除极个别，绝大多数并非约束国家或者直接约束当事人的条约，而是以示范法形式提供给各国作为立法的蓝本，或者提供给当事人选择适用。因此就这些法律文件的作用和效力而言，显然应属于国际贸易惯例的范畴。由政府间国际组织编纂的国际贸易惯例有：1996年通过的《联合国国际贸易法委员会电子商务示范法及立法指南》，2001年通过的《联合国国际贸易法委员会电子签名示范法及立法指南》，1985年通过《联合国国际商事仲裁示范法》，1990年通过的《国际海事委员会电子提单规则》等。

（二）按所涉及的贸易环节划分，目前国际上最常用的国际贸易惯例主要有以下六大类

1. 国际货物买卖合同方面的惯例

有关国际货物买卖合同的惯例最主要的就是《联合国国际货物销售合同公约》，公约的适用不具有强制性，因此其从性质来说，仍属国际贸易惯例的范畴。再一个就是《国际商事合同通则》，它虽是国际统一私法协会编纂的，但从统一法分类宽泛的角度看，它既可以被称为示范法、统一规则，也可被称为国际惯例。合同当事人可以选择它作为合同的准据法（适用法），作为解释合同、补充合同、处理合同纠纷的法律依据。法院或仲裁庭可以把它的相关条文视为法律的一般原则或商人习惯法，作为解决问题的依据，起到对当事人的意思自治以及适用法律的补充作用。

2. 国际贸易术语方面的惯例

有关国际贸易术语方面的惯例，影响最为广泛的包括国际商会制定的《2010年国际贸易术语解释通则》、国际法协会制定的《1932年华沙—牛津规则》和美国全国对外贸易协会制定的《1941年美国对外贸易定义修订本》。

3. 国际货物运输方面的惯例

国际货物运输方面的惯例较多，包含海运、空运、陆运等多个方面，具体有《统一提单的若干法律规定的国际公约》（亦称《海牙规则》）、《修改统一提单的若干法律规则的国际公约的议定书》（简称《维斯比规则》）、《联合国海上货物运输公约》（亦称为《汉堡规则》）、《国际铁路货物联运协定》、《统一国际航空运输某些协议的公约》、《海运单统一规则》等等。

4. 国际货物保险方面的惯例

保险方面常见的惯例有中国保险条款（简称CIC条款）、英国伦敦货物协会保险条款（简称ICC条款）以及《约克—安特卫普规则》等。

5. 国际货物买卖结算方面的惯例

由于国际结算方式多种多样，国际货物买卖结算方面的惯例也多种多样。如国际商会制定的《跟单信用证统一惯例2006年版》（简称UCP600）、《托收统一规则1996年版》（简称URC522）、《国际备用信用证惯例》（简称ISP98）、《关于审核跟单信用证项下单据

的国际标准银行实务》（简称 ISBP）、《UCP500 关于电子交单的附则》（简称 EUCP）、《国际保理公约》、《国际保理业务惯例》等。

6. 国际贸易中的协调、调解、仲裁、诉讼方面的惯例

有关国际商事仲裁的惯例有联合国《承认和执行外国仲裁裁决的公约》以及《联合国国际贸易法律委员会仲裁规则》等。

（三）按使用区域划分，国际贸易惯例还可以分国际性的和区域性行业性的

前文所述国际贸易惯例均指国际性的惯例。

区域性、行业性的惯例是指为特定地区、特定行业、特定交易当事人所熟悉并广泛使用的贸易惯例。区域性、行业性的惯例包括：

（1）通过标准合同形成的行业惯例。如：国际保险业有 S.G. 保险单格式，国际航运业有标准定期租船合同格式等。

（2）长期通行于某些行业的国际惯例。如"纺织品一经开剪，即不予以理赔"原则。

（3）在特定贸易方式下形成的习惯做法。如，各国拍卖行的传统做法、规章制度，即特种条件下的国际惯例。

（4）港口、码头惯常做法和规定。如在世界主要贸易港口，当事人对各项费用、手续及责任的划分，应按港口、码头惯例办理。

二、主要国际贸易惯例及内容

在国际贸易实践中，最常用的国际贸易惯例有三类，一是国际贸易术语惯例，一是国际结算惯例，还有就是国际保险惯例。这里主要介绍其中的几个。

（一）《国际贸易术语解释通则》

国际贸易术语惯例是国际贸易惯例的主要内容之一，它为全球贸易商所普遍接受，它有简化交易程序，缩短洽商时间，节约费用，有利于双方比价，有利于解决贸易争端等作用。目前世界范围内使用最广、影响最大的有关贸易术语的国际惯例就是《国际贸易术语解释通则》。

1. 《国际贸易术语解释通则》概述

《国际贸易术语解释通则》由国际商会于 1936 年制订，专门解释国际贸易术语的国际惯例，曾分别于 1953 年、1967 年、1976 年、1980 年、1990 年、2000 年和 2010 年进行过多次修订和补充，是目前世界范围内使用最广、影响最大的有关贸易术语的国际惯例。

国际商会根据国际货物贸易的发展于 2007 年 11 月提出对 2000 通则的修订，新通则定名为《2010 年国际贸易术语解释通则》（一般简称 INCOTERMS 2010，或 2010 通则），最终于 2010 年 9 月通过，于 2011 年 1 月 1 日起正式生效。与以往版本最大的不同就是该版本的实施并不影响 2000 年版本的适用。

2010 通则较 2000 通则的新变化可概括为以下几点：

（1）两个新术语 DAT 和 DAP 代替了原来的 DAF、DES、DEQ 和 DDU，贸易术语数量从 13 个减少到 11 个。

（2）新通则中的术语同时适用国内贸易和国际贸易。

（3）新通则是伦敦保险协会货物保险条款修改以来的第一版贸易术语解释通则，因此

考虑了术语修改对保险条款的影响。

（4）目前许多国家对货物移动时的安全问题日益关注，因此新通则在条款中明确了买卖各方完成或协助完成安检通关的义务。

（5）2010通则较2000通则更准确标明各方承担货物运输风险和费用的责任条款，令船舶管理公司更易理解货物买卖双方支付各种收费时的角色，有助于避免现实经常出现的码头处理费（THC）纠纷。

（6）FOB、CFR、CIF的风险划分界限问题较2000通则有变，原来是以装运港船舷为界划分风险，新通则的规定是与费用统一，以船上为界划分风险。

（7）对术语的分类不再分为四组，而只分为两组：适用于任何运输方式的EXW、DAT、DAP、DDP、FCA、CPT、CIP和适用于海运或内河运输方式的FAS、FOB、CFR、CIF。

2. INCOTERMS 2010内容简介

（1）EXW术语。（EX WORKS，insert named place of delivery，INCOTERMS® 2010）

EXW，卖方工厂交货（注明指定交货地点）。注明INCOTERMS® 2010的目的在于区别2000通则中的EXW术语，虽然二者差别不大。

卖方工厂交货是指卖方在他的货物所在地（工厂、工场、仓库等）将货物提供给买方时即履行了他的交货义务。买方承担从该指定交货地点受领货物后的一切费用和风险。因此该术语是卖方承担义务最小，买方承担义务最大的术语，因而其价格最低。

（2）FCA术语。（FREE CARRIER，insert named place of delivery，INCOTERMS® 2010）

FCA，货交承运人（注明指定交货地点）。本术语是指卖方在指定交货地或地点将货物交由买方指定的承运人监管，即履行了交货义务，并负担到此为止的一切费用和风险。采用这一术语时，在"FCA"后面要注明在出口国的交货地名称。"承运人"是指在运输合同中承担履行运输义务的任何人。如买方指示卖方将货物交给一个不是直接承担运输作业的货物运输商，当货物已被交由该人监管时，应认为卖方已履行他的交货义务。该术语适用于任何运输方式，因此其适用范围最广。

（3）FAS术语。（FREE ALONGSIDE SHIP，insert named port of shipment，INCOTERMS® 2010）

FAS，船边交货（注明指定装运港）。船边交货是指卖方在指定装运港将货物置于船边（如码头、驳船）时完成交货义务。买方从船边起，承担此后货物灭失或损坏的一切风险及费用。"船边"一般指吊钩能触及的地方。

依美国术语的解释，FAS表示FREE ALONG SIDE，即货交各种运输工具的旁边而非一定是船边，因此适用范围更广，对美国出口时一定要注意这个问题。

（4）FOB术语。（FREE ON BOARD，insert named port of shipment，INCOTERMS® 2010）

FOB，装运港船上交货（注明指定装运港）。这一术语的含义是指卖方在合同规定的装运港把货物装到买方指定的船上，并负担装上船为止的一切费用和风险。买方承担货物装上船之后的一切风险和费用。采用这一术语时，在"FOB"后面要注明装运港名称。该术语仅适用于海洋内河运输方式。风险划分界限将2000通则当中的装运港船舷为界变更为船上。

这一术语中应注意的问题有：①运输事宜的安排及买方派船的责任，应避免船等货或货等船现象的出现，因此买方委托卖方安排时，买方仍要负担费用且承担风险；另外有关装船费用的负担及相关的术语变形问题需要大家注意。②美国对外贸易定义修订本对FOB的解释与通则的解释不同，一是出口报关手续的办理，二是运输工具不仅仅是船，包括其他运输方式，这也是我们对美国出口时应注意的问题。

(5) CFR术语。(COST AND FREIGHT, insert named port of destination, INCOTERMS® 2010)

CFR，成本加运费（注明指定目的港）。本术语是指卖方负责租船订舱并按照合同规定的装运港将合同规定的货物装上运往指定目的港的船只，支付运费，并负担货物装上船以前的一切费用和风险。

此术语是最常用的术语之一，仅适用于海运或内河水运。该术语下，风险转移和费用转移是两个不同的地点，风险是在装运港船上交货后划分，费用则在目的港，尤其是涉及目的港卸货费用分担，从而产生了CFR术语的变形。另外，该术语条件下卖方应该特别注意及时发出装船通知，以便买方办理货运保险，若由于通知不及时而导致漏保，卖方将承担相应责任。

(6) CIF术语。(COST INSURANCE AND FREIGHT, insert named port of destination, INCOTERMS® 2010)

CIF，成本加保险费、运费（注明指定目的港）。

本术语是指卖方负责租船订舱，并在合同规定的装运港将合同规定的货物装上运往约定目的港的船上，办理保险手续，负责支付运费和保险费，并负担货物在装运港装上船以前的一切费用和风险。除了卖方必须办理货运保险外，双方的义务与CFR完全相同。

从交货方式来看，CIF是最典型的象征性交货。所谓象征性交货是与实际交货相对，即卖方向买方交割的是代表货物所有权的有关单据，交单就等于交货。其特点是只要卖方提交了完全符合合同规定的有关单据，无论实际货物是否已经灭失，买方必须接受单据，然后支付货款。尽管卖方提供了完全符合合同规定的实际货物，但如果单据缮制的不正确、齐备、完整，买方仍有权拒收单据，拒付货款。这里的有关单据包括：以货物价值量为中心的商业发票；以货物保险利益为中心的保险单和以货物所有权为中心的货运单据。而本术语所提交的单据中，此三种缺一不可。

(7) CPT术语。(CARRIAGE PAID TO, insert named place of destination, INCOTERMS® 2010)

CPT，运费付至（注明指定目的地）。本术语是指卖方支付货物运至指定目的地的运费。在货物被交由承运人保管时，货物灭失或损坏的风险，以及由于在货物交给承运人后发生的事件而引起的额外费用即从卖方转移至买方。此术语除了可适用于各种运输方式之外，其他问题与CFR基本相同。

(8) CIP术语。(CARRIAGE AND INSURANCE PAID TO, insert named place of destination, INCOTERMS® 2010)

CIP，运费、保险费付至（注明指定目的地）。本术语是指买方除了须承担在CPT术语下同样的义务外，还须对货物在运输途中的灭失或损坏的买方风险取得货物保险，订立保险合同，并支付保险费。该术语适用于任何运输方式，包括多式联运。

（9）DAP 术语。（DELIVERED AT PLACE, insert named place of destination, INCOTERMS® 2010）

DAP，目的地交货（注明指定目的地）。目的地交货是指当卖方在指定目的地将仍处于抵达的运输工具上，且已做好卸载准备的货物交由买方处置时，即为交货。卖方承担将货物运送到指定地点的一切风险和费用。因此，使用此术语时双方应尽可能地明确约定指定目的地内的交货点。

（10）DAT 术语。（DELIVERED AT TERMINAL, insert named terminal at port or place of destination, INCOTERMS® 2010）

DAT，运输终端交货（注明指定港口或目的地运输终端）。运输终端交货是指当卖方在指定港口或目的地指定运输终端将货物从抵达的载货运输工具上卸下，交由买方处置时，即为交货。运输终端是指任何地点，如码头、仓库、集装箱堆场或公路、铁路、空运的货站。此后的风险和费用由买方承担。若双方希望由卖方承担自运输终端至另一地点间的运送和处理货物的风险和费用，则应使用 DAP 或 DDP。

（11）DDP 术语。（DELIVERED DUTY PAID, insert named place of destination, INCOTERMS® 2010）

DDP，完税后交货（注明指定目的地）。完税后交货是指当卖方在指定目的地将仍处于运输工具上但已完成进口清关且已做好卸载准备的货物交由买方处置时，即为交货。卖方承担在此之前的一切风险和费用。但不承担卸货责任和费用。该术语是卖方承担风险、责任和费用最大的一种术语，作为出口商应谨慎使用。

（二）《跟单信用证统一惯例》

信用证是一种商人们为解决双方互不信任的问题而普遍采用的结算方式。信用证惯例是从银行和商业的惯例做法发展而来，并经国际商会编纂而成的。

1. 《跟单信用证统一惯例》概述

第一次世界大战后，世界各国开始形成本国的信用证业务规则、法律或习惯做法，但由于彼此不同引发了大量争议和纠纷。为了减少矛盾和纠纷，很快在国际上达到统一，国际商会为明确信用证有关当事人的权利、责任、付款的定义和术语，调和各有关当事人之间的矛盾，最终形成国际商会的《跟单信用证统一惯例》。1926 年国际商会决定制定统一的信用证规则，1930 年拟订一套《商业跟单信用证统一惯例》，并于 1933 年正式公布，并被各国银行和贸易界所广泛采用，成为信用证业务的国际惯例。随着国际贸易实践的发展，国际商会多次修订，1963 年生效的版本称为 UCP222，1975 年实施的版本称为 UCP290，1984 年实施的版本为 UCP400，1994 年实施的为 UCP500，现行的是 2007 年版本，简称 UCP600。

国际商会于 2003 年 5 月授权国际商会银行技术与惯例委员会着手修订 UCP500，并于 2006 年年底形成最后文本——《跟单信用证统一惯例（2007 年修订本）》，简称 UCP600。2007 年 7 月 1 日开始，正式启用 UCP600。2007 年修订版 UCP600 明确指出，《跟单信用证统一惯例》是一套规则，如果信用证条款中有与 UCP600 不一致的，则称为对规则的修改。该规则对信用证所有当事人均具有约束力。

修订工作的主要原则体现在以下几方面：

（1）加强当事人对信用证的信赖程度，特别是对开证行/保兑行信赖的程度；

（2）对含义不清之处予以进一步明确，以避免当事人理解不一，发生争议；

（3）把跟单信用证统一惯例与其他惯例相配套，以避免实际使用过程中的混乱；

（4）配合各种运输方式的发展，对各种运输方式所需提供的运输单据分门别类予以规定。

2. UCP600 内容简介

（1）基本概念。与 UCP500 相比，UCP600 首先明确了相关基本概念，在通知行的基础上引入了第二通知行的概念；明确银行工作日仅指受理单据业务的工作日，并不是按照储蓄经营时间来计算；只要在相符交单下，指定银行在获得偿付之日或之前购买汇票的行为，都视同议付。

（2）时间和日期方面。将审单时间从"不超过 7 个银行工作日的合理时间"改为"最多不超过 5 个银行工作日的合理时间"。明确了交单期限的适用范围，将单据与信用证相符的要求细化为"单内相符、单单相符、单证相符"。单据日期可以早于信用证的开立日期，但不得晚于交单日期。海运提单，明确若无 on board 日期，则出单日期视同装船日期。空运单据，若有实际发运日，则以实际发运日为装船日期，否则以出单日期为装船日期。

（3）信用证当事人方面。交单人包括实施交单行为的受益人、银行和其他人。通知行只需确定信用证的表面真实性，以及条款的完整性，无须审核信用证或相关修改的条款。

（4）单据方面。单据中受益人地址与申请人地址可以与信用证中不一致，但必须在同一国；作为地址的一部分，联络细节可不予理会。任何单据中注明的托运人或发货人无需为信用证的受益人。运输单据可由任何人出具，无须为 carrier（承运人）、owner（船东）、master（船长）、charter（租船人）。正本单据的确认更加宽松。租船提单中，卸货港可以显示为信用证规定的港口范围或地理区域。注明第二联的铁路运输单据将被作为正本接受。公路、铁路或内陆水运单据，如运输单据上未注明出具的正本数量，提交的份数即视为全套正本。多式联运提单条款改为：涵盖至少两种不同运输方式的运输单据。审单内容，除了以前提及的货物，还包括服务、履约行为的描述。当一份运输单据上载有"shipper's load and count"、"said by shipper to contain"是可以接受的。对于转让信用证，第二受益人的单据必须提交给转让银行，不能直接寄给开证行。

（5）其他与 UCP500 不同的内容。

①指定银行、保兑行、开证行决定拒绝承付或议付时，有三种方式选择：

Refusing to honor or negotiate（拒绝承付或议付）

Refuse and list discrepancies（拒付时列出不符点）

Holding and pending further instructions from presenter（持有单据等候交单人指示、申请人接受不符点，或者退回单据）

②600 号规定本惯例适合 any 跟单信用证，代替了 500 号适合 all 跟单信用证。新规定更突出信用证自身。

③600 号将信用证分成三种形式：即期付款信用证、延期付款信用证和承兑付款信用

证。删去了议付信用证,是因为任何一种跟单信用证根据开证人的意愿,都可以成为议付信用证。

④600号出版物对第二通知行的地位和作用进行了确认,并且规定第二通知行的权利与义务和通知行相同。因为在银行业务的实践中不少信用证是通过第二通知行传递给受益人的。

⑤500号规定提单允许以受益人以外的一方为发货人,600号规定任何单据都可以将受益人以外的一方为发货人。

⑥600号规定删除500号规定对于影印和复写方式制作的单据认可为正本的规定,但增加了可视作正本单据的条件。如:mark 标志、label 标签、appears to be on the document issuer's original stationary 表面看来使用单据出具人的正本信笺以及 states that it is original,unless the statement appears not to apply to the document presented 声明该单据为正本,除非该项声明看来与所提示的单据不符等。

⑦600号中很多地方删除了"信用证另有规定者除外"这样的词句,也就排除了允许有例外的情况,使业务中很多地方更具体、明确。

⑧600号对单据在寄送途中丢失的处理,银行对技术翻译承担的责任方面作了明确规定,便于执行。

⑨600号在不可抗力因素中将恐怖主义 acts of terrorism 列入其中。

(三)《伦敦保险协会保险条款》

在中国,进出口货物的保险通常采用中国保险条款,但有时应外商要求,也会采用国际保险市场上通用的伦敦保险协会货物条款。据统计,在全世界范围内约有三分之二的国家,在发展中国家约有四分之三的国家都在采用"协会货物条款"。

英国协会货物条款最早制定于1912年、1963年和1981年进行过修订和补充,最近一次修订完成于2009年。

(1)用词与定义方面,ICC2009 将 ICC1982 的部分关键词进行了更换,使其意思表达更加准确。如,将"servant"(雇员)更换为"employee"(受雇人);"underwriter"(承保人)更换为"insurers"(保险人);"goods"(货物)更换为"subject matter insured"(保险标的)等。另外,重新定义了"held cover"(续保或特保)和"not to inure"(不受益条款)等。

(2)除外责任方面,首先,为了避免歧义,ICC2009 的除外责任不再加副标题;其次,内容上也进行较大调整,对保险标的的包装或配装不足或不当作出了更为细致的规定;简化了"迟延除外责任"的相关规定;删除了直接或近因这样的用语;使经营人破产或不履行债务的相关规定更有利于保护被保险人;使不适航和不适货除外责任更加有利于货方,对核武器、恐怖主义行为等除外责任的范围扩大;对于武器,既包括武器,也包括普通设备;对于任何人的出于信仰或宗教目的实施的行为也纳入除外责任。

(3)扩展了保险责任起讫。在第8条中,明确将保险责任的起点扩展为"自保险标的为了开始运输而立即搬运到运输车辆或其他运输工具的目的,在仓库或储存处所开始搬移时生效"。终点则列了四个,以最先发生者为保险责任的实际终点,而且强调是"完成卸货"。

（4）航程变更方面，一是考虑了发生航程变更后的实际操作问题；二是规定在被保险人不知道运输保险标的的船舶驶向非保险单载明的另一目的地时，保险单仍被视为在本保险合同规定的航程开始时生效。

（5）扩大了被保险人的范围。

第十三章 Chapter 13
国际贸易争议的解决

第一节
国际贸易争议的产生与解决方式

一、国际贸易争议的产生

（一）国际贸易争议的概念

争议指交易的一方认为另一方未能全部或部分履行合同规定的义务而引起的业务纠纷。国际贸易争议，指在国际贸易中，有关当事方之间就国际贸易合同的履行产生的纠纷。

（二）国际贸易争议产生的原因

在目前的国际贸易业务中，这种纠纷非常常见，究其原因，无外乎以下几点：

1. 卖方不履行或不按合同约定履行义务

比如不交货，或不按合同规定的时间、地点、品质、数量等条款交货，或单证有不符之处等。

2. 买方不履行或不按合同约定履行义务

比如不开信用证或缓开信用证，不付款或不按合同规定的方式付款，无理由拒收货物等。

3. 合同条款规定不明确，当事人双方理解有争议

比如合同条款有两种以上不同解释，当事人有不同意见，对合同成立或效力有争议等。

不论是由于上述哪种原因引起了国际贸易争议，其焦点实质上基本是一致的，即：当事人是否构成违约？违约事实如何认定？违约责任如何承担？

（三）国际贸易争议的特征

国际贸易行为的特殊性和复杂性决定了国际贸易争议既不同于普通的国内贸易争议，也有别于国际公法上的国际争端，通常，它具有以下特点：

1. 国际贸易争议是具有涉外因素的争议

国际贸易争议的主体、客体或内容至少有一项含有涉外因素：或是不同国家的自然人、法人相互之间产生争议；或是同一国家的当事人之间因为跨越国境的交易活动引发争议等等。

2. 国际贸易争议是国际私法领域内有商事性质的争议

国际贸易争议是一种商事领域内的争议，如合同争议、知识产权争议等，它有别于国际公法领域内国家之间的领土、外交等争端。

3. 国际贸易争议的解决方式多样化

国际贸易争议可以通过一国国内的争议解决机制来解决，也可以通过国际性的争议解决方式来解决；就具体采用的争议解决方式来说，有协商、调解、仲裁、诉讼；既有当事人面对面的争议解决模式，也有应用越来越广泛的在线争议解决模式。

（四）国际贸易争议的种类

根据不同的标准，我们可以把国际贸易争议分成以下两大类：

1. 以争议主体为划分标准的国际贸易争议

根据国际贸易争议的主体不同，国际贸易争议可以分为个人（自然人和法人）之间的争议、国家与外国个人之间的争议、国家之间的争议以及国家和国际组织之间的争议等。国际贸易争议主体之间法律地位是平等的，权利义务关系具有对等性，但是在国家、国际组织参加国际贸易活动而引发争议时，他们通常具有一定的特殊地位。争议主体地位不同，对争议的解决方式和法律适用均有影响。在司法实践中，以个人之间的争议最为普遍和多见，其他几类通常只在特定情况下发生。

2. 以争议的原因作为划分标准的国际贸易争议

根据争议的原因不同，国际贸易争议可以分为合同性争议和非合同性争议。前者是指直接基于国际贸易合同所产生的争议；后者则是指非直接基于合同所产生的争议。争议的原因不同有时候会导致争议的管辖权、解决方式、权利义务关系产生变化。

二、国际贸易争议的解决方式简介

（一）传统的国际贸易争议解决方式

前文提到，解决国际贸易争议的方式多种多样。传统上，国际贸易争议的解决依赖于国内法，比如协商、调仲裁、诉讼等。在这几种解决方式中，由于当事人之间是平等互利的合作关系，所以一旦发生争议，首先应通过友好协商的方式解决，以利于保护商业秘密和企业声誉。如果协商不成，当事人可按照合同约定或争议的情况采用调解、仲裁或诉讼方式解决争议，因此，在有管辖权的国内法院提起诉讼常常是当事人可寻求的最后的救济手段。下面简单介绍一下协商、调解、仲裁及诉讼的基本概念。

1. 协商

协商是指争议各方当事人在自愿互谅的基础上，依照有关法律、法规以及合同条款，进行磋商或谈判，自行达成和解协议，从而解决双方争议的一种处理办法。从协商行为的性质上讲，这是一种双方行为，没有第三方介入，完全由当事人双方自己来解决纠纷，经过平等自愿的协商而达成的和解协议视为新的合同，当事人应当按约定履行彼此的义务。

2. 调解

调解是指由双方当事人自愿将争议提交选定的调解机构（法院，仲裁机构或专门的调解机构），由该机构按调解程序进行调解。若调解成功，双方应签订和解协议，作为一个新的合同予以执行；若调解意见不为双方或其中一方接受，则该意见对当事人无约束力，调解即告失败。调解的优势在于其和解性、更大的经济性和灵活性。调解的缺憾为稳定性较差，和解协议效力较低，其性质仅同其他合同。责任方如果不执行和解协议，受损方只能据以提起诉讼，不如仲裁裁决可申请法院强制执行。

3. 仲裁

仲裁是指争议双方当事人在自愿基础上达成协议，将争议提交非司法机构的第三方进行审理，由第三方作出对争议各方均有约束力的裁决的一种争议解决办法。仲裁是一种准司法性质的行为，具有灵活、快捷、经济的特点。仲裁依法受国家监督，国家通过法院对仲裁协议的效力、仲裁程序的制定以及仲裁裁决的执行和遇有当事人不自愿执行的情况时可以依照审判地法律所规定的范围进行干预。

4. 诉讼

诉讼是指司法诉讼，即法院和案件当事人在其他诉讼参与人的配合下，为解决案件所进行的全部活动。本节所说的诉讼，是指目的在于解决国际贸易争议的国际商事诉讼，即在一国法院提起的涉及不同国家当事人之间的国际贸易争议的诉讼，各国法院根据本国的民事诉讼法对此类争议行使管辖权。这种诉讼既可以在国内法院进行，也可以在外国法院进行。一般说来，一国作出的判决在本国执行基本没有法律障碍，但是如果到他国执行，则存在外国法院对判决的承认和执行问题。

（二）替代性争议解决方式

替代性争议解决方式，也叫选择性争议解决方式。广义的替代性争议解决方式是所有非诉讼争端解决方式的总称。狭义的替代性争议解决方式则既不包括诉讼也不包括高度制度化的仲裁。当事人在选择 ADR 方式解决国际贸易争议时，可以考虑选择以下几种（除传统争议解决方式如协商、调解、仲裁外）：

1. 合同修改

合同修改通常是指在国际商事活动中双方当事人之间存在合同的前提下，如果发生履行困难，而当事人又不希望合同终止，则为了提高合同履行的灵活性，使其适应情况变化的需要而对合同进行一定程度的变更和修改。

2. 重新谈判

如果合同无法自行适应已经发生变化的交易环境，则当事人可以选择进行重新谈判。通常，在合同签订的过程中，当事人可以在争端解决条款中约定，一旦双方在合同履行中发生争议，应当首先进行重新谈判，无法达成一致再提交仲裁或诉讼。这种方式灵活简便、费用较低，有利于当事人长期的交易开展。

3. 模拟法庭

模拟法庭，是为了解决企业间的争端而创立的一种和解促进方式。当事人之间可以私下安排一种自愿参与的、非正规的小型审判活动，各方均像参加法院审判一样，法庭由双方有权作出决定的高层主管以及第三方公断人（通常是退休的法官或有经验的律师）组成，由双方的律师和专家们对纠纷提出意见和看法，由主管和第三方共同对争议的解决作出决断。

4. 租借法官

租借法官是一种类似于正式审判的程序，由双方当事人共同寻找并聘请法官，主持审理争议并进行判决。这种方式不使用法院的正规程序，因此能够比较快捷地解决争议。同时，这种判决是终局性的，具有法律强制力。

5. 简易陪审团

简易陪审团方式与正式的审判最为类似，有法官、陪审员和其他法院工作人员参加，通常在法院进行，按普通诉讼程序审理，一般不公开。

第二节 国际贸易争议的解决方式之国际商事调解

一、国际商事调解的含义及特点

（一）国际商事调解的含义

国际商事调解，指在国际商事交往中，各方当事人在发生争议后，共同选择第三方作为调解人（员），由调解人（员）通过说服、劝导等方式，使当事人之间的争议在自愿的基础上得到解决。国际商事调解可以在某一机构内进行，称为机构调解；也可以由当事人直接授权某个人进行，称为临时调解。

（二）国际商事调解的特点

国际商事调解作为替代性纠纷解决方式的一种，具有独立性、自愿性、专业性和保密性的特点①。

1. 独立性

国际商事调解是一种独立于仲裁和诉讼的争议解决方式，《国际商事调解示范法》、《国际商会友好争议解决规则》及《联合国国际贸易法委员会调解规则》对调解人员的独立性均有相似的规定。如，调解员不得参与同一主题争议的仲裁和诉讼，或充当任何一方的代理人或顾问，也不得作为证人等。

2. 自愿性

国际商事调解由当事人自愿采用，选择哪一个调解机构或调解人、调解内容和程序以

---

① 安文婧："国际商事调解的特点及对中国的启示"，《经济研究导刊》2010 年 12 期，第 85 页。

及调解协议的达成等都以当事人意思自治为准。调解成功后，调解协议的执行也由当事人自愿履行，通常不具有法律强制力；调解不成功，也不会影响当事人选择其他的方式解决争议。

3. 专业性

国际商事调解的专业性指它需要专门的调解组织和专业化的调解人。从调解组织上看，目前，进行国际商事调解的机构大体分为三大类：国际组织之下的国际商事调解组织，国内机构成立的国际商事调解组织以及两国或多国联合设立的国际商事调解组织。从调解人的专业化角度上看，一项争议要想调解成功，需要调解员具备丰富的经验、知识、理性、交际能力和沟通技巧。因此，对调解员的资格和能力要求实际上比法官和仲裁员要高，调解员的专家化程度也越来越高。

4. 保密性

国际商事调解通常都不会公开进行，除非当事人另有约定。调解员或调解组织、当事人和其他参与人均应遵守保密原则，不得对外界透露调解过程及内容。

二、有关国际商事调解的规则

目前，在国际商事调解领域有影响的规则主要有1980年的《联合国国际贸易法委员会调解规则》、2001年《国际商会友好争议解决规则》和2002年《国际商事调解示范法》。在推广和普及使用调解这一争议解决方式方面起到了非常关键的作用。

（一）《联合国国际贸易法委员会调解规则》

《联合国国际贸易法委员会调解规则》，于1980年12月4日在联合国大会通过，该规则共20条。本节着重介绍该规则的程序、保密义务、调解费用以及调解与其他争议解决方式的关系。

1. 调解的程序

（1）调解的开始。当事人要提请调解时，应向他方当事人发出按规则进行调解的通知，通知中应扼要地明确争议事项。他方当事人接受调解通知时，调解程序即行开始。如以口头表示接受，应即以书面加以确认。他方当事人拒绝通知，就不进行调解。提请调解的当事人在他发出通知后30天内，或在通知中规定的其他期间内，未得到答复时，他可以决定把此事当作是对调解通知的拒绝。如果他如此决定，应即通知他方当事人。

（2）调解员人数的确定和任命。除当事人约定调解员为两名或三名外，一般调解员为一名。调解员有数人时，在一般情况下，数名调解员应共同行动。在只有一名调解员的调解程序中，双方当事人应力求达成协议，确定该独任调解员。

在有两名调解员的调解程序中，双方当事人各任命一名调解员。在有三名调解员的调解程序中，双方当事人各任命一名调解员，同时双方当事人应力求达成协议，确定第三名调解员。当事人也可以请求一个适当的机关或人员帮助他任命调解员，但在该机关或人员推荐或任命担任调解员的个人时，必须注意考虑保证任命一名独立公正的调解员，如为独任调解员或第三调解员，则应考虑任命与双方当事人不同国籍的调解员为宜。

（3）调解员的调解任务。调解员在任职后，要求各方当事人提出简明的说明书，说明争议的一般性质和争点所在。每一方当事人还应向他方当事人送说明书副本一份。

调解员可以要求各方当事人再向他提出说明书，说明自己的主张以及说明这种主张为有理由的事实和根据，还可以附上该当事人认为适当的文件和其他证据。当事人应向他方当事人送说明书一份。在调解程序的任何阶段，调解员都可以要求当事人向其提供他认为合适的其他情况。

调解员应遵循客观、公平和正义的原则。除其他事项外，应该从双方当事人的权利和义务的角度，考虑有关的贸易惯例以及有关争议的各种情况。

调解员可采取适当的方式进行调解，但应考虑案件的各种情况以及双方当事人可能提出的愿望。在调解的任何阶段，调解员可以提出解决争议的建议。这种建议可以不用书面提出，也可以不说明理由。调解员认为具备双方当事人可以接受的解决争议的条件时，应将可能的各种解决办法列出，送双方当事人供他们考虑。调解员收到当事人的反馈意见后，应根据这些意见，重新制定可能的解决办法。

（4）调解员和当事人的配合。调解员可以邀请当事人与他会晤，也可以同当事人口头或书面交换意见。调解员可以同时与双方当事人会晤或交换意见，也可以与各当事人分别会晤或交换意见。除当事人已约定与调解员举行会晤的地点外，会晤地点应由调解员与双方当事人协商后，根据调解进行的情况决定。

当事人应该与调解员进行善意的合作，特别是应该按照调解员的要求提出书面文件，提供证据和参加会晤。每一方当事人可以主动地或者应调解员的请求，向调解员提出解决争议的意见。

（5）调解结束。双方当事人就解决争议达成协议后，应即制定协议书并签名。调解员可以依双方当事人的要求，制作或协助当事人制作协议书。

双方当事人可能愿意考虑在协议书中增加一个条款：由本协议而发生的或关于本协议的一切争议，应该提交仲裁。

双方当事人在协议书上签字后，争议即告结束，双方都受协议所约束。

除上述达成调解协议之外，如发生以下情况时，调解亦告结束：①双方当事人在协议书上签字时，签字之日；②调解员与双方当事人协商后，以书面表示继续调解已无必要，表示之日；③双方当事人向调解员书面表示结束调解时，表示之日；④一方当事人向另一方当事人，如已任命调解员，则并向调解员，书面表示结束调解时，表示之日。

2. 保密义务

调解员与当事人对于有关调解的一切事项均应保密。除为执行所必要外，对协议也应保密。调解员从一方当事人知悉有关争议的事实情况后，可以将情况的实质告知他方当事人，以便他方当事人可以进行他认为适当的任何说明。但是一方当事人向调解员告知情况，特别附有应予以保密的条件时，调解员则不应将该情况告知他方当事人。

3. 调解的费用

调解结束时，调解员应确定调解费用，并将之书面通知双方当事人。费用的数额包括调解员的合理报酬；调解员的旅费与其他支出；调解员在得到当事人同意后所请的证人的旅费和其他支出；调解员在得到当事人同意后所请的鉴定人的费用。这笔费用由双方当事人平均负担，但协议另订有分摊办法的除外。各当事人另行支出的费用，各自负担。

调解员任职后，可以要求双方当事人预付同等的款项，也可以在调解过程中，要求各方当事人支付同等的预付款。双方当事人不在三十天内将预付款缴清，调解员可以停止调解，或者可以向双方当事人以书面宣布结束调解，从宣布之日起生效。调解结束后，调解员应向当事人提出他已收的预付款账目，并将余款退回。

4. 调解与其他争议解决方式的关系

当事人允诺，在调解期间，不将作为调解主题的争议提交仲裁，也不就之提起诉讼，但是一方当事人认为，为维护其权利，必须提交仲裁或提起诉讼时，除外。

在作为调解的主题的争议无法达成协议而提交仲裁或诉讼时，当事人和调解员均允诺，调解员不得在仲裁或诉讼的程序中充当仲裁员，或充当一方当事人的代理人或顾问，调解员也不得作为证人出席。

在证据的援引方面，双方当事人允诺，不论以后的仲裁程序或诉讼程序是否涉及作为调解主题的争议，双方都不援引或提出下列各点作为仲裁或诉讼的证据：他方当事人所表示的关于可能解决争议的意见，或提出的建议；他方当事人在调解过程中所作的承诺；调解员提出的建议；他方当事人已表示愿意接受调解员为解决争议提出的建议这一事实。

（二）《国际商会友好争议解决规则》

《国际商会友好争议解决规则》简称《ADR规则》，2001年7月1日生效。《ADR规则》实际上是对ICC1988年《国际商会调解规则》的修订，并以一种全新的规则模式予以替代。《ADR规则》比较简短，全文共7条。

1. 调解程序

（1）ADR程序的开始。如果当事人约定按照本规则解决其争议，拟依本规则开始ADR程序的当事人应向国际商会提交书面ADR申请，该申请应载明：争议各方当事人及其委托代理人的姓名或名称、地址、电话和传真号码以及电子邮件地址（如有）；争议情况的说明，以及可能情况下对争议所涉金额的评估；全体当事人共同选任的中间人，或者未作此选择时，任何对由国际商会指定之中间人的资格的约定；据以提起ADR申请的书面协议的复印件，以及按照本规则附录确定的ADR程序的登记费。如果ADR申请书不是由全体当事人共同提出，则提出申请的当事人应同时将申请送交对方当事人。国际商会应迅速书面通知当事人，确认收到ADR申请。

如果当事人没有约定按照本规则解决其争议，拟依本规则开始ADR程序的当事人应向国际商会提交书面ADR申请。该申请应载明如下内容：争议各方当事人及其委托代理人的姓名或名称、地址、电话和传真号码以及电子邮件地址（如有）；争议情况的说明，以及可能情况下对争议所涉金额的评估；按照本规则附录确定的ADR程序的登记费。ADR申请也可包括任何有关中间人的资格或各方共同选任一个或多个中间人的建议。

国际商会应立即将ADR申请书面通知对方当事人，并要求该当事人自收到ADR申请之日起15天内对其是否同意或拒绝参加ADR程序，书面通知国际商会。若当事人同意进行ADR程序，则其可就中间人的资格以及各方选任一个或几个中间人提出建议。之后，全体当事人得共同选任一个中间人或对将由国际商会任命之中间人的资格作出约定。在任何一种情况下，当事人应迅速通知国际商会。

若对方当事人未在15日期限内作出答复，或作出否定答复，则ADR申请视为被拒绝，ADR程序将不再进行。国际商会应迅速将此情况书面通知提出ADR申请的当事人。

（2）中间人的选任。中间人即为解决当事人之间的争议并主持程序的人，比如调解员。如各方当事人已共同选任中间人，则国际商会应予记录。被选任者经通知国际商会并被选任后，即在 ADR 程序中担任中间人。若各方当事人并未共同选出中间人，或者选出的中间人拒绝任职，国际商会应迅速通过国际商会国家委员会或其他方式任命一名中间人，并通知当事人。如全体当事人就中间人的资格有所约定，国际商会应尽一切合理努力委任一名具备此种资格的中间人。

即将担任中间人的人员，均应尽快向国际商会提交一份适当签署姓名与日期的个人履历和独立声明，并在独立声明中披露那些可能引起当事人对其独立性产生怀疑的任何事实和情形。国际商会应将此信息书面通知当事人。若任何一方当事人不同意国际商会委任的中间人，并在接到委任通知后 15 日内书面通知国际商会和其他当事人，陈述提出异议的理由，则国际商会应迅速另行委任一名中间人。依照《ADR 规则》，当事人经协商可选任或请求国际商会委任一名以上的中间人。适当的情况下，国际商会也可向当事人建议任命一名以上的中间人。

（3）ADR 程序的进行过程。在当事人缴纳适当费用后，ADR 程序进入处理阶段，如当事人未作约定，中间人应决定进行程序所用的一种或数种语言以及召开会议的地点。

中间人与各方当事人应迅速对将予采用的解决方法进行商讨并寻求达成一致意见，同时商讨将予适用的具体的 ADR 程序。如果当事人不能就将要采用的争议解决方法达成一致意见，则采用调解方式。

中间人应以其认为合适的方式进行程序。但无论如何，中间人都应遵循公平、公正原则并尊重当事人的意愿。当事人应与中间人善意合作。

（4）ADR 程序的终止。依据本规则开始的 ADR 程序，基于下列较早出现之情形而终止：双方当事人签署和解协议；一方或多方当事人向中间人发出不再继续 ADR 程序的书面通知；依据本规则第 5 条所确立的程序已履行完毕，且中间人向当事人发出了书面通知；中间人书面通知当事人其认为 ADR 程序不能解决当事人之间的争议；ADR 程序中设定的任何时限已到期，如当事人并未一致决定延期，时限到期应由中间人书面通知当事人；国际商会至少在一方或多方当事人逾期未按本规则预缴保证金后 15 日内，书面通知当事人与中间人，当事人未完成此项缴付；或依其判断，书面通知当事人选任中间人失败或者不可能委任中间人。

2. 保密义务

除非当事人另有相反约定或所适用的法律有禁止性规定，ADR 程序，包括其结果，应当是保密的、不公开的。当事人之间的任何和解协议应同样是保密的，但一方当事人依据所适用法律的要求或者为实施或执行协议之必要，在此限度内应有权予以披露。

3. 报酬和费用

提出 ADR 申请的当事人应当在提交申请的同时按照附录所列费用表，缴纳一笔不予退还的登记费。未收到该笔费用前，ADR 申请不作处理。

接到 ADR 申请后，国际商会应要求当事人按附录所列费用表缴纳一笔可足额支付国际商会的管理费用和 ADR 程序中间人的报酬与开支的保证金。国际商会接到此笔保证金前，ADR 程序不得继续进行。

如认为当事人缴纳的保证金可能不足以支付 ADR 程序的全部费用，国际商会可重新调整保证金的数额。在当事人缴纳相应金额之前，国际商会可中止 ADR 程序。ADR 程序终止时，国际商会应结清程序的全部费用。并根据情况，退还当事人多支付的费用或要求当事人依据本规则补足差额。

所有保证金与费用应由双方当事人平均分担，除非当事人另有书面约定。但一方当事人不支付其应当负担的份额时，对方当事人可自由决定缴付此笔担保金的未付余额。当事人的其他开支应由各方自行负担。

4. ADR 程序与其他程序的关系

除非所适用的法律要求或当事人有相反约定，当事人不得以任何方式在司法、仲裁或类似程序中援引下列各项作为证据：在 ADR 程序中由对方当事人或中间人提出的任何文件、陈述或通讯，除非此种文件、陈述或通讯在司法、仲裁或类似程序中能够独立获取；任何一方当事人在 ADR 程序中提出的与可能解决争议有关的任何观点或建议；ADR 程序中他方当事人所作出的承认；中间人提出的任何观点或建议；或在 ADR 程序中一方当事人曾表示愿意接受和解建议的事实。

除非当事人另有书面约定，中间人不得在与 ADR 程序所涉争议事项有关的司法、仲裁或类似程序中担任法官、仲裁员、专家或其中任何一方当事人的代理人或顾问；不得就 ADR 程序的有关事宜在任何司法、仲裁或类似程序中作证。

中间人、国际商会及其雇员以及国际商会国家委员会均不对与 ADR 程序有关的任何作为或不作为向任何人负责。

（三）《国际商事调解示范法》

《国际商事调解示范法》全文共 14 条，主要内容包括：

1. 调解程序

（1）调解的开始。对所发生的争议的调解程序，自该争议各方当事人同意参与调解程序之日开始。一方当事人邀请另一方当事人参与调解，自邀请发出之日起三十天内，或者在该邀请规定的其他时间内，未收到接受邀请的，可以作为拒绝调解邀请处理。

（2）调解员人数的确定和任命。除非当事人约定应当有一名以上调解人，调解人应当为一人。各方当事人应尽力就一名调解人或多名调解人达成协议，除非已约定以不同程序指定他们。各方当事人可以在指定调解人方面寻求机构或个人的协助，要求其推荐或直接指定合适的调解员。在推荐或指定个人担任调解人时，上述机构或个人应当考虑各种可能确保指定一名独立和公正调解人的因素，并应在情况适当时，考虑是否指定一名不属于各方当事人国籍的调解人。

在被征询关于本人可能被指定为调解人时，被征询人应当披露有可能引起对其公正性或独立性的正当怀疑的任何情形。调解人应当自其被指定之时起以及在整个调解程序的期间内，毫不迟延地向各方当事人披露任何此种情形，除非调解人已将此种情形告知各方当事人。

（3）调解的进行。调解人可以与当事人集体或分别进行面谈或联系。各方当事人可以通过提及一套规则或者以其他方式，自行约定进行调解的方式。未约定进行调解方式的，调解人可以在考虑到案件情况、各方当事人可能表示的任何愿望和迅速解决争议的必要性情况下，按其认为适当的方式进行调解程序。在考虑到案件的情况下，调解人应当在进行调解程序时保持对各方当事人的公平待遇。调解人可以在调解程序的任何阶段提出解决争议的建议。

（4）调解程序的终止。调解程序在下列情形下终止：各方当事人订立了和解协议的，于协议订立之日终止；调解人在同各方当事人协商后声明，宣布继续进行调解已无意义的，于声明发表之日终止；各方当事人向调解人声明，宣布终止调解程序的，于声明发表之日终止；一方当事人向对方或其他各方当事人和已指定的调解人声明，宣布终止调解程序的，于声明发表之日终止。

2. 保密义务

除非当事人另有约定，与调解程序有关的一切信息均应保密，但按照法律要求或者为了履行或执行和解协议而披露信息的除外。

3. 调解程序与其他程序的关系

调解程序的一方当事人或任何第三人，包括参与调解程序行政工作的人在内，不得在仲裁、司法或类似的程序中以下列事项作为依据、将之作为证据提出或提供证言或证据：一方当事人关于参与调解程序的邀请，或者一方当事人曾经愿望参与调解程序的事实；一方当事人在调解中对可能解决争议的办法所表示的意见或提出的建议；一方当事人在调解程序过程中作出的陈述或承认；调解人提出的建议；一方当事人曾表示希望接受调解人提出的和解建议的事实；完全为了调解程序而准备的文件。

除非当事人另有约定，调解人不应当担任对于曾经是或目前是调解程序标的事项的争议或者由于同一合同或法律关系或任何与其有关的合同或法律关系引起的另一争议的仲裁员。

当事人同意调解并明确承诺在一段特定时期内或在某一特定事件发生以前，不就现有或未来的争议提起仲裁或司法程序的，仲裁庭或法院应当承认这种承诺的效力，直至所承诺的条件实现为止，但一方当事人认为是维护其权利而需要提起的除外。提起这种程序本身并不被视为对调解协议的放弃或调解程序的终止。

第三节 国际贸易争议的解决方式之国际商事仲裁

一、国际商事仲裁的含义和特征

（一）国际商事仲裁的含义

国际商事仲裁指国际商事关系的当事人双方在争议发生后，依据仲裁条款或仲裁协议，自愿将争议提交某一临时仲裁机构或某一国际常设仲裁机构审理，由其根据有关法律或公平合理原则作出裁决，从而解决争议。

对于国际商事仲裁中的"国际"的含义，应采取广义理解方式，法国《民事诉讼法典》第 1492 条规定："如果包含国际商事利益，仲裁就是国际性的。"因此，对一国而言，凡是仲裁协议的一方或双方均为外国人、无国籍人或外国企业或其他实体，或者仲裁协议订立时双方当事人的住所或营业地位于不同国家，或者仲裁地点位于该国境外，或者仲裁协议中涉及的商事关系在国外发生设立、变更或终止的法律事实，或者该争议所涉及的标的位于该国境外，均可视为"国际"。

（二）国际商事仲裁的特征

国际商事仲裁主要具有以下三个特征：

1. 自愿性

对于争议的双方当事人来说，国际商事仲裁是自愿采用的一种解决争议方式。当事人可以通过约定用仲裁方式来解决他们之间已经发生的或者将来可能发生的争议，这是通过仲裁来解决争议的基本前提，如不存在约定的仲裁条款或仲裁协议，则不可能有仲裁的发生。

2. 灵活性

采用仲裁方式解决争议是一种具有较大灵活性的方法，当事人对仲裁机构、仲裁适用规则和法律、仲裁地点、仲裁所使用的语言、仲裁费用等内容均可以进行约定。而且，除非当事人另有约定，仲裁是不公开的。

3. 终局性

仲裁一般是一裁终局，没有类似于法院判决的上诉程序，因此，有利于迅速解决争议，节省当事人的时间和费用。

二、国际商事仲裁的种类与机构

（一）国际商事仲裁的种类

1. 临时仲裁

临时仲裁指根据当事人之间的仲裁协议而临时设立仲裁庭，审理特定案件并作出仲裁裁决的仲裁形式。裁决作出后，该仲裁庭即行解散。

2. 机构仲裁

机构仲裁是当事人协商一致选择常设性仲裁机构解决其争议的商事仲裁，即由某一常设的商事仲裁机构按照固定的仲裁规则（通常是该机构的仲裁规则）管理商事仲裁程序。

（二）国际商事仲裁的机构

根据审理国际商事争端的仲裁机构是否具有固定的名称、章程和办公地，国际商事仲裁的机构分为临时仲裁机构和常设仲裁机构两大类：

1. 临时仲裁机构

临时仲裁机构是根据当事人之间的仲裁协议而临时推举仲裁人所自行设立的审理特定案件的机构，即事实上的仲裁庭。临时仲裁机构没有固定的组织、地点和规则，当案件审理终结并作出仲裁裁决后，该仲裁机构即行解散。临时仲裁机构的主要优点是程序上比较灵活，可提高工作效率和节省仲裁费用。因为一般情况下常设仲裁机构均收取较高的管理费，此外还要办理其他一些复杂的手续。临时仲裁机构的缺点是当事人得就仲裁所涉及的各种问题作出约定，因此，其优势的发挥，有赖于当事各方的密切合作。

临时仲裁是仲裁发展历史上仲裁组织的最初表现形式,虽然目前常设仲裁机构在各国已经普遍存在,但通过组建临时仲裁庭来解决争议的情况也不在少数,比如英国、美国、日本、中国香港等地,这类仲裁还有比较重要的地位。我国目前的仲裁法对临时仲裁并没有做出规定,因此,事实上在我国内地是不允许临时仲裁的,这与国际上一些国家的做法不太一致。

2. 常设仲裁机构

常设仲裁机构是依据国际公约或一国国内法设立的审理国际商事仲裁案件的机构,有特定的名称、章程和固定的办公地点,通常有固定的仲裁规则和专门的供当事人选择的仲裁员名册。常设仲裁机构一般都比较规范且有专门的秘书处负责管理方面的工作,包括确认收到并转交仲裁申请书和答辩状,按规定收取仲裁费,协助组成仲裁庭,安排开庭等事项,并提供记录、翻译等方面的服务。此外,还开展仲裁机构之间交流、仲裁宣传及仲裁员的培训等活动。

在国际商事仲裁实践上,一些重大的仲裁案件,一般均由常设仲裁机构进行仲裁。即便在临时仲裁的情况下,当事人一般也可以请求常设仲裁机构提供某些管理方面的服务,如代为指定仲裁员等。与临时仲裁相比,常设仲裁机构对于保障仲裁程序的顺利进行和仲裁裁决的质量,具有重要的作用。目前,在国际社会上影响较大的有如下几个常设仲裁机构。

(1) 国际商会仲裁院。国际商会仲裁院是国际性民间组织,成立于1923年,是附属于国际商会的一个国际性常设调解与仲裁机构,具有很大的独立性。该仲裁院总部设在巴黎,理事会由来自四十多个国家和地区的具有国际法专长和解决国际争端经验的成员组成。根据"国际商会仲裁规则"规定,任何国家的当事人,无论是否是国际商会的会员,也无论是自然人、法人抑或国家,均可以通过仲裁协议的约定将其争端提交该机构进行裁决。国际商会仲裁院本身不直接代理仲裁案件,具体的仲裁案件由商会在各国聘任的仲裁员受理。国际商会仲裁院的主要任务是:保证仲裁院所制定的仲裁规则和调解规则的适用;指定仲裁员或确认当事人所指定的仲裁员;决定对仲裁员的异议是否成立;批准仲裁裁决的形式。

(2) 英国伦敦国际仲裁院。英国伦敦国际仲裁院是国际上最早成立的常设仲裁机构,也是目前英国最主要的国际商事仲裁机构,可以审理提交给它的任何性质的国际争议,尤其擅长国际海事案件的审理。由于其较高的仲裁质量,它在国际社会上享有很高的声望。

伦敦国际仲裁院现由伦敦市政府、伦敦商会和女王特许仲裁员协会三家共同组成的联合管理委员会管理。仲裁院的日常工作由女王特许协会负责。仲裁协会的会长兼任仲裁院的主席。

(3) 美国仲裁协会。美国仲裁协会成立于1926年,是由1922年成立的美国仲裁会和1925年成立的美国基金会合并而成,是美国最主要的国际仲裁常设机构。美国仲裁协会是独立的、非政府性的、非营利性的民间组织,其总部设在纽约,并且在美国其他24个主要城市设有分会,拥有6万多名仲裁员,专职人员超过500名。美国仲裁协会内部设有一个负责教育与培训的部门,定期对仲裁员进行仲裁知识和技巧的培训,并召开研讨会,使这些既具有法律专业知识,又具有仲裁技能的仲裁员能够充分发挥在解决争议案件方面的作用。

美国仲裁协会受理全美各地的以及外国的各种当事人提交的除法律和公共政策禁止仲裁的事项以外的任何国际争议。根据美国联邦仲裁法规定，法院对仲裁的干预较少，只有在仲裁员被指控有受贿、欺诈及明显偏袒一方当事人的情况时，法院才能够撤销仲裁裁决，因此具有很强的仲裁独立性。在处理争议案件的同时，美国仲裁协会还广泛发展与其他国家的仲裁机构和商业组织之间的业务联系，从而成为世界上最大的民间仲裁机构之一。

（4）中国香港国际仲裁中心。中国香港国际仲裁中心成立于1985年9月，是一个民间非营利性中立机构。仲裁中心由理事会领导，理事会由来自不同国家的商人和其他具备不同专长和经验的专业人士组成。仲裁中心的业务活动由理事会管理委员会通过秘书长进行管理，而秘书长则是仲裁中心的行政首长和登记官，日常工作由理事会下的管理委员会负责。

仲裁中心的设立是为了满足东南亚地区的商务仲裁的需要，同时也为中国内地当事人和外国当事人之间的经济争端提供"第三地"的仲裁服务。但是，不同性质的案件适用不同的仲裁规则。1990年修正后的《香港国际仲裁中心仲裁条例》（以下简称《仲裁条例》）规定了本地仲裁和国际仲裁两种不同的仲裁制度。2010年，香港修订了《仲裁条例》。新的《仲裁条例》不再这样区分，对于本地仲裁，仲裁中心有仲裁规则和协助当事人和仲裁员的指南；而对于国际仲裁，仲裁中心推荐采用《联合国国际贸易法委员会仲裁规则》。香港国际仲裁中心的仲裁受英国仲裁的影响比较大，加上联合国《国际商事仲裁适用示范法》的影响，使仲裁中心吸收了很多国际商事仲裁的长处，在国际上的影响也日趋广泛。

（5）瑞典斯德哥尔摩商会仲裁院。瑞典斯德哥尔摩商会仲裁院成立于1917年，是瑞典最重要的常设仲裁机构。斯德哥尔摩商会仲裁院虽然是斯德哥尔摩商会的附属机构之一，但它具有独立的地位和组织。仲裁院设立三人委员会。委员由商会的执行委员会任命，任期三年。担任委员会主席的委员由富有解决工商业争端经验的法官担任，而其他二人中，一人是执业律师，另一名是商界人士。仲裁裁决是终局性的，不需要提交商会再行审查。该仲裁院目前适用的仲裁规则是2007年1月1日生效的《瑞典斯德哥尔摩商会仲裁院规则》。同时，该仲裁院也允许当事人约定按《联合国国际贸易法委员会仲裁规则》规定的程序仲裁。

瑞典斯德哥尔摩商会仲裁院可以受理世界上任何国家当事人所提交的商事争议。双方当事人之间发生争议时，如果要将该争议提交仲裁院仲裁，必须向仲裁院提出书面申请，并提供所依据的合同副本或者仲裁协议副本。仲裁院经过审查后，对于符合受理条件的争议案件，即协助当事人设立仲裁庭，以保证仲裁程序的顺利进行。值得关注的是，SCC没有仲裁员名单，当事人可自由指定任何国家、任何身份的人作为仲裁员。通常当事双方各自选择一位同胞作为仲裁员，并共同选择第三名仲裁员，组成三人仲裁庭。此举提高了仲裁的速度和效力，也便于在各个国家执行。因此，在国际商事仲裁中，瑞典斯德哥尔摩商会仲裁院具有较高的声誉。

（6）新加坡国际仲裁中心。新加坡国际仲裁中心成立于1991年7月，受理国际商事及海事仲裁案，是新加坡法定的仲裁员指定机构，也是新加坡仲裁裁决书的认证及登记服务机构。新加坡仲裁中心可以受理来自国际和国内的商事争议，但主要以解决建筑工程、航运、银行和保险方面的争议见长。仲裁过程主要适用《新加坡国际仲裁中心仲裁规则》。

作为独立的、中立的、非营利的公共机构，除了管辖新加坡国际仲裁中心仲裁规则下的仲裁以外，也负责管理和监督由世界各地当事人提起的在联合国贸法会仲裁规则下的仲裁程序，包括仲裁员指定、仲裁庭的财务管理以及行政服务等。该秘书处人员来自包括中国在内的亚洲不同国家，具有多种专业背景和行业经验，以满足不同国家和多元商业文化的当事人的服务需要。

(7) 世界知识产权组织仲裁中心。世界知识产权组织仲裁中心建立于1993年，1994年正式开始运作，为解决平等主体当事人之间的国际商务争端提供仲裁和调解服务，不限于缔约国。该中心所采用的由主要专家在跨国界争端解决进程中制定的争端解决程序，被公认是解决涉及知识产权的技术、娱乐业和其他方面争端的极其适宜的手段。

中国现在有两个常设仲裁机构：一是中国国际经济贸易仲裁委员会；二是中国海事仲裁委员会，两者现都属于中国国际贸易促进会（中国国际商会）。

三、国际商事仲裁协议

(一) 仲裁协议的含义和种类

仲裁协议是双方当事人自愿将已经发生的争议或将来可能发生的争议交付仲裁解决的一种书面协议，是仲裁机构或仲裁人受理争议的依据。

根据仲裁协议的表现形式不同，可以划分为几种类型：

1. 仲裁条款

仲裁条款是指当事人在商事合同中或作为商事合同的一部分订立的，同意在将来将可能发生的合同争议提交仲裁解决的条款。这是最常见的一种仲裁协议。

2. 仲裁协议书

仲裁协议书指当事人就已经发生或将来可能发生的合同争议而单独订立的、同意将已经发生的争议提交仲裁进行解决的专门的书面协议。这种仲裁协议的特点是它是在合同中没有规定仲裁条款的情况下，双方当事人为了专门约定仲裁内容而单独订立的一种协议。

3. 其他文件中包含的仲裁协议

在商事交易过程中，当事人除了订立合同之外，还可能有信函、电报、电传、传真、电子数据交换、电子邮件或其他书面材料的往来。这些往来文件中如果包含有双方当事人同意将他们之间已经发生或可能发生的争议提交仲裁的内容，那么，有关文件即是仲裁协议。

这种类型的仲裁协议与前两种类型的仲裁协议的不同之处在于，仲裁的意思表示一般不集中表现于某法律文件中，而往往分散在当事人之间彼此多次往来的不同文件中。例如一方当事人将他希望订立仲裁协议的事宜向另一方当事人发出建议，如果另一方当事人愿意接受该项建议，必须将他接受该仲裁协议的意向传达给对方当事人，通过这种往来，仲裁协议才能成立。随着通讯方式的快速发展，这种形式的仲裁协议也较为常见。

(二) 仲裁协议的作用

一份合法有效的仲裁协议主要起到如下作用：将当事人双方对争议的解决方式确定为仲裁方式；确定受理案件的仲裁机构；确保裁决的强制执行力。

(三) 仲裁协议的内容

仲裁协议应当至少包含以下六个方面的内容：

1. 请求仲裁的意思表示

请求仲裁的意思表达是仲裁协议的首要内容。当事人在表达请求仲裁的意思表示需要注意：仲裁协议中当事人请求仲裁的意思表达要明确；请求仲裁的意思表达必须是双方当事人的真实意思表示；请求仲裁的意思表达必须是双方当事人自己的意思表示，而不是任何其他人的意思表示。

2. 仲裁事项

仲裁事项即当事人提交仲裁的具体争议事项的范围，如有关合同的解释、履行、赔偿数额等，必须具有可裁决性和明确性。

3. 仲裁机构和地点

通常在确定在某一国进行仲裁后即可进一步指定由设在该国的常设仲裁机构进行仲裁，只有当地没有常设仲裁机构时，才需要组织临时仲裁庭。

4. 仲裁规则

仲裁规则规定了仲裁程序的步骤和具体做法，临时仲裁庭一般可以使用当事人或者仲裁人选择或设计的规则；常设仲裁机构则一般使用本机构的规则。

5. 仲裁适用的法律

仲裁协议除了写明仲裁所使用的规则之外，还需要明确约定争议适用的实体法，以便准确地界定当事人的权利和义务关系，并为争议的解决提供便利条件。

6. 仲裁裁决的效力

各国法律一般都规定，仲裁裁决是终局性的，对双方当事人均有约束力。但是，如果当事人对仲裁裁决不服是否可以诉诸法院解决，各国有不同规定。因此，为进一步巩固仲裁裁决的终局性效力，避免引起复杂的诉讼程序，当事人一般会在仲裁条款或协议中明确约定：仲裁裁决是终局性结果，当事人不得向法院提起诉讼。

四、国际商事仲裁的程序

国际商事仲裁的自愿性特点也体现在争议双方当事人对仲裁程序的选择上，这一点很多公约也有相关的规定，如《联合国国际商事仲裁示范法》第19条规定："根据本法规定，当事人可以自由地就仲裁庭进行仲裁所依循的程序达成协议。"

仲裁程序即仲裁机构从受理当事人提出的仲裁申请书开始，直至仲裁庭作出裁决为止的整个过程。一般来说，国际商事仲裁的基本程序如下：

第一，在争议发生之后，双方协商同意将争议提交仲裁解决，并向仲裁机构提出申请；

第二，仲裁机构接受申请后，按约定或仲裁机构的仲裁规则组成仲裁庭；

第三，仲裁庭召开预备会议，确定具体的仲裁程序等内容；

第四,双方当事人交换书面证据,明确争议焦点、事实及相关证据;

第五,仲裁庭结合双方出示的证据进行审理;

第六,仲裁庭作出裁决。

五、国际商事仲裁裁决的执行

在国际商事仲裁中,对裁决的承认和执行是一个比较复杂的问题。首先,仲裁机构并没有强制执行裁决的权利,一项仲裁裁决能否顺利执行取决于当事人的意愿;其次,国际贸易争议经常会涉及外国当事人及财产,因此,仲裁裁决不仅有在本国执行的问题,还有在外国执行的问题,而一项仲裁裁决是在国内执行还是在国外执行往往需要适用不同的规则。

(一)仲裁裁决在国内执行

仲裁裁决在本国内执行时,通常需要向法院提出申请,由法院按法定程序执行。如我国《民事诉讼法》第259条规定:"一方当事人不履行仲裁裁决的,对方当事人可以向被申请人住所地或财产所在地的中级人民法院申请执行。"

(二)仲裁裁决在国外执行

仲裁裁决在国外执行既包括本国裁决要求得到外国的承认和执行,也包括外国的裁决要求得到本国的承认和执行。目前国际上关于承认与执行外国仲裁的最主要的公约是联合国在1985年主持和指定的《承认与执行外国仲裁裁决的公约》,简称1985年《纽约公约》,现有超过70个国家加入了该公约。我国在1986年加入该公约,但声明有两项保留:一是仅适用于缔约国之间作出的裁决;二是适用于商事法律关系所引起的争议的裁决。

《纽约公约》规定,各缔约国互相承认仲裁裁决具有约束力,申请在其他缔约国境内执行仲裁裁决时,应当向被申请国家提交用该国文字做成的裁决书译本,并且依照执行地的程序规则予以执行,对承认或执行本公约所适用的仲裁裁决,不应该有比承认和执行本国的仲裁裁决规定实质上更复杂的条件或更昂贵的费用。

第四节 国际贸易争议的解决方式之国际商事诉讼

国际贸易争议如果无法以协商和调解方式解决,双方之间又不存在将争议提交仲裁的协议,那么任何一方当事人都可以向有管辖权的法院提出诉讼,要求通过法律途径解决争议。

一、国际商事诉讼概述

(一)国际商事诉讼的含义

国际商事诉讼指法院和其他诉讼参与人就国际贸易争议依法进行的诉讼活动。这种诉讼既可能在国内法院进行,也可能在外国法院进行,诉讼的主体是法院和诉讼参与人,客体是国际商事行为。

在解决国际贸易争议方面，诉讼具有非常积极的意义，它的优势就在于：首先，各国法院的法官均是精通本国法律的专业人士，当某一国际贸易争议所适用的准据法为某一国家的法律时，将该争议提交该国法院进行审理，更有利于准确地解决争议；其次，法院所作出的判决有强制执行力，尤其是在本国国内执行时，比较便利和快捷，无须其他当事人或部门配合，这一点要优于国际商事仲裁。当然，诉讼这种争议解决方式也存在一定的局限性，如程序严格、手续繁琐以及费用较高等。因此，一般而言，诉讼并不是争议双方当事人首选的解决方法。

（二）国际商事诉讼的特点

国际商事诉讼的特点主要体现为两点：一是国际性，国际商事诉讼的当事人一方或双方是外国人，或者诉讼标的物位于外国或者为外国人所有；二是非专门性，由于国际商事诉讼具有涉外性、国际性的特点，世界上并不存在专门审理涉外商事纠纷的国际法院，因此，国际商事诉讼只能在某一国的国内法院进行。

（三）国际商事诉讼的基本原则

国际商事诉讼的基本原则有以下四点：

1. 主权原则

国际商事诉讼的首要原则是维护国家主权原则，主要体现在以下几个方面：

（1）在符合国际法的前提下，一国所享有的对国际贸易争议案件的司法管辖权不容侵犯和剥夺。一国法院对于本国境内的一切人和物，包括外国人和外国人所有的物，均享有司法管辖权，但依法享有豁免权的除外；一国法院在不影响有关国家行使属地优先管辖权的前提下，对位于本国境外的本国公民也可以行使司法管辖权；凡是在一国法院专属管辖权范围内的事项，当事人不得通过约定选择外国法院进行管辖。

（2）一国法院在审理国际贸易争议案件时所适用的程序根据法院地法确定。

（3）一国法院审理国际贸易争议案件时，使用内国通用的语言和文字。

（4）非经一国法院承认，外国法院的判决不能在内国生效，更无法强制执行。若内国法院认为该外国判决违反内国国家主权或公共秩序，可以拒绝承认和执行。

2. 平等原则

国际商事诉讼的主体为平等主体的当事人，不考虑国籍属性，因此，有管辖权的法院应给予外国人和本国人同等的诉讼权利，但通常会辅之以一定的条件，如对等性或某种其他限制。

3. 遵守国际条约及参照国际惯例原则

国际商事诉讼必须遵守并优先适用本国缔结或加入的关于国际民事诉讼（包括国际商事诉讼和非商事诉讼）的条约，但声明保留的事项除外。同时，若本国法律和国际条约均无相关规定的情况下，法院可以参考适用国际惯例。

4. 便利原则

所谓便利原则，是指当采用诉讼方式解决国际贸易争议时，要充分考虑和保障诉讼当事人的权利行使，在管辖权适用、司法协助、判决执行方面采用相对便利、有利于执行的程序。

二、国际商事诉讼的管辖权

(一) 国际商事诉讼管辖权的含义和意义

1. 国际商事诉讼管辖权的含义

国际商事诉讼管辖权是指一国法院或具有审判权的其他司法机关受理、审判具有国际因素的商事案件的权限。它涉及的问题主要是某一特定的商事案件究竟在哪个国家的法院具有管辖权的问题。管辖权问题是国际商事诉讼的首要问题,具有非常重要的意义。

2. 国际商事诉讼的意义

(1) 确定管辖权关系到国家主权的行使,是国家主权的具体表现。

(2) 确定管辖权是法院受理国际商事诉讼的前提,只有确定一国法院对某一商事案件具有管辖权,该国法院才能受理该案件,诉讼程序才能随之开展。

(3) 确定管辖权能够影响案件审理的结果,当某一国法院被确定为拥有某一商事案件的管辖权后,该国法院就会依据本国法来确定准据法。不同国家的冲突规范会确定不同的准据法,而不同的准据法对当事人的权利义务影响非常大。因此,当事人总会力争让案件在有利于己方的国家的法院来进行审理。

(4) 确定管辖权是法院判决得以在国外获得承认和执行的必要条件。

(二) 确定国际商事诉讼管辖权的原则

关于国际商事诉讼的管辖权问题,各国法律规定不尽相同,但大多针对不同类型的案件适用不同标准和原则加以确定。具体而言有以下五种:

1. 属地管辖原则

属地管辖原则又称为地域管辖原则或领土管辖原则,指一国对该国领土范围内的一切人、物、法律行为都具有管辖权,但是享有司法豁免权者除外。对于"领土"这一标志具体应当如何确认,各国规定有所不同,主要有四种做法:以当事人居住地为依据;以被告财产所在地为依据;以合同成立地或履行地为依据以及以侵权行为发生地为依据。以这些因素作为案件与法院的联系因素来确定案件的管辖权。具体来说,在一个国际商事诉讼中,当事人的住所(主要是被告的住所)、其财产、诉讼标的物和产生争议的法律关系或法律事实,只要其中一个因素存在于该国境内或发生于该国境内,该国即享有对该案件的管辖权。

2. 属人管辖原则

属人管辖原则是指,以当事人的国籍作为案件与法院的关系因素来确定管辖权。只要当事人一方具有某国国籍,该国法院就可以主张对案件有管辖权。以《法国民法典》为代表的很多国家(如荷兰、卢森堡等)都采用这一原则。

目前,实行属地管辖原则的国家和实行属人管辖原则的国家在具体做法上日趋接近,大部分实行属地管辖原则的国家开始将属人管辖原则作为补充。实行属人管辖原则的国家则开始对诉讼标的物在本国境内的案件行使管辖权。

3. 协议管辖原则

协议管辖原则也称为约定管辖原则或合意原则,指当事人双方在法律允许的范围内,依据意思自治的原则,通过协议将他们之间的争议交由共同选择的某一国法院进行审理。

协议管辖原则是对属地管辖原则和属人管辖原则的变更和补充，现已为各国普遍接受。

4. 专属管辖原则

专属管辖原则又称为特殊管辖原则，是指一国主张其国内法院对一定范围内的案件具有独占性的管辖权，不承认外国法院对这类案件的管辖。任何个人、组织或其他国家不得随意剥夺该国对这类案件所享有的管辖权。专属管辖原则一般适用于各国境内的不动产、婚姻、家庭、继承与租赁、案件的重新审理、破产等，凡是属于专属管辖的案件，当事人不得以协议管辖的方式改由他国法院进行管辖和审理。

5. 实际控制管辖原则

实际控制管辖原则，也称为有效原则，是英美法所确认的管辖原则。具体表现为，在英国，法院在行使管辖权时，对人和物采用不用的标准，对人是以被告接到传票或本人在英国境内作为依据；对物则是以争议涉及的标的物在英国境内作为依据。也就是说，按照实际控制管辖原则，只要涉案的人在英国境内，不论其国籍如何，哪怕该人只是途经英国，英国法院即可享有对其的管辖权。同理，当涉案的诉讼标的物（通常是船舶）在英国领域内，即使它只是途经英国或暂时在英国停泊，英国法院也可以享有对其的管辖权。这种原则因为使用面比较宽泛而被有些国家评论为"过分的管辖"，但该原则以对物的实际控制作为确定管辖权的标准还是具有一定借鉴意义的。

（三）关于国际商事诉讼管辖权的国际公约

对国际民商事争议案件的管辖权问题作出比较全面规定并具有较大影响的是 1968 年由欧共体制定的《关于民商事事件管辖权及判决执行的公约》，该公约确立的国际商事纠纷案件管辖权制度为国际社会所普遍重视，也为许多国家立法所采用。

1. 该公约适用范围限定为民商事案件管辖

该公约适用范围不包括自然人身份、民事权利能力、夫妻共同财产、遗嘱和继承，也不包括破产、清偿、社会保障和仲裁纠纷的管辖。

2. 该公约确认了以被告住所地为行使管辖权的基本关系因素

原则上，以被告住所地作为确认管辖权的依据，除非：

（1）有关合同的案件可以由债务履行地法院管辖；

（2）侵权行为或准侵权行为，可以由侵权行为地法院管辖；

（3）由于公司、商行分支机构、代理或其他机构因经营业务而引起的纠纷，由该公司、分支机构、代理或其他机构所在地法院进行管辖；

（4）有关保险的管辖，如果保险人在一个缔约国有住所，在该国法院或保险单持有人住所地的其他缔约国法院被诉；关于债权保险或不动产，保险人在侵权行为发生地法院被诉；关于责任保险，保险人在法院地法律允许的情况下，也可以在受害者向被保险人提起诉讼的法院被诉。

3. 该公约规定了越界管辖权冲突的原则

该原则规定，任何国家不应侵犯专属特定国家的管辖权，被告住所地国的法院管辖权应受到各缔约国的尊重。

三、国际商事诉讼中对外国法院判决的承认与执行

任何国家法院的判决都是由一国司法机关代表其主权国家针对特定的纠纷和争议而作

出的，原则上只能在判决国国内生效。如果没有有关国家的明确承认，任何外国法院的判决在该国境内都是没有法律效力的，同样，法院判决的承认和执行是一个国家司法机关代表国家行使司法主权的一种方式，只能由该国的法院来实施。

所谓对外国法院判决的承认和执行，是指一国法院依据法定程序（通常是一国国内法或国际条约），承认外国法院的判决在本国国内的效力，并在必要的时候依法予以强制执行。

（一）对外国法院判决承认和执行的含义

顾名思义，对外国法院判决的承认和执行是两方面内容。首先，承认外国法院的判决，意思是承认该外国法院的判决在明确当事人权利和义务关系方面和本国法院的判决具有同样的效力，当事人的权利义务分配可以参照外国法院判决来直接确定，本国法院将不再受理基于同一争议主题在国内法院的起诉。其次，执行外国法院的判决，意思是如果在本国法院已经承认外国法院判决的效力的前提下，义务人不履行自己的义务，则本国法院可以以本国程序法为依据，采取强制措施，迫使该不履行义务之人能够按照外国法院的判决内容履行义务。

承认判决和执行判决这两种行为既相互独立，又有密切联系。承认判决是执行判决的前提条件，但是，承认判决不意味着一定会执行判决。

（二）承认和执行外国法院判决的主要依据

承认和执行外国法院判决的主要依据有两个：

1. 国内立法

大多数国家都在其民事诉讼法中就本国法院在承认和执行外国法院判决方面作出了原则性的规定，并具体列明本国法院承认和执行外国法院判决的条件。

2. 国际条约

由于各国对承认和执行外国法院判决的规定存在很大差异，为了保护当事人利益，促进国际合作，国际社会致力于通过条约方式，统一规定这种制度。自1869年世界上第一个相互承认与执行判决的双边条约之后，国际社会为寻求制定统一的承认和执行外国判决的国际条约作出了不懈的努力。但目前具有广泛的国际性和普遍性的公约还较少，至今，真正的具有国际性的承认与执行外国判决的公约应为1971年2月在海牙国际私法会议通过的《关于民商事案件中外国判决的承认和执行公约》及其附加议定书。公约就民商事判决的范围、承认与执行外国判决的条件、程序以及诉讼期间问题作了较详尽的规定；在许多问题的规定上，坚持了当前较为普遍接受的各种制度，但也有其自己的特点。遗憾的是该公约的参加国仅有荷兰、葡萄牙、塞浦路斯等少数国家，所以起到的实际效果并不理想。

另外还有一些具有广泛影响的欧洲区域性多边公约，即1969年布鲁塞尔《民商事司法管辖的判决执行公约》以及1988年卢加诺《民商事司法管辖权和判决执行公约》。在一些专门领域也有若干承认和执行外国法院判决的公约，如1956年欧洲《国际公路货物运输合同公约》、1969年11月布鲁塞尔《国际油污损害民事责任公约》、1970年欧洲《国际铁路货物运输合同公约》、1977年国际海事协会于里约热内卢签订的《关于碰撞案件中民事管辖、法律选择、判决的承认与执行的统一规则的国际公约》等等。

3. 互惠原则

互惠原则是指在不存在条约关系的国家之间，通常以互惠原则作为承认和执行外国法院判决的依据。只要没有相反证据证明事实上不存在互惠，就可以认为本国与外国间存在互惠关系。

（三）承认和执行外国法院判决的限制性条件

各国在承认和执行外国法院判决方面都持谨慎态度，一般都要求以国际公约或互惠关系为前提，并附有各种条件。比如：原判决国法院具有合法的管辖权；原判决国法院在作出判决时依据的诉讼程序是正当的；原判决国法院在审理案件时援引了正确的准据法；原判决国法院的判决不与本国的公共秩序和善良风俗相抵触等等。

（四）承认和执行外国法院判决的主要方式

综合各国立法和司法实践，承认和执行外国法院的判决一般有以下几种方式：

1. 审查方式

执行令程序是大陆法系国家经常采用的一种程序，是指执行国法院在收到承认和执行判决的申请之后，对该判决只进行形式审查，而不进行实质内容的审查，只要符合本国承认和执行外国法院判决的条件，即颁发执行令予以执行，手续比较简便。

2. 登记方式

采取登记程序的国家仅有英国，而且必须有条约作为基础。登记程序主要针对的是金钱给付、离婚及分居等判决。执行国法院在收到承认和执行外国法院判决的申请之后，根据所签订或加入的国际条约进行登记，在登记的基础上进行承认和执行。

3. 重新判决方式

由申请执行外国法院判决的当事人，向本国法院重新起诉。本国法院以该外国法院判决为证据，重新进行审理并作出判决，并予以执行。采用这种方式时，外国法院的判决被视为证据，被执行人可以对其进行抗辩。

我国《民事诉讼法》第 267 条对承认和执行外国法院判决规定了两种情况：

（1）申请。由当事人直接向中华人民共和国有管辖权的中级人民法院申请承认和执行。

（2）委托。由外国法院依照该国与中华人民共和国缔结或者参加的国际条约的规定，或者按照互惠原则，请求人民法院承认和执行。

参考文献 References

1. [美] 波特著（李明轩，邱如美译）. 国家竞争优势. 中信出版社，2007 年
2. [日] 小岛清. 对外贸易论. 南开大学出版社，1987 年
3. [瑞典] 俄林. 地区间贸易和国际贸易. 商务印书馆，1986 年
4. 曹祖平. 新编国际商法. 第二版. 中国人民大学出版社，2004 年
5. 陈同仇、张锡嘏. 国际贸易. 对外经济贸易大学出版社，1998 年
6. 陈宪、张鸿. 国际贸易——理论·政策·案例. 上海财经大学出版社，2004 年
7. 陈宪. 国际贸易：原理、政策、实务. 第二版. 上海立信会计出版社，2002 年
8. 陈宪民. 国际贸易法学. 北京大学出版社，2009 年
9. 陈笑影. 国际贸易法. 立信会计出版社，2003 年
10. 陈治东. 国际贸易法. 高等教育出版社，2009 年
11. 范爱军. 国际贸易学. 山东人民出版社，1998 年
12. 冯大同. 国际商法. 对外经济贸易大学出版社 2002 年版。
13. 冯跃、夏辉. 国际贸易理论、政策与案例分析. 北京大学出版社，2012
14. 海闻 P. 林德特 王新奎等. 国际贸易. 上海人民出版社，2003 年
15. 黄卫平、彭刚、凌奇博. 国际经济学. 对外经济贸易大学出版社，2008 年
16. 黄卫平、彭刚、刘一姣. 国际经济学简明教程. 中国人民大学出版社，2010 年
17. 黄卫平、彭刚. 国际经济学. 中央广播电视大学出版社，2007 年
18. 孔祥俊. WTO 知识产权协定及其国内适用. 法律出版社，2002 年
19. 李朝民. 国际贸易法. 立信会计出版社，2012 年
20. 李耀芳. WTO 争端解决机制. 对外经济贸易大学出版社，2003 年
21. 李颖吾. 国际贸易. 三民书局，1990 年
22. 刘立平. 国际贸易. 中国科学技术大学出版社，2002 年
23. 刘丽娟. 世界贸易组织概论. 中国商业出版社，2012 年
24. 刘嗣明、郭晶. 世界市场经济模式及其演变. 人民出版社，2008 年
25. 刘晓红. 国际商事仲裁协议的法理与实证. 商务印书馆，2005 年
26. 沈木珠. 国际贸易法研究. 法律出版社，2010 年
27. 盛洪昌. 国际贸易. 中国人民大学出版社，2004 年
28. 孙睦优、冯萍. 国际贸易. 清华大学出版社，2012 年
29. 唐海燕. 国际贸易学. 立信会计出版社，2001 年
30. 王传丽. 国际贸易法. 法律出版社，2008 年

31. 王峰、曾咏梅、万暄．国际商务法．武汉大学出版社，2011年
32. 薛荣久．国际贸易．对外经济贸易大学出版社，2006年
33. 杨恺钧、吕佳．国际贸易惯例与公约教程．复旦大学出版社，2009年
34. 杨全发．中国对外贸易与经济增长．中国经济出版社，1999年
35. 姚新超．国际贸易惯例与规则实务．对外经济贸易大学出版社，2010年
36. 姚新超．国际贸易运输与保险．对外经济贸易大学出版社，2006年
37. 袁其刚、张照玉、张伟．国际贸易惯例规则教程——理论与实务．北京大学出版社，2012年
38. 张二震．国际贸易学．南京大学出版社，2003年2月第2版
39. 张海东．世界贸易组织概论．上海财经大学出版社，2010年
40. 张玮．国际贸易．高等教育出版社，2006年
41. 张锡嘏．国际贸易．中国人民大学出版社，2010年
42. 张晓堂．国际贸易惯例通论．人民出版社，1999年
43. 张云．国际贸易惯例发展研究．中国社会出版社，2007年
44. 张作乾．国际贸易．中山大学出版社，1995年
45. 赵伟．国际贸易．东北财经大学出版社，2008年
46. 周启元、谭立本．国际贸易．中国商务出版社，2009年
47. 左大培、裴小革．世界市场经济概论．中国社会科学出版社，2009年
48. 中国百科网，http://www.chinabaike.com